高等院校精品课程系列教材

组织理论与设计

ORGANIZATION THEORY AND DESIGN

|第2版|

武立东 编著

本书从管理的视角出发，注重理论与实务相结合，着重从企业实践层面探讨组织诊断、组织设计的原则及操作方法，并结合技术和市场的最新发展趋势，详细介绍了组织的数字化转型与管理。本书主要内容包括组织与组织理论，组织结构与组织设计原则，战略、结构与业绩评价，技术、结构与大规模定制，数字化技术与组织设计，组织文化与组织设计，环境与组织策略，企业间关系管理，董事会的组织设计，组织变革以及组织的数字化转型与管理。

本书可作为高等院校工商管理、人力资源管理等专业本科生、硕士生以及 MBA 和 MPA 学员的组织理论相关课程的教材，也可供企业管理人员等工作参考。

图书在版编目（CIP）数据

组织理论与设计 / 武立东编著. -- 2 版. -- 北京：机械工业出版社，2024.12. --（高等院校精品课程系列教材）. --ISBN 978-7-111-77056-5

Ⅰ. F272.9

中国国家版本馆 CIP 数据核字第 2024379HV7 号

机械工业出版社（北京市百万庄大街 22 号　邮政编码 100037）
策划编辑：吴亚军　　　　　　　　　责任编辑：吴亚军　贾　萌
责任校对：马荣华　李可意　景　飞　责任印制：郜　敏
三河市国英印务有限公司印刷
2025 年 1 月第 2 版第 1 次印刷
185mm×260mm · 23.25 印张 · 572 千字
标准书号：ISBN 978-7-111-77056-5
定价：59.00 元

电话服务	网络服务
客服电话：010-88361066	机 工 官 网：www.cmpbook.com
010-88379833	机 工 官 博：weibo.com/cmp1952
010-68326294	金　书　网：www.golden-book.com
封底无防伪标均为盗版	机工教育服务网：www.cmpedu.com

前 言
PREFACE

组织作为人类特有的组合形式，是人类集群体力量，利用自然争取生存和发展的利器。组织与人类的命运息息相关，存在的时间与人类历史同样悠久。正是组织与人们生活的这种密切关系，以至于人们对组织的存在习焉不察。所以，尽管组织现象已有数千年的历史，但是科学化的组织理论到 19 世纪末甚至更晚才得以形成。自泰勒的科学管理理论诞生以来，组织理论相继经历了古典组织理论时期、行为科学理论时期、现代组织理论时期的演进，成为集管理学、经济学、心理学、社会学等多学科的系统科学，对现实中的诸多组织实践均起到了指导作用。因而，"组织理论与设计"在高等学校工商管理类专业课程设置中变得越来越重要。

习近平总书记在中国共产党第二十次全国代表大会上所做的报告中指出要推进网络强国、数字中国建设，意味着中国迎来了"数字时代"。以 SMACIT：社交（Social）、移动（Mobile）、分析（Analytics）、云（Cloud）以及物联网（Internet of Things，IoT）为核心的数字技术的广泛应用，为当今组织提供了重大机遇与挑战。尤其是面对数字化原生组织的进入，传统组织或以数字化转型来加以应对或被其颠覆，数字技术、数字化转型将为组织结构与组织过程带来根本性的影响。随着组织数字化转型实践的深入，数字化转型与组织创新的理论研究成果不断涌现，推动了组织理论的拓展与深化。基于此，本书在前一版的基础上进行了理论与案例的更新和拓展，推出了第 2 版。针对数字技术如何影响组织设计、数字化平台的组织与管理、组织数字化转型等，本次修订充分吸收了国内外数字化与组织创新的理论与实践研究的最新进展。

可以说，本书是在总结作者近年来组织理论与设计教学经验、科研心得的基础上修订而成的。为体现"把论文写在祖国大地上"的宗旨，本书力争做好理论联系中国企业实践，讲好中国故事，比如书中案例多数是中国本土企业的实践。通过我国 MBA、管理学类专业研究生和高年级本科生身边的企业实践，让他们真切地感受到理论学习的价值。

全书分为三篇共 11 章，每章通过"引例""视野拓展""知识栏""综合案例""进一步阅读"等模块设计，尽可能激发读者的学习兴趣，产生共鸣，引发思考。在本书修订过程中，李思嘉、晋禾、曹琳君三位博士参与了"组织数字化转型与管理"相关内容的搜集和整理工作，古丽妮噶尔·艾克拜尔、王钟谊两位硕士参与了相关案例的更新与校订工作，田晓煜博士参与了书稿的最后整理工作，在此对上述同学的辛勤付出表示由衷的感谢！

当年，作者在南开大学商学院讲授组织理论与设计课程，教学对象包括研究生、本科生及 MBA、EMBA 等。在与诸位同事交流教学心得时萌发了编写一本更贴近中国情境的组织理论与设计教科书的想法，在机械工业出版社的大力支持下，《组织理论与设计》第 2 版得以付梓面世。参与本书第 1 版内容搜集和整理工作的有王振宇、黄海昕、王天甲、王凯、丁昊杰、杨军节、冯立东、刘雅琦、徐林林、孙贵娟、袁卓君等同学，现在他们都已走到不同的工作岗位上，正在为推动新时代中国经济高质量发展贡献自己的力量。

本书得到了国家自然科学基金（71972111、72062024）、教育部人文社会科学重点研究基地重大项目（22JJD630004）、国务院国资委"世界一流国有企业管理经验进案例、进教材、进课堂"项目以及南开大学中央高校基本科研业务费专项资金资助。

武立东
2024 年 5 月于南开园

目 录
CONENTS

前言

理论与结构篇

第一章 组织与组织理论 ………… 2
学习目标 ……………………………… 2
核心概念 ……………………………… 2
引例 美的集团的成长与发展 ………… 2
第一节 组织的内涵 …………………… 3
  一、什么是组织 ………………… 3
  二、我们为什么需要组织 ……… 4
  三、组织的构成要素 …………… 6
第二节 组织理论及其流派 …………… 9
  一、什么是组织理论 …………… 9
  二、古典组织理论 ……………… 9
  三、人际关系组织理论 ………… 15
  四、决策组织理论 ……………… 22
  五、系统组织理论 ……………… 24
  六、权变组织理论 ……………… 25
第三节 组织的系统观 ………………… 27
  一、开放系统 …………………… 28
  二、环境的重要性 ……………… 28
  三、相互关联的子系统 ………… 29
  四、一致性和"联盟" …………… 30
本章小结 ……………………………… 30
复习思考题 …………………………… 31
进一步阅读 …………………………… 31
综合案例 实践、学科和范式：组织理论
    变迁综述 ……………………… 31

第二章 组织结构与组织设计原则 …… 34
学习目标 ……………………………… 34
核心概念 ……………………………… 34
引例 美国科技公司的组织结构图 …… 34
第一节 组织结构的关键要素 ………… 34
  一、报告关系 …………………… 35
  二、部门化 ……………………… 36
  三、协调机制 …………………… 37
第二节 组织结构形式的分类视角 …… 40
  一、管理层次与控制幅度 ……… 40
  二、韦伯的官僚结构原则 ……… 41
  三、伯恩斯与斯托克的环境影响
    视角 …………………………… 42
  四、信息联系视角 ……………… 44

第三节　组织结构的基本形式……………45
　　一、职能型组织结构……………45
　　二、事业部型组织结构…………46
　　三、矩阵型组织结构……………47
　　四、其他组织结构形式…………49
第四节　组织设计原则……………………52
　　一、指挥系统……………………52
　　二、命令统一……………………53
　　三、控制幅度……………………53
　　四、明确授权……………………54
第五节　组织结构的影响因素……………58
　　一、战略…………………………58
　　二、技术…………………………59
　　三、规模…………………………59
　　四、环境…………………………59
　　五、文化…………………………60
本章小结………………………………………60
复习思考题……………………………………60
进一步阅读……………………………………60
综合案例　RQ汽车股份有限公司的组织
　　　　　结构设计……………………………61

第三章　战略、结构与业绩评价…………64

学习目标………………………………………64
核心概念………………………………………64
引例　从中华酷联到三足鼎立：华为手机
　　　的战略转型之路……………………64
第一节　目标与战略………………………65
　　一、目标…………………………66
　　二、战略类型……………………69
第二节　组织战略与组织结构……………74
　　一、钱德勒的战略发展与组织
　　　　结构………………………………74
　　二、迈尔斯和斯诺的战略与
　　　　组织结构………………………75
第三节　组织效果评估……………………78
　　一、效果的权变评价方法………78
　　二、效果的平衡评价方法………82
本章小结………………………………………84
复习思考题……………………………………85
进一步阅读……………………………………85
综合案例　再造青啤：基于结构和战略
　　　　　匹配的企业重组……………………85

第四章　技术、结构与大规模定制………89

学习目标………………………………………89
核心概念………………………………………89
引例　佳能：细胞式生产方式………………89
第一节　技术模式与组织结构间的传统
　　　　关系……………………………………93
　　一、伍德沃德的技术模式：
　　　　技术的复杂性……………………93
　　二、佩罗的技术模式：任务
　　　　的特性……………………………96
　　三、汤普森的技术模式：
　　　　部门间的相依性…………………99
第二节　计算机技术对组织设计的影响…101
　　一、信息技术在组织中的应用…102
　　二、柔性制造系统………………107
第三节　大规模定制目标下的组织设计…108
　　一、传统技术条件下如何设计
　　　　定制化产品………………………108
　　二、大规模定制条件下的组织
　　　　设计………………………………110
第四节　服务技术对组织设计的影响……111
　　一、服务技术的特性……………111
　　二、服务业组织的设计…………112
本章小结……………………………………115

复习思考题 ·················· 115
进一步阅读 ·················· 115
综合案例　海尔集团的大规模定制策略 ··· 116

第五章　数字化技术与组织设计 ········ 122
学习目标 ·················· 122
核心概念 ·················· 122
引例　娃哈哈集团的数字化旅程 ········ 122
第一节　数字化技术 ·············· 123
　　一、数字时代的到来 ············ 123
　　二、云计算 ················ 128
　　三、大数据 ················ 131
　　四、人工智能 ··············· 132
　　五、物联网 ················ 134
第二节　对数字化技术的组织响应 ······ 138
　　一、作为颠覆来源的数字化
　　　　技术 ················ 138
　　二、组织的战略回应 ············ 139
　　三、组织的响应策略 ············ 140
第三节　数字化技术与组织设计 ······· 141
　　一、组织规模与范围 ············ 141
　　二、组织边界 ··············· 142
　　三、组织结构与设计 ············ 142
本章小结 ·················· 143
复习思考题 ·················· 143
进一步阅读 ·················· 143
综合案例　海底捞逆势扩张的秘密：
　　　　数字化转型如何驱动商业
　　　　模式创新 ············ 144

第六章　组织文化与组织设计 ·········· 147
学习目标 ·················· 147
核心概念 ·················· 147
引例　华为狼性文化 ············· 147
第一节　组织文化的内涵 ··········· 149

　　一、组织文化内容的层次结构 ··· 153
　　二、组织文化的形成 ············ 154
　　三、组织文化的特点与功能 ······ 157
第二节　组织文化的类型与组织结构 ······ 158
　　一、适应型文化 ·············· 158
　　二、使命型文化 ·············· 160
　　三、团体型文化 ·············· 161
　　四、行政机构型文化 ············ 162
第三节　组织文化测评 ············ 163
　　一、卡梅隆与奎因组织文化
　　　　模型 ················ 163
　　二、丹尼森组织文化模型 ········ 165
本章小结 ·················· 170
复习思考题 ·················· 170
进一步阅读 ·················· 170
综合案例　老字号的新烦恼：正源茶业的
　　　　组织变革中的文化冲突 ········ 171

组织与环境篇

第七章　环境与组织策略 ············ 174
学习目标 ·················· 174
核心概念 ·················· 174
引例　甄选直播，知识带货：商业模式
　　　重构，新东方浴火重生 ········ 174
第一节　组织的外部环境 ··········· 176
　　一、组织外部环境的内涵与
　　　　特征 ················ 176
　　二、环境的不确定性 ············ 179
　　三、组织对环境资源的依赖性 ··· 181
第二节　对环境不确定性的管理：
　　　适应策略 ············· 182
　　一、设立职位和部门 ············ 182
　　二、建立缓冲部门和边界联系
　　　　部门 ················ 182

　　　　三、分化与整合 ·················· 183
　　　　四、改变管理过程 ·············· 183
　　　　五、计划和预测 ·················· 183
　第三节　对资源依赖性的管理：控制
　　　　　策略 ······························ 185
　　　　一、组织建立组织间联系的主要
　　　　　　策略 ·························· 185
　　　　二、组织控制环境领域的主要
　　　　　　策略 ·························· 186
　本章小结 ······························ 187
　复习思考题 ·························· 188
　进一步阅读 ·························· 188
　综合案例　电子商务环境催生的中粮集团
　　　　　　我买网 ················· 188

第八章　企业间关系管理 ·············· 192

　学习目标 ······························ 192
　核心概念 ······························ 192
　引例　小米手机的生态系统 ·············· 192
　第一节　企业生态系统 ·················· 193
　　　　一、企业生态系统的构成与
　　　　　　特征 ·························· 194
　　　　二、企业竞争优势的获取 ······ 196
　　　　三、企业集群 ····················· 198
　第二节　企业战略联盟 ·················· 203
　　　　一、战略联盟的组织类型 ······ 205
　　　　二、战略联盟的管理 ············ 207
　第三节　企业集团 ························ 211
　　　　一、企业集团的定义与内部
　　　　　　机制 ·························· 212
　　　　二、企业集团的类型与结构 ··· 213
　第四节　数字化平台 ······················ 216
　　　　一、数字化平台概念 ············ 217
　　　　二、平台业务与平台价值 ······ 221

　　　　三、平台公司与平台：社会行动
　　　　　　空间 ·························· 225
　　　　四、组织设计：去中心化与分
　　　　　　布式 ·························· 230
　本章小结 ······························ 232
　复习思考题 ·························· 232
　进一步阅读 ·························· 232
　综合案例　北人集团公司与日本东京
　　　　　　出版机械株式会社（TSK）
　　　　　　的战略联盟 ·············· 233

领导与变革篇

第九章　董事会的组织设计 ·············· 236

　学习目标 ······························ 236
　核心概念 ······························ 236
　引例　OpenAI 董事会之争 ·············· 236
　第一节　董事会的基本属性 ·············· 239
　　　　一、董事会的类型与结构 ······ 240
　　　　二、董事会职能 ·················· 243
　第二节　董事会的独立性 ················ 248
　　　　一、董事会履职的独立性 ······ 248
　　　　二、独立董事的设置与作用 ··· 249
　第三节　董事会的专业委员会 ··········· 257
　　　　一、专业委员会的设立原因 ··· 257
　　　　二、专业委员会的职责 ········· 258
　　　　三、专业委员会的设计 ········· 262
　本章小结 ······························ 264
　复习思考题 ·························· 264
　进一步阅读 ·························· 264
　综合案例　民生银行董事会治理的创新 ··· 264

第十章　组织变革 ························ 271

　学习目标 ······························ 271

核心概念 …………………………… 271
引例　海尔的网络化变革 …………… 271
第一节　为什么要进行组织变革 …… 273
　　　　一、变革的环境压力 ………… 273
　　　　二、关于组织面对环境压力时不
　　　　　　发生变革情形的几种观点 … 275
　　　　三、组织内部压力 …………… 276
第二节　变革的类型与模型 ………… 277
　　　　一、变革类型 ………………… 277
　　　　二、变革模型 ………………… 281
第三节　组织变革的阻力 …………… 285
　　　　一、个体阻力 ………………… 286
　　　　二、群体阻力 ………………… 286
　　　　三、组织阻力 ………………… 286
第四节　组织变革的实施 …………… 288
　　　　一、角色定位 ………………… 288
　　　　二、战略变革：将愿景与变革
　　　　　　联系起来 …………………… 289
　　　　三、沟通策略与沟通技巧 …… 290
　　　　四、实现持续变革 …………… 291
本章小结 ……………………………… 293
复习思考题 …………………………… 293
进一步阅读 …………………………… 293
综合案例　海尔生物医疗：组织变革
　　　　　赋能指数增长 …………… 293

第十章　组织数字化转型与管理 …… 302
学习目标 ……………………………… 302

核心概念 ……………………………… 302
引例　沃尔沃汽车的联网汽车计划 … 302
第一节　组织数字化转型及其影响因素 … 303
　　　　一、数字化转型定义 ………… 304
　　　　二、组织数字化转型的整体
　　　　　　框架 ………………………… 306
　　　　三、影响数字化转型的技术
　　　　　　因素 ………………………… 311
　　　　四、影响数字化转型的组织
　　　　　　因素 ………………………… 314
　　　　五、影响数字化转型的环境
　　　　　　因素 ………………………… 319
第二节　组织数字化转型实施策略 … 322
　　　　一、数字化转型类型 ………… 322
　　　　二、数字化转型路径 ………… 329
　　　　三、数字化转型策略 ………… 334
第三节　组织数字化转型中的管理问题 … 343
　　　　一、外部环境中的管理问题 … 343
　　　　二、组织运行中的管理问题 … 344
　　　　三、组织成员中的管理问题 … 346
　　　　四、组织层面的矛盾性管理 … 347
本章小结 ……………………………… 349
复习思考题 …………………………… 349
进一步阅读 …………………………… 350
综合案例　中国联通：数字化时代的引领
　　　　　者，迈向一体化发展的新高度 … 350

参考文献 …………………………… **355**

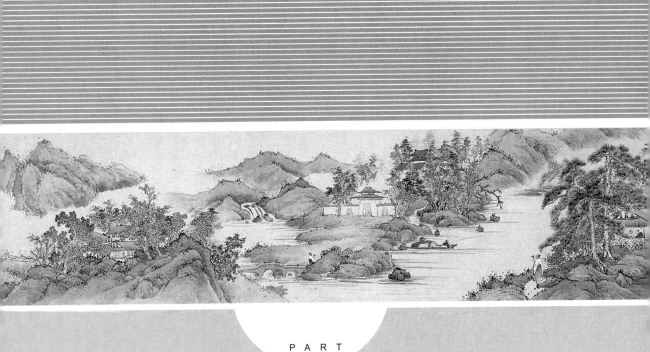

PART

理论与结构篇

第一章　组织与组织理论
第二章　组织结构与组织设计原则
第三章　战略、结构与业绩评价
第四章　技术、结构与大规模定制
第五章　数字化技术与组织设计
第六章　组织文化与组织设计

第一章
CHAPTER 1

组织与组织理论

§ 学习目标

- 了解组织的意义与重要性
- 了解组织理论的不同流派
- 理解各组织理论流派的形成及区别
- 掌握组织的系统思维方式

§ 核心概念

组织　古典组织理论　人际关系组织理论　决策组织理论　系统组织理论　权变组织理论

§ 引例

美的集团的成长与发展

何享健，1942年出生于广东顺德。1968年5月，他和23位居民集资5 000元，创办了"北街办塑料生产组"，生产药用玻璃瓶和塑料盖，后来又转产发电机的小配件等，何享健背着这些小玩意儿走南闯北找市场，培养了异常灵敏的市场嗅觉。

美的集团的成长与发展历程如下。

1980年美的集团开始制造风扇，进入家电行业。

1992年美的进行股份制改革。1993年美的集团在深交所上市，成为中国第一家由乡镇企业改组而成的上市公司。

1997年实行事业部制，为集团"二次创业"奠定了坚实的基础。

1999年在全集团范围内推行员工持股制，促使产权和分配机制改革，使员工和企业形成"命运共同体"。

2001年完成了公司高层经理人股权收购，进一步完善现代企业制度。

如今美的集团拥有总资产4 410.87亿元，营业收入达3 434亿元。连续六年进入世界《财富》500强,入选福布斯中国2021年度中国十大工业数字化转型企业,四家工厂获得世界经济论坛"灯塔工厂"荣誉。2001年美的集团在中国家电企业综合排名中名列第二。2002年实现销售收入150亿元,出口创汇3.3亿美元。2003年开始进军汽车制造业。2005年,美的集团整体实现销售收入达456亿元,同比增长40%,其中出口额超过17.6亿美元,同比增长65%。

2007年,美的集团整体实现销售收入达750亿元(其中海外营业收入达31.2亿美元),在"2007年中国最有价值品牌"的评定中,美的集团的品牌价值已从2004年的201.18亿元跃升到378.29亿元,位居全国最有价值品牌第七位。2009年,美的集团的收入达到了950亿元,其中出口额突破了34亿美元。2010年,美的集团销售收入超过1 000亿元,集团提出了"再造一个美的"的宏大目标,2017年,美的集团收入达2 419亿元,不含机器人业务的收入也达到2 000亿元,达成了2010年的目标。2021年美的收入突破3 000亿元大关,仍然占领家电三巨头的领衔优势。新时代的美的集团,给自己的新愿景是成为一个领先的科技集团,而不是全球家电龙头。面对越来越长的战线,即便是正如日中天的美的集团,也意味着巨大的挑战和危险。

资料来源:改编自美的集团官网资料,2023年。改编人:武立东老师团队。

第一节 组织的内涵

一、什么是组织

1. 组织

组织(Organization)是一个社会实体,由两个以上的成员组成,经过密切的协调与整合,以回应环境的需求,完成共同的目标。

根据上述定义,组织具有以下四层含义。

- 组织是社会实体,是人的集合。
- 组织通过协调与整合,确定每个人在组织运作过程中的分工,协调手段既包括面对面的沟通,也包括规则、制度、流程等。
- 组织与环境存在互动。
- 组织要能实现共同的目标。

2. 组织结构

任何有组织的人类活动都可以分为相互对立的两个方面,即分工与协调。我们把组织中有助于分工与协调的一切方法手段统称为"组织结构"(Organizational Structure)。

具体来说,组织结构是可以用组织图来表示的组织内部正式规定的、比较稳定的相互关系形式,即由组织目标决定的组织职能和组织权力的分配,具体包括组织内部分工方式、工作职务在组织中的位置、各职务间的报告关系以及协调机制等。

3. 组织设计

组织设计(Organizations Design)是一个动态的工作过程,是指组织为了适应环境的需求,进行组织结构的建立与调整,以达成目标。

所以,组织设计必须先了解组织面对的外在环境因素及组织内部的状况,然后对组织结构及运作方式进行规划与设计,使其能有效回应外在环境与内部状况的需求,并达成成员的共同目标。组织设计有以下特点。

- 组织设计应当被看作是一个过程。
- 组织设计是随机制宜和因地、因时、因人而异的。
- 设计建立的组织结构不是一成不变的,组织设计也不是一次性就能完成的事,而是一种连续的或至少说是周期性的活动。

二、我们为什么需要组织

我们为什么需要组织?为了回答这个问题,请先看一下亨利·福特和他的汽车流水线故事。福特发明了流水线,建立了现代化组织(不同于传统意义上的手工业作坊),进而改变了世界。

│视野拓展 1-1│

亨利·福特和他的汽车流水线

亨利·福特是美国密歇根州一户农场主的儿子,从小就对机械和制造表现出了浓厚的兴趣和好奇心。他对机械和工具有一种天生的喜爱,什么机械都要拆开来摆弄摆弄,成年后有人问他,童年时最喜欢什么玩具,他回答说,我的玩具全是工具,至今如此。他在13岁生日时得到了一只手表,他做的第一件事就是把它完全拆开,然后再自行全部重新安装;此后他就迷上了钟表,谁的表坏了他都愿意修,成为了一位很出色的钟表修理工。父亲比尔曾劝说他以此为业,亨利却拒绝为此收费,因为这是他最痴心的爱好,收费将是一种亵渎。他十几岁时曾给他父亲设计过一种简单的开门装置,使他父亲不必跳下马车就可以打开农场的大门,也是在13岁那年,他第一次看见了一台蒸汽机引擎,他急不可待地跳下他的马车去与操作引擎的工程师攀谈。工程师所介绍的一切是如此地令亨利向往,以至二十年之后,他还能一字不差地复述那位工程师告诉他的每个细节,包括那台蒸汽机每分钟200转的技术参数。

1879年亨利17岁时离开父亲的农庄来到了底特律,开始了他的汽车生涯。为了给自己的汽车梦积累资金,亨利同时做两份工作,白天在密歇根汽车公司做机修工,晚上在一家珠宝店维修钟表。在维修钟表的工作中,亨利发现大多数钟表的构造其实可以大大简化,只要精密分工,采用标准部件,钟表的制造成本可以大大降低且性能更加可靠。他自己重新设计了一种简化设计的手表,估算成本为每只30美分,可日产2 000只。他认为这一计划是完全可行的,唯一使得他担心的是,他没有年销60万只手表的销售能力,而销售活动又远不如生产那样吸引亨利,因此,亨利最后抛弃了这一计划。但是,简化部件、大批量生产、低价销售"更多、更好，更便宜"的经营思路却在此时大体形成了。

在亨利建立他的汽车流水线之前，当时的汽车工业完全是手工作坊型的，两三个人合伙，买一台引擎，设计个传动箱，配上轮子、刹车、座位，装配一辆，出卖一辆，每辆车都是一个不同的型号。由于启动资金要求少，生产也很简单，每条流水线都有50多家新开张的汽车作坊进入汽车制造业，大多数的存活期不超过一年。福特的流水线使得这一切都改变了。在手工生产时代，每装配一辆汽车要728个人工小时，而福特的简化设计，标准部件的T型车把装配时间缩短为12.5个小时。

福特流水线的影响远远超过了汽车制造本身。以连杆总成为例，传统模式下需要9小时进行装配，秒表测试发现，其中4个多小时花在工人到处走动上。1914年，福特在新落成的海兰公园厂房建成了第一条生产流水线。"让零件向人走来，而不是人向零件走去"，工人只需站在传送皮带旁的固定位置上"守株待兔"，不假思索地重复一个最简单的动作即可。所有多余环节和无效劳动被压缩了，生产效率得以极大提升，汽车价格翻跟头下降。由于流水线上千余种操作多半不需要特殊技术和体力，连残疾人和盲人也获得了就业机会。

进入汽车行业的第十二年，亨利·福特终于实现了他的梦想，他的流水线的生产速度已达到了每分钟一辆汽车的水平，五年后又进一步缩短到每十秒钟一辆汽车。在福特之前，轿车是富人的专利，是地位的象征，售价在4 700美元左右，伴随福特流水线的大批量生产而来的是价格的急剧下降，T型车在1910年售价为780美元，1911年降到690美元，然后降到600美元、500美元，1914年降到每辆360美元。低廉的价格为福特赢得了大批的平民用户，小轿车第一次成为人民大众的交通工具。福特说："汽车的价格每下降一美元，就为我们多争取来一千名顾客。"1914年福特公司的1万3千名工人生产了26.7万辆汽车；美国其余的299家汽车公司的66万工人仅生产了28.6万辆汽车。福特公司的市场份额从1908年的9.4%上升到1911年的20.3%，1913年的39.6%，1914年达到48%，月赢利600万美元，在美国汽车行业占据了绝对优势。

而真正让福特的名字家喻户晓是在1914年1月5日，福特公司爆出大新闻，将工人日工资提高为5美元，比其他工厂高出一倍。此后又增加到6美元和7美元。农民和海外移民闻讯后蜂拥而至。福特的决策深谋远虑，让造车的人能用4个月的工资买到一辆车，高效率生产离不开高消费人群。

当时，在福特的工厂工作，就是在未来世界工作，工厂采用的是最先进的设备、最先进的技术；为了提高生产效率，福特毫不吝啬。他的汽车生产线所改变的不单是汽车的制造，而且是整个社会的经济组织和社会生活。自从流水线方式在20世纪30年代成为主导方式，汽车行业的进入壁垒大大提高，竞争变成了福特、通用、克拉斯勒三巨头之间的垄断竞争。

如今美国的电车市场特斯拉占据了绝对主流，海外市场研究机构JATO Dynamics收集了全球53个市场的数据，同时对世界其他地区的销售数据进行预测和估计：2023年第一季度特斯拉Model Y已经取代丰田卡罗拉，成为全球最畅销的汽车。这对汽车行业来说，将是一个历史性转折点。这也是纯电动汽车首次登上全球汽车销量榜首，在和众多燃油车的对垒中，电动汽车开始走向大众主舞台。2023年5月25日，福特宣布，已和特斯拉达成协议，从2024年年初开始，特斯拉将为福特电动汽车客户，提供美国和加拿大超1.2万个特斯拉超级充电站的使用权，成为首个采用特斯拉充电标准的大型汽车厂商。这使得福特北美充电网络中的快速充电站数量增加了一倍多,同时福特电车也将采用与特斯拉电车相同的充电接口,以后福特电车使用特斯拉充电桩,不需要适配器。

资料来源:美日汽车巨头变迁之镜鉴,2011年;特斯拉官网,2023年。改编人:李思嘉。

组织的有效性在于其对社会稀缺资源替代的作用,如福特的流水线可以大量使用半熟练或不熟练的工人,但传统的手工业作坊只能用掌握熟练汽车制造技术的匠人,他们属于社会稀缺资源,没有办法满足大规模生产的需要,因此,组织可以完成个人无法完成的任务。表1-1说明了组织的重要性。

表 1-1 组织的重要性

- 集中资源以达成特定的目的或结果
- 有效率的生产产品或提供服务
- 促进创新
- 应用现代的制造与信息科技
- 适应并影响快速变化的环境
- 为顾客、股东及员工创造价值
- 回应管理上的挑战,如多元化、伦理观及员工激励等

组织作为人类特有的组合形式,是人类以群体力量来达成某种共同目的的组合,也是人类弥补先天缺陷用以克服自限、争取生存及繁荣进步的利器。就生理的结构而言,人类是自然界的弱者,无皮毛以御寒、无利爪以降敌。但人类能结合成组织,靠群体力量来弥补先天不足,来满足更高的人生欲望,故人类终能征服自然、征服太空、主宰地球、成为万物的强者。由此可见,组织与人类命运息息相关。

三、组织的构成要素

如果要给组织画一张像,很多人都会画出如图1-1所示的组织结构图。

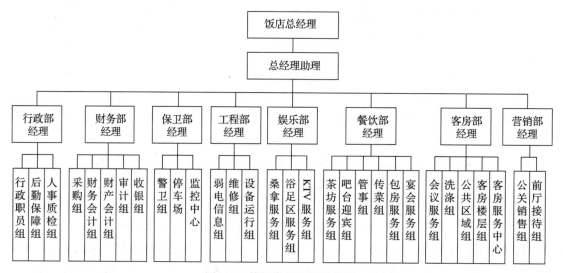

图 1-1 某饭店的组织结构图

尽管这样的组织结构图十分有用,但只展示了我们所说的"组织"的冰山一角。已经有人提出了一些模型,试图揭示各种类型和不同复杂程度的组织的共性。这些模型大多只关注几个主要的核心维度,因此处于组织结构图和现实组织之间的某处,有利于我们更加清晰地认识组织的构成要素,如 Nadler 和 Tushman(1977)提出的"协同框架"模型(见图1-2)。

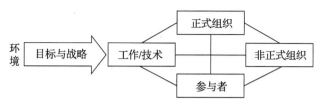

图 1-2 组织的"协同框架"模型

资料来源：NADLER D A, TUSHMAN M L. A congruence model for diagnosing organizational behavior[M]. New York: Columbia University, Graduate School of Business, 1977.

1. 环境

每个组织都存在于特定的物理、技术、文化和社会环境中，环境是组织赖以生存和发展的物质条件的综合体。环境为组织活动提供了广泛的空间、丰富的资源和信息，比较概略的分析方式是把环境分为一般环境（General Environment）和特定环境（Specific Environment）两种。

一般环境是指所有企业都会受到影响的环境要素，如政治法律、社会文化、经济形势、科技发展、财务资源及人口结构等，这些环境要素对每家企业组织经营的影响或许不见得相同，但是多半是比较间接、长时间的，当然个别企业对一般环境所能产生的影响通常也有限。相对的，特定环境对组织的影响比较直接，而且企业也必须特别关注特定环境要素的变化，甚至直接影响这些环境要素，以取得更好的经营条件。特定环境通常包括产业、原材料、市场、人力资源、投资者及国际化等。这些外在环境要素与组织息息相关，管理上应密切监控，审慎且迅速回应，使组织可以适应各种外在环境的变化。

2. 目标与战略

目标是指根据组织的使命而提出的组织在一定时期内所要达到的预期成果，是使命的具体化，表明组织在一定的时间内奋力争取达到的、所希望的未来状况，为组织发展确立方向。战略是关于如何实现目标的一系列的选择和方法，有效的战略能够有效地整合各项资源，并充分回应内外在环境的需求，以达成组织整体目标。

战略可分为三种类型：开拓型战略以开发创新性产品和服务为中心，以期获得所在经营领域的主导地位；防御型战略则更多关注提高内部流程的效率，而不是创新；分析型战略是前两种途径择中，既注重保持现有产品或服务组合的优势，也定期推出和提供新的产品和服务。战略还可分为以高质量和高效率为主导的低成本战略；以提供独特产品或服务为主要目标的差异化战略。

知识栏

"专精特新"战略引领中国企业发展

自 2011 年时任中华人民共和国工业和信息化部（以下简称"工信部"）总工程师朱宏任首次提出"专精特新"一词以来，国家对实施这一战略的企业的重视程度持续上升。2022 年 6 月，工信部颁布了《优质中小企业梯度培育管理暂行办法》，提出构建三个层次的优质中小企业梯度培育体系，包括创新型中小企业、专精特新中小企业和专精特新"小巨人"企业。党的二十大报告明确了"国家支持专精特新企业发展"，包括实施产业基础再造工程和重大技术装备攻关工程，以推动制造业实现高端化、智能化和绿色化发展。

自 2019 年以来，工信部已经进行了四批次的公示，涉及 9 279 家专精特新"小巨人"企业，接近实现"十四五"期间培育 1 万家专精特新"小巨人"企业的目标。此外，还计划培育 10 万家"专精特新"中小企业和 100 万家创新型中小企业。目前，国家层面已在资金支持、人才支持、创新协同、品牌市场、企业转型、精准对接服务六大方面推出了多项加强"专精特新"企业培育的具体举措。相关政府部门通过认定奖励、资金补贴、资源倾斜等方式直接支持"专精特新"企业发展，同时与科研院所、金融机构、行业内龙头企业及专业化服务商共同构建了多元化的企业服务生态，通过研发补贴、购买服务等方式，为"专精特新"企业提供精准服务。

对企业而言，创新发展已不再是一个遥不可及的宏大叙事，"专精特新"已经成为明确发展方向的"指路明灯"。为了确保企业未来的发展，企业应尽最大努力、尽早按照"专精特新"的标准发展。如果有资格申请国家级"专精特新"标准应当是企业迈向国家级发展的基准；如果国家级不可行，那么省级、市级的标准也是一条可行的创新发展路径。可以预见的是，未来各级政府在财政、人力和物力上也将投入更多资源，以更全面地支持"专精特新"企业的发展。

3. 工作与技术

为了实现特定的战略，将目标转变为现实，组织必须有效地完成一系列关键转换任务。所谓技术（Technology）是组织将投入转换成产出所采用的方式方法的总称，表现为机器、设备、流程等软硬件以及员工的知识、技能等。

所有组织，无论是制造业还是服务业、营利组织还是非营利组织，都存在技术管理的问题。只不过有些组织加工处理物质投入，制造新设备，提供硬件产出；有些组织加工处理"人"，其产品可能是拥有更多知识的"人"（如学校系统）、也可能是更健康的"人"（医疗系统）；还有些组织加工处理的是符号（如信息、音乐等）。通常组织的技术部分依附在机器设备上，部分体现在参与者的知识和技能上。所有的组织都拥有技术，但是它们对技术的理解、规范和运用程度却差别很大。

4. 正式组织与非正式组织

当我们通过组织结构图去了解一个组织的概况，通过查阅相关规章制度、流程正式去了解它的运作过程时，我们所接触到的信息主要来自所谓的"正式组织"（Formal Organization）层面。正式组织是指组织中明文规定的具有正规化、显性化的规范结构，包括人力资源政策、工作岗位设计以及组织机构等。

但组织结构图并不能告诉我们组织的全部，非正式组织（Informal Organization）是"正式组织"的对称。最早由美国管理学家梅奥通过"霍桑实验"提出，人们在正式组织所安排的共同工作和在相互接触中，必然会以感情、性格、爱好相投为基础形成若干人群，这些群体不受正式组织的行政部门和管理层次等的限制，也没有明确规定的正式结构，但在其内部也会形成一些特定的关系结构，自然涌现出自己的"头头"，形成一些不成文的行为准则和规范。非正式组织代表着组织运行的自生属性，主要包括组织的文化、行为准则、价值取向，组织内外的社会网络，权力与政治以及领导者的行为等。

5. 参与者

组织的参与者在各种诱因作用下为组织做出贡献,参与者个人有很多属性对组织是很重要的,包括他们的知识、技能,他们对所承担任务等的适应性,他们的需求和偏好,以及他们从自身背景带入组织的一些东西。而参与者的年龄、性别、民族等人口统计学特征对组织结构与运行也有重要的影响。

这些要素是组织的重要组成部分。组织作为一个系统存在,其中的每一个要素都影响着其他要素,并受其他要素的影响。由于研究者的学识背景、经历以及认知等不同,产生了对这些要素作用、机制的不同理解与解释,因此形成了不同的理论流派。

第二节　组织理论及其流派

一、什么是组织理论

"理论"(Theory)是指人们对自然、社会现象,按照已知的知识或认知,经由一般化与演绎推理等方法,进行合乎逻辑的推论性总结。理论可以有系统地提供一些值得探索或讨论的特定主题,并做出有洞察力的解释和预测。

"组织理论"(Organization Theory)是指探讨组织内部运作及其与环境互动过程的研究领域,核心内容包括组织如何掌握内外部环境的需求及经营者意图,并进行组织结构的设计与管理,以达成组织的共同目标。

组织现象出现很早,可以说有人类社会生活以来就有组织现象的存在,但科学化的组织理论的形成则是19世纪末的事情,学者们本着各自的研究兴趣、所处的时代背景和特有生态环境的不同而分别著书立说,形成不同的理论流派。

| 视野拓展1-2 |

《从部落到帝国:原始社会和古代东方的社会组织》由一位社会学家与一位历史学家合著(莫瑞〈法〉、戴维〈法〉著)。本书探讨了近东社会组织从氏族到部落,进而到王国,最后发展到帝国的演变过程,给人一种新奇感,令读者感受到了学科交叉研究的学术意义,为我们审视古代近东文明的社会结构的发生、发展与演进提供了一个独特的视角。

资料来源:节选自《从部落到帝国:原始社会和古代东方的社会组织》。

二、古典组织理论

古典组织理论(Classic Organization Theory)也被称为传统组织理论,产生并兴盛于19世纪末和20世纪初,对组织率先进行了系统性的研究。古典组织理论通常可以分为科学管理理论(Scientific Management Theory)、行政管理理论(Administrative Management Theory)和官僚制理论（Bureaucracy Theory）。该流派所侧重的主要观点是，劳动分工、权力与责任、统一指挥、等级制度、命令和服从等。

（一）泰勒的科学管理理论

"科学管理之父"弗雷德里克·温斯洛·泰勒（Frederick Winslow Taylor）于1911年出版了其经典著作《科学管理原理》，标志着对后世影响深远的科学管理理论的形成。在该书中泰勒较为系统地介绍了科学管理的基本思想、内容和方法，提出专业分工、标准化、最优化等管理思想，并对企业的作业管理和组织管理等内容进行细致描述。泰勒对科学管理进行过表述，"诸种要素——不是个别要素的集合，构成了科学管理，它可以概括如下：科学，不是单凭经验的方法。协调，不是不和别人合作，不是个人主义。最高的产量，取代有限的产量。发挥每个人最高的效率，实现最大的富裕。"该定义指出了科学管理思想的内涵。

（1）工作定额原理。为了解决经验管理带来的工人"磨洋工"的问题，提高工作产出，泰勒提出，管理的中心问题是提高劳动生产率。首先要通过设定专门的组织机构对定额任务进行制定。其次以"第一流的工人在不损害其健康的情况下，维护较长年限的速度"为标准，根据科学实验对工人的"合理日工作量"进行计算，得出标准的劳动定额，最后在此基础上对工人的工作完成状况进行考核。

（2）挑选"第一流的工人"原则。这是提高劳动生产率的重要前提。泰勒认为，企业不仅要为工作找到最合适的工人，还要对挑选出的"第一流的工人"进行培训，通过作业与实践原理进行动作优化，使其能够发挥最大的潜能，以达到最高的劳动生产率。同时，这也对企业的人事管理提出了要求，即做到工人的能力与工作的内容相匹配。

（3）标准化原理。泰勒认为科学管理要将生产中的各种影响因素综合起来，包括机器设备、工具、环境因素、知识、技能等，分析总结为规律与原则，实施工具标准化、操作标准化、劳动动作标准化、劳动环境标准化等标准化管理，把对工人的工作有影响的因素进行合理搭配组合，以尽量消除不利的因素，形成最优方案，提高劳动生产率。

（4）计件工资制。在认真分析之前施行的工资制度之后，泰勒认为工资制度需要改进以充分调动工人的积极性，最大地提高工作效率。于是他提出"计件工资制"，首先要定额部门对合理的标准进行研究制定，其次根据标准工作量的完成情况采取"差别工资制"的激励制度，而且对工人支付的工资是根据其工作技能和劳动量来衡量的，以尽可能地提高制度的公平性，调动工人工作的热情。

（5）劳资双方的密切合作。泰勒认为劳资双方的密切合作是一切管理活动发挥作用的基础。而要使该目标能够达成，就需要对所有管理人员和工人的思想进行变革，将对立冲突的情绪转化为合作互助的感情，通过共同提高价值来达到所获得的报酬。

（6）成立计划部门。泰勒提出要改变之前全凭经验工作的做法，以提高工作效率。要通过科学的方法对劳资双方的工作职责进行划分，在企业内部成立计划部门专职从事工作标准制定工作，并通过标准对工作进行管理控制。而工人则按照标准进行操作，积极配合执行。这样就将计划职能与执行职能分离开来。

（7）职能工长制。泰勒认为管理的职能应该进一步划分，并由不同的工长承担，取代由一人发挥多种复杂管理角色的情况。他将工长的职能分为8种，并将他们平均分配在车间与计划部门，各自可以根据职责向工人直接进行指示。该设想有助于管理专长的发挥，而且清晰的职责划分可以提高工作效率、降低生产成本。但这种管理职能设计也由于多头领导造成的混乱而未能得以施行推广。

（8）例外原则。例外原则是指企业的高级管理人员将处理一般事务的权力授予下级管理人员，仅保留对例外事物决策处理的权力。泰勒认为，规模巨大的企业需要通过例外原则保证组织管理的流畅进行，管理人员可以有更多的精力去思考诸如战略发展等更为重要的问题。例外原则在当今管理实践中仍是非常重要的，该原则也是授权、分权化以及事业部制等管理体制的基础。

泰勒所提出的科学管理理论，开始让人们认识到组织理论是一门建立在明确的法规、条文和原则之上的科学，它适用于人类社会各种有组织的活动，从最简单的个体行为到复杂大公司的业务活动都可以看到科学管理理论的影子。科学管理理论对组织理论和实践的影响是深远的，直到今天，科学管理理论的许多思想和做法仍被世界各地的管理者接受和使用（见图1-3）。

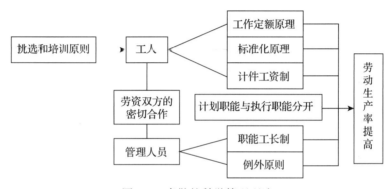

图1-3 泰勒的科学管理理论

（二）法约尔的行政管理理论

行政管理理论也被称为部门分工理论（Theory of Departmentalization），以"现代经营管理之父"亨利·法约尔（Henry Fayol）在1916年所著的《工业管理与一般管理》中所提出的管理理论为代表。其管理理论思想立足于企业整体，具有很强的系统性，并适用于除企业之外的政府机关、军事部门和公共事业单位等组织。法约尔将经营活动分为6种，并对管理活动进行了区分，还提出了5种管理职能和14条一般管理原则。这对于组织理论的构建发展和管理实践的指导帮助都具有重大的贡献。

1. 经营活动与管理的5种职能

法约尔通过分析认为任何企业的经营活动都可以分为6种，即技术、商业、财务、安全、会计和管理活动。这里的技术活动包括生产、制造和加工等生产相关活动；商业活动包括购买与销售等交易活动；财务活动主要是对资本的周转利用等；安全活动是指对财产和员工的保护活动；会计活动包括财产清点与成本统计等活动；管理活动包括计划、组织、指挥、协调和控制5种职能。法约尔将管理活动的这些职能视为相互联系与配合的有机系统，它们之间相互作用才能帮助企业完成经营目标。而管理活动在这些经营活动中处于非常重要的地位。法约尔指出：计划，就是探索未来、制订行动计划；组织，就是建立企业的物质和社会的双重结构；指挥，就是使其人员发挥作用；协调，就是连接、联合、调和所有的活动及力量；控制，就是注意是否一切都按已制定的规章和下达的命令进行。

2. 管理的一般原则

下面是法约尔为了保证管理职能的顺利实施而提出的14条管理原则。

（1）分工原则（Division of Work），法约尔认为管理工作可以通过分工提高效率，而且分工应该在有限的范围内进行。

（2）权力与责任原则（Authority and Responsibility），法约尔将激励与惩罚制度引入管理以保证权力的行使和责任的承担，他认为权力与责任应该相匹配。

（3）纪律原则（Discipline），法约尔认为纪律对于企业的发展兴盛较为关键，包括企业与员工的协议和员工对协议的态度与遵守情况。

（4）统一指挥原则（Unity of Command），针对组织结构的设计，即下级只能接受一个上级的指令。

（5）统一领导原则（Unity of Direction），针对组织结构的运行，即下级只能有一个直接上级，否则会造成多头领导的困境。

（6）个人利益服从整体利益的原则（Subordination of Individual Interest to General Interest），法约尔认为要使该原则能执行，领导人要做到树立榜样、制定公平的协议与认真监督等方面。

（7）人员的报酬原则（Remuneration），即首先做到维持职工的最低生活消费和企业的基本经营状况，其次再根据职工的劳动贡献来决定采用适当的报酬方式。

（8）集中原则（Centralization），是组织的权力的集中与分散的问题，要根据企业的情况决定集中或分散的程度。

（9）等级制度原则（Scalar Chain），就是通过组织中的权力等级链表明权责关系和信息传递路线，可以加强统一指挥原则。

（10）秩序原则（Order），是指所有人都能根据各自特点各司其职，所有物品资源能够用在合适的地方。

（11）公平原则（Equity），法约尔认为公平是由善意与公道产生的，这种处理组织事务的规范可以帮助员工对职责忠诚。

（12）人员稳定原则（Stability Tenure of Personnel），就是要帮助员工熟悉自己的工作与环境，并维持人员流动与稳定之间的平衡。

（13）首创精神（Initiative），就是包括计划的设想与实施等能够实现自我满足并激发工作激情的因素。

（14）团队精神（Team Spirit），是指维持加强组织中的团结互助、团队协作的精神，可以加强成员之间的关系纽带。

效率一直是组织研究的重要问题，随着理论与实践的逐步发展，对效率的研究逐渐分为两大领域：作业活动效率和组织效率。在作业活动效率方面，人们一直在使用科学管理的方法，而法约尔所做的开创性的工作，则突出地把管理活动分离出来，强调管理活动的独立性和重要性，对管理理论的深入研究和管理实践的繁荣起到了重要的促进作用，并使得对效率问题的研究逐渐转移到了组织效率上。从效率的角度来看，泰勒的科学管理理论的侧重点是如何提高作业过程中的劳动生产率，而法约尔则侧重于组织管理人员的效率研究，但是两者并不是对立的，而是相互补充的，因为泰勒和法约尔都是想通过不同的分析方法来改进组织效率。

(三) 韦伯的官僚制理论

官僚制理论的探讨以"组织理论之父"马克斯·韦伯（Max Weber）最为著名，其主要思想收录于《社会和经济组织的理论》一书中。该理论所构建的行政组织体系，分析了组织的权力基础，以及组织中的权力来源，并提出理想型官僚组织（Bureaucratic Ideal Type），以使组织高度理性化并帮助组织达成目标。

1. 行政组织体系的权力基础

韦伯认为任何组织都必须以某种形式的权力作为基础，否则就不能达成组织的目标。而且社会中存在 3 种能被接受的权力来源：首先是传统权力（Traditional Authority），人们对这种权力的服从是因为领导者处于传统惯例或世袭所承认与支持的权力地位，是人们对传统拥护的结果，领导者高高在上的地位也使其权力是不受限制的，领导者的意志与情感就是组织中事物处理的标准；其次是超凡权力（Charismatic Authority），领导者以超自然力量拥有者自居，并神化为天道的代言人，其意志凌驾于众人之上，因而行为也是不受束缚的，人们追随其后是源于对领导者的崇拜与信仰，这是以带有神秘色彩的非理性行为为基础的；最后是合法－理性权力（Legal-Rational Authority），领导者的权力源自法律制度所赋予的职权，而不是源自领导者自身的意志。法律是至高无上的权力来源，领导者需要在一定的范围内遵循规定，按照法定的程序行使自己的权力。

在上述 3 种权力中，传统权力效率较差，因为领导者并未经过挑选，他对组织的影响取决于个人能力的优劣。超凡权力则偏向于非理性，依据的是超自然或某种神秘的力量，具有较强的不稳定性。而在合法－理性权力中，被领导者是服从于法律制度所授予某个职位的权力，而非这个职位的领导者本人，在这种情况下，组织的全体成员都要遵守法律制度的规定，领导者的权力有着确定的范围，并且遵循特定的程序。因而，基于管理的连续性需要秩序、理性的筛选和权力的约束这三个方面，韦伯认为只有这种具有公正性的合法－理性权力才能作为行政组织体系的基础。

2. 理想型官僚组织的特点

韦伯所提出的理想型官僚组织具有以下特征（见表 1-2）。

（1）组织中的人员应有固定和正式的职责并依法行使职权。组织是根据合法程序制定的，应有明确的目标，并靠着这一套完整的法规制度，组织与规范成员的行为，以期有效地追求与达到组织的目标。

（2）管理层级。组织的结构是一层层控制的体系。在组织内，按照地位的高低规定成员间命令与服从的关系，组织中的每个成员都明确自己所服从的上级，以及向哪些人发送命令。一方面减少多头领导的混乱现象，另一方面也容易对下级进行领导。

（3）人与工作的关系体现出非个人化特征。成员间的关系只有对事的关系而无对人的关系。每个成员应尽职尽责，排除个人感情，保证成员之间是一种非个人化的仅限于职务的关系。同时，成员的工作行为以及成员之间的工作关系，应遵守组织的法规制度，不应受到个人情感影响。组织内的行为、决策和法规，应以书面形式规定和记载，业务的处理和传递应以书面文件为准，从而保证组织行为的准确性和规范性。

（4）通过正式选拔保障成员的选用。每一职位都应按照一定的标准对成员进行筛选，根据其资格限制（资历或学历）以及技术能力，按自由契约原则，经公开考试合格后予以录用，务求人尽其才。

（5）专业分工与技术训练。根据专业分工的原则，以及成员的技术专长，应该对成员进行合理分工并明确每人的工作范围及权责，同时为了保证各种职位上的成员在行动中的统一性和整体性、保证各项业务的一致性，应该对有关成员进行专门的训练，通过技术培训来提高工作效率。

（6）成员的工资及升迁。成员的工资应有明文规定，并有详细的工资制度，特定的职位接受特定的待遇，不受组织领导的个人影响。建立明确的奖惩与升迁制度，使成员安心工作，培养其事业心。

表 1-2　理想型官僚组织的特征

正式职责	员工行为得以规范，从而提高工作效率
管理层级	指挥链和个人权限清晰明确，同时利于沟通和交流
非个人化	个人色彩和个人偏好得以避免，组织行为对事不对人
正式选拔	人尽其才，充分发挥成员所擅长的技能
专业分工与技术训练	权力和责任明确，专业化提高生产效率
工资及升迁	恰当的激励机制，促使成员安心工作

韦伯避开了关于官僚制理论效率的争论，他认为，理想的行政组织体系应该符合理性原则，效率最高，应强调组织的精确性、稳定性、纪律性和可靠性。关于3种权力的精辟分析，强调了合法-理性权力相对于其他两种权力的持久性，也对组织设计中关于职权的设定起到了很大的启示作用。当然，还有必要强调一点，这里所说的"理想"并不是一般意义上最可取的类型，而是韦伯从众多反映组织的要素中抽象出来的最重要的和最具独特属性的简化模型，如果希望使用理想的行政组织体系就能获得高效的组织效率，那必然将陷入形而上学的桎梏（见表1-3）。

表 1-3　科层制行政组织体系与传统型行政组织体系的比较

特征	科层制行政组织体系	传统型行政组织体系
管辖权范围	对个人常规活动的要求分配在固定的职位责任上	劳动分工既不确定也不常规化，取决于领导指派
等级制原则	下级受上级监管，上级对下级管制范围有严格限制，下级有上诉权	权威关系分散，主要基于个人忠诚，不存在清晰的等级秩序
规则体系	规则相对稳定和完整，有章可循；决策记录在案，永久保存	没有一般性行政规则或非常模糊并随意改变；活动记录不长期保存
职位和员工	权力属于职位，个人财产与公共财产严格区分，工作场地与居住和生活场所	不设区分
官员选拔	依据技术能力，职位是任命的而非选举的，工资为补偿手段	没有通用的选拔准则，以恩赐的方式提供补偿
受雇	官员是全职雇员，并希望终身服务于一个机构	首要目的是取悦领导，缺乏对个人前程和终身职位的明确的目标和预期

三、人际关系组织理论

人际关系组织理论始于20世纪20年代，受到心理学与人类文化学的影响，用来对机械式的古典组织理论无法解释的人的行为过程进行补充，是对组织理论的重要推动。它以乔治·埃尔顿·梅奥（George Elton Mayo）、弗里茨·朱利斯·罗特利斯伯格（Fritz J Roethlisberger）等人进行的霍桑实验为起点，逐步发展成为研究人与人之间的关系、人的行为与动机以及激励等多方面问题的理论。它包括梅奥和罗特利斯伯格的组织理论、亚伯拉罕·马斯洛（Abraham Maslow）的需求层次理论、弗雷德里克·赫茨伯格（Frederick Herzberg）的双因素理论、道格拉斯·麦格雷戈（Douglas M Mc Gregor）的X-Y理论、库尔特·卢因（Kurt Lewin）的团体动力理论等。

（一）梅奥、罗特利斯伯格与霍桑实验

梅奥与罗特利斯伯格等人在1924—1933年间在美国的一家工厂进行了著名的霍桑实验，目的是探索外部环境因素与心理影响因素等工作条件对生产效率的作用程度。梅奥于1933年发表的《工业文明的人类问题》一书中将获得的发现公之于世，证实了生产效率主要取决于员工的积极性，受员工的家庭和社会生活以及组织中人与人的关系的影响。这些研究发现否定了古典组织理论的部分观点，奠定了人际关系组织理论的基础。该理论流派的核心思想可以归结为以下三个基本点。

1. 员工的"社会人"假设

与古典组织理论所提出的"经济人"假设不同，这里将员工看作是拥有复杂社会关系的"社会人"，将物质奖励作为唯一的激励手段并不能发挥作用，要调动员工生产工作的积极性，还应该考虑到其社会系统方面的需求，从心理层面与社会层面进行激励，使员工在诸如友情、安全感和归属感等各方面的需求均得到满足。

2. 企业中存在非正式组织

在企业中除了存在规章制度、组织规划等正式规范所形成的正式组织以外，还存在通过共同的社会感情所维系的非正式组织，正如罗特利斯伯格在《走向统一的管理理论》一文中所言，非正式组织应该被看作是"一些惯例、价值观、准则、信念和非官方的规则"。因此，企业应该注意到这种非正式组织的存在对生产效率所产生的影响，并将以效率逻辑存在的正式组织与以感情为基础的非正式组织区别对待，处理好它们之间的协调与冲突关系。

3. 领导者要具备人际协调的技能

由于生产效率的提高很大程度上受到员工的积极性与协作精神等所构成的士气的影响，因此，领导者掌握必需的人际关系协调技能，积极与员工交流情感，帮助他们解决实际问题，可以有效地提高员工的满意度与士气。

人际关系流派强调组织中人的因素，突破了古典管理理论集中于工作和物质因素的局限。它提出"社会人"的假设，认为员工并非单纯地追求金钱等物质享受，他们还需要社会和心理层面的满足，体现了组织中人的重要性，并引发了大量的学者开始研究人的本性和需要、人的行为动机，以及组织中的人际关系问题（见图1-4）。非正式组织的提出，引导组织的领导者开

始重视非正式组织在组织中的地位，尝试发挥非正式组织的有利之处，克服其不利之处。梅奥等人的管理思想所产生的一系列管理活动，也对现代企业的管理实践产生了深远影响，至今依然具有重要的实践指导作用。但是，人际关系学说过于侧重人的社会和心理因素，而忽略了理性和经济因素对人的激励作用，因此也存在一定的局限性。

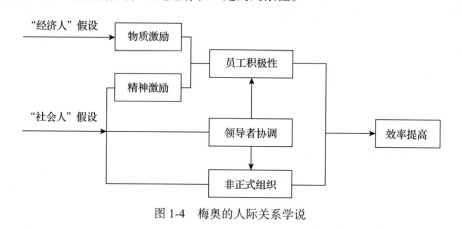

图 1-4　梅奥的人际关系学说

|视野拓展 1-3|

霍桑实验

霍桑实验是 20 世纪 20 年代末 30 年代初在芝加哥郊外的西部电器公司的霍桑工厂进行的一系列实验。霍桑工厂有着开明的人力资源政策和较高的福利待遇，工作环境和物质条件在当时处于先进水平。但是这些却没有对生产效率起到较大的提高作用。因此由美国国家科学院全国研究委员会赞助，其分支机构工业照明委员会与霍桑工厂合作，试图找出生产率停滞不前的原因。该实验的过程大致可以分为以下四个阶段。

照明实验

由于当时的理论界和实务界普遍认为，生产效率与工作环境和员工的健康状况存在特定的关系。而且基于以前的研究，研究人员猜测随着工作场所照明度的提高，员工生产效率会随之提高，因此这一阶段主要是试验照明度的变化对生产效率的影响。研究人员挑选了两组员工进行实验：一组是"试验组"，对其照明度进行调节；另一组是"控制组"，其照明度保持不变。两个组所从事的具体工作是相同的，一开始，两组照明度相同，然后逐渐降低"试验组"的照明度，"控制组"的照明度不变。最终的结果：当"试验组"的照明度降低直至近似到月光的程度，两组的员工生产效率基本相同且都呈上升趋势，这说明照明度的变化对生产效率没有产生影响。

福利实验（电话继电器装配实验）

显然照明度和员工生产效率之间不存在直接的因果关系，因此研究人员将实验转移到了其他有可能对生产效率产生影响的因素。福利实验主要集中在对薪酬制度、工作时间、休息时间和每周工作天数等因素上，通过对这几个要素进行精心设计，观察这些要素变化时员工的生产效率变化。但经过两年多的实验发现，无论实验条件如何变化（包括工资制度的改变、休息时间的增减、福利待遇的变化等），员工的生产效率一直在提高，而工人自己也说不清楚生产效率提高的原因。

大规模访谈计划实验

由于前两次实验的失败，研究人员准备放弃实验，但是在一次报告会议上，哈佛大学的教授乔治·埃尔顿·梅奥（1880—1949年）知道了这个实验，并产生了强烈的兴趣。梅奥率领一些人进入霍桑工厂，首先对霍桑工厂进行了全面的参观研究，然后进行了大规模的访谈。在进行访谈时，梅奥认为应该使用一种对话式的或非指导性的方法，通过这种方法，可以使员工更愿意表达自己的感受。而研究人员的任务就是让员工不断交谈，并将每次访谈的时间大大延长。在之后的访谈中，员工表示工作条件得到改善（虽然事实上没有变化），工资报酬也得到改善（事实上保持不变），简而言之，虽然实际条件未变，但是这种访谈让员工真实地表达了自己的感受，从而让他们认为自己的处境得到了改善。

群体实验（电话线圈装配工实验）

在群体实验中，研究人员挑选了14名男员工，他们组成了一个小型工作群体，在隔离的房间里分别从事接线、焊接和检验工作。这个小型工作群体实行特殊的计件工资制度，即成员的收入与小组的产量相关，并参考平时的个人产出水平。

在对小组进行观察的过程中，研究人员发现这些员工形成了一个复杂的社会群体。这个群体有着自己的规范和一套共同的信念，但不同于工厂所正式要求的。试验组不顾工厂关于产量的规定而自己设定了产量限额，并且往往低于工厂的规定；群体成员都避免过高或过低的产量，以维持合理的工作量和工资率；群体内部也有自己的一套措施来约束成员的行为。

这个实验促进了研究者对非正式群体现象的兴趣，由此提出"非正式组织"的概念，认为在正式的组织中存在着自发形成的非正式组织，这种组织有自己的特殊的行为规范，对人的行为起着调节和控制作用。同时，非正式组织还以自己的方式加强了内部的协作关系。

经过几个阶段的实验，梅奥等人对实验结果进行了总结，并出版了《工业文明的人类问题》《工业文明的社会问题》《管理与工人》《管理与士气》等管理学著作，突破了古典管理理论对人的情感的忽视，第一次将管理研究的重点从工作和物质因素转移到人的因素上来，最终形成了人际关系学派。

资料来源：霍桑实验的百度百科。改编人：田晓煜。

（二）马斯洛的需求层次理论

马斯洛在1943年出版的《人类动机理论》一书中提出了需求层次理论。该理论基于以下三个基本假设。第一，人要生存，其需求能够影响行为。只有未满足的需求才能影响行为，已满足的需求并不能起到激励作用。第二，人的需求可以按照重要性和层次性排列，从基本的到复杂的、由较低层次到较高层次为：生理需求（如食物和住房）、安全需求、社会需求、尊重需求、自我实现需求。第三，当人的某一级的需求得到最低限度满足后，才会追求高一级的需求，如此逐级上升，成为推动人继续努力的内在动力。

1. 生理需求

生理需求是人类维持自身生存的最基本需求，包括衣、食、住、行等方面。如果这些需求得不到满足，人类便难以生存。从这个意义上说，生理需求是人类最基本也是最强烈的需求。马斯洛认为，只有这些最基本的需求得到满足之后，其他需求才能成为新的激励因素，而此时这些已得到满足的需求便不再具有激励作用。

2. 安全需求

安全需求是人类对免除危险和威胁的各种需求，如保障自身安全，维持工作和生活环境稳定，避免失业和职业病的威胁等方面的需求。马斯洛认为，整个有机体是一个追求安全的机制，人的感受器官、效应器官、智能和其他能量主要是寻求安全的工具，甚至可以把科学和人生观都看成是满足安全需求的一部分。当然，当这种需求一旦得到满足后，也就不再成为激励因素了。

3. 社会需求

社会需求可以分为两个方面。一是对良好关系的需求，即每个人都希望和家属、朋友、同事、上下级保持关系融洽或保持友谊和忠诚；每个人都希望得到爱情，希望爱别人，也渴望得到别人的爱。二是对归属感的需求，即人都希望被某一个群体所接受，希望成为群体中的一分子，并在群体中相互关心和照顾。社会需求要比生理需求更加复杂，有时也不容易辨别，但它和一个人的成长历程、生活环境有着密切的关系。

4. 尊重需求

人人都有自尊心、自信心和成就感，对这些方面的追求构成了尊重需求。每个人都希望自己的能力和成就得到社会的承认，希望得到他人的尊重，在自己所处的群体中享有一定的地位与影响力。马斯洛认为，尊重需求得到满足，能使人对自己充满信心，体会到自己活着的用处和价值。但是这类需求常常无法得到充分的满足，因此对尊重的需求也往往是无止境的。

5. 自我实现需求

马斯洛说："音乐家必须作曲，艺术家必须作画，诗人必须作诗，这样最终他才能感到欣慰。能做的就做，我们可以称此为自我实现。"自我实现需求是最高一级的需求，它是一个完成自己最适宜的工作，发挥最大的潜力，实现奋斗目标，并能够不断超越自己的需求。马斯洛提出，为满足自我实现需求所采取的途径是因人而异的。满足自我实现需求是在努力激发自己的潜力，使自己渐渐成为所期望的人物的过程。

马斯洛的需求层次理论，从人的需求出发探索人的激励因素并研究人的行为，抓住了问题的关键，形成了研究人类动机和人类潜能的认知框架。马斯洛的需求层次理论简单明了、易于理解，因此对企业管理者如何有效地调动人的积极性有一定的启发作用。马斯洛的需求层次理论也存在一定的不足，例如：对怎样才算满足某一层次的需求并没有明确的界定方法，在实践中也缺乏可测量的指标；关于高层次的需求是在低层次的需求得到满足后立刻产生，还是会有一定的时间间隔，马斯洛没能给出相应的解释。但是到目前为止，在所有的需求层次理论中，马斯洛的需求层次理论依然是最受追捧的。

（三）赫茨伯格的双因素理论

双因素理论是由美国的行为科学家弗雷德里克·赫茨伯格提出的，也称激励保健理论（Motivator-Hygiene Theory）。赫茨伯格在 20 世纪 50 年代末对一批工程师与会计师进行了调查访谈，探寻在工作中影响他们满意与不满意的因素，以及积极与消极情绪所维持时间的长短。通过大量的材料收集，他们发现员工满意的都是属于工作本身或工作内容方面的，即激励因素，而不满意的都是属于工作环境或工作关系方面的，即保健因素。

激励因素包括工作本身、认可、成就和责任，这些因素涉及对工作的积极感情，又和工作本身的内容有关。这些积极感情和个人过去的成就、被人认可以及担负过的责任有关，它们的基础在于工作环境中持久的而不是短暂的成就，这些因素的存在能对组织成员产生更大的激励。保健因素，包括公司的政策和管理、技术监督、薪水、工作条件以及人际关系等。当这些因素恶化以至于组织成员不满意时，就会导致工作效率的降低。但是组织成员认为这些因素较好时，它们也不能保证较高的工作效率。这些因素涉及工作的消极因素，也与工作的氛围和环境有关。也就是说，对工作和工作本身而言，这些因素是外在的，而激励因素是内在的，或者说是与工作相联系的内在因素。

赫茨伯格的双因素理论和马斯洛的需求层次理论有相似之处，保健因素类似于需求层次理论中的生理需求、安全需求、社会需求等较低层次的需求，激励因素类似于尊敬需求、自我实现需求，这两种理论的区别在于关于需求的具体分析和解释是不同的。双因素理论使组织领导者开始重视工作本身可以进行改进的地方，并表明保健因素的满足是必要的，缺乏它会导致成员的不满，但是仅有保健因素并不能有效地促进效率提高，因此领导者还要注意在组织中增加激励因素，充分调动人的积极性，从而能够形成持久的内在激励，促使组织效率的提高。

（四）麦格雷戈的 X-Y 理论

X-Y 理论由美国心理学家道格拉斯·麦格雷戈在 1960 年所著的《企业中人的方面》一书中提出，X 理论和 Y 理论所探寻的都是人们工作的源动力，所不同的是二者的假设是相反的，X 理论认为人们有消极的工作源动力，而 Y 理论则认为人们有积极的工作源动力。

X 理论是麦格雷戈对传统的关于人性假设的管理观点所做的总结归纳。其主要观点是：人的本性是懒惰的，他们厌恶工作，并尽可能逃避工作；大多数人缺乏雄心壮志，不愿主动承担责任，宁愿被人指挥；大多数人的个人目标与组织目标是矛盾的，必须用外力来促使他们为实现组织目标而努力；大多数人工作只是为了满足生理需求和安全需求；大多数人缺乏理性，很容易受到环境和他人的影响做出不该做的事。根据 X 理论，传统的管理方式一般是通过外力，比如通过物质手段来促使成员积极性的提高，同时注重"严格而合理"的管理方法，使用奖赏与惩罚的手段对成员进行激励与约束，即采取"胡萝卜加大棒"的政策。

麦格雷戈认为，虽然当时在工业组织中的人出现了很多 X 理论中所列出的行为，但是这些行为不是人类的固有天性，而是当时工业组织的性质、管理思想、政策和实践所造成的。因此，他针对 X 理论的错误假设，提出了相反的 Y 理论。Y 理论的主要观点是：人并非天生懒惰，如果给予合适的工作环境，人们会把工作当成一件快乐的事，自愿进行并渴望发挥其才能；大多数人愿意对工作负责，在适当的条件下能够主动承担责任；物质报酬不是成员的唯一追求，在组织中的尊重需求和自我实现需求也是普遍存在的，激励在需求的各个层次上都起作用；想象力和创造力是人类广泛具有的。根据 Y 理论的假设，应合理安排员工的工作，对员工充分授权，让员工通过自我实现需求的满足来提高工作的积极性。

麦格雷戈所创立的 X-Y 理论，已经成为当代管理科学不可分割的部分。他对 X 理论和 Y 理论做了比较，为组织处理成员之间的关系提供了认识工具（见表 1-4）。但 X-Y 理论也不是一把万能钥匙，Y 理论对成员的工作态度是持积极乐观的观点，然而在现实中相当一部分人是懒惰和不愿负责任的，显然对这些人应用 Y 理论必然导致管理的失败。此外，如果要对组织成员使用 Y 理论，就需要合适的工作环境，然而创造这样的环境成本往往很高，所以 Y 理论不是放之四海而皆准的。

表 1-4　X 理论与 Y 理论

X 理论	Y 理论
本性懒惰	并非天性懒惰
缺乏雄心壮志	主动承担责任
满足生理需求和安全需求	尊重需求和自我实现的需求普遍存在
缺乏理性	广泛具有想象力和创造力

| 视野拓展 1-4 |

冬风化雨，古木逢春：中国一重的薪酬改革之路

中国一重集团有限公司（以下简称"中国一重"）前身为第一重型机器厂，作为一家传统的重型装备制造国有企业，受冶金、石化、能源等强周期行业的外部影响，集团经营状况和经济效益起伏不定，内部则是经久未变的平均主义"大锅饭"的计划经济体制，职工工作大多人浮于事、懒散懈怠。自 2014 年起持续三年亏损，2016 年更是巨亏 57.34 亿元，年均营业收入仅为 28.75 万元，不足同行的五分之一，破产倒闭的危机感压在一重人的头顶。2016 年年末，中国一重制定出了解决规划：首先解放思想，其次推行三项制度改革，最后落实市场化经营体制、实现创新发展。

中国一重存在的最严重的问题是工资水平平均无差异、远低于市场水平、与付出严重脱钩。因此，三项制度改革之一的薪酬改革于 2017 年全面推行，要求体现差异性、吸引保留人才。

中国一重首先确立了薪酬改革的方向：通过强化人工成本管理，落实企业自主分配权，建立市场化工资分配和长效激励约束机制，进一步理顺内部收入分配关系，实现薪酬能增能减。在总体目标的指导下，薪酬体系一方面要彻底起到调动积极性的作用，另一方面也要严格管控、赏罚分明，让薪酬也能有温度。

改革第一步，做好薪资计划，实施工资总额管理，确定具体要改哪些。中国一重研究制定工资总额管理办法，废除简单以人定薪的总额决定方法，按照"效益决定分配"的原则，完善工资总额决定机制，保证"千金重担人人挑，人人肩上扛指标"。

改革第二步，配合重新设计压缩后的组织结构，实施差异化薪酬分配机制，确保多劳者必定多得，彻底改变"大锅饭"的旧制。坚持市场导向，加大对企业关键骨干人才的激励力度，提高核心人才薪酬的市场竞争力水平。

改革第三步，既要保证胡萝卜，也要举起大棒，让人不得不去干，完善业绩导向考核机制，精准判断多劳者。坚持"以岗定薪、岗变薪变"的分配原则以及按业绩考核的分配导向，拉开同级别人员的收入差距，指标体系"效益否决"。

最后，落实改革成果人人享，培育主人翁般的归属感。高层用股权激励、分红激励、员工持股等构建中长期激励机制，政策逐步向基层下沉。用福利保障制度为基层送上最真切的幸福感，中国一重组织建设了惠民超市、员工之家、书屋等，为全体职工提供就餐补、年度体检、补充医保等，创造一重人的美好生活。

员工是国有企业的根，根深叶茂，企业绩效也在薪酬改革中逐渐"回春"。2022年中国一重三项制度改革基本收官，员工逐渐在公平的薪酬中建立起了持续的竞争意识。这些经历也逐渐增进了企业与员工的关系，从前"谁也拱不动"的中国一重，如今也能"一年扭亏、两年翻番、三年跨越"，以充满活力的姿态迎接外部挑战。

改编自：孙秀霞、李欣、刘晓晓等，冬风化雨，古木逢春：中国一重的薪酬改革之路，大连：中国管理案例共享中心案例库，2023年。改编人：田晓煜。

（五）卢因的团体动力理论

库尔特·卢因于1944年首先提出了"团体动力理论"。该理论认为，一个人的行为是其性格特征和环境外力相互作用的结果，可以用函数式来表示：

$$B = f(P, E)$$

式中，B是个人的行为；P是人的性格特征；E是人所处的环境。

所谓团体动力理论，就是试图发现分析团体中人与人相互作用、相互影响所形成的各种力量是怎样影响个体行为的，卢因及其后继者通过实验研究，发现了以下几种团体动力的类型。

1. 团体领导方式动力

卢因将团体的领导方式分为三种，即专制型、民主型、自由放任型。专制型是指领导者单独做出决策并指挥下属进行工作，下属要绝对服从。民主型是指领导者与下属共同参与决策，在工作中进行双向沟通，领导者与下属之间的关系比较平等。自由放任型是指领导者对下属进行高度的授权，下属可以独自完成任务，很少受到领导者的干预。不同的领导方式对其成员行为表现的影响也不同。对10名左右的男孩所做的试验表明：在专制型团体中，成员表现出较多的攻击性言行，引人注目的出风头行为，对自己的关注多于集体，更多地使用"我"而不是"我们"，同时还存在推卸责任、阳奉阴违、对团体活动缺乏兴趣等多种现象；在民主型团体中的表现则相反，而且同一个成员一旦从专制型团体调入民主型团体中，其行为就立即发生变化。

2. 团体组织形式动力

卢因及其后继者发现，在欧洲战场上被德国俘虏的美国士兵，反抗情绪和逃跑率都很高；

而在朝鲜战场上被中国俘虏的美国士兵，反抗情绪和逃跑率都很低。心理学家薛恩（E.Schein）于1956年对此进行研究，认为这种行为反差是由团体组织形式造成的。在中国战俘营中，看守人员与战俘的伙食、医疗条件平等，战俘经常调动而组成新的战俘群，有意识地让被俘士兵管理被俘军官，战俘被提审后不再回原来的战俘群。而在纳粹德国的战俘营中，组织管理方法与中国恰好相反，因此导致了战俘行为的不同。

3. 团体结构性质动力

威尔逊等人将36名大学生分成甲、乙两组进行试验，甲组成员都是以安全需求为优势需求，而尊重需求较低的学生。乙组则是注重尊重需求而安全需求较低的学生。结果表明：甲组在平等型团体中的生产效率低，而在层级型团体中的生产效率高；乙组的生产效率的高低则正好相反。个人需求类型和团体结构性质的搭配，在很大程度上影响了组织成员的行为。

4. 团体公约动力

团体公约是指组织成员之间的一个共同遵守的约定，也是参与组织活动的成员所共同信守的行为规范，它对于组织成员在组织中的行为有着不可低估的作用。卢因曾就团体公约对人们行为态度的影响做过一系列的试验，如怎样改变美国家庭主妇不喜欢用动物内脏做菜的习惯。试验结果表明，团体的公约规则，比一般性的宣传说服，更能改变团体成员的行为。

5. 团体多数动力

社会心理学家阿奇（S. E. Asch）于20世纪50年代通过多次试验证明：对于用来做实验的问题，比如团体中只有1个成员故意给出错误答案，就会产生团体压力，被试者接受错误答案的比率达13.6%；若有3个成员故意答错，被试者接受错误答案的比率就上升为31.8%。另一些行为科学家在此基础上还就团体凝聚力和生产效率的关系进行了研究，他们指出，团体凝聚力与生产效率受控于团体目标和组织目标是否一致。如果一致，团体凝聚力高固然会极大提高生产效率，但即使团体凝聚力低也能提高生产效率；如果不一致，则团体凝聚力高反而会使生产效率下降，团体凝聚力低则对生产效率不会产生明显的影响。

团体动力理论强调组织中非正式团体的影响，并给出了分析非正式团体的方法，为我们研究组织行为提供了一个新的角度，同时在实践中可以帮助我们充分利用非正式团体在提高组织绩效上的作用。

四、决策组织理论

决策组织理论兴起于第二次世界大战之后，是以社会系统论为基础，兼收行为科学与系统论的思想，并通过运筹学、计算机科学技术等方法，形成的解决组织决策问题的理论系统。它以赫伯特·亚历山大·西蒙（Herbert Alexander Simon）、詹姆斯·马奇（James G. March）等人为代表，以人的有限理性为基本假设，将组织视为可以在一定程度上帮助人们做出选择和解决问题的人类有机体。

（一）有限理性假设

在西蒙之前，古典经济学理论是基于完全理性假设和最优化原则，然而这与现实中的情况有很多的冲突，在指导组织的决策活动时就显出其缺陷。因而西蒙在其所著的《管理行为》一书中对古典经济学理论的假设前提进行思考，考察这些理论在人类决策行为中的适用性，对完全理性假设和最优化原则提出挑战，用"管理人"取代"经济人"，并提出了有限理性假设：人不是"完全理性的经济人"，只有有限的决策能力和选择能力。

有限理性假设包括以下内容。

（1）人的理性是介乎完全理性和非理性之间的一种有限理性，这是由于组织处于不断变动的外界环境影响之下，搜集到所需的所有资料是很困难的，而且人的认知能力和时间精力是有限的，因此在制定决策时很难求得最佳方案。另外，考虑到经济性因素，人们也不会刻意追求它。

（2）决策者在识别和发现问题中容易受到知觉偏倚的影响。所谓知觉偏倚是在知觉的选择性支配下，决策者仅能对问题的部分内容进行分析，未能感知的信息被排除在决策者的认知范围之外。在现实中，决策者对未来做预测时，利用直觉往往多于利用逻辑分析方法，但是直觉的判断是比较容易出错的。

（3）由于决策时间和可利用资源是有限的，决策者即使充分掌握了有关决策问题的信息，也无法做到全部了解各种备选方案的情况，因而选择决策方案的合理性只是相对的，而不是最优的。

（4）一般来说，决策者都是厌恶风险的，对风险的考虑要多过对方案收益的考虑，这使得经济收益可观但风险较大的方案不一定被选择。

（二）管理就是决策

西蒙对传统组织理论所推崇的一些组织原则进行了批评，并认为传统组织理论存在的一个很大的不足就是忽视了对组织决策问题的研究。西蒙认为，"管理就是决策"，决策贯穿于组织工作的全过程，组织的基本功能就是决策。决策是一个复杂的、循环的过程，组织的全部活动都是围绕决策展开的。制订计划是决策；在多个备选方案中进行选择也是决策。组织的设计，管理权限的设定，是组织上的决策问题；实际成绩同计划的比较，控制手段的选择，是控制上的决策。由此可见，决策贯穿于组织的各个方面和全部过程。西蒙主张从广义的角度理解决策，并将一个完整的决策过程分解为以下四个主要阶段。

（1）搜集情报阶段。搜集组织外部环境中与组织有关的经济、技术、社会、政治等方面的情报和组织内部的有关信息，加以分析，为接下来的阶段提供依据。

（2）计划拟订阶段。根据组织所面临的问题，利用搜集情报阶段所获得的信息，创造、制订和分析可能采取的行动方案。

（3）计划抉择阶段。根据组织当前的实际情况和对未来发展的判断，从各个备选的行动方案中进行抉择。

（4）审查活动阶段。决策实施后应该进行事后的跟踪反馈，对已经实施的方案进行评价。这样，组织的管理人员按照一定的流程，在各个环节都做好充分而细致的调查分析工作，可以在很大程度上提高决策的科学性。

西蒙还对程序化决策和非程序化决策进行了划分，并进行了许多创造性的研究工作。他把一个组织的全部活动分为两类：一类是例行活动，另一类是非例行活动。根据这两类活动的特点，可以把相应的决策分为两种相反性质的形式。一种是程序化决策，即在活动重复发生时，决策者通过限制或排除行动方案，按照书面的或不成文的政策、程序或规则所进行的决策。这类决策所要解决的问题是具体的、经常发生的，解决方法是重复的、例行的程序。另一种是非程序化决策，是为了解决不常发生的或例外的非结构化问题。这种问题一般不经常发生，没有得到组织的注意，或者因为对组织非常重要而需要给予特别的注意，从而有必要进行非程序化决策。

西蒙对组织理论的重要贡献来自他的理念，即研究和了解组织意味着需要研究决策过程所包含的复杂内容。他对有限理性假设的研究有助于我们理解即使在受限于获得信息的能力的情况下，管理者如何理性地行事并制定出令人满意的决策。同时，西蒙以决策为核心的组织理论研究方法，使对组织的研究焦点从制度、法制、结构等静态层面转变到组织的决策过程这一动态层面。

五、系统组织理论

社会系统学派由现代管理理论之父——切斯特·巴纳德（Chester Barnard）创立。由于家庭经济困难，他靠勤工俭学读完了哈佛大学的经济学课程，但是因为缺少实验学科的成绩未能获得学士学位。然而，之后巴纳德在研究组织和管理理论方面的杰出成就，使他先后得到了7个名誉博士的称号。

巴纳德关于组织理论的重要思想并非来自对理论的不断研究，而是来源于自己漫长的工作经历中积累的丰富的经营管理经验，他将这些经验深入分析并结合管理的特点，写出了许多重要著作。其中最有名的是1938年出版的《经理人员的职能》和1948年出版的《组织与管理》，前者被誉为美国现代管理科学的经典著作，两者都是巴纳德毕生从事企业管理工作的经验总结。在这两部著作中，巴纳德从社会学的视角对组织理论进行重新思考，认为组织应当被视为是协作的社会系统，这种创造性的观点成了社会系统学派的开端，并为现代组织理论做出了巨大贡献。

首先，巴纳德认为，一个合作系统是由许多相互协作的人组成的。社会中存在的各类组织如军事组织、宗教组织、学术组织、企业组织等都是一个合作系统，它们都是社会这个大的合作系统的某个部分。在这里所提到的合作系统都是正式组织，巴纳德认为它们都包含三个基本要素：协作的愿望、共同的目标和信息联系。同时，所有的正式组织中都存在非正式组织。正式组织是保持秩序和一贯性所不可缺少的，而非正式组织是提供活力所必需的。两者是协作中相互作用、相互依存的两个方面。所有的协作行为都是物质的因素、生物的因素、人的心理因素和社会因素等不同因素的综合体。

其次，巴纳德指出，一个组织的生存和发展有赖于组织内部的平衡和外部的适应，而管理的艺术就是把内部的平衡和外部的适应综合起来。他反对传统的将组织看成是由有限成员组成的孤立系统的观点，而是认为组织的概念应当包括所有的利益相关者，比如供应商、顾客和其他对组织做出贡献但并不属于组织的人。基于这个观点，组织就不能只将视野局限在组织内部，而应该同时对组织环境中的各种因素进行分析，识别外界环境对组织的各种限制与约束条件。

再次，由于在现实中常会存在个人目标与组织目标不一致的情况，巴纳德提出了"有效"和"有效率"两个概念。"有效"是指一个组织系统协作得很成功，能够实现其组织目标，而能够达到"有效"，也是系统存在的必要条件。系统的"有效率"是指组织能够满足其成员的个人目标，组织目标的满足是个人目标满足的综合作用的结果。这样就把正式组织的要求同个人的需要结合起来，这在管理思想上是一个重大突破。

最后，巴纳德认为，经理人员的作用就是在一个正式组织中充当系统运转的核心，并对组织成员的不同活动进行协调，指挥组织的运转，促进组织目标的实现。经理人员的主要职能有三个方面：提供和维持一个信息交流系统；促使组织成员对组织做出贡献，包括采用适当的激励方式、成员的选聘和训练；制定组织的目标并进行解释，同时协调个人目标和组织目标之间的冲突。

除此之外，巴纳德还提出在组织中使组织成员非个性化的必要性，管理者应该意识到组织成员不仅有着理性、客观的一面，同时还存在非理性、主观的一面，因此管理者面临的一个问题就是对这两个方面进行区分，识别组织成员的行为动机；权威是存在于正式组织内部的一种"秩序"，一种信息交流的沟通体系，是个人服从于协作系统要求的意愿和能力；组织能否长久存续下去，取决于组织成员能否持续接受命令、为组织做出贡献；经理人员在企业组织中具有重要的领导作用，因此应该具有特定的"领导的性质"。

巴纳德对正式组织进行了详细分析，同时又引入了非正式组织的作用。传统的组织偏重于正式组织和结构化的决策与沟通机制，但是在现代组织管理中要充分考虑和利用非正式组织的力量。巴纳德在组织理论方面的开创性研究，使其成为现代组织理论的奠基人，后来的许多学者如德鲁克、孔茨、明茨伯格等人都极大地受益于巴纳德，并在不同方向上有所发展。巴纳德的组织管理理论成为连接科学管理理论和现代管理理论的重要桥梁。

六、权变组织理论

权变组织理论形成于 20 世纪 70 年代，其主要思想是在高度不确定性的环境下应该采取权宜应变策略。由于不同组织的外部环境要素和内部环境要素均不相同，因此管理活动并没有统一固定的模式，应相机而动，针对具体的情境找出最适宜的方法。该理论以弗雷德·卢桑斯（Fred Luthans）、约翰·莫尔斯（John J. Morse）、杰伊·W. 洛希（Jay W. Lorsch）、弗雷德·菲德勒（Fred E. Fiedler）、罗伯特·豪斯（Robert J. House）等人为代表。

（一）卢桑斯的权变理论

卢桑斯将之前的组织管理理论总结为过程学、计量学、行为学和系统学四种，而他认为当这四种理论融合统一时，所形成的综合体就是权变理论。卢桑斯将权变管理概括为由环境、管理理念与技术三者构成的观念架构，这里可以将权变关系用两个或两个以上的变量间的关系函数来表示，通过"If-Then"的逻辑解释权变理论的匹配关系，即将"如果"的条件——组织所面临的内外部环境看成是自变量，"那么"的结果——组织管理活动所使用的理念与技术看成是因变量，用坐标表示的话就是在横轴上的每个独立环境变量，都会与纵轴上的一个管理变量对应，如此就构成一个问题解决方案的权变矩阵。

(二) 莫尔斯、洛希的超 Y 理论

麦格雷戈的 X-Y 理论认为，Y 理论能把组织目标和组织成员的个人目标最好地结合起来，提高生产效率，所以较 X 理论更优越。但是，在其后的一些实验中却发现，应用 X 理论的组织也有效率较高的，应用 Y 理论的组织也有效率较低的。约翰·莫尔斯和杰伊·W. 洛希对这种现象进行了分析比较，提出所谓的超 Y 理论。

超 Y 理论认为，第一，组织成员的需求类型是不同的。有的人需要正规化的组织结构和条例规章，而对参与组织决策的兴趣较弱；有的人需要更自由的工作环境来保证个人的创造性。第二，组织成员对管理方式的认可是不同的。有的人欢迎以 X 理论为指导的管理方式，有的人则更愿意接受以 Y 理论为依据的管理方式。第三，组织目标、工作性质、员工能力对组织结构和管理方式也有很大的影响。例如，制造业的工厂可能适宜采用 X 理论来设计集权的组织结构，而高校可能适合采用 Y 理论对成员实行宽松的管理政策。第四，一个目标的实现可以激励成员为新的更高的目标而努力。

因此，超 Y 理论认为，在现实的组织中，成员的表现很少是处在 X-Y 理论的两个极端，而是处于这两个极端之内。单一地使用 X 理论或 Y 理论去指导管理，将无法适应不同的具体情况，导致组织无法有效运行。因此，在对组织活动进行管理时，对不同时间、不同工作性质、不同性格的人，要采用不同的管理方法，总之，应该根据不同的具体情况来选择或综合运用 X 理论和 Y 理论。超 Y 理论体现了权变的组织管理思想，这也使得该理论成为权变组织理论的理论基础。

(三) 菲德勒的领导权变理论

弗雷德·菲德勒（Fred E. Fiedler）是美国著名管理学家和心理学家，是领导权变理论的代表人物之一。他通过对各类组织进行大量的调查研究之后发现，任何形式的领导方式都可能有效，其有效性取决于领导者的领导风格和组织面临的环境是否相适应（见图 1-5）。

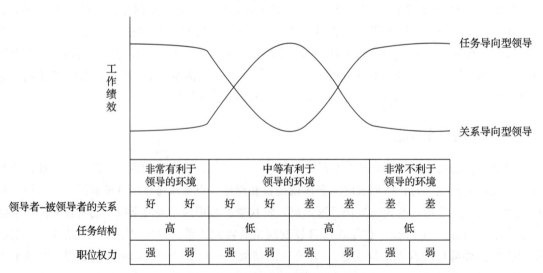

图 1-5 菲德勒的领导权变理论

资料来源：DAFT R L. Management[M]. 9th ed. Cincinnati, Ohio: South-Western, Cengage Learning, 2010: 420.

首先，应该分清领导者的风格。菲德勒把领导风格分成两种：一种是关系导向型领导，即以人为导向，领导者关注于与成员建立良好的人际关系，并从中获得满足。另一种是任务导向型领导，即以工作为导向，追求组织目标的实现，并从工作中获得满足。

其次，要确定组织面临的环境。菲德勒认为决定领导方式有效性的环境因素有三个：一是领导者与被领导者的关系，即被领导者对领导者尊敬、信任以及愿意追随的程度；二是任务结构，即工作任务规定的明确程度、程序化程度；三是职位权力，即领导者正式职位所能提供给领导者的权力大小。

最后，使领导者与情境匹配。领导风格一般都是难以改变的，因此提高领导方式的有效性只有两条途径，一种是替换领导者以适应环境，另一种是改变环境以适应领导者。总之，菲德勒认为，关系导向型的领导方式在对领导者有利情况为中间状态的环境中效率较高，任务导向型的领导方式在对领导者非常有利或非常不利的环境中效率较高。

领导权变理论强调了领导行为对领导有效性的影响，而不是传统组织理论中强调一名优秀的领导者应该具备哪些素质，这为领导理论的研究开辟了新方向。这一理论表明，没有哪一种领导形态是正确的或错误的，组织领导者必须具有适应力，根据自身的领导风格自行适应情境的变化。同时也提示，管理层必须根据实际情况选用合适的领导者。

第三节　组织的系统观

大到宇宙，小到微观的原子，再到一粒种子、一群蜜蜂、一台机器、一个工厂、一个学会团体……都是系统，整个世界就是系统的集合。组织是社会系统中的子系统。

│视野拓展 1-5│

贝塔朗菲与系统论

宇宙、自然、人类社会，由于人类设定的参照系不同，而分属于不同的子系统。如果把世界上所有的存在划分为物质与精神世界的话，那么宇宙、自然、人类社会就通通属于物质与精神世界这个复杂的系统。如果这样来看全宇宙，系统论就是具有哲学价值的世界观，所以可以说，宇宙是由具有组织性和复杂性的不同的子系统构成的，这就是宇宙系统观。同时系统论又有很多类似数学模型的具体方法来面对具体的子系统，从科学工具的角度来看，系统论又是具有哲学价值的方法论。总之系统论在

贝塔朗菲（1901—1972 年），美籍奥地利生物学家，一般系统论和理论生物学的创始人，20 世纪 50 年代提出抗体系统论以及生物学和物理学中的系统论，并倡导用系统、整体和计算机数学建模方法以及把生物看作开放系统研究的概念，为生态系统、器官系统等层次的系统生物学研究奠基。

具备系统科学的个性化属性的同时，又有别于具体的数学方法、物理方法或化学方法等具体科学门类的技术方法，从而具有普遍意义上的哲学属性，像宗教观、物质观、信息观一样，具有

世界观和方法论的意义。

系统思想源远流长，但作为一门科学的系统论，人们公认是美籍奥地利人、理论生物学家L.V.贝塔朗菲（L. V. Bertalanffy）创立的。他在1932年发表了抗体系统论，提出了系统论的思想；于1937年提出了一般系统论原理，奠定了这门科学的理论基础。但是他的论文《关于一般系统论》，到1945年才公开发表，他的理论到1948年在美国再次讲授一般系统论时，才得到学术界的重视。确立这门科学学术地位的是1968年贝塔朗菲发表的专著——《一般系统理论：基础、发展和应用》（*General System Theory: Foundations, Development, Applications*），该书被公认为是这门学科的代表作。系统一词，来源于古希腊语，是由部分构成整体的意思。今天人们从各种角度上研究系统，对系统下的定义不下几十种。例如，"系统是诸元素及其顺常行为的给定集合""系统是有组织的和被组织化的全体""系统是有联系的物质和过程的集合""系统是许多要素保持有机的秩序，向同一目的行动的东西"，等等。一般系统论则试图给一个能描述各种系统共同特征的一般的系统定义，通常把系统定义为：由若干要素以一定结构形式联结构成的具有某种功能的有机整体。在这个定义中包括了系统、要素、结构、功能四个概念，表明了要素与要素、要素与系统、系统与环境三方面的关系。

资料来源：系统论的百度百科。改编人：晋禾。

一、开放系统

组织活动是一个转换过程，由环境中取得"投入"（Input）经过处理转换后，形成产品和服务，即"产出"（Output）释放到环境中去。转换过程涉及人员、机器设备、处理流程等元素，这些有形或无形的元素的不同组合，构成具有特定功能的系统。任何一个系统都需要和环境互动，像一个有机体一样，组织也不例外。任何系统都与环境存在交换关系，尤其当这种交换关系是系统存活的关键时，该系统是开放的。

组织学意义上的开放系统的核心内涵不是与环境隔离的自给自足（物理学意义上的"封闭"），而在于"这交换关系是系统存活的关键"，可以用以下模型来解释。

$$Y = a + bX$$

式中，Y代表组织的存在意义，如长期绩效等；X代表关键影响因素。

当X存在于组织的内部时，我们定义该组织为封闭系统；

当X存在于组织的外部环境中时，我们定义该组织为开放系统。

二、环境的重要性

开放系统理论强调组织所处环境的重要性。传统管理理论家对环境关注相对较少，他们将组织视为一个封闭的机械体系，头脑中满是内部设计的准则。开放系统的观点认为，我们在从事组织活动时应该时刻考虑到环境因素，将注意力放在理解眼前的任务或商业环境上，即组织与客户、竞争对手、供应商、工会、政府机构以及更广泛的关联环境的直接相互作用。这些对组织行为都有着重要的意义，要求组织具备以下几种重要的能力：①搜寻并发现任务和关联环境的变化；②跨越并操控重要边界和相互依存的领域；③做出恰当的运营和战略反应。

三、相互关联的子系统

系统就像"中国盒子",每一个盒子里面总是套着另一个盒子。同样,组织包含属于不同团体或部门的个人(他们分别自成系统),这些团体和部门隶属于更大的组织区域,由此类推。如果我们将整个组织定义为一个系统,那么其他水平的系统可被理解为子系统,就像分子、细胞和器官可以被视为一个有生命的有机体子系统一样,而它们各自都是复杂的开放系统。

组织的社会技术观点常常被拓展,以考虑技术、战略、人文、结构与环境要求之间的关系(见图1-6)。这种思维方式帮助我们认识到每一个事物都依存于另一事物,并帮助我们发现管理重要的子系统和环境关系的方法。

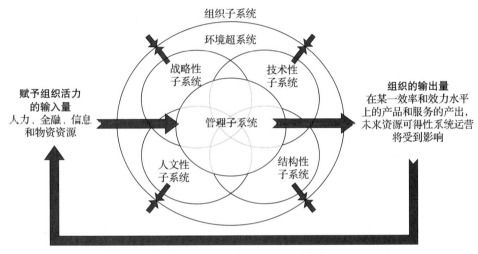

图1-6 一个组织如何被视为子系统的集合

资料来源:KAST F E, ROSENZWEIG J E. Contingency views of organization and management[M]. New York: Science Research Associates, 1973: 36.

|视野拓展1-6|

现实中的组织

某传统制造公司认为员工只需要按照要求完成工作,不需要也没有能力去做工作要求以外的任何决定。一位新上任的生产部经理坚信员工承担更多责任可以提高生产率。他决定让某个生产班组对生产日程安排、质量等生产任务承担更多的责任,这个班组的积极性被调动起来,在产量和质量方面有相当大的改进。但物料供应和销售部门却提出抗议,因为这些改进给他们的工作带来了负担。于是,公司决定停止该生产部经理的工作,使公司恢复了原来的状态。这个例子启示我们:第一,组织是由相互关联的子系统组成的;第二,只改变其中的某个"子系统",会带来混乱;第三,组织有保持平衡的内在动力,但这种平衡对组织未必是有利的,有时可能造成组织衰退。

资料来源:本书作者根据访谈等相关资料整理。

四、一致性和"联盟"

开放系统理论鼓励我们在不同系统之间建立一致性和"联盟",并发现和消除潜在的机能障碍。正像工作设计的社会技术系统强调人的要求和技术的要求匹配的重要性一样,开放系统理论通常更鼓励子系统之间的匹配。考虑到有效控制和管理现象的复杂性,多样性对于设计控制系统或对于内部和外部范围的管理特别重要。

组织理论的发展脉络如表 1-5 所示。

表 1-5　组织理论的发展脉络

理论名称	代表人物	主要思想
古典组织理论	泰勒、法约尔、韦伯	主要研究如何提高组织的效率,包括作业效率和管理工作效率,主要观点是劳动分工、权力与责任、统一指挥、等级制度、命令和服从等
人际关系组织理论	梅奥、罗特利斯伯格、马斯洛、赫茨伯格、麦格雷戈、卢因	运用社会学、人类和社会心理学的理论研究人与人之间的关系,人们的价值观念、激励、行为修正、领导和沟通是这一学派研究的重点
决策组织理论	西蒙、马奇	强调管理者的主要任务是决策和解决问题,着重研究如何制定决策的问题,以及对组织管理的影响
系统组织理论	巴纳德	认为任何事物都是一系列相关要素的组合,组织是由相关的职能部门或子系统组织的系统,应按照系统方法研究管理
权变组织理论	卢桑斯、莫尔斯、洛希、菲德勒、豪斯	主要研究组织与环境条件之间的关系,认为管理理论和方法是环境的函数

本章小结

组织理论是对组织行为实践的总结与升华,作为一门新兴学科,组织理论在20世纪取得了快速发展,各种学术观点层出不穷。古典组织理论重视组织效率的提高,集中于对组织结构和管理合理化的研究,只关注组织内部因素,忽视人的因素和环境的作用。霍桑实验对古典组织理论的突破,代表了人际关系组织理论的产生,该流派把组织研究的重点从工作上和从物的因素上转到人的因素上来,对以后的组织理论产生了深远影响。决策组织理论认为"管理就是决策",组织的基本功能就是决策,决策贯穿于组织工作的整个过程。系统组织理论的开创,奠定了现代组织理论的基础,后来的许多学者也都极大地受益于系统组织理论,该流派认为每个组织都是一个协作系统,这个系统就是正式组织,并包含三个要素即协作的意愿、共同的目标和信息联系,而非正式组织存在于正式组织之中,是整个协作系统的重要组成部分。随着组织目标多样化、组织规模不断扩张、环境更加复杂多变,不变的组织理论显然缺乏对组织实践的指导作用,权变组织理论的主要思想是在高度不确定性的环境下应该采取权宜应变策略。由于组织的环境要素均不相同,组织活动没有统一的模式,因此应相机而动针对具体的情境找出最适宜的方法。本章按照不同的理论流派梳理了组织理论的产生与发展过程,希望读者能够关注和把握组织理论发展的基本脉络,从历史发展的角度把握组织理论课程的研究对象,用动态的眼光审视组织理论的发展与创新。

复习思考题

1. 科学管理理论的核心思想是什么？通过哪些方法来提高效率？
2. 人际关系学派的主要思想是什么？其相对于古典学派的进步是什么？
3. 为什么说"管理就是决策"？你是怎么理解的？
4. 简述组织理论的几大流派以及每个流派的侧重点。

进一步阅读

1. 斯科特，戴维斯.组织理论：理性、自然与开放系统的视角 [M].高俊山，译.北京：中国人民大学出版社，2011.
2. 卡斯特，罗森茨韦克.组织与管理：系统方法与权变方法 [M].4版.傅严，李柱流，译.北京：中国社会科学出版社，2000.
3. PARKER M. Post-modern organizations or post-modern organization theory?[J]. Organization Studies, 1992, 13(1): 001-017.

综合案例

实践、学科和范式：组织理论变迁综述

对组织的认识过程贯穿于所有人类的历史中，基于现代研究方法而产生的组织理论也有近百年的发展历史。由于缺乏界定明确的研究对象、主流的研究方法和强有力的假设，组织研究俨然是一个组织实践、学科与范式自由进出和竞争的载体。组织理论的定义、研究范围、方法也都没有得到普遍认同。

通过分析组织理论发展过程中的组织实践现象、多学科渗透现象以及组织理论总体范式结构之间的关系，本文对国外组织理论的发展做出综述。

1. 组织理论的范式形成期

19世纪中期到20世纪30年代是组织理论范式形成的阶段，主要标志性成果是20世纪最初十年的企业管理理论和科层制理论，以及20世纪30年代的人类关系理论。

与早期的市场和经济运行状况相适应，企业的物质生产效率构成生存竞争的主要方面，导致具有工程师背景的人在企业管理和理论创新上崭露头角，其代表包括F.泰勒、法约尔、慕尼等人。科学管理运动的发展存在若干的峰点，包括F.泰勒于1911年提出的基于时间动作研究的科学管理原则、法约尔于1916年提出的一般行政组织的行政角色五论和古立克于1937年提出的行政管理理论。

科学管理运动在有效管理企业上的局限性，促使经典社会学、心理学和行为理论进入微观组织研究。这种将社会学、道德哲学和心理行为实验相结合的发展趋势，一般被归纳为人类关系学派。显然，当个人的情感、抱负、人际关系、社会背景等非完全可控因素进入组织时，经典管理理论的假设将无法自持，而封闭的组织边界也难以为继。基于此，梅奥等人发展了对工业企业内非正式的组织、控制和承诺等非（工具）理性因素和社会过程的研究。

组织理论的该发展阶段由于在理性和非理性的观点、工程和社会的观点、机械和人

的观点、人性恶和人性善的观点、结构和过程观点上的分歧而形成了两个重要的研究范式，即经典管理学范式和人类关系范式，它们的根本目标都服务于构建行之有效的资本主义组织体系，最终实现资本的利益和权力的价值。这为以后组织理论的局部性整合提供了一个基础。

2. 组织理论的范式局部整合期

从20世纪40年代到70年代石油危机是组织理论局部整合的短暂时期，现代主义者的成就在该阶段达到顶峰。该时期的成就和问题为20世纪70年代以后组织理论走向分化预设了条件。

"二战"前福特制企业和科层制政府的持续发展，由大危机进一步推动的组织兼并和市场垄断，以及由反危机措施和战争所推动的行政国家膨胀，深刻改变了组织的外部环境和生存法则。权力的直接重要性越发明显。将权力视为组织的一种主要稀缺资源，认为组织是个人、组织和人类群体间权力争夺的枢纽，因而围绕权力研究组织行为。

该时期组织实践和理论的发展是由现代主义者主导的，在认识角度上是理性的面向实际问题的。这个时期组织研究的一个明显特点是专业理论研究者的崛起。H.西蒙（Herbert Simon）首先在组织管理行为决策化的方面做出理论贡献，汤普森则在组织与环境的适应性上做出了理论发展和总结。

将环境在组织研究中独立出来的使命是由以塞尔兹尼克（Selznick）为代表的哥伦比亚大学旧制度社会学派完成的。

通常汤普森被认为是权变理论的创始人之一，即组织要针对一系列非完全可控的因素而"随机应变"，建立适应性的组织结构、设计和行为模式。

其他同期的权变理论家主要研究组织类型与环境类型之间的对应关系。他们注意到了不同类型组织对不同类型环境的特别适应性，但是这种对应性易于将组织单调化，在组织与理性模型和自然系统模型之间机械配对。

权变理论至今仍是最有影响的组织理论，此后出现的传统取向的组织理论在很大程度上没有挑战权变理论本身，而是对权变理论的细分、延伸、修正和拓展。

3. 组织理论的范式繁荣分化期

实践的剧变往往赋予主流理论范式的对立或竞争范式以崛起甚至颠覆性的力量。20世纪70年代石油危机以来组织理论已经不再有主流之分。组织理论范式繁荣的同时，也是组织理论无范式的开始。

该时期组织理论的主要特点是对制度的分析、运用和批判，尽管出发点和终点非常不同。

（1）新制度经济学组织理论。经济学在组织理论中的勃兴反映了企业发展的现实需要，为新的组织设计提供了理论支持。经济学在组织理论上的大发展始于新制度经济学在20世纪70年代的崛起。交易成本理论的核心是研究组织边界的治理，即在"制造"和"购买"之间，在指令和谈判之间，在等级和市场之间的选择问题。机构理论广泛应用信息经济学，探讨有关信息不对称和利益冲突的纠正机制。

（2）新制度社会学组织理论。制度社会学对组织的研究则将制度的作用放在了中心的地位。在新旧制度社会学之间，制度从基本的行为限制条件上升成为行为的内生变量。

（3）新制度政治学组织理论。政治科学中的新历史制度主义与社会学新制度主义的基本观点多有重合，研究层面主要是历史的宏观的。

（4）非主流组织理论。该阶段批判解释学派组织理论和后现代组织理论的兴起，反映了组织理论在认识论上的决裂性发展。

- 批判学派与组织理论：以法兰克福学派为代表的批判解释学派强调现实是社会过程的产物。
- 后现代组织理论：批判学派在对现代性进行批判时，仍然保持了相当理性的态度和逻辑体系，认可真实和系统的存在，而后现代的批判逻辑则与其批判客体存在一种完美的对比性——某种程度的非理性。

20世纪70年代以来组织和组织理论的发展内容丰富，难以详尽概述。该时期组织理论发展的一个共同特点是强调人类心理和认知的价值系统和信息处理机制，以及它们在超越个人层次上的社会建构和影响。

资料来源：敬乂嘉. 实践、学科和范式：组织理论变迁综述 [J]. 社会，2006, (6): 165-189+212。改编人：晋禾。

第二章
CHAPTER 2

组织结构与组织设计原则

§ 学习目标

- 了解组织结构的概念及关键要素
- 理解组织结构形式的不同分类视角
- 掌握组织结构的基本形式以及各自的特点
- 了解组织结构的内部与外部影响因素

§ 核心概念

报告关系　部门化　协调机制　有机式结构　职能型　事业部型

§ 引例

美国科技公司的组织结构图

2012年6月27日，Web设计师Manu Cornet在自己的博客上，画了一组美国科技公司的组织结构图（见图2-1）。在他的笔下，亚马逊等级森严且有序；谷歌结构清晰，产品和部门之间却相互交错且混乱；Facebook架构分散，就像一张散开的网络；微软内部各自占山为王，军阀作风深入骨髓；苹果一个人说了算，而那个人路人皆知；庞大的甲骨文，臃肿的法务部显然要比工程部更加重要。这组有趣的图很快就风靡网络。

资料来源：一张图看懂科技公司疯狂的组织架构，吴小智，2015年。

第一节　组织结构的关键要素

组织结构是指组织为实现目标，使组织各部分能够在组织的活动中有序分工、有机协作，从而确定关于组织各部分的职能、部门划分、层次、权力、组合方式以及制度设计等的一系列结构体系。合适的组织结构对一个组织而言非常重要，规范的组织结构降低了组织成员行动由于个体差异而引起的不确定性，通过规章制度和职能设计规范了成员的组织行为，保证了组织的正常运转。

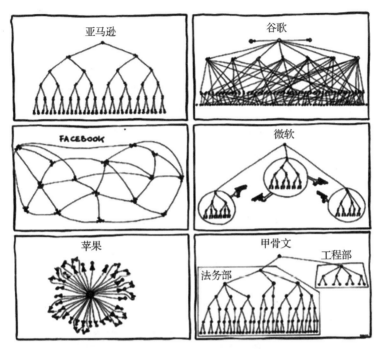

图 2-1　美国科技公司组织结构图

组织结构有以下三个关键要素。
（1）组织中的正式报告关系（包括职权层级的数目和主管人员的管理幅度）。
（2）组织中个体组合成部门，部门再组合成整个组织的方式。
（3）用以确保跨部门沟通、协作与能力整合的协调机制。

其中，前两个要素在纵向层级上决定了组织的结构框架，第三个要素在横向层级上决定了组织成员之间的相互作用关系。

一、报告关系

报告关系即指挥链，在组织图中用垂直线来表示。指挥链是一条存在于上下级之间的连续权力线，将组织中所有的成员连接起来。因为指挥链可以分为不同的管理层次，所以指挥链又被称为层次链。员工在处理问题中遇到不确定的情况时，信息可以顺着层次链自下而上地传递，同样的，反馈的结果与方案也会沿着层次链自上而下地传播，这样的垂直权力线在沟通中发挥着重要作用。作为指明谁向谁报告工作的指挥链要遵循以下两个方面的原则。

第一，统一指挥。从以法约尔为代表的古典组织理论学家就开始重视统一指挥的原则，提倡任何一级只能有一个人负责，下级只接受一个上级的命令和指挥，下级只向唯一上级直接负责，不能出现向多个上级汇报的情况。一个下级对应多个上级的一对多关系很容易产生命令执行的冲突和误解，造成资源的滥用，降低工作效率。

第二，阶梯原则，或者称为"命令链"原则。即组织中的成员因工作内容的差异，他所拥有的权力和承担的责任也有不同。组织中的权力从顶端开始，不间断地授给组织的最下端。依照阶梯原则的组织成员要弄明白不同级的管理层次和报告关系，明确自己以及其他成员的责权内容。

二、部门化

部门确定了特定的工作职责与范围，部门化就是将部门所承担的工作与员工的报告关系结合起来，形成由相互配合协调的不同岗位员工所组成的工作集合。这样就可以通过合理的分工安排和清晰的责权划分来对工作任务进行分配，以高效完成组织的目标。

部门化要遵循分工和协作的总原则，包括以下几点。

（1）目标原则。所有部门化都应以实现组织目标为前提，工作所需要的职能都应该涉及，并进行详细规范。

（2）精简原则。在能够确保组织目标完成的基础上，部门化注重结构的简约，以尽量少的部门数量完成工作，降低组织的冗余程度。

（3）弹性原则。由于组织所面临的环境处于不断变化中，部门划分也应当适时调整改变，以更好地服务组织目标。

（4）均衡原则。需要考虑到不同部门因职能差异而导致的任务分配问题，在确保工作目标完成的前提下，应注意均衡分配部门间的工作任务，以充分调动员工的积极性。

（5）监督与业务分离原则。监督工作是为了保证组织目标更加有效地达成，为了保持组织独立性以更好地发挥作用，需要将监督工作与业务工作进行分离，形成专门的监督部门。

通常，部门组合方式包括职能组合、事业部组合、多重组合、横向组合和虚拟网络组合等（见表2-1）。职能组合方式是按照组织的各项主要业务工作和主要管理职能划分和设置组织的横向部门。例如，把与产品生产相关的活动划归生产部门，与员工管理相关的活动归入人事部门，等等。这种组合方式能够突出业务活动的重点，实现专业化的分工要求，但也存在一定的问题：各部门各司其职，相互独立，容易形成隔阂，增加协调的困难，一方面使得组织缺乏灵活性和弹性，另一方面加重了高层领导者的负担。事业部组合方式是指按产品和服务的不同来划分和设置企业组织的横向部门。这一方式适合多样化经营的大型企业。例如，将部门分为A产品部、B产品部、C产品部等。

以上两种是较为传统的部门组合方式，但组织的部门组合方式多种多样。在现代企业中，仅采用一种方式的企业是较为少见的，大多数企业采用多重组合方式，即同时采用多种结构组合方式，如矩阵结构或混合结构。另外，还有一些组织按照横向组合方式来组合部门，它们将所有参与核心流程工作的员工组合到一个部门内，而不是将这些员工分散于各个不同的部门。组织以流程维度为主干，每一个流程由若干个子流程和团队组成，如产品研发、订单履行、销售跟进等，其中，组织价值体系、流程责任体系、流程权力体系和流程利益分配体系的配合是流程化组织有效运行的条件。

虚拟网络组合是一种最新的部门组合方式，采纳这一组合方式的组织的部门不需要在空间上聚集在一起，而是运用现代通信方式松散地联结在一起，部门之间通过计算机、网络等电子化方式共享信息、完成任务。

表 2-1　部门组合方式

职能组合	将执行相似的职能、工作过程或提供相似的知识和技能的员工组合在一起
事业部组合	按所生产的产品和所提供的服务将员工组合在一起
多重组合	一个组织同时采用多种结构组合方式，如矩阵结构或混合结构
横向组合	组织围绕直接为顾客提供价值的核心工作流程及首尾贯通的工作、信息和物质流来组合部门，将所有参与核心流程工作的员工都组合到一个部门内
虚拟网络组合	部门之间通过电子化方式联结在一起共享信息、完成任务的独立组织

资料来源：DAFT R L. Organization theory and design[M]. 9th ed. Cincinnati, Ohio: South-Western, 2007: 100-102.

三、协调机制

协调机制是为了消除部门间的隔阂而存在的，为员工之间的沟通协作提供了保障。由于组织对部门职权进行了分配，在遇到需要多部门通力合作的问题时就可能会出现分歧，而且因不同部门的不同任务分工和利益追求，还可能会出现与总的组织目标偏离的问题。因此，组织需要对不同部门进行集中与协调，以推动各部门的合作与目标统一。

如图 2-2 所示，组织的横向联系与协调机制包括以下多种手段。

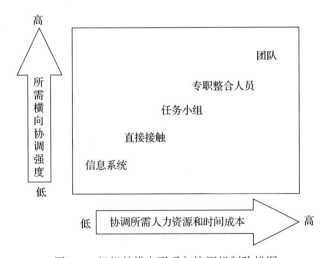

图 2-2　组织的横向联系与协调机制阶梯图

资料来源：DAFT R L. Organization theory and design[M]. 9th ed. Cincinnati, Ohio: South-Western, 2007: 99.

│视野拓展 2-1│

现实中的组织

分工与协调是组织设计中一对根本的矛盾，从某种意义上说，组织设计的本质就是如何处理好分工与协调的矛盾。实际上，分工越精细，协调难度越大。分工隐含的最大问题是大大削弱了横向联系。20 世纪 80 年代，李·艾柯卡（Lee Iacocca）在接管克莱斯勒公司（Chrysler）

时发现横向联系上存在着重大问题。"在克莱斯勒公司，我发现有35名副总裁，每人都有各自的地盘……真是让我难以置信。比如，主管工程的副总裁居然与主管制造的副总裁没有接触。但这正是事实所在。每个人都独自工作。看到这种情况，我几乎要辞职了。那一刻我才真正认识到我面临着多大的难题。"事实上，不仅克莱斯勒公司如此，几乎所有的组织都面临这种横向协调的难题。如何建立横向协调机制是组织设计的重点和难点所在。

资料来源：达夫特.组织理论与设计 [M].王凤斌，石云鸣，张秀萍，等译.北京：清华大学出版社，2017。改编人：晋禾。

1. 信息系统

信息系统通过计算机程序构造出精密的工具，能够很便捷地将整个组织联系起来。管理者和员工能够就各种问题、机会、活动和决策例行地交换信息，使员工的思维与信息得以整合分享，从而实现组织边界的跨越。例如，随着信息技术的快速发展，现在很多政府部门及企事业单位已经根据组织的需求配备了办公自动化系统（Office Automation System）。这为组织的信息收集与处理搭建了高效的平台，从而帮助组织成员进行科学的管理与决策。

2. 直接接触

直接接触可以使共同面临问题的管理者或员工之间建立面对面的联系。一般可以在需要的部门之间设计联络员或直接使相关部门的办公位置尽量靠近。直接接触往往是两个部门之间的协调手段。为了加强研发部门与市场部门之间的联系，组织通常会采用委员会或设立专职联系人员的方式，增强两个部门之间的直接接触，提高他们的协调水平。还可以通过将两个部门的办公室设置在邻近的位置，增加它们直接接触的机会。

3. 任务小组

在任务比较复杂时会涉及多个部门，组织可以将与解决问题相关的多个部门的代表共同组成一个临时性委员会，即任务小组，将多个部门协调起来。在我国国有企业的改革工作中，各省市纷纷成立了国有企业改革小组，以省国有企业改革小组为例，通常由省国资委、省财政厅、省人力资源和社会保障厅、省国土资源厅、省委政法委、投资促进机构的代表组成，以加强各部门之间的横向联系。

4. 专职整合人员

当组织面临的问题需要协商解决时，就出现了如产品经理、项目经理、规划经理或品牌经理等职位，他们都是独立于各部门之外的专门以协调为己任的整合人员。例如，在海外并购完成后，由于不同国家之间以及不同组织之间的文化差异较大，整合过程中的双方容易产生摩擦和冲突，因此，可以引入专职整合人员来负责并购后的整合业务，专职整合人员需要对被并购企业的员工进行培训，促进并购双方员工的交流，搭建整合机构，推动整合的进程。

如图 2-3 所示，项目经理在项目中充当专职整合人员的角色，对整个项目负责，协调、整合所有项目组成员，以实现项目目标。技术工程师主要负责项目的设计和工程进度安排，采购员主要负责材料的来源，项目督导员主要负责现场的监督，工程部经理主要负责对施工人员进行管理。

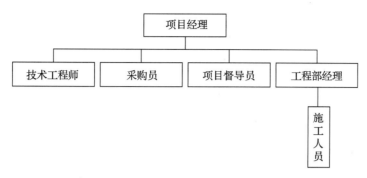

图 2-3 项目经理充当专职整合人员的角色

5. 团队

在组织要完成需要长期协调工作的任务时，如开展大型项目、重大创新或开发新产品线等，就需要通过更为密切的协调机制。组织可以成立如跨职能团队的长久性任务小组，以更好地实现组织目标；也可以通过信息技术突破组织或地理的限制，组建可以通过网络和软件进行合作的虚拟团队。

| 视野拓展 2-2 |

深化国企改革：国资监管与董事会建设双轮驱动

党的二十大报告提出，"深化国资国企改革，加快国有经济布局优化和结构调整，推动国有资本和国有企业做强做优做大，提升企业核心竞争力"。在国企改革的主要方向中，着重于"国资监管"和"董事会建设"两个层面，以加速国有资产监管为主导。

首先，通过对国有资本授权经营体制的改革，积极推动国有企业混合所有制改革。该过程的关注点在于建立完善的国有资本投资公司和运营公司，特别注重混合所有制改革，以确保建立健全的现代企业制度为根本目标。积极引入非公有制资本以发挥"鲶鱼效应"，目的是不仅在资本层面实现增长，更在产业链上实现强化。这一过程的目标是使积极股东能够参与企业的生产经营，确保董事会充满市场化竞争的"火药味"，使不同利益代表能够在公司法框架和章程规则下展开多方博弈和力量角逐。通过市场化背景下的竞争，鼓励企业深刻体验市场化的"硝烟炮火"，从而促使企业进一步优化和完善制度机制设计，推动企业建立健全的现代企业制度和完善市场化经营机制，更好地适应市场化运行规则，提升企业活力和市场核心竞争力。

其次，必须明晰企业各治理主体的边界，规范和加强企业董事会建设。作为企业的决策机构，董事会连接股东会（出资人）与经营层，扮演着制定战略、制定决策、防范风险的关键角色。董事会的强弱直接决定了公司的发展方向。推进董事会建设从"有形"到"有为"，从"管理"到"治理"，需要进一步明确党委前置研究清单、董事会议事规则、总经理办公会议事规则等，以明确企业重大经营管理事项的决策、执行和监督的主要内容与职责划分。特别要充分发挥董事会专门委员会的作用，进一步优化和完善董事会专门委员会在制度引导、机制保障、人才优先、评建结合以及信息赋能等方面的建设。这样可以督促经理层谋经营、抓落实、强管理，形成党的领导有方、出资人监管到位、董事会科学决策、管理层执行有力、市场化激励充分、企业核心竞争力全面提升的良性循环，构建权责法定、权责透明、协调运转、有效制衡的公司治理机制。

最后，必须充分发挥"外脑""智库"作用，以进一步强化外部董事的高质量履职质效。外部董事制度是国资监管机构作为出资人的一项权利，外部董事从保护出资人和公司合法权益的角度出发，综合运用自身专业和实践优势，提出决策建议并实施事中监督。国企改革三年行动要求董事会外部董事占多数，确保在"一人一票"机制下的董事会中，外部董事的力量占到绝对多数，有效降低企业内部人控制风险，进一步完善现代企业制度。为此，需要建立和完善董事会现场会旁听制度，使出资人能够派员参加董事会现场会，重点了解企业董事会规范化运作和外部董事履职情况。这应成为企业董事会和外部董事日常管理的重要内容。同时，要动态优化外部董事人才库，定期梳理、及时调整，建立以专职外部董事为召集人的外部董事小组，并引入社会第三方机构客观全面评价外部董事的履职情况。考评结果直接和绩效挂钩并与选聘关联。

资料来源：如何以党的二十大精神引领国资国企高质量发展。改编人：李思嘉。

第二节　组织结构形式的分类视角

一、管理层次与控制幅度

组织的管理层次是指职权层次的数量，即组织中自上而下管理权力层次的数量。它是组织的纵向结构，可以帮助组织确立管理的指挥链层次。而针对每一个层次的管理，限于管理者的能力、时间与精力等条件，还需要考虑其控制幅度，即管理人员能够有效地实施直接管理与控制的下属的数量。当超过一定的限度时，组织运营的效率就会降低。根据管理层次与控制幅度这两者之间的互动关系，可以将组织的结构形式分为高耸式组织（Tall Organization）和扁平式组织（Flat Organization），如图2-4所示。

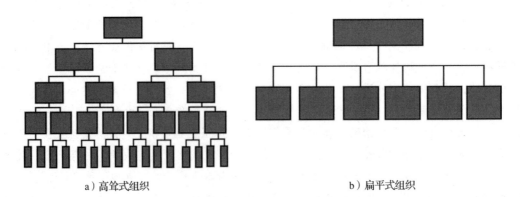

图2-4　高耸式组织和扁平式组织

高耸式组织的管理层次数量较多且结构形状较高，而扁平式组织的管理层次数量较少且结构形状扁平。选择高耸式组织还是扁平式组织并不是确定的，组织需要从控制幅度与管理层次两个方面综合去考虑。从控制幅度方面来说，首先，需要考虑组织业务的特性，如果业务多且属于常规例行类，那么就可以扩大控制幅度，倾向于采取扁平式组织，反之，如果业务复杂程度较高且具有较强的不确定性，那么就需要减少控制幅度，采用高耸式组织。其次，对组织成员的控制工作来说，管理人员的驾驭能力素质越强，那么控制幅度就相应越大，这样组织结构就会趋向于扁平式，反之，就更倾向于高耸式。最后，从组织成员的特性与组织的授权程度去考虑，当组织成员的工作能力比较突出且组织又具备较高的授权程度时，组织的控制幅度自然会扩大，组织结构就会倾向于扁平式，反之，如果组织成员的工作能力一般或组织的授权程度不高，组织结构就会倾向于高耸式。从管理层次方面来说，一是要按照组织的纵向职能分工确定其管理层次，比如可以分为战略决策层、经营管理层和操作层，明确每个层次的分工。二是要遵循控制幅度与管理层次的比例关系，根据控制幅度确定其管理层次。

高耸式组织和扁平式组织的特征如表 2-2 所示。

表 2-2 高耸式组织与扁平式组织的特征

组织的结构形式	特征	典型结构	优点	缺点
高耸式组织	管理层次多，控制幅度小，权力相对集中	直线-职能制	有利于集中管理和控制；组织层次清晰、职责明确，稳定性高	管理层次多，信息传递慢且损耗高；对外部环境反应迟钝；管理费用较高
扁平式组织	管理层次少，控制幅度大，权力相对分散	流程型、网络型	管理层次少，信息传递快且损耗低；可以对外部环境变化迅速做出反应；管理费用较低	控制幅度大，工作任务重；对员工的能力素质有较高要求；同层次间的协调更为困难

二、韦伯的官僚结构原则

为了使组织能够更加有效地运行，组织结构可以遵循韦伯的官僚结构原则进行设计。韦伯的官僚结构原则包括六个方面，如表 2-3 所示。

表 2-3 韦伯的官僚结构原则

原则一：官僚结构建立在理性合法的职权上
原则二：由个人的技能来决定他在组织中扮演的角色
原则三：组织中所有角色的工作职责以及与其他成员的关系都清晰界定
原则四：官僚结构中的较低职务者要受到更高职务者的监督与控制
原则五：规定组织运营的规则、标准和程序，以规范成员行为和成员间的关系
原则六：行为与决策的规则应通过明文阐述规定

资料来源：JONES G R. Organizational theory, design, and change[M]. Upper Saddle River, NJ: Prentice Hall, 2004: 145.

以上分别从组织与成员的多个方面指出了韦伯的官僚结构原则：原则一指明了官僚结构需要经过理性的分析并具备合理性；原则二提出了个人所承担的角色要根据他掌握的技能进行理性的分析；原则三阐述了要明确定义组织成员的工作职责和角色关系；原则四强调了这种上下

级结构的特点，下级由上级控制与领导；原则五表明了组织在实际运行过程中要以正式与标准的操作程序进行规范；原则六指出了管理人员的决策等管理行为要正式化。

尽管官僚结构通过严格的规范对组织实施控制，提高了组织运行的效率。但在外部环境不断变化和组织成员个体需要存在差异的情况下，官僚组织结构也遭受了巨大的挑战。

（1）复杂多变的外部环境。当前组织所面临的外部环境不仅复杂程度在逐渐增加，而且还具有很高的不确定性。而官僚结构的优势就是通过严格的规范保证组织的有效运转，其前提恰恰就是要具备相对稳定的外部环境，因此复杂多变的环境容易使官僚结构陷入困境之中。

（2）不断扩张的组织规模。伴随着组织规模的逐步扩张，官僚结构也需要在组织层次、管理人员以及工作程序上进行相应的变化。但是当组织的规模非常庞大时，官僚结构的严苛规定会不可避免地带来行政冗余和人员成本过高等问题，甚至导致组织衰退，这显然与官僚结构通过严格规范方式提高效率的初衷相违背。因此，在组织规模扩张的过程中，官僚结构的规定要做适当调整。

（3）组织成员的多元化。由于组织所在的环境经常处于变动之中，常需要多元化的人员来完成工作。如专业技能、性别、年龄、受教育程度、国家与种族等的不同，会给官僚结构的严密设置带来很大的困扰，成员之间巨大的个体差异需要有更多的自由空间与宽松的人际关系，才能帮助组织提高工作效率。

（4）个体需求逐渐受重视。现代组织理论的发展极为重视对员工个体需求的响应与满足。从霍桑实验开始的人际关系理论发现，员工的情感和人际交流等因素可以对组织的运营起到重要作用。对员工的情绪安抚与工作激励，可以促使员工对工作产生热爱。工作积极性调动的重要性甚至超越了组织结构本身。因此，官僚结构对个体需求关注的缺失可能会引发员工的负面情绪，进而阻碍组织工作效率的提升。

所以，在复杂多变的外部环境下，组织更需要能够适应这些不确定性的弹性结构，如学习型组织与网络组织等。尽管这些弹性结构会对官僚结构造成困扰与挑战，但是官僚结构通过严格规范以追求效率的初衷依然是组织结构需要参照的基本主题。尤其是官僚结构所强调的标准化、专业化与正式化的思想，对于组织的存在与发展都是非常有价值的。当然考虑到组织中人员的差异化需求，鼓励更多的员工参与到组织的决策中，在如今的环境中对组织追求效率的提高更为有益。

三、伯恩斯与斯托克的环境影响视角

汤姆·伯恩斯（Tom Burns）与 G. M. 斯托克（G. M. Stalker）两位学者通过对英国 20 家生产电子设备、机械产品和人造丝等不同产品的企业进行了研究，发现外部环境的不确定性对组织结构的形式具有重要影响。他们将企业的组织结构分为机械式结构（Mechanistic Structure）与有机式结构（Organic Structure），并在 1961 年出版的《革新的管理》一书中对这两种结构进行了详细的分析。

机械式结构是以古典组织理论的思想为主导，强调统一指挥、高度的专业分工和集权控制的组织形式。组织中每一名成员只接受一位上级的指挥和监督，组织内产生了一条正式的职权层次链。组织需要保持较小的管理幅度，并随着组织层次的提高而逐渐缩小管理幅度，形成了一种高耸式、非人格化的结构。

当组织的高层与低层距离日益扩大,进而无法对低层次的活动通过直接监督来控制时,就会增加规则条例的使用,确保标准的作业行为得以贯彻。采用机械式结构的组织对任务进行了高度的劳动分工和职能分工,以客观的不受个人情感影响的方式挑选符合职务规范要求的合格任职人员,并对分工后的专业化工作进行集权严密的层次控制,同时制定出许多程序、规则和标准。

有机式结构是一种松散的结构,其特点是没有复杂和高度专业的分工,并进行分权化决策,其设计是为了适应环境。采用有机式结构的组织具有低复杂性、低正规化和分权化的特征。由于不具有标准化的工作和规则条例,所以是一种松散的结构,能够根据需要迅速调整。

具有有机式结构的组织也进行劳动分工,但是成员的工作并不是标准化的。成员大多是职业化的,具有熟练的技巧,并经过训练能够处理多种多样的问题。他们所接受的教育已经让他们把职业行为的标准作为习惯,因此并不需要过多正式的规则,也不需要直接监督。例如,给软件工程师分配一项任务,无须告诉他具体如何做。他们对大多数的问题,都能够自行解决或在征询同事后解决,并且依靠职业标准来指导他们的行为。一方面,有机式结构组织保持低程度的集权化,使得职业人员能够对问题做出迅速的反应;另一方面也正因为低程度的集权化,人们并不能期望高层管理者拥有做出必要决策所需要的各种技能。

| 视野拓展 2-3 |

华为的组织结构

受 Manu Cornet 的启发,《第一财经》周刊也尝试着画了一份中国主要的科技公司的结构图,其中华为的组织结构图尤为有特色如图 2-5 所示。与很多强调组织结构稳定的企业不同,华为建立的是一种可以有所变化的矩阵结构。换句话说,华为每次的产品创新都肯定伴随组织架构的变化,而华为每 3 个月就会发生一次大的技术创新。这更类似于某种进退自如的创业管理机制。一旦出现机会,相应的部门便迅速出击并抓住机会。在这个部门的牵动下,公司的组织结构发生一定的变化——流程没有变化,只是部门与部门之间联系的次数和内容发生了变化。但这种变化是暂时的,当阶段性的任务完成后,整个组织结构又会恢复到常态。

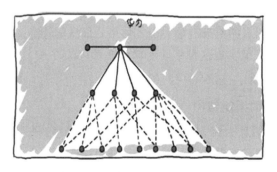

图 2-5 华为的组织结构图

资料来源:华为的管理体系。改编人:古丽妮嘎尔·艾克拜尔。

机械式结构与有机式结构是一个连续统一体的两种极端形式，在它们之间可以有无数表现形式多样的中间过渡结构，这两种组织结构的特征与选择条件差异明显。机械式结构与有机式结构的特征如表 2-4 所示。

表 2-4 机械式结构与有机式结构的特征

机械式结构	有机式结构
1. 任务被设计为高度专业化与分工化的工作	1. 员工共同为工作做出贡献
2. 任务被清晰地界定	2. 任务通过团队工作方式进行调整与定义
3. 具备严格的职权架构	3. 职权与控制层次少，规则约束少
4. 与任务相关的知识与控制集中在管理高层	4. 与任务相关的知识与控制分散在组织各处
5. 垂直沟通	5. 水平沟通

资料来源：DAFT R L, Organization theory and design[M]. 8th ed. Stamford: Cengage Learning, 2004: 149.

伯恩斯与斯托克发现，在相对稳定且封闭的环境中，具有较大规模、任务明确、决策过程程序化和技术稳定的组织更适合于采用机械式结构。相反，在相对不确定且开放的环境中，具有相对较小规模、任务多样化、决策过程非程序化和技术多变的组织更适合采用有机式结构。

四、信息联系视角

信息对现代组织而言，可以称为最重要的资源。如果组织的设计不能满足组织对于所需信息的需要，则组织的效率和组织目标的实现都难以保证。基于组织中信息处理最优化的组织结构观点认为，组织结构的设计应该遵循以下原则：组织结构应该能够使为实现总体目标而必需的所有纵向与横向的信息渠道得到最大优化。所谓的纵向和横向的信息渠道则分别是指自上而下的权力控制线和同级之间相互协调与合作的协调机制。

通常，组织可以有两种选择：一种是以效率为首要目标，侧重于纵向的权力控制，这种选择的执行重点在于职权层级、规章条例以及正式的权力线；另一种则是强调横向的沟通和协调，这种组织结构的重点在于任务共享和沟通、较少的规章条例以及分权决策等。一个组织需要针对其目的和自身具体情况来确定纵向控制与横向合作的最佳组合。

1. 基于纵向信息传递的组织结构

介于组织高层和基层之间的命令、沟通和信息传递就是组织的纵向联系，这种联系主要强化的是组织的控制能力。一个设定了纵向信息传递系统的组织主要是通过以各种定期报告、书面信息以及计算机为媒介形式的层级链来实现各种正式信息的沟通，信息在这种自上而下的渠道中传递会更加有效率。组织实现这种纵向信息传递系统的方式主要有管理信息系统（MIS）、层级安排、规章与计划等。

2. 基于横向信息传递的组织结构

组织内各部门之间的信息交流和协调合作就是组织的横向联系，这种联系有助于组织集中力量实现目标。这种部门与部门之间的横向联系在组织图上并不能得以表现，但这种横向联系的确是组织结构的重要隐性组成部分。组织一般可以通过信息系统、成员直接接触、任务小组、团队以及专业整合人员来实现组织内部的横向联系。信息系统和直接接触都能够实现组织成员两两之间的直接联系,当组织面对临时性任务时,任务小组就是一种非常有效的横向联系方式,而当组织面对一个在长期内都需要高度协调的任务时,团队是解决问题的最强有力的横向联系方式。

第三节 组织结构的基本形式

组织的目标、战略不同,所处环境不同,自身条件不同,都使得组织结构的具体形式存在差异,但我们仍然可以通过对组织结构的本质特征进行划分,从而对组织结构进行分类来把握其本质。我们可以根据这些基本的组织结构类型来分析现实中的组织结构形式。如前所述,组织结构按组合方式划分,可以大致分为职能组合、事业部组合、多重组合、横向组合以及虚拟网络组合五类。其中最常见的组织结构是职能型组织结构、事业部型组织结构和矩阵型组织结构。此外,还有一些其他的组织结构。

一、职能型组织结构

所谓的职能型组织结构(Functional Structure)就是在组织中根据任务类型的不同,设立不同的职能部门,各职能部门具有自己的业务范围。在这种组织结构中,组织能够将与不同任务相关的知识和技术结合起来,使得各部门更加专业化,能提高组织的效率。这种组织结构强化的是纵向的控制,当组织实现目标最关键的要素是效率的时候,职能型组织结构是组织设计的最佳选择。

职能型组织结构产生于19世纪末20世纪初,适用于所处环境稳定、采用初级技术或常规技术的组织,它在中小企业中的应用尤为普遍。这类组织的管理以部门效率和技术质量为出发点,各部门分工较为明确,可能产生各自为政的现象,因此,各部门之间的协调成为组织管理的难点。组织通常高度集权,纵向管理链较长,横向管理链较短。职能型组织结构如图2-6所示。

图2-6 职能型组织结构

资料来源:DAFT R L. Organization theory and design[M]. 9th ed. Cincinnati, Ohio: South-Western, 2007: 105.

职能型组织结构具有以下优点和缺点。

优点:职能型组织结构能够适应现代化大规模制造业生产技术复杂、工艺精细等模式,充分发挥专业化的作用,有利于实现规模经济;专业化的分工有利于促进知识和技术的纵向发展;有利于促使组织实现职能目标,它最适用于只生产一种或少数几种产品的组织。

缺点:职能型组织结构强化的是纵向联系而弱化横向联系,当组织需要对外界变化做出快速反应时,组织的纵向层级链会超负荷,使得它无法针对变化的环境做出迅速的反应;由于组织横向的沟通协调很弱,从而导致组织成员对组织目标的认知并不完整,缺乏创新。

随着经济的发展、环境的变化，当今组织面临的挑战越来越多，当前的大型组织已经较少采用这种职能型组织结构。组织结构朝着更加扁平化以及更加重视横向联系的方向发生转变。

二、事业部型组织结构

事业部型组织结构（Divisional Structure），也被称为产品部组织结构或战略经营单位，是一种高度集权下的分权管理体制。事业部型组织结构适用于规模大、产品线多、技术复杂的大型组织。事业部型组织结构基于组织的产出过程来对部门进行整合，按照某一种或某一类产品或服务、项目规划、事业、业务或利润中心来建立不同的事业部。事业部型组织结构一般采用分级管理，从产品的设计一直到产品的销售都由事业部及其下属工厂负责，组织总部仅保留人事决策、预算控制和监督的权力，并通过利润等指标对事业部进行监控。

事业部型组织结构产生于20世纪40~50年代，它适用于采用复杂技术的、处于不断变化环境中的大型的、复杂的企业。这类组织的管理以产品线和市场为出发点，采用分权、战略型的管理，纵向管理链变短，横向管理链也较短。由于各事业部自主经营，因此，对各事业部的监控成为这一组织结构面临的主要问题。

事业部型组织结构具有以下优点和缺点。

优点：事业部型组织结构具有较强的灵活性，能够适应快速变化的环境；由于产品的责任和接触点明晰，使得顾客更加满意；能够实现部门内同一类产品或业务的不同职能单元的高度协调；产品和业务更多样化，能够适应不同的产品、地区或顾客的需求；适合用于产品多样的大型组织实现决策的分权化。

缺点：事业部型组织结构无法实现同一职能下的规模经济，各事业部重叠的职能部门可能是一种浪费；各个产品线自主经营，相互之间的沟通协调较差；跨产品线的整合和标准变得困难；不利于技术的进一步专业化，限制能力的发展。

事业部型组织结构中的产品事业部结构可以由职能型组织结构重组而来，从而实现跨职能的部门协调。事业部型组织结构的单元规模较小，可以更加灵活以适应环境的变化。相对于职能型组织结构，事业部型组织结构的横向联系加强了，组织内的权力实现了进一步的分化，这对于组织内跨部门的协调沟通非常有益。当传统的职能型组织结构无法适应发展的需要，或者组织的目标是进一步的发展时，就可以采用事业部型组织结构进行组织设计（见图2-7）。

图2-7　事业部型组织结构

资料来源：DAFT R L. Organization theory and design[M]. 9th ed. Cincinnati, Ohio: South-Western, 2007: 105.

随着企业的不断发展，美的集团于 1997 年对原有组织结构进行了事业部改制，美的的事业部型组织结构如图 2-8 所示。⊖

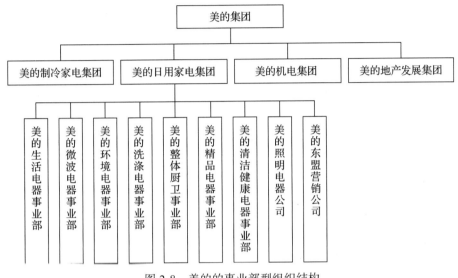

图 2-8　美的的事业部型组织结构

资料来源：美的集团股份有限公司官网。

三、矩阵型组织结构

现实中，如果单一的职能型组织结构或事业部型组织结构无法满足组织提高效率、实现目标和发展，那么组织可以采用多重组织结构组合。矩阵型组织结构（Matrix Structure）就是组合的一种方式，又被称为复合组织结构或行列组织结构。这种组织结构是改进了职能型组织结构横向联系弱、缺乏创新的缺点，并结合了事业部型组织结构而形成的一种组织结构形式。

矩阵型组织结构适用于为实现组织目标从而对技术和创新都有较高要求的组织，它是组织内部横向联系的一种有效方式，其独特之处就在于结合了职能型组织结构（纵向联系）和事业部型组织结构（横向联系）的优点，是纵向职能部门和横向的事业部门的结合，组织成员同时归属于这两个部门，服从双重指挥。由于矩阵型组织结构能够对不同的观点进行整合，因此这种组织结构适用于实行复杂业务和以开发与试验为主的组织，以及一些重大的攻关项目的执行，并逐渐在医院、保险公司、银行、大学、政府等部门得到普及。

矩阵型组织结构产生于 20 世纪 60～70 年代，它适用于技术复杂、面临需求较多、处于较复杂环境中的中型企业。这类组织的管理以产品和技术为出发点，组织的管理是一种二维管理，纵向管理链变短，横向管理链较长，是一种分权式的管理。因此，矩阵型组织结构容易出现多头领导的情况，对协调制度要求较高。矩阵型组织结构如图 2-9 所示。

⊖ 图 2-8 中未标出美的制冷家电集团、美的机电集团、美的地产发展集团的下属事业部。

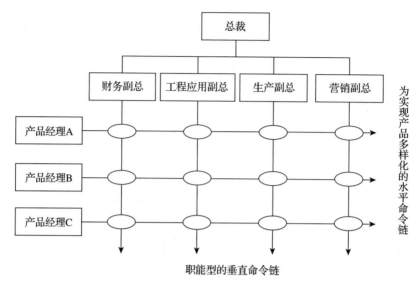

图 2-9　矩阵型组织结构的示例

资料来源：DAFT R L. Organization theory and design[M]. 9th ed. Cincinnati, Ohio: South-Western, 2007: 105.

矩阵型组织结构适用于组织环境变化大且具有多重目标的组织，这种双重的职权系统促进了组织内部的沟通和协调，是应对迅速变化的外部环境所必需的。但是，一般当组织产品线极少时，没有必要采用矩阵型组织结构，而当组织规模过大、产品线过多时，又难以在纵横两方面取得平衡。通常组织会在以下情况中采用矩阵型组织结构。首先，当组织存在资源稀缺的压力时，例如当组织的规模没有大到为每条产品线配备某种必需资源（尤其是人力资源）时，这种资源必须以临时调配的方式被轮流分配到各产品线中去。其次，当环境的压力迫使组织要在技术知识和产品两个方面都要有产出的时候，组织必须为了维持这种平衡而采取多重职权结构。最后，当组织所处的环境复杂且充满不确定性时，组织为了最大限度地获取信息和知识，就必须在纵向联系和横向联系两个方面都要使沟通信息渠道最优化，在纵横两个维度都具有较高的协调和信息处理能力。

组织结构设计若采取矩阵型组织结构，就意味着组织对纵向和横向的权力线同等重视，在组织内建立了一个双重职权关系的机构。但事实上，真正平衡的两条线是很难实现的，因此出现了职能矩阵组织结构（Functional Matrix）和产品矩阵组织结构（Product Matrix）两种变形的矩阵型组织结构，前者的职能线更有优势，后者的产品线更有优势。在现实中，这两种变形的组织结构更加有效和实用。

矩阵型组织结构具有以下优点和缺点。

优点：矩阵型组织结构灵活机动，可以根据项目和业务的进展随时将资源（如人力、设备等）在不同产品线之间调配和解散，能够很好地满足不断变化的环境的需求；这种临时性调配的任务清晰、目的明确，各组织成员有备而来，能够很好地沟通协调，为组织成员提供学习机会。

缺点：在组织实行矩阵型组织结构时就意味着采取了两条权力线同时进行的策略，参加项目的组织成员来自不同的部门，面临双重的职权关系，组织内的管理容易产生混乱；由于项目的临时性较强，对成员缺乏激励，对项目管理者的人际管理技能和协调能力要求较高。

| 视野拓展 2-4 |

腾讯的组织结构

在《第一财经》周刊所绘制的中国主要的科技公司的结构图中，腾讯的组织结构有着典型的矩阵特色（见图2-10）。腾讯是个令人费解的内外两重世界，就像一堵围墙，墙内的人觉得公司简单欢快如大学校园，墙外的人却觉得"企鹅"彪悍且来势汹汹。在腾讯的业务和组织架构上，这种矛盾性也处处存在。经过几次大大小小的架构调整，腾讯将不断增设的新部门重新归类后细分为八大单元。其中，根据业务体系划分出四个业务系统——无线业务、互联网业务、互娱业务和网络媒体业务；另外，根据公司日常运转划分出四个支持系统——运营支持、平台研发、行政等职能系统及企业发展系统。看起来很清爽吧？可是当我们对比腾讯的产品与服务结构图时就会发现，腾讯的产品与部门之间有着千丝万缕的关系。原因在于，作为腾讯盈利的法宝，QQ不仅是即时通信平台的核心，还搭载或捆绑着腾讯很多其他的产品与服务。想了解这一点？打开任何一个QQ互联网端界面就知道了。

资料来源：腾讯风云二十年：组织架构五次大变阵。改编人：田晓煜。

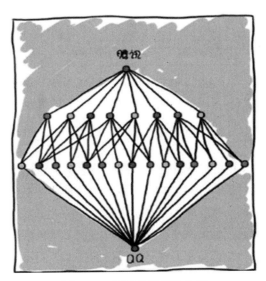

图2-10 腾讯的组织结构图

四、其他组织结构形式

其他组织结构还包括横向型组织结构、虚拟网络型组织结构和混合型组织结构。

1. 横向型组织结构

横向型组织结构（Horizontal Structure）是一种新型的组织结构形式。这种组织结构通常是由原来纵向型的结构通过组织业务流程再造转化形成的。这种结构强调的是按照核心流程将成员组合成一个个团队，共同工作。这种横向型结构几乎消除了原有的部门边界和初始纵向层级。图 2-11 展示了采用不同组织结构的保险公司的赔偿流程。

横向型组织结构产生于 20 世纪 90 年代，随着信息技术的发展而出现，适用于采用信息技术、网络技术以及处于动态环境中的中型或大型组织。这类组织的管理以顾客为出发点，采用全程式管理的方式，纵向管理链较短，横向管理链较长。

横向型组织结构具有以下优点：可以使组织对顾客的变化做出灵活而快速的反应，因而在改进生产率的同时也带来了顾客满意度的提高；在横向型组织结构中，由于打破了职能部门之间的边界，员工更注重团队合作，不仅限于认识单个部门的目标，因此更容易实现共同的目标。

横向型组织结构具有以下缺点：确定对顾客来说关键的流程是困难的和费时费力的，如果管理者不能精确地分析关键流程，那么横向型组织结构可能会带来损害；实施横向型组织结构，需要组织做出重大的变革，传统的管理者和员工可能会有所抵触。

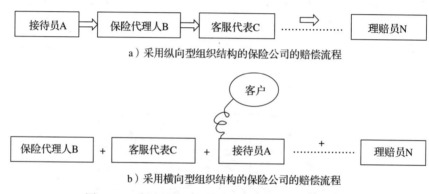

图 2-11 采用不同组织结构的保险公司的赔偿流程

2. 虚拟网络型组织结构

虚拟网络型组织结构（Virtual Network Structure）可以称为模块化结构（Modular Structure）。采用这种组织结构的组织通过签订合同外包流程或业务，把业务流程中的部分甚至大部分分包出去，仅通过总部来统筹协调。组织中的其他业务流程相关人员基于先进的信息网络技术与总部保持联系，可以跨越全球而仅通过网络交换信息与数据。这种松散的组织结构模糊了传统的组织的边界。在这种结构中，总部控制着优势的核心的技术，而将其余的大部分业务流程都交给其他组织。这种组织方式有利于通过结合各组织的最大优势从而实现最优化结合，以最低成本获取利益最大化。

随着信息技术和网络技术的发展，虚拟网络型组织结构在 20 世纪 90 年代开始出现。这类组织结构通常规模较小，面临的环境是高度复杂和不确定的市场环境。虚拟网络型组织结构的管理以顾客为出发点，纵向管理链较短，横向管理链较长，是一种网络化的管理方式。但是，由于工作地点的离散化和高度的分权化，控制成为管理中的一大难题。

虚拟网络型组织结构的优点在于对加入其中的组织没有规模上的限制，只要组织具有某方面的相对优势，就有资格借此获得更大的利益。此外，这种组织结构对外界环境的反应非常灵活迅速，能够根据形势迅速投入生产或撤出行业。虚拟网络型组织结构的全球性网络使它可以在最大范围内获取资源和人才。

虚拟网络型组织结构的最大缺点是组织关系薄弱，由于彼此之间分包的是业务链的上下游，中间断裂任意一环都能对整体产生很大影响。另外，在虚拟网络型组织结构中，组织对成员缺乏控制，有时仅仅依靠一纸合同并不能完全解决协调和沟通的问题，在沟通协调以及解决冲突方面要花费大量成本。

3. 混合型组织结构

在现实中，组织不可能完全按照理论划分的组织结构类型来进行组织设计。在实践中，我们经常可以发现在许多组织的结构中，既有职能型组织结构、事业部型组织结构，也有矩阵型组织结构以及横向型组织结构。为了适应复杂的环境，组织通常采纳各种组织结构中适合自己的优点，综合建立一种混合型组织结构（Hybrid Structure），这种混合型组织结构为组织提供了更大的灵活性和更大的活动空间。

比较常用的混合型组织结构有以下两种。

一种是职能—事业部型结构，这种比较适合拥有多个产品线和市场的组织，把部分对职能要求高的产品和市场集中在事业部单位，把部分对专业化和规模经济要求高的产品和市场集中在总部。例如，组织将人力资源、法律、技术和财务等活动集中在总部的职能部门，以获得规模经济，而将营销、计划、制造、供应、配送等活动划分到各事业部。

另外一种是职能—横向型结构，组织针对服务性要求较高的职能部门采用这种混合型组织结构。如在组织内部划分职能部门的同时，建立数个横向联结的小组，它们由具有多样技能的团队组成，集中完成组织的核心流程，每个流程组任命一名主管人员负责团队目标的实现。

| 视野拓展 2-5 |

美特斯·邦威：来自温州的虚拟企业

在肯尼思·普瑞斯、罗杰·内格尔等美国学者于 1991 年最早提出"虚拟企业"概念仅仅 7 年后，美特斯·邦威就运用"虚拟经营"之道，成功地打破了温州家族式民营企业通常发展至 5 亿元左右年营业规模就徘徊不前的"温州宿命"。2002 年 8 月 23 日，来自国家科技部和清华大学、西南大学、浙江大学的教授组成的专家组来到美特斯·邦威集团，在这里已经看不到一台缝纫机，初步具备了虚拟品牌运营商概念的美特斯·邦威集团，竟然自行研究开发了包括 ERP 在内的全部信息系统！经过考察，专家组得出结论：在目前的国内企业中，美特斯·邦威在信息技术的运用上已处于领先地位，真正把信息技术成功运用到了生产、管理、流通和销售等各个环节。时尚变化和组织变革迅速，生产和贸易结合紧密，这是全球纺织服装产业的两大主要特征。季节性服装的销售旺季很短，因此需要提高预测、备货、生产等各个环节的效率，特别是减少库存量，降低库存成本。从这个意义上说，这个行业对市场快速反应的需求一点也不比 IT 行业低。

在今天的美特斯·邦威的 IT 系统里面，每个特许加盟的专卖店都投射在这一包括电子商务系统、门店管理系统、销售时点系统在内的系统内，加上打通各 OEM 厂商的 ERP，仅有

300余人的美特斯·邦威总部在40余人的计算机中心的支持下，从容地控制着1 000余家专卖店和100余家远在江苏和广东的OEM生产工厂。对整个供应链来讲，专卖店可以从网上查看新货品的实物照片来快速订货，美特斯·邦威总部可实时考核每家专卖店的销售业绩（甚至可以细到每一件服装卖出时的天气情况及消费者情况），对于整条供应链的进、销、存数据进行经营分析，以便及时做出促销、配货、调货的经营决策。这不仅提高了市场反应能力，也为货品、资金的快速周转提供了保障，提高了资金使用的效率。

对年生产能力高达70亿件、产能严重过剩的世界第一服装大国的中国来说，美特斯·邦威运用IT系统实现的这种虚拟运营的业务模式完全是颠覆式的。传统的运作方式仍然占据着国内服装行业的主流，通常工厂生产出来的服装发送到公司物流中心，然后再向全国各个配送中心或分公司配发，周转库存很大，往往存在巨大的库存积压风险。但现在的美特斯·邦威不仅利用"虚拟库存"帮助供应链的上下游化解库存风险，而且开始通过提高整条供应链的资金利用效率来放大自有资金的杠杆效应，一个极有说服力的现象是，美特斯·邦威2001年8.7亿元的销售额较2000年5亿元的销售额上升了74%，但自有资金的占用比例却反而有所下降。自己不生产一双鞋却成为全世界最大的运动鞋厂商的耐克公司，正是依靠"虚拟经营"走上成功之路的。而美特斯·邦威则是通过信息化重塑了其组织形态。周成建在总结美特斯·邦威销售额快速增长的经验时曾表示："我们作为一个个体工商户，在积累的资本非常有限的情况下，如果不采用虚拟经营这种方式，有可能就发展不到今天这样的规模。这么多工厂都要自己去建的话，最少需要5、6年的时间，更何况还有近千家专卖店呢？而且即便不算时间，每家生产企业至少要几千万元的投资，我们旗下有100多家生产企业，这算下来也是一个天文数字。"

通过这种形式的发展，美特斯·邦威的规模不断扩张。随着中国的服装行业从20世纪90年代末到2010年左右的飞速发展，在有些年份中美特斯·邦威的净利润增长甚至达到了600%。之后，随着一些国际服装快时尚品牌加速了在中国的扩张步伐，美特斯·邦威为抵御他们的进攻，走上了激进的扩张道路。2008年公司在深圳证券交易所A股上市，周成建也在2008年的《福布斯》中国富豪榜上排名第五位。2023年上半年，美特斯·邦威服饰实现营业收入5.58亿元，归母净利润为1 026.39万元。

资料来源：美特斯·邦威服饰集团：2023年半年度报告。改编人：晋禾。

第四节　组织设计原则

一、指挥系统

指挥系统是指组织中各阶层的每一个人均有上司，且每一个人均需向上司报告、负责。在目前社会中，如军队、政府、企业组织，从最基层到最高层，都存在着牢不可破的指挥系统。

例如，某一大型销售企业采用金字塔式的指挥系统（见图2-12）。该公司成员R是大安县的销售点的负责人，循其指挥系统，我们可以找到R的直接上司L——白城市的区域经理，再往上可以找到位于长春市负责北方区域的大区经理H，最后是居于北京的副总经理C和总经理A。在这个指挥系统中，每个人均向他人报告，均有一位上司，每个人均需对其上司负责。这种明确的权责关系使组织的效果得以发挥。组织中的任何人，若其意见沟通违反了指挥系统，将会带来组织中的冲突。如 R 越过 L 直接和 H 沟通，会引起 L 的极大不满。事实上，组织中的每一个成员都应该很清晰地认识到自己在组织中的位置。

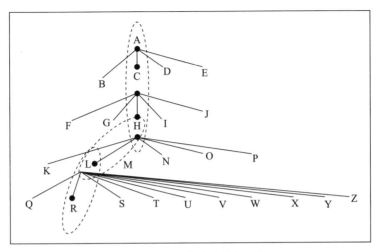

图 2-12　金字塔式的指挥系统

二、命令统一

命令统一是组织中一个古老的原则，是指组织指挥系统中的每一个人只需对唯一的一个上司负责，如 R 不能同时受命于 L 和 K，否则当 L 和 K 意见相左时，R 将无所适从进而导致组织无效。现实组织中基于种种原因，命令统一原则经常无法实现，如在小型的家族企业中，职业经理人常常接到家族中不同成员的指令，而无法确立明确的权责关系。大型组织同样存在类似的问题，如承担生产任务的部门负责人也常常要接受不同职能副总经理的质询和指导。作为企业的领导者要确保组织中各个专业部门的功能彼此互补而非相互抵触。

三、控制幅度

控制幅度是指有多少人共同向同一个上司报告。如图 2-13 所示，A 的控制幅度是 2，B 的控制幅度是 6，C 的控制幅度则是 12。较小的控制幅度意味着较好的控制效果，但要付出较高的管理成本，较大的控制幅度付出的管理成本较小，但存在着失控的风险。控制幅度没有固定的规则，要与组织和工作性质相适应，像美洲银行有 100 多名经理直接对总裁负责。

当工作是简单的、反复的、固定的且较易衡量的，则控制幅度较大。

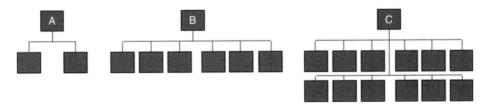

图 2-13　控制幅度

控制幅度的大小和协调方式相关，当协调方式以面对面的直接沟通交流为主时，控制幅度不能过大,也是传统意义上的 7 人、8 人或 10 人等。而协调方式以正规化、标准化等规范形式为主时,如标准、流程、计划、产出等,控制幅度就会很宽泛,如美洲银行的情况。

> **知识栏**
>
> **中国特色现代企业制度的演变与强化**
>
> **1. 中国特色现代企业制度的完善**
>
> 党的二十大报告提出了"完善中国特色现代企业制度"的理念,旨在推动中国特色现代企业制度更加成熟定型。在国有企业的改革与发展方面,这意味着将"中国式现代化"应用于企业治理,作为国家治理现代化的重要组成部分。这一理念突出在"现代"一词上,主要体现在公司治理的现代化。其特色之一在于将党的领导融入公司治理,改革的核心是进一步明晰党组织、董事会、经理层之间的权责边界,形成权责法定、权责透明、协调运转、有效制衡的治理机制。
>
> **2. 企业家精神的弘扬与国企改革**
>
> 党的二十大报告突出了"大力弘扬企业家精神"这一亮点,标志着党和国家对企业经营文化的深刻关注。过去的改革主要集中在健全市场化经营机制和党的领导与建设方面。在国有企业三项制度改革中,管理人员在选拔、激励与考核等方面有了重要突破,引入了职业经理人制度、经理层成员任期制契约化等改革措施。然而,对"小领导"而言,这些改革相对而言较为明显,而集团公司的"大领导"仍以"中管干部""省管干部""市管干部"居多,由组织部门任免、管理与考核,具有较强的行政化特征,企业家精神表现不足。因此,国企改革三年行动提出了"建立完善区别于党政领导干部、符合市场经济规律和企业家成长规律的国有企业领导人员管理机制"。这一改革旨在实现对企业家精神的真正弘扬,而非仅仅停留在口号上。今后的改革将进一步突破传统框架,为企业家精神的发扬创造新的机遇。

四、明确授权

明确授权能让部属知道他应该做什么和对他的要求是什么,以发挥他们的专长,同时使得主管有更多的时间考虑更为长远的问题。但在现实的组织中常发生的问题是:忙碌的上司没有时间去订立他的要求标准,而没有经验或内向型的部属又不主动去沟通这个问题。

其实双方都应知道授权存在多种形式、双方存在多种关系,明确授权是保证组织效率的关键。如当主管 A 授权给部属 B 时,他应该明确地告诉部属 B 授权的程度和希望他从事的工作。

授权有以下多种形式(Harvey Sherman,1966)。

(1)去了解这个问题,把事实告诉我,由我来决定做什么。

(2)提出所有问题的可能方案,由我来决定选何种方案。

(3)提出一套完整的行动计划,送给我审定。

(4)让我知道你打算做什么,如果我不反对,你便可以放手去做。

(5)采取行动,让我知道你在做什么,同时也让我知道事情的结果。

(6)采取行动,如果行动不成功时,请和我联系。

(7)采取行动,没有必要和我做进一步的联系。

| 视野拓展 2-6 |

江西立讯智造：大流行下组织结构变革之路

　　立讯精密自成立起专注于精密制造领域，2010 年上市之后，逐渐发展成为国内行业的龙头企业，快速发展的过程中公司规模急速扩张，在广东、江西、江苏等国内城市设立了工厂，除了部分研发中心在海外，在越南也设立了制造工厂。立讯精密的管理组织结构由最初的总公司型—分公司的单一型组织结构，快速升级为控股型组织结构。公司全面推行事业部型组织结构，根据业务板块划分为功能型事业部。事业部型组织结构是由上往下纵向分布的一种组织形式，公司一般采用整体布局并集中决策，具体再分配到事业部运营，分工明确。在公司总体战略下，各个事业部围绕总体决策，在总部授权范围内开展运营活动，实现自身的利润化。2015 年立讯精密在江西吉安成立江西立讯智造有限公司（以下简称"江西立讯智造"），江西立讯智造根据产品划分为无线蓝牙耳机（TWS）生产中心，内部拥有完整的职能部门，在职员工 45 000 人。

　　2020 年，江西立讯智造作为制造业企业，受全球新冠疫情的影响，生产经营遭受冲击。TWS 耳机的整体市场需求下降，同时，全球供应链受到共同冲击，从而导致电子材料采购成本上升，订单减少直接导致边际成本上升。同时，疫情后的工厂复工，并不是人员召回、机器重启那么简单，涉及后勤保障、安全生产、物流等方方面面，江西立讯智造随之迎来的一个大难题是人员复工问题。

　　工厂人员主要分为 IDL（非直接参与生产员工，即管理人员）和 DL（直接参与生产员工）。江西立讯智造位于吉安地区，本就比较偏远，工厂生产人员和技术人员 2/3 都是外地人，疫情后工人返回工厂手续多，大量工人不能按时返岗。有些人想来不能来，有些人因为种种因素又直接离开。公司可以加大力度在省内招聘 DL，但是由于技术和工作内容的要求，一时难以解决 IDL 的招聘问题。因此，公司急需对人员进行调整。

　　江西立讯智造疫情前的人员分布结构如图 2-14 所示。由于复工率最低的是师二及以下的员工，所以公司着重调整这一层级。减少原来组织的业务主要承接人员，师三～师四级的员工成为部门主力，师五级工程师回归技术团队。调整后的人员分布结构如图 2-15 所示。

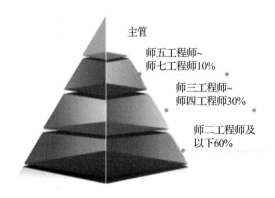

图 2-14　江西立讯智造疫情前的员工分布结构

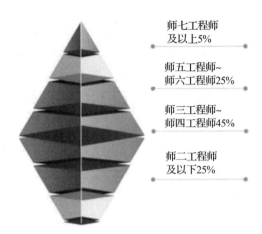

图 2-15　江西立讯智造疫情后的员工分布结构

一波未平,一波又起。从 2020 年 5 月开始,新冠疫情在国外迅速蔓延,国外政府管控不力,位于越南的工厂出现人员管理难度大、疫情严重和复工时间仍旧不确定等问题,出于成本的考虑,江西立讯智造选择暂时关闭越南工厂。在此背景下,越南订单需要转回中国,从 5 月开始有大量订单回流。师四级别的员工在疫情后承担了大量的工作。原先的项目 FA 技术部的高级工程师需要完成主要工作,包括整个产品失效模式分析流程,从登记入库、拍照、制作报表、开会汇报到研发新品等,在工程师人手严重不足的现状下,订单激增,造成了工作量的大大增加。各技术部的主要职责如表 2-5 所示。

表 2-5　江西立讯智造声学 &EE 工程处组织结构分工

部门	主要职责
EE 技术部	主要负责电子技术开发(Electronic Engineering, EE)、TWS 耳机产品电子相关的产品研发、新技术导入,日常工作为解决产线的问题、研发新产品、直接与客户对接相应部分产品功能
声学技术部(AC)	主要负责 TWS 耳机声学结构设计、声学测试方面的开发、相关生产工艺的开发与改善,日常工作为解决产线问题、研发新产品、直接与客户对接相应部分产品功能
FA 技术部	主要负责 TWS 耳机生产阶段功能不良品的分析,并为解决不良相关因素的问题提供方案,日常工作为解决产线问题、研发新产品、直接与客户对接相应部分产品功能

目前声学 &EE 工程处主要由三个部门组成,EE 技术部、声学技术部(AC)和 FA 技术部,江西立讯智造声学 &EE 工程处的组织结构如图 2-16 所示。

订单增加,暴露出来的不仅是工作"做不完"的情况。每个部门都有自己的业务流程,同时又负责同一产品的生产,当碰到问题需要部门之间协作时,各部门之间的独立性导致彼此很难沟通交流,解决问题的周期长,工程师日常工作所需的时间较长。师三~师四工程师成为部门主力后,全天中很难有时间投入到新产品研发中,此时原本回归到技术团队的高级工程师被制作报表、开会汇报等事件占据了大量时间,并且 3 个部门同时都在进行生产研发与客户对接的工作,每天重复冗余的工作导致其无法完成新产品、新技术的研发导入工作。师二工程师由于缺少经验,需要花费大量的时间解决产线问题,通常要两到三天的时间,而师四工程师花费半天的时间就可以给出解决方案。此前人员较多,虽然花费时间较多但是不会堆积问题,现调整人员分布后师二及以下的工程师减少,问题解决花费的时间长。师四及以上工程师成为主力，需要解决的问题量大大增加。无论是各课任务冗余沟通不畅，还是为了满足技术研发需求将师五以上的工程师从项目跟进中解放出来，或是应对现行快速变化的环境，若是能对组织结构进行优化，增强组织的灵活性，则能解决大部分问题。经过反复思考后，江西立讯智造结合问题提出了矩阵式组织结构，如图 2-17 所示。

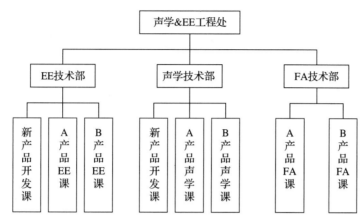

图 2-16　江西立讯智造声学 &EE 工程处组织结构图

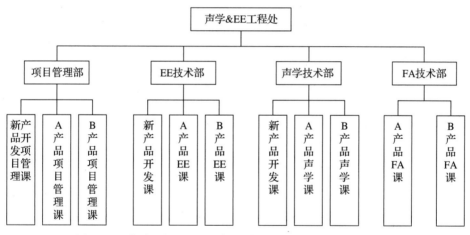

图 2-17　改进后的江西立讯智造声学 &EE 工程处组织结构图

新创立的项目管理部（Project Management，PM），主要工作就是把客户提出的需求进行导入并转化为内部需求，由项目管理部对成本和风险进行控制，跟进项目进度，同时维护好周边部门的沟通，让整个部门、各个岗位都能够充分发挥其职能。原先的组织结构类似于弱矩阵型组织结构，但是 A 产品和 B 产品的工作并没有项目经理来负责，仅仅是根据各部门的职责不同将任务分到各部门，现在的强矩阵型组织结构解决了此前的问题。

在整个试运行期间，部门整体工作的协调性得到增强，既满足了对专业技术的要求，又满足了对每一个项目任务快速反应的要求，整体工作效率也得到大大提高。根据部门员工的反馈以及实际数据表明，整体绩效也比上个季度高出 20% 左右，这也就意味着声学 &EE 工程处的组织结构改革初见成效。部门改革的成功离不开公司给予的足够权限，其他生产研发部门也逐渐开始实施矩阵型组织架构，以灵活地应对环境的变化，减少员工招聘成本，此次改革在公司内部刮起一阵旋风。

> 资料来源：苏海涛，殷芙蓉，杨学新，等．江西立讯智造："后疫情"情况下组织结构变革之路．中国管理案例共享中心案例库，2022年．改编人：古丽妮嘎尔·艾克拜尔。

第五节　组织结构的影响因素

任何一个组织的生存都离不开某种具体的环境，组织赖以生存的环境越复杂，影响组织结构的因素就越多，无论何时也无法穷举可以对组织结构产生影响的因素，此外，各种因素对组织结构产生影响的程度也随时间、空间的不同而发生变化。对组织结构能够产生重要影响的因素有很多，如战略、技术、规模、环境、文化等。这里，我们先简略介绍这些因素，更为详尽的阐述将会在后面的章节中具体展开。

一、战略

组织战略是组织为了实现其使命和组织目标而制定的综合性长期的行动计划，决定了一个组织区别于其他组织的组织目标，战略和目标共同决定组织的行动。迈尔斯（Miles）和斯诺（Snow）把组织战略分为以下四种类型。

1. 防御型战略：保持稳定

当企业组织的市场定位狭窄且稳定时，组织需要通过对当前市场进行深层次渗透来实现组织的成长。此时组织设计的目标是管理层能够集中控制组织的运行，组织的正规化程度很高，组织内部采用标准化的协调机制。

2. 探索型战略：创新、冒险

当企业组织的市场定位宽泛且流动性高时，组织通过对潜在机遇的发现和环境监督来实现组织的成长。此时组织的大部分核心技术应用于产品样品的生产，使用多重技术。组织的目标是如何促进组织的运作，组织的计划以问题为导向，非常广泛，组织结构的正规化程度低，采用以结果为导向的控制系统，组织内部的协调工作依靠项目协调员。

3. 分析型战略：中心稳定、周边创新

企业组织的定位领域是市场和产品的结合，一部分产品市场非常稳定，而另一些则不断变化。组织的成长既来自对市场的渗透，也来自对产品和市场的开发活动。此时组织的目标是区分组织的结构和过程以便适应组织的稳定业务和动态业务，组织没有统一的计划过程，组织中的职能部门采用集中化控制机制，而产品小组采用分权化控制机制。组织内部采用复杂、昂贵的协调机制，稳定的业务协调依靠组织的职能结构，产品的业务协调依靠项目协调员。

4. 反应型战略：被动、随机

组织以随机的方式对环境的威胁和机会做出被动的反应，缺乏统一的、可行的反应机制。此时组织管理层没有可行的组织战略，组织的技术、结构和过程也不能很好地配合战略。

不同的结构设计适用于不同的战略。钱德勒发现，简单的战略只要求简单的、松散的结构形式来执行这一战略。而随着组织的发展，组织战略会更宏大、更复杂，与之相对应，组织结构也会变得更加复杂。组织战略对组织结构的影响将在第三章中详细介绍。

二、技术

技术（Technology）是指用以将组织的投入（原材料、信息、思想）转换为产出（产品和服务）的各种业务流程、技术、机器和方法。技术是组织的生产过程，是组织实现组织目标的重要手段。一般来说，我们可以对技术进行以下区分。

（1）核心技术，即能够直接影响到组织能否实现组织目标的关键工作方法和流程。

（2）非核心技术，即对组织而言比较重要的工作方法和过程，但并不能对组织能否实现其使命产生决定性影响。

不同的技术对组织结构的设计要求不同，程序化的、常规的技术一般要求高度机械化的组织，而非程序化的、非常规的技术则要求组织采用有机式结构。技术对组织结构的影响将在第四章中详细介绍。

三、规模

对企业组织而言，组织的规模可以用以下三个方面来衡量。

（1）组织的成员数量。由于组织是一个社会系统，其规模通常以成员数目来衡量。组织的成员数量代表了组织的人力资源。组织拥有的成员数量越多，组织的人力规模就越大。

（2）组织的资源涵盖力。组织的资源涵盖力既包括组织能够消化多少资源，也包括组织能够获得多少资源。组织的资源涵盖力越大，它所占有的资源就越多。

（3）组织的投入产出能力。组织的投入产出能力可以通过组织的业务量和运行状态进行衡量。此外，投入与产出的比值也可以用来衡量组织的效率。

组织的规模对组织结构也具有重要影响。一般而言，大型组织往往比小型组织的工作专门化程度更高、部门更多、集权程度更高、规则条例更多。然而，这一影响随着规模的增大有递减的趋势。比如，一个具有 5 000 名员工的组织，如果再增加 50 人，对组织的结构不会产生多大的影响，然而，一个只有 50 名员工的组织，如果增加 50 人，则可能会向更为机械式的方向发展。

四、环境

环境包括组织边界之外的所有因子。组织所赖以生存的环境可分为任务环境、一般环境和国际环境三类。

（1）任务环境（Task Environment）是指与组织直接相互作用，并对组织实现组织目标具有直接影响的环境要素。主要包括行业、原材料、市场、人力资源等。

（2）一般环境（General Environment）是指与组织之间不发生直接作用，但会对组织产生间接影响的各种环境要素。主要包括政府、社会文化、经济形势、社会技术发展水平、金融资源等。

（3）国际环境（International Environment）。随着全球一体化进程的推进，越来越多的组织开始受到国际环境的影响，这也意味着组织所生存的环境越来越复杂并具有挑战性。

一般来说，机械式组织在稳定的环境中运作最为有效，而有机式组织更适用于动态的、不确定的环境。随着环境的不断变化，企业的组织结构也需要做出相应的调整。关于环境对组织结构的影响将在本书第七章详细介绍。

五、文化

组织文化（Culture）是指组织成员所共有的一套价值体系，它包括价值观、信念和思维方式等。组织文化既在组织中形成、发展和传承，又反过来对组织产生影响。

◆ 本章小结

组织结构是组织为实现目标，使组织各部分能够在组织的活动中有序分工、有机协作，从而确定的关于组织各部分的职能、部分划分、层级、权力、组织方式以及制度设计等的一系列结构体系。报告关系、部门化以及协调机制是组织结构的三要素。

我们可以根据管理的层次与控制幅度将组织划分为高耸式组织与扁平式组织，韦伯的官僚结构原则强调组织的标准化、专业化与正式化，伯恩斯与斯托克从环境影响视角将组织区分为机械式与有机式，从信息联系的角度将强调了组织的纵向与横向的信息传递。

组织结构按照组合方式可以识别为职能型组织、事业部型组织与矩阵型组织结构。随着时代的发展，企业还出现了横向型组织、虚拟网络型组织以及混合型组织等多种新型的组织结构。

组织的生存与发展离不开其所处的环境，会受到战略、技术、规模、环境、文化等多种因素的共同影响。

◆ 复习思考题

1. 组织结构的关键要素都有哪些？
2. 组织设计中韦伯的官僚结构原则都有哪些？
3. 组织结构的基本形式都有哪些？各有什么优缺点？
4. 举例说明组织结构的最新形式都有哪些。
5. 简要说明组织结构的设计会受到哪些因素的影响。

◆ 进一步阅读

1. 明茨伯格. 卓有成效的组织 [M]. 魏青江，译. 北京：中国人民大学出版社，2007.
2. ADLER P S. Interdepartmental interdependence and coordination: the case of the design/manufacturing interface[J]. Organization science, 1995, 6(2): 147-167.
3. PURANAM P, RAVEENDRAN M, KNUDSEN T. Organization design: the epistemic interdependence perspective[J]. Academy of management review, 2012, 37(3): 419-440.
4. DAVIS S M, LAWRENCE P R. Problems of matrix organizations[J]. Harvard business review, 1978, 56(3): 131-142.

综合案例

RQ 汽车股份有限公司的组织结构设计

RQ 汽车股份有限公司（以下简称"RQ"）于 1997 年 1 月 8 日成立，其产品以"安全、节能、环保"为诉求，以"零缺陷"为目标，受到消费者的青睐。2007 年，RQ 先后与美国量子等企业建立合作合资关系，开启了中国汽车工业跨国合作的新时代，同时也是我国首批"创新型企业"，曾 3 次被《财富》杂志评为"最受赞赏的中国公司"，在世界知名战略管理公司罗兰贝格发布的研究报告里，RQ 曾 2 次入围"全球最具竞争力的中国公司 TOP10"。

1. 网络型结构

从总体上看，RQ 的组织结构（见图 2-18）与以往机械式的组织结构形式并无多大区别。但是，经过十多年的发展整合，再加上计算机生产辅助功能的不断完善，RQ 的几大系统模块形成了一个巨大的网络，在这个网络中并没有规定哪个系统或哪个部门的级别高于其他，或是比别人更为重要，只是说在不同时期、不同环境条件下对不同系统或部门有所侧重。如今，RQ 在其发展过程中坚持"自主创新，打造中国自己的品牌战略"，这使得其企业内部的研发系统在整个网络中受到更多的重视，而其他系统则是从不同方面、不同角度对企业研发提供支持，比如：商务系统为研发系统提供最为直接的客户需求信息，以保证研发系统以客户需求为导向进行研发；生产系统则是保证企业研发成果能够得以实现，同时在落实过程中给予研发系统及时的反馈，从而达到进一步优化研发成果的目的。而不同系统之间的及时沟通更是可以促进公司整体的融合，从而形成了一个巨大的网络，用以保证向顾客提供满意的产品（见图 2-19）。

2. 产、销、研矩阵型结构

值得注意的是，无论是面临新技术挑战还是开发新车型，RQ 内部都可以迅速组建以研发系统为 X 轴，以生产系统、项目组或销售系统为 Y 轴的矩阵型的组织生产模式，在必要时，多个系统甚至可以临时组合成类似于 IBM 的多维矩阵型的组织形式，共同担负起组织从研发到生产再到销售的重要任务。在此过程中，RQ 不但节约了大量的资源转换成本，同时还逐渐培养出各部门相互共享信息、共同合作的工作氛围，为今后更好、更快的发展打下坚实的基础。

3. 项目小组

在横向结构设计中，RQ 十分重视部门之间的沟通与合作，充分利用信息系统、整合专员及团队等多种形式的横向联系手段。以 2002 年 RQA11-3510010AC 真空助力器带主缸总成项目为例，RQ 集合各系统资源组建 APQP（产品质量先期策划）小组（见图 2-20），该小组充分结合了来自技术、销售、财核等不同部门的员工，以团队的形式确保该项目的顺利进行。

可以看出，作为国内自主创新品牌的代表企业，RQ 在充分认识自身发展状况的前提下，结合自身资源和优势，并不局限于对企业内部组织结构的硬性规划和整合，而是大胆尝试，以自身优点结合不同类型的组织结构形式，力求实现自主开发、不断追求创新的目标。

（1）从总体上看，RQ 的组织内部各系统之间呈现网络型的组织结构形式，依据网络型组织结构的特点，在现阶段，RQ 以"自主研发"为主要战略，因此在几大系统中更侧重于研发系统，从而形成了以研发系统为中心的矩形网络，突出了研发在日常生产中的重要地位，同时其他系统在促进企业发展的过程中充分发挥其优势，将公司内部资源进一步整合，从而使公司的战略目标得到有效落实。

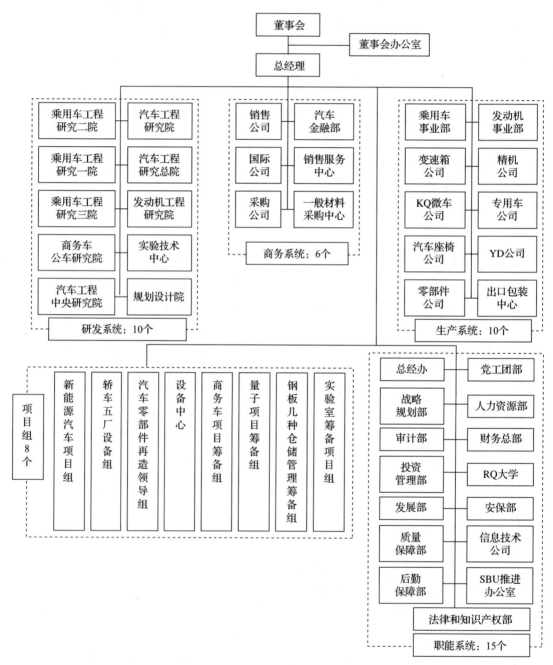

图 2-18 RQ 的组织结构

（2）研发、生产、销售三大系统的合作过程，充分体现出矩阵型组织结构的特点，使得企业自身可以同时满足来自环境与顾客的双重要求，企业内部资源可以在不同产品之间进行合理分配，同时也可以使 RQ 对于突发状况及时做出反应，增加公司整体的灵活性。

（3）项目小组的设定充分体现了RQ内部基于团队的组织设计理念。团队成员来自不同部门，该团队具有明确的目标，以任务为中心，依据任务需要团队成员充分发挥各自的能力。同时，团队成员共同承担风险，也因此可以确保任务目标得以顺利实现。

当然，RQ虽然在实践中不断追求创新，最大限度地促进企业内部各部门直接整体上的融合，但难免会存在一些不足之处。创新型企业为应对激烈的企业间的竞争，保持自身的灵活性、开放性和创新性，面临的重要课题是如何根据环境、战略、规模、技术等要素设计、调整适合自身的组织结构。而RQ要如何不断优化和变革自身组织结构才能适应竞争环境的需要是作为公司企划部负责人所要思考的问题。

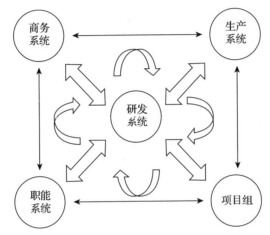

图 2-19 RQ 各系统之间的关系

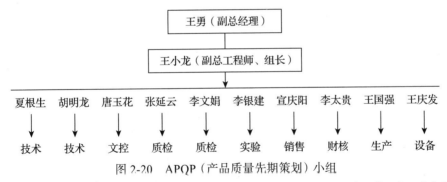

图 2-20 APQP（产品质量先期策划）小组

资料来源：刘福成、杨志强，RQ汽车股份有限公司的组织结构设计，大连：中国管理案例共享中心案例库，2011年。改编人：孙贵娟。

讨论题

1. 你认为RQ的组织结构设计遵循什么样的一个原则？这个原则为什么能够让RQ获得成功？

2. 项目组在整个研发系统中是否是不可或缺的？它起到什么样的作用？

3. 如果你是公司企划部负责人，你建议RQ采用什么样的方法来适应竞争环境的需要？

第三章
CHAPTER 3

战略、结构与业绩评价

§ 学习目标

- 了解组织目标的定义、划分与特征
- 了解组织战略的定义与分类以及战略的分析与实施
- 理解组织战略对组织结构的影响
- 了解组织效果评估的两种主要方法

§ 核心概念

操作性目标　波特的竞争战略模型　PEST 分析　权变评价方法

§ 引例

从中华酷联到三足鼎立：华为手机的战略转型之路

近几年，华为手机的销量呈快速增长态势，它在我们生活中的可见度越来越高。即使是不怎么关注数码圈的人，对华为的 Mate 系列和 P 系列手机以及华为的子品牌荣耀也是耳熟能详。随着中美贸易摩擦的加剧，华为的出镜率日益增加，从各种头条号、百家号到新闻联播，华为的消息似乎无处不在。正是美国这样一个超级大国不惜动用国家力量来打压一家民营企业，让我们对这一 ICT（信息与通信）公司有了更深层次的了解。华为手机究竟做了什么样的决策，实施了何种战略，才能在风云突变的智能手机市场中，从一个贴牌厂商做到世界第一呢？

华为最初以代理鸿年公司用户交换机 PBX 为主业，但是随后鸿年公司被收购，华为的代理资格也被取消。得益于之前积累的技术和客户，华为走上了自主研发之路。1991 年 12 月，华为自主研发的交换机 HJD48 一炮而红，为华为带来了巨额的销售额和利润，也坚定了华为走自主研发、科技创新的道路。在交换机取得巨大成功后，华为开始进入程控机市场。彼时的程控机市场被西门子、爱立信等巨头瓜分，势单力微的华为选择了"农村包围城市"的战略,从竞争薄弱的农村入手,站稳脚跟后再拓展城市市场。事实证明,这是一个十分成功的战略。从此以后,华为获得快速发展,并在1998年左右开始国际化和全球化,逐步成长为世界领先的ICT公司。

从华为手机的发展历程来看,大致可以分为三个阶段,即系统配套期、运营商定制期和战略转型期。

第一,系统配套期(2003—2008年)。任正非曾说,当年华为没想过做终端(手机隶属华为消费者业务中的终端业务),因为当时没有配套手机,华为的3G系统卖不出去,要去买终端又买不到,这才被逼上马的。由此可见,华为终端当时的定位就是为华为的网络设备销售做配套支撑的。华为终端的手机主要包括小灵通、CDMA手机和3G手机等。在这个阶段,华为手机主要通过运营商关系进行销售,此时的华为终端除了手机业务,还包括数据卡、固定台、固网终端等,其数据卡产品线的市场份额一度达到70%,成为华为终端的现金牛产品。手机产品线受公司战略的影响,一直走的是ODM(原始设计制造商)模式,规模庞大但是"利润比纸还薄"。虽然华为手机在2007年的出货量达到2 000万台,2008年成为全球第三大CDMA定制手机供应商,但是华为始终没有把终端业务作为核心业务,手机的品牌建设更是无从谈起。为了应对2008年的金融危机,加之想要进军美国市场,华为曾尝试过将其终端49%的股份出售给国外基金公司。华为找了如红杉资本、银湖、TPG、贝恩资本等多家基金公司进行谈判,但是由于金融危机的到来,因此西方基金的出价一压再压并且附加了一大堆条件,这让任正非难以接受,最终放弃出售。

第二,运营商定制期(2009—2011年)。得益于和沃达丰等电信巨头的合作,华为手机销量一路走高并在2009年发货超过3 000万台。但是除了在我国等少数几个市场采用华为品牌之外,其他市场都是运营商定制,使用运营商的品牌。虽然华为已经能自主开发手机的硬件、软件及结构,但是作为运营商的ODM,其利润却是"和纸一样薄"。微薄的手机利润、较低的自主性以及在集团中较低的定位使得华为手机难以加大投入来做品牌建设。

第三,战略转型期(2012年至今)。余承东一入主华为消费者业务部门就对其终端部门进行了调整,全力推动华为手机从运营商代工定制模式向公开市场品牌运作的转型升级。华为终端原有的运营商模式,虽然利润率低,但经过多年的发展,已经颇具规模。此次转型对原有业务带来了巨大的冲击,从上到下以及从内到外的反对与异议之多、阻力之大和个中辛酸恐怕只有余承东本人最能体会。

2022年,华为营业总收入为6 423.38亿元,其中运营商业务收入为2 839.78亿元,企业业务收入为1 331.51亿元,终端业务收入为2 144.63亿元。华为成了全球领先的ICT基础设施和智能终端提供商。

资料来源:马杰、邓远,从中华酷联到三足鼎立——华为手机的战略转型之路,大连:中国管理案例共享中心案例库,2020年;华为投资控股有限公司2022年年度报告。改编人:古丽妮嘎尔·艾克拜尔。

第一节 目标与战略

组织在社会中无所不在,组织成员为了实现他们所共同追求的目标组建了组织,而组织的管理者随着环境的变化,依据组织的目标制定组织的战略。目标与战略都是稳定的,但又都是可变的，目标是组织活动的最高宗旨，战略是为了实现目标而采取的策略。

一、目标

（一）组织目标的定义

所有组织的创立和发展都是为了达到某种目的，这个目的可以称为使命或总目标。目标反映了组织的行动导向以及组织行动将会取得何种结果。组织在不同的阶段有着不同的目标，组织的部门也有各自的目标，这些目标都是为了使组织的总目标得以实现。不同的组织由于性质的不同，其组织目标也不相同。

通常，目标的形成过程如下。

（1）始于对外部环境的机遇与威胁的分析，这其中包括了环境的不确定性以及资源的可获取性。

（2）对内部的优势与劣势的评估，确定组织的独特竞争优势。

（3）结合外部机遇与内部优势，确定组织的总体使命与正式目标。

（4）形成具体的操作目标，并设计与目标相匹配的战略，以确保组织达到总目标。

> **知识栏**
>
> **战略升级：提升国有企业核心竞争力与加速推进建设世界一流企业**
>
> **1. 提升国有企业核心竞争力**
>
> 企业核心竞争力的不断提升是广泛而重要的议题，我国着重强调国有企业的高质量发展。根据党的二十大报告的总体基调，预计"科改示范企业"将在增强自主科技创新能力方面进一步加强，机制将更具灵活性，入选名单也会扩大，致力于解决关键的技术瓶颈。
>
> **2. 加速推进建设世界一流企业**
>
> 国务院国资委此前已开展了"对标世界一流管理提升行动"，从八个维度对标提升，确定了11家企业作为创建世界一流的示范企业。在数年的实施后，确定了"三个标杆"包括200家标杆企业、100个标杆项目和10个标杆模式。因此，党的二十大报告中的"加快建设世界一流企业"并非新的提法，同时，也并非所有国有企业都能够发展成为世界一流企业。需要注意的是，国企改革通常围绕体制机制变革，而对标世界一流管理提升行动主要涉及公司管理层面，这既是国企改革的目标，也是深化改革的成果。
>
> 资料来源：国资智库，从二十大报告看国资国企改革风向。

（二）组织目标的划分

组织目标有很多种划分方式，一个主要的分类方法是将组织目标划分为正式目标与操作性目标两种类型。

1. 正式目标

组织的正式目标（Official Goals）也称总目标或使命（Mission）。正式目标说明了组织存在的合法性，描述了组织发展的愿景、成员共享的价值观，是组织对组织行动的正式说明。正式目标对于组织具有强有力的影响。正式目标是组织的一种内外沟通的工具，可以向内部成员、外部环境传达组织的理念及合法性，可以取得外部认同，并且吸纳具有共同理想的成员到组织中来。正式目标强调组织的价值观及其特定的市场和顾客。正式目标通常以政策手册、年度报告和使命说明书等表现出来。

2. 操作性目标

操作性目标（Operative Goals）是指组织在实际运行过程中所要达到的具体的、可衡量的结果，表明了组织的运行目的。操作性目标一般是较短时期内可达到的，是组织总目标的实际内涵，它主要涉及组织所要完成的主要任务。

操作性目标通过对成员及部门行动的方向进行指导，用绩效标准进行考核，为组织各项活动设立具体目标。操作性目标一般包括以下几项内容（见表3-1）。

表 3-1　组织的操作性目标

总绩效目标	营利性组织通常用盈利能力来衡量总绩效，这是一个典型的操作性目标。盈利能力通常可以用净收益或投资回报率等表示。 营利性组织用来衡量总绩效还有组织的产出量和成长。组织的成长即为在一个时间段内销售额或利润的增长幅度。组织的产出量则是组织提供的产品和服务的总量。 非营利性组织和政府没有盈利目标，但可以通过建立具体目标来确认在何种预算条件下为公众提供何种服务。一般可以使用成长目标和数量目标来对非营利性组织的总体绩效加以衡量。
资源目标	组织欲从外部环境中获取的人力、物资与资金资源的质与量就是组织的资源目标。
成员发展目标	包括组织内管理者与普通成员在内的培训、升迁、成长以及安全保障都属于成员发展目标。
创新与变革目标	创新与变革目标就是指组织对环境不确定性做出反应的准备程度以及灵敏度。它一般通过新技术、新产品和服务、新的战略和结构以及新的文化等角度来界定。
生产率目标	组织利用资源进行生产，设定的产出与投入的比值就是生产率目标。生产率目标一般可以用单位产品成本、劳动生产率、成员平均耗能等指标来衡量。

正式目标和操作性目标对组织而言都非常重要。正式目标描述了组织的价值观体系，赋予了组织存在的合法性。操作性目标反映组织的主要任务，为组织提供行动的方向以及绩效考核标准等。这两种目标服务于不同的目的。

|视野拓展 3-1|

"创无限通信世界，做信息社会栋梁"
——中国移动通信集团有限公司的使命与发展目标

使命是企业最为核心的价值理念的体现，作为企业得以生存与发展的根本，它不仅指引企业"去何方"，而且还要回答"为什么去"的问题。中国移动通信集团有限公司（以下简称"中国移动"）正是秉承"创无限通信世界，做信息社会栋梁"的企业使命，踏上进入世界500强公司的征途。中国移动成立于2000年4月20日，注册资本为3 000亿元人民币，资产规模超过 2.1 万亿元人民币，其网络和客户的规模已位居世界首位。中国移动全资拥有中国移动（香港）集团有限公司，由其控股的中国移动有限公司在国内 31 个省（自治区、直辖市）和香港特别行政区设立全资子公司，并在香港和纽约上市。2011 年中国移动位列《财富》杂志世界 500 强第 87 位，品牌价值居于全球电信品牌前列，跻身全球最具创新力企业 50 强。中国移动主要经营移动话音、数据、IP 电话和多媒体业务，并具有计算机互联网国际联网单位经营权和国际出入口局业务经营权。除提供基本话音业务外，还提供传真、数据、IP 电话等多种增值业务，拥有"全球通""神州行""动感地带"等著名客户品牌。

"创无限通信世界"体现了中国移动追求卓越，争做行业先锋的强烈使命感；"做信息社会栋梁"则体现了中国移动在未来的产业发展中将承担发挥行业优势、勇为社会发展中流砥柱的任务。及时、充分而有效的沟通是人类实现资源共享、社会实现集约快速发展的必要条件。通信业的发展，帮助人类逐渐打破沟通的时空障碍，使人与人之间的沟通更为快捷有效。中国移动也定期制定发展规划，并通过员工的努力严格执行。以 2007—2009 年的战略措施规划为例，公司明确提出持续深入实施七大战略举措，即"打造卓越运营体系""开创移动多媒体事业""形成'创新型'增长模式""实施'走出去'战略""构建卓越组织""培育卓越人才"和"做优秀企业公民"。并确定了这三年的业务目标：在收入上，2007 年实现集团年收入增长 12.5%，而 2008 年与 2009 年实现集团年收入增长高于 GDP1.5 个百分点；在用户市场份额上，2007 年不低于 56%，2008 年不低于 54%，2009 年不低于 50%；在增值业务收入比例上，2007 年达到 26.2%，2008 年达到 28%，2009 年达到 30%；客户满意度保持行业领先水平的标准。

截至 2022 年 12 月底，公司已开通基站总数超 600 万个，位居全球第一，已建成全球规模最大的网络云基础设施。公司员工总数达 45 万人，移动客户总数达到 9.75 亿户，有线宽带客户总数达到 2.72 亿户。2022 年，营业收入达到人民币 9 372.59 亿元。经过二十多年的发展，中国移动已成为全球网络规模最大、客户数量最多、品牌价值领先、市值排名前列的通信和信息服务提供商。

资料来源：中国移动官网，2023 年。改编人：古丽妮嘎尔·艾克拜尔。

（三）组织目标的特征

企业组织由于其追求利益的独特属性，它的目标具有 SMART 特性，即明确性（Specific）、可度量性（Measurable）、可实现性（Achievable）、相关联性（Relevant）和时限性（Time Bond）。企业组织的目标涉及社会、经济、环境等多个方面。

（1）明确性。目标的目的性必须明确。从目的性角度出发，组织目标可以分为控制型和突破型两种类型。控制型目标是指维持现有水平的生产或经营能力。突破型目标是指超越现有的能力，实现目标的飞跃。

（2）可度量性。目标是可以度量的，基于度量性，组织目标分为定量目标和定性目标。在组织的运行中，定性目标是必不可少的，而定量目标则不一定处处适用。定性目标在某种程度上是比较模糊的，但也是可以加以考核的，虽然不能如同定量指标一样准确，但可以利用详细制定规划和细分目标特征的方法加以考核，提高其可度量程度。

（3）可实现性。组织的目标，无论是长期目标还是短期目标，都必须是符合组织能力的，必须是组织通过努力可以在一定时期内实现并且不超出环境限制范围的。否则目标就失去了导向意义，组织变得盲目。

（4）相关联性。组织中的各类、各级的目标之间是相互关联的，构成了一个网络。组织的目标是通过很多行动相互联系、相互促进来实现的。目标与目标之间构成了一个目标整体。为此，要实现组织的整体目标，就要协调好各层次的目标，互相配合、彼此协调、相互衔接。

（5）时限性。目标可以按照规划时间的长度分为短期目标和长期目标。一般长期目标是方向性的，主要规定组织的长远发展以及大致走向，是组织制定短期目标的标尺。短期目标是长期目标得以实现的基础。长期目标与短期目标需要兼顾整合，以长期目标作为指导，灵活有序制定短期目标，最终实现总目标。

此外，组织目标还具有层次性和多样性。组织目标是分层次、分等级的，一是社会层次的目标，即社会赋予组织的目标；二是组织层次的目标，即组织作为一个利益共同体的整体目标；三是组织内的成员个人层次的目标。当然，组织的目标也是具有多样性的，不仅可以分为主要目标和次要目标，每种目标也都可以细化成具体和清晰的小目标。

（四）组织目标的作用

组织目标对于组织的运行具有非常重要的作用，具体可以归纳为以下几点。

一是导向作用。组织目标是组织所追求的未来状态，目标对组织具有导向作用，为组织及其成员的行动提供行动方针，为组织提供行动方案的选择依据，减少组织行动的不确定性，进而引导组织按照既定的路线前进。一个组织能否有效地完成使命，关键因素在于它确立的目标是否正确可行，能否引导组织、激励组织成员向组织所希望的方向发展。

二是凝聚作用。组织是一个协作系统，必须把它的成员通过某种方式凝聚在一起。组织目标充分体现了组织成员的共同利益与追求，当组织目标能够与组织成员的个体目标取得最大一致性时，能够充分地激发组织成员的创造力与行动热情。组织通过确立科学有效的总目标，在组织中有效分配，协同合作，从而使目标对组织的运行发挥凝聚作用。

三是激励作用。组织目标的激励作用主要体现在对成员进行鼓舞和提供满足感上。组织目标确立后，目标可以成为成员进行自我激励的标准。个体通过确立目标调动积极性，达到目标后又会产生满足感。目标也可以是组织团队的激励基础。团队有了目标，会激发成员的合作意识，培养团队精神，产生激励效果。

四是评价考核作用。如何评价组织行动的成功与否，一个重要依据就是组织目标的实现状况。组织目标为各部门、各个体的工作绩效的考核提供了标准与准绳。当考核依据不够客观或不科学时，不利于调动组织成员的积极性。根据明确目标加以考核的方法客观公正，为组织成员的努力提供方向，并且具有说服力。

二、战略类型

（一）战略的定义

在组织与竞争性环境的相互作用中，组织为了实现组织的总体目标而对组织发展方向、行动方针以及资源配置等一系列通往目标的途径和方法所做的总体规划就是战略（Strategy）。这是一种实现预定目标的计划。组织目标是最终目的，组织战略是实现最终目的的手段策略。

战略学家迈克尔·波特在"什么是战略"一文中指出，战略是指组织如何界定独特定位，如何做出明确取舍，如何加强各项活动之间的配称性，实施战略是为了使组织获得独具优势的竞争力。波特认为组织有以下三种基本战略定位。

（1）基于种类的定位（Variety-Based Positioning），即当组织通过独特的经营而提供特定的产品与服务时，组织的战略定位应该基于产品或服务种类的选择而不是基于客户细分市场。

（2）基于需求的定位（Needs-Based Positioning），即企业组织基于顾客的需求，而为顾客提供某些特定的运营活动以满足这些需求。

（3）基于接触途径的定位（Access-Based Positioning），为了使组织能够以最有效的方式为顾客服务，企业组织需要相应地设计不同的运营服务以弥补地理或客户规模变化带来的不确定性。

（二）战略的分类与实施

从不同的角度出发，可以对战略进行不同的划分。例如，从组织活动的范围来看，可分为单一经营战略和多种经营战略；从层次角度划分，可分为公司层战略、业务层战略和职能层战略。当前比较通用的有两种战略模型，一个是波特的竞争战略模型，另一个是迈尔斯和斯诺的战略分类模型。

1. 波特的竞争战略模型

波特在 20 世纪 80 年代出版的《竞争三部曲》中对组织战略如何获得竞争优势进行了详细阐述，并加以划分，即差异化战略、集中化战略和成本领先战略，它们统称为通用战略或一般性战略。其中，集中化战略又可以进一步细分为集中差异化战略和集中低成本战略。这一模型主要存在两个维度，即竞争优势和竞争范围，通过这两个维度的组合构成了四个象限，波特的竞争战略模型如图 3-1 所示。

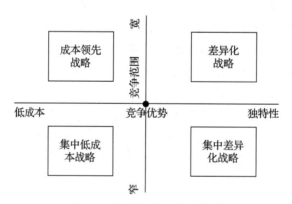

图 3-1　波特的竞争战略模型

资料来源：PORTER M E. Competitive strategy: techniques for analyzing industries and competitors[M]. Destock, Virginia: The Free Press, 1998: 34-41.

（1）差异化战略（Differentiation Strategy）。处在宽泛的竞争环境中，为取得独特性的竞争优势，采用差异化战略的组织，试图提供与同行业其他组织不同的产品与服务。成功的差异化战略可以为组织带来更低的成本、更大的产品灵活性以及更多的特性。组织可以凭借其产品和服务的差异化特征而以较高的价格水平售出产品服务。实行这种战略，要求组织必须敢于创新，有较大的技术领先优势，研发和营销的能力很强。海底捞在餐饮界享有盛誉，是因为它在经营中确定了给消费者提供差异化服务的清晰的发展定位。作为服务行业中的企业，要想在众多竞争对手中脱颖而出获取竞争优势并非易事，海底捞视员工为家人，通过集中培训学习和老人带新人的方式让员工迅速融入企业的发展中，凭借对顾客的精心管理和高质量的服务，有效地提升了企业的顾客满意度和员工满意度，为提供差异化的服务产品奠定基石[一]。

（2）集中化战略（Focus Strategy）。在狭窄的竞争环境中，组织将目标集中在某一点上，凭借高效率的服务在竞争中取得优势，或者取得差异化优势，或者取得低成本优势，或者二者兼得。格力空调已经致力于电器制造二十余年，坚持实施专业化的发展战略。格力空调的品牌和市场占有率来源于对空调产品研发与生产的专注，至今已开发出包括家用空调、商用空调在内的 20 大类、400 个系列、7 000 多个品种规格的产品，能充分满足不同消费群体的各种需求。由于公司在技术上拥有很大的优势，并且根据市场发展的需求及时调整产品的生产，严把质量关赢得了消费者的信赖，所以在市场中具有很强的竞争能力。如今格力的产品早已跨出国门进到千家万户，业务遍及全球 100 多个国家和地区。研发创新带来的专业技术优势，让中国制造领先世界。

（3）成本领先战略（Low-Cost Leadership Strategy）。组织采用比竞争者更低的成本来赢得市场。这种战略促使组织提高生产率，通过降低成本、提高市场份额取得竞争优势，这种战略强调的是稳定性而不是创新性，相应地，采用这种战略的组织在进行组织设计时应该重视内部效率而非外部适应性。吉利公司在进入汽车行业时并没有优势，因此，在发展的初期阶段以低成本领先战略实施扩张。在提供与竞争对手具有相当质量的同类产品时，努力降低企业的生产成本，进而获得高于行业平均水平的利润，为进一步扩大市场份额创造良好的条件。2006 年吉利公司已跻身中国汽车企业销量前十位。在 2005—2007 年吉利汽车的总资产和净利润平均同比增长 50% 以上，在此期间的销售毛利润、销售净利率及净资产收益率均高于行业平均水平[二]。

2. 迈尔斯和斯诺的战略分类模型

迈尔斯（Raymond Miles）和斯诺（Charles Snow）基于组织的战略需要与外部环境相匹配的认识，对战略进行了分类，主要分为以下四类。这种分类方法强调组织的特征、战略与外部环境的相适应。

（1）防御型战略（Defender Strategy）。防御型战略适用于面临较为稳定的环境的组织，组织的目标是保持现有顾客，为稳定的顾客提供可靠的产品，降低风险。采用这种战略的组织具有市场定位的狭窄性和稳定性；通过对当前市场进行深层次渗透来实现组织的成长，保持组织已有的竞争优势。采用这种战略的组织一般采用职能制组织设计。

（2）探索型战略（Prospector Strategy）。探索型战略适用于处于动态成长环境中的组织，此时环境复杂多变，组织的目标是创新与冒险，以及寻求新的增长机会。组织侧重于开发新产品、采用新技术、开拓新市场。采用这种战略的组织一般适用于柔性组织设计。

㊀ 黄铁鹰，梁钧平，潘洋. "海底捞"的管理智慧[J]. 哈佛商业评论（中文版），2009（4）：135-143.
㊁ 鲁桂华，芦璐. 成本领先战略与财务业绩[J]. 财务与会计（理财版），2008（6）：27-29.

（3）分析型战略（Analyzer Strategy）。分析型战略介于防御型战略和探索型战略之间，组织追求稳定，同时在周边领域进行创新。这种组织追求产品与市场的结合，组织的成长来自对市场的渗透和对新市场的开发。组织采用的技术在灵活性和稳定性之间达到平衡。采用这种战略的组织一般采用职能制组织与柔性组织的双重组织设计。

（4）反应型战略（Reactor Strategy）。反应型战略不能称为一种严格意义上的战略，组织中的反应者此时只是被动地对来自环境的威胁和机会做出反应，没有统一可行的行动机制。采用这一战略时，组织管理层没能确立一个可行的组织战略，并且组织的技术、结构和过程也没能很好地配合战略。

这种战略要实现向分析型战略的转变，常见的途径有：第一，组织将业务分为相对稳定、利润率较高以及投机性较强的领域；第二，创造适当的结构、过程，同时促进稳定业务小组和动态业务小组的工作。

（三）战略分析

战略分析是指组织管理层对组织的战略环境进行分析和预测，研究环境的发展趋势以及将会对组织造成的影响。战略分析一般可以分为组织内部环境分析和组织外部环境分析两个部分。

1. 组织内部环境分析

组织内部环境是指组织本身具备的资源条件，包括组织的研发能力、生产能力、营销能力、筹资能力和组织文化等方面。进行组织内部环境分析是为了发现自身的优缺点，从而有效利用内部资源，发挥组织的竞争优势。

2. 组织外部环境分析

组织外部环境分析包括一般环境分析和行业环境分析。目的是寻找和发现有利于组织发展的机遇和阻碍组织发展的威胁，以便组织在制定和选择战略时利用外部环境中的机会并结合自身优势，规避劣势与威胁。

一般环境是指给组织带来机遇和威胁的主要环境因素，对环境中的每个组织都会产生影响。在一般环境分析中以PEST分析为主，即政治与法律分析（Political and Legal）、经济分析（Economic）、社会文化分析（Social and Culture）、技术分析（Technological），如图3-2所示。

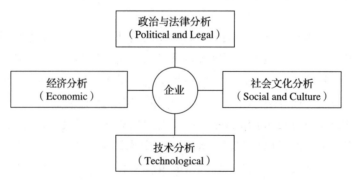

图3-2　一般环境分析中的PEST分析

资料来源：DAFT R L. Organization theory and design[M]. 9th ed. Cincinnati, Ohio: South-Western College Publishing, 2007: 197.

行业环境分析是对组织活动具有直接影响的外部环境分析，一般采用迈克尔·波特提出的五力模型（见图3-3），即5F模型。基本要素包括现有竞争者、供应商、顾客、潜在进入者和替代品。

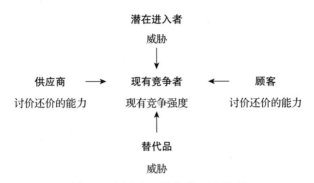

图 3-3　迈克尔·波特的五力模型

资料来源：DAFT R L. Organization theory and design[M]. 9th ed. Cincinnati, Ohio: South-Western College Publishing, 2007: 197.

波特关于竞争环境的五力模型根据对竞争环境中五种基本力量的分析，综合确定行业的基本竞争态势。五力模型提出了竞争环境的五种基本力量，即供应商讨价还价的能力、顾客讨价还价的能力、潜在进入者的威胁、替代品的威胁和现有竞争者的现有竞争强度。

组织制定战略之前必须先对这五种力量进行分析和评价，以清晰认识组织所处的行业环境。

（1）供应商讨价还价的能力。供应商主要通过价格和质量两种基本因素来对组织产生影响。具体因素包括：①供应商所提供的产品在组织整体产品成本中的比例；②供应商提供的产品对组织产品质量的影响；③供应商提供的产品对组织生产流程的重要性；④组织原材料采购的转换成本；⑤供应商提供产品的成本与组织自己生产的成本之间的比较；⑥供应商产品的标准化程度；⑦供应商所在行业的集中化程度；⑧供应商"前向一体化"的战略意图。

（2）顾客讨价还价的能力。顾客与供应商类似，同样通过价格和质量两种基本要素对组织施加影响，使同行业的组织之间强化竞争，对行业造成威胁。具体包括：①产品标准化程度；②顾客对产品的敏感性；③大批量购买；④集体采购；⑤顾客的"后向一体化"的战略意图。

（3）潜在进入者的威胁。行业中不断有组织退出，同时也不断有组织加入。加入行业的新组织可能会为行业带来新的资源和技术，并抢占市场份额，对整个市场产生影响。行业潜在进入者的威胁的影响因素有：①潜在进入的可能性；②行业的前景；③若行业增长率高则会刺激大量进入者的出现；④行业壁垒。

（4）替代品的威胁。市场上出现的与组织的产品功能相似或相同的产品就是该产品的替代品。替代品竞争越激烈，对组织的威胁越大。能够影响替代品竞争的因素主要有：①替代品的利润；②生产替代品组织的策略；③顾客的更换成本。

（5）现有竞争者的现有竞争强度。组织的战略目标一般都是使自己获得比竞争者更独特、更持久的竞争优势。影响现有竞争强度的因素主要有：①现有竞争者的数量；②现有竞争者的分布范围；③市场的成熟度；④市场的饱和度；⑤用户的产品敏感度；⑥进入及退出壁垒。

以上是波特的五力模型的基本框架。任何行业中的任何组织都在一定程度上受到上述力量所构成的威胁。组织必须分析这些力量，以更好地确定自己的目标，制定战略规划，有效地形成并保持独特的竞争优势。

(四) 战略选择与战略实施

(1) 战略选择。组织的管理层通过战略分析，对组织的内、外部环境和行业结构，组织自身资源和能力都有了清晰的认识，就可以选择适合组织情况、与组织相匹配的战略。

在对战略进行选择时，要明确所选择战略具有可行性、可接受性与适用性。一个合适的战略应该保持与组织目标、组织资源条件以及组织外部环境的一致性。

(2) 战略实施。组织的战略方案确定后，就需要通过具体的实际行动来实行战略，最终实现组织目标。一般可以从三个方面来推动战略实施：第一，确定组织的资源配置与战略相配；第二，对组织的结构进行构建，使"组织结构跟随战略"，为战略实施提供保障；第三，提高组织管理者的能力与素质，培养积极的组织文化，使组织中的人能够承担起推进组织战略的责任。

第二节 组织战略与组织结构

组织战略通常是在现有的组织结构中制定的，会受到当前组织设计的影响和制约，但最根本的是组织结构要根据战略的制定而调整。战略的制定会影响到组织的内部特征，组织设计必须跟随组织战略的变化。

一、钱德勒的战略发展与组织结构

美国学者艾尔弗雷德·钱德勒（Alfred Chandler）在其著作《战略与结构》中研究发现，美国的许多大公司的发展，都经历了战略发展的四个阶段，同时，每一个战略阶段都有与之相适应的组织结构（见图3-4）。钱德勒通过研究做出对战略和结构关系的假设。首先，战略决定组织的结构，由于组织所依存的资源发生变化，组织的战略也会随之发生改变以使组织更好地生存，同时，战略的变革会带来组织在结构上的更新，通过对管理模式的调整来克服组织面临的问题；其次，企业的战略与结构经历系列的变革发展，比如战略从数量扩大战略阶段到多种经营战略阶段，结构从直线型简单结构到分权的事业部制结构，结构会紧跟战略的变化而不断发展；最后，组织通常都会保持现有结构的稳固，在深陷危机的情况下才会需求变革，当然这还需要考虑到企业所处的环境以及企业管理者的变革能力。基于此，钱德勒提出了战略与结构关系的基本原则，即组织的结构要服从于组织的战略[⊖]。

⊖ 金东日. 现代组织理论与管理 [M]. 天津：天津大学出版社，2003：30.

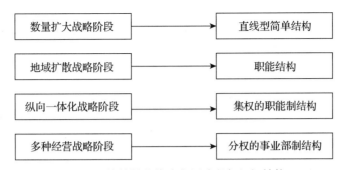

图 3-4　钱德勒的战略发展阶段与组织结构

资料来源：CHANDLER A D. Strategy and structure: chapters in the history of the industrial enterprise[J]. Cambridge Mass, 1962: 463.

1. 数量扩大战略阶段

组织在组建初期，往往只是单一的生产或销售，不仅产品模式比较单一，而且企业生产能力也有限，所生产的产品数量较少。这个阶段组织主要采用数量扩大的战略，简单扩大产品的生产规模。因此，为实现这一组织目标，企业的组织结构会比较简单，一般采用直线型简单结构就可以满足需求。

2. 地域扩散战略阶段

随着组织规模的发展，企业对市场有了更大的需求，需要将市场推广到更远的地域。相应地，因为企业对部门之间的协调和专业化的要求提高了，组织结构也要跟着调整，此时比较适用强化分工协调和技术管理功能的职能结构。

3. 纵向一体化战略阶段

随着竞争程度的增加，企业不再停留在产品的生产阶段，而是开始进行前向或后向的整合，将生产的原材料或销售的渠道纳入组织的内部。这样就会促使企业内的部门增多，技术联系增强，从而需要强有力的管理控制，企业可以采用集权的职能制结构。

4. 多种经营战略阶段

面对日益复杂的市场环境，企业为了降低运营风险，拓展利润增长点，会实施多种经营战略，使得产品的跨度很大。此时，企业需要分权的事业部制结构，以适应战略实施的需要。

二、迈尔斯和斯诺的战略与组织结构

组织战略对组织结构具有重要影响，企业组织结构是实施战略的一项重要工具。在战略实施过程中，组织选择何种组织结构包括多方面原因，既包括决策者对组织结构的理解，也取决于组织所选择的战略类型。有效地实施组织战略的关键因素是建立合适的组织结构。下面将着重阐述迈尔斯和斯诺的战略分类以及与之相应的组织结构关系。

迈尔斯和斯诺的研究是当代最流行、最有影响的理论。他们以改变产品和市场的程度为基础，把组织划分为四种战略类型和与之相适应的组织结构（见表 3-2）。

表 3-2　迈尔斯和斯诺的战略与组织结构分类[⊖]

战略类型	战略目标	环境	组织结构特征
防御型战略	稳定和效率	稳定的	高度劳动分工、高度规范化、集权化以及严密的控制系统
探索型战略	灵活性	动荡的	低劳动分工、低规范化、分权化
分析型战略	稳定性和灵活性	变化的	适度的集权控制、规范化程度高、对一部分实行分权制和低规范化

资料来源：MILES R E, SNOW C C, MEYER A D, et al. Organizational strategy, structure, and process[J]. Academy of management review, 1978, 3(3): 546-562.

（一）防御型战略与组织结构

采取防御型战略的组织的战略目标追求稳定和效率，目的是提高产品质量，降低成本，以保持组织的独特竞争优势。采用这种战略在于通过提高生产率，增强生产和销售的能力来获取组织的规模经济和经验效益，使组织成本低于行业内的最低成本或低于竞争对手的成本，以占领更大的市场，获取市场竞争力。因此，防御型组织在组织结构上具有高度劳动分工、高度规范化、集权化以及严密的控制系统的特征。

采取防御型战略的组织，其组织设计特点如下。
（1）组织设计的目标是管理层能够集中控制组织的运行。
（2）高管团队以会计、审计人员和生产人员为主，任期长且来自内部。
（3）职能结构的正规化程度高。
（4）采用标准化的协调机制。

（二）探索型战略与组织结构

实施探索型战略的组织强调灵活性，能适应动荡的环境。它的目标在于使组织生产出能够区别于其竞争对手的产品，形成自身产品的独特性。探索型战略往往要求组织具有很强的产品创新能力和市场营销能力。较强的市场营销能力可以使组织对外部市场保持高度敏感性，从而及时发现市场中存在的机会。组织还必须体现其在行业内的独特性，为顾客提供更独特的产品和服务，提供更大的价值。为了实现产品和服务的差异化，组织必须强调创新，尤其是产品和服务的创新。探索型组织在组织结构上具有低劳动分工、低规范化、分权化的特征。

采取探索型战略的组织，其组织设计有以下特点。
（1）组织设计的目标是促进组织的运作。
（2）高管团队以市场营销和研发专家为主。
（3）计划广泛、不深入，以问题为导向。
（4）组织结构的正规化程度低，特别工作组、项目团队发挥重要作用。
（5）以结果为导向的控制系统，工作小组采用自我控制机制。
（6）协调工作依靠项目协调员。

⊖ 反应型战略没有明确的战略目标和组织结构特征，因此没有汇入此表中。

| 视野拓展 3-2 |

小米手机的超级扁平化的组织结构

随着 IT 技术的不断发展，我们已经进入了产业互联网和云时代，具备了海量数据和大规模的计算能力，知识变成了社会的一个重要组成部分，未来企业要拥有能在整个社会层面不断获得数据的能力，然后通过数据加工和提炼，使之成为企业的"第二智商"。探索、创新成为企业的必然选择，而且要以更快的速度创新，否则就跟不上知识更新的速度。相应地，组织的结构设计必须要变得更为灵活、扁平。

"专注""极致""口碑""快"是小米手机的互联网思维模式。为了确保这七字妙诀的落地，小米手机认为速度是最好的管理方式。少做事，管理扁平化，才能把事情做到极致，才能快速。

小米的组织架构大体分为三级：七个核心创始人—部门领导—员工。而且团队不会太大，稍微大一点就拆分成小团队。从小米的办公布局就能看出这种组织结构：一层产品、一层营销、一层硬件、一层电商，每层由一名创始人坐镇，能一竿子插到底地执行。大家互不干涉，都希望能在各自分管的领域努力，一起把事情做好。除七个创始人有职位外，其他人都没有职位，都是工程师，晋升的唯一奖励就是涨薪。员工不需要考虑太多杂事，也不需有太多的杂念，没有团队利益纠纷，一心在事业上。

这样的管理制度减少了层级之间互相汇报浪费的时间。小米现在 2 500 多人，除每周一的 1 小时公司级例会之外很少开会，也没什么季度总结会、半年总结会。成立 3 年多，七个合伙人只开过三次集体大会。2012 年 815 电商大战，从策划、设计、开发、供应链仅用了不到 24 小时准备，上线后微博转发量近 10 万次，销售量近 20 万台。

如今，以扁平化管理著称的小米正在逐步淡化它的早期治理法宝，这源于它已经从一家追求效率的创业公司向一家成熟、规范的大企业转型。截至 2023 年 6 月，全球 MIUI 月活跃用户为 6.06 亿，小米集团业务已进入全球逾 100 个国家和地区。在这种情况之下，小米探索推行了组织和管理的层级制变革。

资料来源：雷军自述管理：除七个创始人外其他人都没有职位，2013 年 9 月 22 日；小米集团．小米集团官网 2023 年 11 月 19 日。改编人：古丽妮嘎尔·艾克拜尔。

（三）分析型战略与组织结构

分析型战略兼顾稳定性和灵活性，能适应环境的变化。它的组织结构介于职能制组织与柔性组织之间，组织结构特征是适度的集权控制、规范化程度高、对一部分实行分权制和低规范化。

采取分析型战略的组织，其组织设计的特点如下。

（1）组织设计的目标是区分组织的结构和过程以便适应组织的稳定业务和动态业务。

（2）高管团队主要由工程设计人员和营销人员组成，也包括生产人员，任期不是特别长。

（3）组织没有统一的计划过程。

（4）组织模块结构包括职能部门、产品小组。

（5）职能部门集中化控制（效率），产品小组分权化控制（效力）。

（6）复杂、成本高的协调机制。稳定的组织业务通过标准化和计划手段，依靠组织的职能结构；产品和项目小组的业务领域依靠产品经理或项目负责人。

事实上，组织中的战略不仅仅是这三种，但就算是把所有的战略分类穷举，现实中的组织也不可能精确到仅仅对应其中的一种战略。这三种战略与组织结构的分析仅仅是一种概念性介绍。组织在具体操作中要采取何种战略、辅以何种组织结构要权衡具体情况来分析，择优整合，不能一成不变，拘泥于固定的方式。

第三节　组织效果评估

组织设立目标后，经过一个阶段的运行，需要考察目标的实现程度，这就是组织效果评估。组织效果评估主要有两种方法，一是效果的权变评价方法，二是效果的平衡评价方法。

一、效果的权变评价方法

（一）目标评价法

目标评价法主要是识别出组织的产出目标以及测评组织在何种程度上实现了这些目标。由于组织的正式目标都比较抽象，而且难以通过量化的指标来衡量，所以组织一般都是基于操作性指标进行衡量。

由于目标评价法可操作性强，比较容易实现，所以在企业中得到了广泛的使用。然而，在使用时也需要先克服一些问题。第一，目标的多重性问题。组织通常会有多重的甚至相互冲突的目标，因此很难通过单一的指标来测量，不同目标之间可能存在此消彼长的矛盾关系。而且还要考虑的是，组织的总体目标与部分的分目标之间的差异，所以很多组织都会采用能够综合评价的平衡计分法来对目标进行全面测量。第二，指标的客观性问题。为组织设定操作性目标是衡量组织对目标完成情况的重要前提，尽管很多指标如经营绩效等是可以被客观地观测的，然而企业中的很多指标是难以量化的，比如企业就很难通过指标精确地评估履行社会责任的情况，其中既包括客观指标又包括主观指标，对企业经营者的评价也是很难做到面面俱到，对国有企业而言这种情况尤为突出。

│视野拓展 3-3│

中央企业负责人经营业绩考核：年度经营业绩考核计分细则

一、年度经营业绩考核综合计分

年度经营业绩考核综合得分＝（利润总额指标得分＋经济增加值指标得分＋分类指标得分）×业绩考核系数＋奖励分－考核扣分

上述年度经营业绩考核指标中，若利润总额或经济增加值指标未达到基本分，则其他指标最高只得基本分，所有考核指标得分不再乘业绩考核系数。

二、年度经营业绩考核各指标计分

1. 利润总额指标计分

军工、储备、科研、电力、石油石化企业利润总额指标的基本分为 30 分；其他企业利润总额指标的基本分为 20 分。该指标计分以基准值为基础。利润总额基准值根据上一年实际完成值和前三年实际完成值的平均值的较低值确定（行业周期性下降或受突发事件重大影响的企业除外）。

（1）当利润总额考核目标值不低于基准值时，完成值每超过目标值 2%，加 1 分，最多加基本分的 20%。完成值每低于目标值 2%，扣 1 分，最多扣基本分的 20%。

（2）当利润总额考核目标值低于基准值时，加分受限。加分受限按照以下规则执行：

目标值比基准值低 20%（含）以内的，最多加基本分的 15%。

目标值比基准值低 20%～50% 的，最多加基本分的 12%。

目标值比基准值低 50%（含）以上的，最多加基本分的 10%。

（3）利润总额目标值达到或超过前三年最高值的，完成时加满分；未完成时，将基准值作为目标值正常计分。

（4）利润总额考核目标值为负数，完成值减亏部分折半计算，盈利部分正常计算；超额完成考核目标，最多加基本分的 10%；减亏但仍处于亏损状态，考核得分不超过 C 级最高限；扭亏为盈，考核得分不超过 B 级最高限。

2. 经济增加值指标计分

军工、储备和科研企业经济增加值指标的基本分为 30 分；电力、石油石化企业经济增加值指标的基本分为 40 分；其他企业经济增加值指标的基本分为 50 分。该指标计分以基准值为基础。经济增加值基准值根据上一年实际完成值和前三年实际完成值的平均值的较低值确定（行业周期性下降和受突发事件重大影响的企业除外）。

（1）当经济增加值考核目标值不低于基准值时，完成值每超过目标值（绝对值）1%，加 1 分，最多加基本分的 20%。完成值每低于目标值（绝对值）1%，扣 1 分，最多扣基本分的 20%。

（2）经济增加值考核目标值低于基准值时，加分受限。加分受限按照以下规则执行：

目标值比基准值低 20%（含）以内的，加分受限 0.5 分。

目标值比基准值低 20%～50% 的，加分受限 1 分。

目标值比基准值低 50%（含）以上的，加分受限 2 分。

（3）经济增加值考核目标值达到优秀水平且完成目标值的，该项指标直接加满分。

（4）经济增加值考核目标值在 0 附近的，计分给予特别处理。

3. 分类指标计分

分类指标应当确定 2 个。分类指标计分以基准值为基础。年度分类指标基准值根据上一年实际完成值或前三年实际完成值的平均值确定。

（1）当考核目标值不差于基准值时，完成后直接加满分；未完成考核目标的，在满分基础上按差额程度扣分，最多扣至基本分的 80%。

（2）当考核目标值差于基准值时，完成后按差额程度加分受限，最多加基本分的 10%；未完成考核目标的，在基本分基础上按差额程度扣分，最多扣基本分的 20%。

三、奖惩计分

1. 奖励计分

（1）承担国家结构性调整任务且取得突出成绩的企业，国资委根据有关规定视任务完成情况加 0.5～2 分。

（2）考核期内获得重大科技成果或在国际标准制订中获重大突破的企业，国资委据有关规定加 0.1～1 分。

2. 考核扣分

（1）企业发生重大资产损失、发生生产安全责任事故、环境污染责任事故等，国资委按照有关规定给予降级、扣分处理。

（2）企业发生违规违纪或存在财务管理混乱等问题，国资委按照有关规定视情节轻重扣 0.5～2 分。

（3）企业全员考核制度不健全，未对集团副职、职能部门负责人、下属企业负责人进行考核的，视情况扣减 0.1～1 分。

四、业绩考核系数

业绩考核系数由企业资产总额、利税总额、净资产收益率、经济增加值、营业收入、职工平均人数、技术投入比率等因素加权计算，分类确定。

资料来源：国务院国有资产监督管理委员会，中央企业负责人经营业绩考核暂行办法（国资委令第 30 号）。改编人：田晓煜。

（二）资源评价法

如果有效的组织必须成功管理有价值的资源，那么组织效果可以定义为组织获得稀缺而宝贵的资源并成功地加以整合和管理的绝对或相对的能力。这种方法适合对非营利组织进行评价，但对组织与外界的联系划分不清晰。

资源评价法的衡量指标：①组织与环境讨价还价的能力；②组织从环境中获取稀缺、宝贵资源的能力；③组织决策者任职并准确理解外部环境真实特征的能力；④组织对环境变化做出反应的能力。

组织在很难选取评价指标的情况下，可以发挥资源评价法的优势进行间接评估。很多非营利组织或企业组织已经采用这种方法来衡量组织的目标或效率。比如，很多企业以员工中具有博士学位的人数和占比作为评价指标，衡量企业的运营效率。当然，这种方法是在市场稳定性的假设下得以使用，而真实的市场竞争环境需要考虑资源价值的不确定性。

| 视野拓展 3-4 |

民企董事会的政治关联与公司价值

上海复星高科技（集团）有限公司（以下简称"复星集团"）创建于 1992 年，在公司创始人郭广昌的带领下逐步发展成为中国最大的综合类民营企业，其核心业务横跨医药、房地产、钢铁、矿业、零售、金融服务及战略投资等六大领域。目前，复星集团已稳居中国企业前50强，旗下产业业绩稳定增长，在行业内也基本进入国内前十强之列。

在复星集团快速成长的过程中，公司董事长郭广昌不但在经济领域出类拔萃，如担任中国青年企业家协会副会长、上海市工商业联合会副会长、上海市企业家协会副会长上海市青年联合会副主席等行业协会领导职务，而且积极参与政治，当选为第九届全国政协委员、第十届全国人大代表全国工商联九届执委会常委、第八届全国青联委员，拥有了相当高的政治身份和政治地位。

复星集团进入了钢铁、金融等行业并取得了显著的成绩。复星实业于1998年6月在上海证券交易所上市，是中国较早的民营上市公司。2002年11月成为豫园商城（股票代码：600655）的单一最大股东。2003年5月德邦证券成立，作为一家具有股票主承销资格的全国性综合类证券公司，是中国证监会批准的全国首批保荐机构，也是全国首批证券发行询价机构。一家民营企业进军金融领域是十分困难的事情，需要做足功课，而且需要相当的政治资源做支撑。

通过考察复星集团旗下几家上市公司的董事会，我们可以发现，这些董事会成员中大部分都具有一定的政治背景，比如各级人大代表、政协委员。复星集团的发展极大地受益于这些宝贵的政治资源。

2007年复星国际在香港联交所主板上市（股份代号：00656.HK）。植根于中国，成长于全球，复星集团长期坚持"创新"和"全球化"两大核心增长引擎，成为国内少数既积累了深厚科技与创新能力，又具备全球运营与投资能力的企业。

资料来源：肖作平，苏忠秦，曾琰.民企董事会的政治关联与公司价值[J].董事会，2009(2)：82-83。改编人：古丽妮嘎尔·艾克拜尔。

（三）内部过程评价法

内部过程评价法主要是假设组织效果主要反映在内部运行的健康状态和效率方面。但这种评价方法的主观性比较强，而且没有考虑到组织外部环境与总产出之间的关系。

内部过程评价法的衡量指标：①浓厚的公司文化和积极的工作氛围；②团队精神、群体忠诚度和团队工作；③组织成员之间的信心、信任和沟通；④在靠近信息源处决策；⑤横向和纵向联络正常、顺畅；⑥激励机制具体、有效，⑦组织整体利益一致，整合度高。

| 视野拓展3-5 |

员工忠诚度的测量

就企业管理而言，最根本的工作是对人的管理。一家企业，如果没有卓越的员工管理和激励功能，那么其他一切管理活动都将变成无源之水、无本之木。然而员工的高流动率一直是困扰企业管理者的难题。传统的人力管理思路是通过提高员工的薪金待遇和增加晋升机会来增强员工对企业的忠诚，然而这种方法对目前越来越知识化、自我化的员工来说已经显得力不从心，员工除了要求获得更高的经济回报以外，更为注重的是心理层面与企业的契合程度，而员工对企业保持忠诚度的意愿也更多来自对组织承诺的依赖，这已经成为现代员工忠诚管理的一个新趋势。对于忠诚的研究，目前大多数学者认同行为与态度的复合观点。随着对忠诚研究的深入，忠诚的概念从顾客忠诚扩展到了员工层面。内部营销的概念提出把员工视为顾客，以及把组织销售给员工的思想，目的是获得受到激励的有顾客意识的员工，将员工视为组织的内部顾客（Gronroos，1981）。此后，Gronroos（1982）认为应该将顾客忠诚拓展到企业的内部营销和外部营销中，即对内部顾客开展内部营销，对外部顾客则开展外部营销。企业员工是顾客概念的延伸，对与顾客接触度较高的服务性企业而言，顾客忠诚计划能否奏效与内部顾客紧密相关。因为顾客往往从他们与服务人员的接触中，判断服务的品质进而建立对整个公司形象比较稳固的看法。所以，在借鉴了部分研究顾客忠诚的学者提出的量表的基础上，我们根据员工忠诚的特点设计测量态度忠诚和行为忠诚的量表（问卷可以采用1~7级的李克特量表），如表3-3所示。

表3-3 员工的态度忠诚与行为忠诚的量表

员工态度忠诚	在这家企业工作是我的最佳选择
	即使别人将我推荐到其他企业工作，我也不会离开这家企业
	只要我目前工作的这家企业能够维持现有的总体待遇水平，我就不会换到其他企业工作
	即使这里的薪水略低于其他企业，我还是会选择留在这里工作
员工行为忠诚	如果没有重大的原因，我不会离开我现在工作的这家企业
	如果有可能，我愿意将亲朋好友介绍到这家企业来工作
	如果我有业余时间来从事第二职业，我宁愿选择为这家企业加班来获得我认为满意的回报

资料来源：姚唐，黄文波，范秀成. 基于组织承诺机制的服务业员工忠诚度研究[J]. 管理世界，2008（5）：102-114，123. 改编人：李思嘉。

二、效果的平衡评价方法

组织的活动多种多样，产生的成果也无法用统一的标准来衡量，应该将组织效果的各种评价指标综合到一个整体框架之内。在充分理解"什么构成了组织效果"的基础上，综合考虑不同的绩效考核标准，并对这些标准进行分类整合，建立冲突价值观模型，反映出组织中持有不同管理价值观的考核者对组织效果评价标准的不同侧重点。

价值观标准可以分为组织的关心点（Focus）和结构（Structure）两个维度。关心点是指组织的主导价值观关注于内部还是外部因素，内部因素包括员工的利益和效率，而外部因素主要是外部的环境和组织的前景。结构是指组织的结构设计是侧重于稳定性还是灵活性，稳定性的价值观侧重于效率和纵向控制，灵活性的价值观偏向于学习和变革。根据组织关注的不同维度可以将组织效果评价划分为4种模式（见图3-5）。

开放系统模式（Open System Model），组织侧重于对外部因素和灵活性的关注。组织的价值观是要与环境构建良好的关系以获取更多的资源。目标强调的是组织的成长与资源的获取。

第三章　战略、结构与业绩评价　83

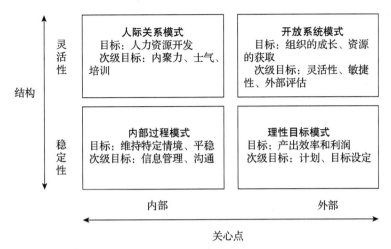

图 3-5　基于价值观的组织效果评价的 4 种模式

资料来源：DAFT R L. Organization theory and design[M]. 9th ed. Cincinnati, Ohio: South-Western College Publishing, 2007: 76.

理性目标模式（Rational Goal Model），组织主要关注外部因素和控制的结合。目标主要是追求产出效率和利润，组织主要以控制的方式达成目标。

内部过程模式（Internal Process Model），组织关注的是内部因素和控制的结合。组织以维持特定情境并平稳地运行为主要目标。

人际关系模式（Human Relations Model），组织关注内部因素和灵活性，为员工的发展和提升创造条件。

│视野拓展 3-6│

"科改先锋"提速跑，激活发展新引擎

2022 年 3 月 22 日，鞍钢集团本钢信息自动化公司（以下简称"本信公司"）成功入围"科改示范企业"。同年，本信公司销售收入同比增长 24.69%，利润总额同比增长 98.87%，实现"双跑赢"。一年多以来，本信公司把实施国企改革三年行动作为新时期推动国企改革和高质量发展的重要行动纲领，强力推进国有企业改革三年行动任务和科改示范行动。

本钢组建科改示范企业工作推进组，形成了多个部门协同推进的工作体系，负责"科改示范企业"相关政策的收集、资源的整合，并在体制机制改革、科技项目申报、研发平台建设、产学研合作、科技创新、科研经费等方面给予全力支持。同时，本钢还每月召开一次"科改示范企业"工作推进会，推动相关工作有序开展。此外，本钢相关新政策不断出台，将研发费用视同利润并予以加回，扩大授放权的范围，实施科技人才激励等政策，支撑"科改示范行动"持续深入推进。根据要求，本钢科技创新部还积极配合本信公司申报政府项目及研发平台建设项目，从政策解读、申报材料准备、专家答辩、审核申报等环节提供支撑，同时为本信公司关键技术战略性研发项目提供产学研合作支持。

本信公司以考核目标为牵引，以解决问题为抓手，聚焦行动见效、弱项短板补齐和指标优化，创新制订"满分""清零""倍增"三大行动计划。

1. 实施"满分"行动，显现"实效"成果

公司将党委前置研究事项清单作为贯彻党的方针政策的核心抓手之一。一是在深化内部授放权上见实效。以授权改革为突破口，将一定额度的投资、重大项目建设、资产处置等17项权限授予经理层，有效推动企业从"管理型"向"治理型"转变。二是在全面推行任期制和契约化管理上见实效。在本钢率先完成经理层3名成员的职业经理人竞聘，强化定量考核导向和"摸高"业绩机制，突出业绩目标设定、薪酬兑现规则、刚性退出和"科改不合格"一票否决条款，经理层"两制一契"签订率达100%。三是在创新竞聘评价模式上见实效。建立以"客观量化赋分＋民主考察测评＋现场演讲答辩"为核心内容的"三分法"竞聘赋分模式，形成有效的量化指标评价模型和竞聘模式指引，管理岗竞聘上岗率实现100%。

2. 实施"清零"行动，实现多项"零"突破

本信公司一是实现中长期激励政策"零"的突破。根据《正向激励政策工具操作指引》和鞍钢集团"授权＋同利"政策，以构建科技发展新动能为目标，从单一要素分配向多要素分配转变，实施岗位分红中长期激励政策，参与岗位分红的科技人员人均收入增幅达到28%。二是实现高层次人才引进"零"的突破。以解决炼钢、轧钢、特钢等工艺难题为目标，同时深化同研究院所、大专院校的科研合作，畅通科技高层次人才引用渠道。三是实现科研平台、项目、获奖"零"的突破。成功申请成为辽宁省物联网技术创新中心，在"数字鞍钢""数字本钢"建设项目。

3. 实施"倍增"行动，推动多项指标大幅攀升

本信公司启动项目化管理，提高全员劳动生产率，以本钢一体化配套支撑项目为抓手，推行"矩阵式"项目化管理模式，对项目经理充分放权，授予项目经理选人组队权、考核权、采购权、薪酬分配权，落实干到、算到、给到、得到的"四到"理念。2022年，本信公司全员劳动生产率较上一年增长55.26%，员工收入差距倍数达到2.4；全力推进科研项目管理，优化提高研发投入强度，提升研发费用归集和研发费用加计扣除税收优惠规范管理水平，5项科研项目取得重大突破，科研投入同比增长231.34%。此外，公司成立工作专班，专项推进"科改十条"逐项落地，坚持以集团授权为抓手、以制度体系为支撑的工作模式，积极推动科技创新专项激励等方面的授权放权力度，对尽职、合规的关键核心技术攻关投入和探索性实验给予容错纠错制度保障，激发科技人员干事创业的积极性。

资料来源：高晓曦．"科改先锋"提速跑激活发展"新引擎"[N]．中国冶金报，2023-08-01（4）．改编人：田晓煜。

◼ 本章小结

组织的目标反映了组织的行动导向和将要达到的结果，可以将其分为正式目标与操作性目标。前者是组织存在合法性的体现，包括愿景与成员共享的价值观；后者是组织实际运行所要达到的可以测量的具体结果。企业的组织目标具有明确、可度量、可实现、相关联与时限等属性，即SMART特性。

波特从竞争优势与竞争范围两个维度构

建竞争战略模型，将战略分为成本领先战略、集中低成本战略、集中差异化战略与差异化战略。迈尔斯和斯诺基于组织的战略需要与外部环境相匹配的认识，将战略分为防御型战略、探索型战略、分析型战略与反应型战略。而战略分析可以通过 PEST 分析与波特的五力模型等工具进行操作。

组织结构的设计需要跟随组织战略，钱德勒提出与战略发展阶段相匹配的组织结构，迈尔斯和斯诺分别提出了对应防御型战略、分析型战略与探索型战略的组织结构，都对战略影响结构进行了归纳。组织效果评估是为了考察组织目标的实现程度，通常可以采用权变评价方法与平衡评价方法。权变评价方法包括目标评价法、资源评价法与内部过程评价法，平衡评价方法侧重于价值观标准的组合。

复习思考题

1. 举例说明什么是组织的操作性目标。它与组织的正式目标有什么区别？
2. 如何理解目标与战略之间的关系？
3. 如何进行战略分析？选择你所了解的企业进行分析。
4. 战略的变化如何影响组织结构？为什么？
5. 常见的组织效果评估方法都有哪些？都有哪些指标？

进一步阅读

1. MILES R E, SNOW C C, MEYER A D, et al. Organizational strategy, structure, and process[J]. Academy of management review, 1978, 3(3): 546-562.
2. CUNNINGHAM J B. Approaches to the evaluation of organizational effectiveness[J]. Academy of Management Review, 1977, 2(3): 463-474.
3. DALTON D R, TODOR W D, SPENDOLINI M J, et al. Organization structure and performance: a critical review[J]. Academy of management review, 1980, 5(1): 49-64.

综合案例

再造青啤：基于结构和战略匹配的企业重组

1. "嫡系"企业从总部剥离

2002 年 8 月 21 日，青岛正处在国际啤酒节的狂欢气氛中，此时，青啤集团（以下简称"青啤"）召开了自 1996 年以来的第一次"组织整合暨竞争上岗动员大会"。会上，美国思腾思特管理咨询公司通报了青啤本次管理重组的总体方案。

组织架构体系是此次重组的重点，而且目前的方案主要集中在对青啤总部的架构重组，青啤董事长李桂荣在会上强调"构筑战略中心，增强总部执行力"是改革的重点。换言之，青啤此次管理体系重组希望为自己构建一个定位更准确、功能更完善、效率更高的"大脑"，方案将总部明确定位为"公司的战略规划中心、投资决策中心和资源调配中心"。青啤总裁金志国也表示："这次管重组的第一步就在于强化总部职能，增强执行力，让'大脑'做自己该做的事情。"

根据思腾思特的方案，青啤将撤销原直属青啤集团总部的生产部，成立青啤第九个事业部——"青啤事业部"。这意味着青岛本地几个"嫡系"企业的直接经营权将从青啤总部职能体系中完全剥离，使青啤"总部—事业部—子公司"的三层管理架构显得更加清晰和条理化。

此外，青啤总部职能部室中将增设审计与人力资源管理两个总部。增设审计部门的意图十分明显，改变过去只进行离任审计的做法，加强对公司各级管理者的监督。而人力资源管理总部的成立被认为是青啤对原有人事管理模式的检讨。长期以来，青啤认识管理一直带有计划经济的浓厚色彩，忙于"调兵遣将"，而缺乏一种科学有效的用人机制和激励机制。金志国也深有感触地说："我们的很多员工实际上是靠自己对青啤的热爱和奉献精神在工作。"人力资源管理总部成立后，原来的"政治工作部"将被撤销，与此同时，"企业文化中心"的一个新部门将被赋予原有的公关宣传、企业文化建设以及党建等多项职能。

仅从方案内容来看，精简总部是此次改革的重点，青啤总部的161个岗位将减少到99个，职员将从207人缩减至163人。各部门原副主任以竞争上岗决定去留。因为根据思腾思特的方案，到9月中旬，青啤总部11个部门22个负责人通过竞争上岗确定人选后，负责人与其他职员将进行双向选择。

2."四大外脑"与洗脑过程

事实上，自2001年年底开始，青啤管理层已经意识到管理体系方面的问题。金志国在当时就说过："一家企业的规模若在短时间内扩大了2~3倍，以前的经营管理体系必然不能再适应企业的发展。"

鉴于青啤当时在全国已经拥有40多家啤酒厂，随着规模的急剧膨胀，金志国承认，已经造成了信息传输的阻隔、失真，有些决策的执行甚至出现了偏差，这样的结果就是成本高、结构重叠，控制权与利益重心下移，而分散经营的巨大风险则向总部集中。从那时起，青啤管理层开始探讨更加符合"建设国际化大公司"的组织架构形式，据金志国介绍，当青啤管理层苦思良策的时候，"美国思腾思特管理咨询公司适时进入了我们的视野"。

从思腾思特的进入到方案最终在8月21日宣布，这套管理重组的方案历时8个多月。而且，这期间青啤正处于对外地子公司的"消化"阶段，尤其是对亏损子公司"扭亏治理"的过程中。

对这套方案的出台，青啤内部非常谨慎，在正式公布之前，方案已经走过了"三个步骤"。首先是思腾思特的多名专家经过对全球啤酒行业的深入研究后，参照了一些跨国公司的杠杆管理体系，按照青啤现有的组织状况和公司新战略的要求，拿出了一套组织架构重组方案。此后，青啤高层领导就该方案又与专家们进行了反复研究，对于各实施的环节可能出现的问题都做了推敲，金志国说，已经到了"吹毛求疵"的地步。

"三个步骤"中的最后一步被认为是方案的"筹备阶段"，一些青啤员工却喜欢称之为"洗脑过程"，从2003年3月份开始，历时近半年的时间里，一批国内外知名的战略、人力、投资、财务等方面的专家频繁在青啤大厦亮相，除思腾思特被聘为青啤的战略顾问之外，香港马世达、汇丰银行、普华永道分别成为青啤的海外法律顾问、金融顾问、会计与税收顾问，这就是青啤的"四大外脑"。

"借脑与洗脑"被视为青啤在一系列管理改革之前的慎重准备。即使在8月21日最后公布架构重组方案时，青啤职工仍被告知，公司领导将广泛听取他们的意见，并根据意见做适当的修改。

对于这种慎之又慎的变革态度，金志国解释说："相比1996年那次处于危难时机的变革，青啤这次的变革是自觉的、主动的，通过精心准备，我们要让公司员工都能自觉接受未来还将继续深入的变革，在整个公司形成自我创新的企业文化，塑造一个具备自我创新能力的组织架构。"

但有关专家认为，青啤作为一家典型的国有股居大的企业，必须重点考虑由于变革引发的利益冲突、人员流动等不稳定因素。这才是青啤小心翼翼的重要原因。

3. 下一步重组重点

除了对总部的架构规划之外，青啤管理重组的最终目标是在全公司建立一个扁平化的组织体系。但此次重组方案中，有关"事业部"这一层面的具体内容并没有涉及，被认为还处于准备阶段。

据了解内情的人士介绍，加上管理几个原"嫡系"企业的青岛事业部，青岛九大事业部的改革将是下一步重组的重点。按照"总部—事业部—子公司"三层结构的构想，"青岛事业部"还很有可能不仅包括原生产部下辖的青啤一厂、二厂、四厂等企业，还将把原直属于总部的青啤第五公司（位于青岛崂山）也并入事业部，目前负责青岛地区销售工作的销售公司预计也将从总部剥离出来。

此外，根据目前的方案，青岛进出口公司仍是直属青啤总部的子公司。但是8月30日，在青啤与台湾三洋药品公司合作建厂的签字仪式上，金志国告诉记者说："随着我们国际化战略的进展，在进出口公司的基础上成立国际事业部将是必然趋势"。

由此不难看出，在青啤未来的组织架构中，除青啤总部职能部门外，将包括华南、华北、北方、淮海、东北、鲁中、胶东、东南、青岛九大事业部，外加正成长为"国际事业部"的进出口公司，还有西南联合公司，整体事业部体系将覆盖分布在17个省市的48家啤酒厂和3家麦芽厂。

据了解，除了组织体系重组之外，思腾思特还就三个方面为青啤管理层提供咨询，包括"流程再造""激励机制"和"财务管理"。青啤后期变革将从组织重组开始着手转向全面的流程再造。

4. 为全面流程再造铺路

事实上，组织架构重组本身就是企业业务流程再造的重要内容和前提条件，青啤这次架构重组也正是为更进一步的全面业务流程再造"铺路"。借助于网络技术的应用改造产品价值链，实现企业生产链向供应链管理转变是青啤管理重组的必经之路。

2001年2月，青啤与ORACAL正式开始合作，通过引入ERP系统实现企业信息化战略。青啤规划"借助于ERP系统这个现代管理平台，将所有的啤酒厂、数以百计的销售公司、数以万计的销售点聚集在一起。对每一个点、每一笔业务的运行过程实施全方位监控，对每一个阶段的经营结果实施全过程的审计，加快资金周转速度，提高整个集团的通透性，实现资源的优化配置"。在金志国看来，"做ERP，青啤绝对不是赶时髦，我们需要用新科技改变青啤传统业态的管理体制和运作方式"。

2002年4月，在北京志杰科技的帮助下，青啤ERP项目一期工程试运行顺利上线。一期工程主要包括了青岛地区销售、物流、库存、财务四个职能，覆盖范围包括青啤总部和销售公司、一厂、二厂、四厂、麦芽厂、进出口公司、科研中心等下属单位。

"两步走"的第二步显然更为复杂。"管理信息依然是青啤的弱项，我们正在重新进行规划，这次重组强化了总部信息管理职能。"金志国说,"后面我们的任务更重,首先要建立顺畅的渠道,当然这需要进一步的改革,还要制定各种规章制度,建立综合信息库,采用先进的数理统计方法对收集的信息进行分析处理,并应用到经营决策、资源配置、纠正预防和持续改进的过程中去。"

与此同时,青啤与招商局物流集团的合作也正迈入新的阶段,在双方共同设计的青啤物流改革方案中,青啤物流改革基于"外包"的"构建一体化供应链中的伙伴关系战略"正式形成,双方准备在供应链的相关节点上寻求2~3家供应商作为长期战略合作伙伴,最终将青啤物流业务全部外包。

正在向全国各地扩展的青啤ERP二期与物流管理改革的双重压力都迫切需要青啤组织架构的重组和所有业务流程的重新梳理,全面流程再造成为青啤当下及未来的核心内容。

"在目前的啤酒市场上,满足顾客的需要已经远远不够,现在要的是如何更快地满足顾客需要,这要靠企业全面的业务流程再造来完成,需要组织整合、机制创新等一系列管理改革来完成。"在金志国看来,眼下的青啤仍然还是生产导向型的企业,贴近市场的程度还远远不够。

5. 今日青啤

随着企业不断发展,青岛啤酒逐渐形成了"一个目标,两个基点,三个支撑"的发展战略。一个目标,青岛啤酒要成为拥有全球影响力品牌的国际化大公司。两个基点,一个是品牌驱动发展,一个是基地市场的巩固与开拓。三个支撑,第一个支撑是建设具有狼性精神的营销团队,第二个支撑是建立国际一流的制造团队,第三个支撑是打造行业一流的职能团队。

截至2022年年底,青岛啤酒在全国20个省、直辖市、自治区拥有近60家啤酒生产企业,公司规模和市场份额居国内啤酒行业领先地位。2022年青岛啤酒在经营业绩连创历史纪录的基础上,再攀历史高峰。公司共实现产品销量807.2万千升;实现营业收入321.7亿元,同比增长6.65%;实现归属于上市公司股东的净利润37.1亿元,同比增长17.6%;营收、净利双创历史新高。青岛啤酒已远销世界100多个国家,为世界第五大啤酒厂商。

资料来源:李维安、周建,《企业战略管理案例点评》,浙江人民出版社,2005年,第144~149页;青岛啤酒官方网站。改编人:晋禾。

讨论题

1. 青啤都进行了哪些组织结构的调整?请尝试画出调整之后的组织结构。

2. 文中说有专家认为青啤在变革中的谨慎态度是由于国企的身份,你认为国企在改革中所要注意的问题与非国有企业有何不同?

第四章
CHAPTER 4

技术、结构与大规模定制

§ 学习目标

- 理解不同的技术模式与组织结构间的传统关系
- 了解计算机技术对组织设计的影响
- 掌握大规模定制目标下的组织设计
- 了解服务技术对组织设计的影响

§ 核心概念

技术　计算机技术　组织结构　大规模定制　服务技术

§ 引例

佳能：细胞式生产方式

　　细胞式生产方式是指一张工作台上有1~4个左右的工人,以人力车取代长长的传送带和无人搬运车,每个工人熟练掌握尽可能多的工序,从而减少交接时间以提高效率(见图4-1)。佳能在采取细胞式生产方式后,生产效率大幅提高。

　　让我们比较一下两种生产方式,一种是富士康的流水线方式,另一种是佳能的细胞式生产方式。前者是机械化的管理,后者更富人性化。富士康的流水线方式容易让人有挫折感,每天安螺丝,工作太枯燥。如果采用细胞式生产方式呢?所有的动作,如上镜片、装皮带,工人

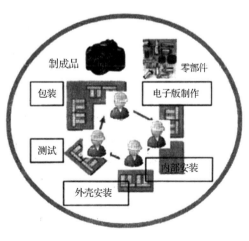

图4-1　佳能的细胞式生产方式

都会。

你以为这样浪费时间吗?你以为生产效率低吗?错了!他们可以边聊天边工作,一边谈论孩子念书怎样、菜价如何,一边工作,结果效率高得不得了。佳能废除16 000米长的流水线后,生产效率平均每年提高50%;佳能在大连的工厂,在采用细胞式生产方式后的一年内,生产效率就提高了370%,不可想象吧?

在流水线的生产方式下,大家站在一条流水线上,一个都不能少,谁请假了,流水线就得断,就转不下去,所以他们就得工作12个小时,哪怕就一个产品,也必须走完整个流程。细胞式生产方式就不一样。如果销量下跌了怎么办?在100个细胞中安排50个细胞做就好了,很有弹性。这就是生产方式的创新。

我们的企业不要老是拘泥于流水线的半军事化模式,你看,细胞式生产方式多么人性化。和流水线相比,它的利润率、生产力都大幅提高,而且不是提高百分之几,而是百分之几十。

十多年的大萧条使日本企业一片狼藉,而佳能却一枝独秀,持续取得骄人成绩。佳能构筑利益体系的基础就是细胞式生产方式。和以往的流水线式生产方式相比,细胞式生产方式在减少产品库存和设备投资、提高劳动者的积极性,从而提高生产效率和产品质量方面更具优势。

1. 两种生产方式的起源

流水线式生产方式,起源于1910年的美国汽车厂商福特。当时正值第二次工业革命时期,电力机械装置刚刚兴起,社会上的商品还很匮乏。所以,福特流水线的目标就是批量生产以降低成本和满足社会需求。

基于这个目的,流水线式生产方式强调机械化、无人化。它使用自动传送带、无人搬运车等设备。而工序方面,流水线式生产方式将工序尽量细分,使每个工人专注于一道工序以提高效率(见图4-2)。

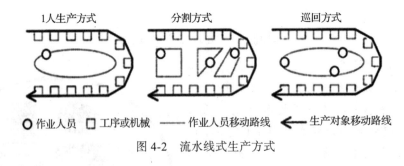

图4-2 流水线式生产方式

当时光飞转到20世纪下半叶的时候,全球经济只能以翻天覆地来形容。此时由于技术创新日益加速,商品和生产工艺的革新都以前所未有的速度展开。社会上的商品已经极其丰富,人们转而追求个性化、多样化的享受。对生产商而言,产品的生命周期日益缩短及随之而来的激烈价格战,使得那些规模大、投资高、回收期长的大型生产设备更加显得不合时宜,细胞式生产方式于是应运而生,其品种多、更新快的特点成为厂商生存的要素之一。

细胞式生产方式起源于20世纪60年代经济腾飞的日本,日本厂商将其起源归于日本头号汽车厂商丰田。后来，此法被日本电子厂商广泛采用和发展，20世纪90年代盛行于日本。

针对大型生产设备这些"死"物不能适应品种多、变化快的灵活要求，细胞式生产方式采用人力化的策略，即大量使用人力而避免使用大型机械以提高反应能力，日本专家称其为"依存于人的生产方式"。

2. 两种生产方式的比较

细胞式生产方式与流水线式生产方式相比，有很大的不同。具体表现在以下几个方面。

（1）等待时间。原有流水线式生产方式中的工人经常有等待的时候。等待就是闲着没事，等着下一个动作的来临，这种浪费是毋庸置疑的。造成等待的原因通常有作业不平衡、安排作业不当、停工待料、质量不良等。

以外壳安装区等待镜头安装区为例，由于安排在镜头安装区的工人数量不足，不能按要求及时输出指定的半制成品到外壳安装区，而外壳安装区中的工人又太专门化，不懂镜头安装区中的工作，导致外壳安装区中的工人经常等待。最后有可能无法按期交货，而当半制成品送到其他安装区后，又需要抢进度，可能又会出现加班、质量问题等。整条生产线的速度差不多等于最慢工人的速度。

在新的细胞式生产方式中，这种浪费得到大大的改善。由于每位工人不是固定在一个位置上简单地重复安装或插装某些零部件，而是在同一位置上组装一件完整的产品。这样，工人可以根据组装需要及自己在组装中得到的体会和经验，选择、调整和改进组装操作过程，代替了在一个移动传送带上只是机械被动地安装不同的零部件的方法。

一件完成的产品不是通过所有工人的配合来完成，而是由几个工人（小团队或小单元）工作甚至可以从一个工人手中产生，专门化、专业化被综合化、整体化代替。即使当一个小团体中的工人因身体不适、状态欠佳、工作做得很慢等原因，整体生产速度也不会被大大拖累。由于身体不适的工人懂的工序，团体中其他工人也懂得去做，减少了因作业不平衡、安排作业不当、停工待料导致的等待，整体生产效率从而得到保证。

（2）搬运。在流水线式生产方式中，原材料和零部件需要由货仓经运输车送到传送带生产线安装工厂，完成的产品又需要运输车送到包装工厂，包装后再要经运输车送到货仓，之后才送到消费者的手里。在这个过程中，运输占了很多的时间和成本。

有研究人员指出在流水线式生产方式中，工人的实际作业时间在减少的同时，总工时却在增加，经仔细分析后发现，是两个工厂间的运输工时居高不下，特别是由原材料和零部件货仓向传送带生产线安装工厂搬运原材料的工时占大多数。

新的细胞式生产方式怎样改善这个问题？在新的细胞式生产方式中，由于着重小批量生产，因此原材料和零部件货仓以及完成品货仓需要贮存的物品大幅减少，而且淘汰了大型的传送带，腾出大量的空间。这样，原来的货仓、工厂便可以合并成一个，原材料和零部件货仓由原来在别处变成在生产线旁，从而减少搬运的工时。在不可能完全消除搬运的工时的情况下，通过重新调整生产布局，可以尽量减少搬运的距离。

（3）应变能力。流水线式生产方式另外一个大问题就是应变能力差。一条生产线由生产一个型号转到另一个新的型号时，往往需要很多时间去重新分配工作以及将只懂专门工序的工人训练去做另外一个工序。纵然市场部的员工有着敏锐的市场触觉，预先了解消费者的需求，但因生产方式不能配合快速的切换，而减少了市场领先的优势。

细胞式生产方式正是为了配合市场的变化。由于每位工人都懂得组装一件完整产品的5~10成工序，一个小团队在从生产一个型号转到生产另一个新型号时，不需涉及大量训练，使生产线能快速切换生产新的产品。

（4）不良品。在产品制造的过程中，任何的不良品产生，都会造成材料、机器、人工等的浪费。任何修补都是额外的成本支出。原有流水线式生产方式由于工作分工太细，因此在大批量生产时往往需要大量时间发现不良品。

细胞式生产方式，由于以单元生产，很容易生产一个试版，另外每个人都对完成品有整体的理解，能及早发掘不良品，容易确定不良品的来源，从而减少不良品的产生。而当发现有不良品时，能及早提醒其他单元，快速切换生产其他产品。

细胞式生产方式的思想之一就是要用一切办法来消除、减少一切非增值活动，如检验、搬运和等待等造成的浪费，具体方法就是推行"零废品率"，必须做一个零件，在生产的源头就杜绝不合格零部件、不合格原材料流入生产的后道工序，追求零废品率。

（5）生产效率大幅提高。自从佳能1998年引入细胞式生产方式以后，生产效率大大提高。劳动生产效率提高了约50%。佳能在中国大连的工厂在引入细胞式生产方式以后，一年内生产效率提升了37倍。

在零件运送方面，佳能放弃了那些装有发动机的大型设备，而采用手推车。大型自动仓库也废除了，现在只在细胞式生产线旁边放置少量零部件。拆除了超过16千米的传送带，每年节省的空间约10 000平方米，连带减少排放二氧化碳41 650吨。

原来安排在生产线上的工作人员，由于改革，所需作业者不断减少。佳能长滨工厂每年都有大批人员被调到别的部门。这个数目1998年为212人，1999年为280人，到2000年上升到720人。

这些变化的影响是，虽然佳能长滨工厂的销售额从1998年的1 300亿日元减少到1999年的1 020亿日元（因为第一年改革遇到工人的阻力），但是税后利润却上升了两倍。

在引入细胞式生产方式之后，佳能组装零件的存货也大幅下降。1999年库存比1998年库存下降约20%。我们以引入前（1983年）和引入后（1999年）的数据进行比较，一年可生产单位由32.8万上升到200万，而产品完成时间由30天降为8天，产品流通由24天降为9天。

3. 为革新与进取永不停步

佳能公司自1937年创业以来，始终以创造世界一流产品为奋斗目标，积极推动事业向多元化和全球化发展。佳能在全球以光学为核心的影像系统产品、办公产品以及工业产品等领域发挥着巨大的作用，通过在美洲、欧洲、大洋洲、亚洲和日本地区建立区域性总部，展开全球化多种经营战略。基于"共生"理念，1996年，佳能启动旨在实现以技术服务社会，成为全球范围内被信赖、受尊敬的企业为目标的"全球优良企业集团"构想，积极推行"整体最佳"和"重视利润"的意识改革与经营革新活动，构建了今日佳能的企业体制。

2022年，佳能净营业额总计40 314.14亿日元，这是五年来首次突破4万亿日元。目前分布在世界各地的合并结算子公司已达 330 家，员工 180 775 人。佳能的远景目标是成为一百年、两百年永久发展、持续繁荣的、真正的"全球优良企业集团"。为了世界繁荣和人类幸福，在培育对未来社会有益技术的同时，始终承担起兼顾事业与环境保护，为社会发展贡献力量等社会责任！

资料来源：酒卷久.佳能细胞式生产方式：改变意识：改变公司的生产法则 [M].杨洁，译.北京：东方出版社，2006；佳能公司官网。改编人：李思嘉。

第一节　技术模式与组织结构间的传统关系

组织技术是指组织在将输入的资源转化为产出的过程中，组织所采用的机器设备、工艺和流程、沟通体系与决策系统的总和。组织技术的核心目的就是为了将投入转化为产出。

组织技术既受外部环境的影响，又影响着组织的结构设计，组织的结构设计必须与组织采用的技术相适应。而当组织要采用某种新技术时，必须考虑这项技术与组织战略、结构和决策沟通过程的匹配程度，以便进行适当调整。

组织技术可以分为生产技术和信息技术。生产技术就是组织用以生产产品的设备和工艺，信息技术就是组织在生产过程中采用的沟通与决策的方法。

组织技术也可以分为核心技术与非核心技术。核心技术就是直接影响到组织目标实现的工作流程。非核心技术是指某一部门的生产流程，非核心技术对组织而言也很重要，但并不直接关系到组织总目标的实现。

组织技术直接影响到组织的效率和目标的实现，组织技术对组织结构设计会产生很重要的影响，其中组织级的核心技术、部门级的非核心技术，以及新型的信息技术都是组织结构的直接影响因素。

一、伍德沃德的技术模式：技术的复杂性

（一）技术的类型

英国的工业学家琼·伍德沃德（Joan Woodward）是制造业技术研究的开创者。她通过对100家制造业组织的调研，搜集了关于制造业组织的组织结构、管理方法、经营绩效以及制造流程等数据。根据这些数据，伍德沃德依据组织制造技术的复杂性对制造业组织进行了分类。其中，技术的复杂性是指制造过程中采用机械化生产的程度。技术的复杂性越高，机械化程度越高，反之则机械化程度越低。伍德沃德提出了制造业组织的三种基本技术类型，按照技术的复杂性排列，由低到高分别是单件小批量生产、大批量生产和连续生产，如图4-3所示。

1.单件小批量生产

采用单件小批量生产（Small Batch Production）的制造组织生产的主体是工人，机械化程度低。这类组织主要是以顾客的特定需求为标准，依照顾客订单进行的单件、小批量的加工和生产。伍德沃德根据组织结构特征将组织分为有机式和机械式两类。采用单件、小批量生产技术的组织是一种有机式组织，具有较强的灵活性和适应性，标准化和程序化程度低。单件小批

量生产的一个例子是船舶制造，尽管部分企业在切板阶段实现了自动化，但是即使是拥有较高技术的技术人员仍需要花费大量时间完成成型加工，接下来还需要完成组装、船体合龙、下水、试验等一系列工序。由于船舶制造的技术特点，船舶企业的产量一般较小，中国船舶工业股份有限公司在 2012 年完工的船舶数量为 36 艘。

2. 大批量生产

大批量生产（Large Batch Production）又被称为重复生产，技术的典型标志是标准化的零部件。顾客对产品没有特殊的要求，组织自主设计，以标准化零部件为基础进行长时间连续的生产，产成品被储备起来，根据顾客的订单提货。大批量生产的制造业组织是机械式组织，工作流程与生产技术都是规范标准的。大批量生产能够提高产品质量、降低成本，因此能给企业带来可观的经济效益。采用这一生产方式的产品较多，如笔、轮胎、汽车等。装配、电器等行业的技术类型均为大批量生产。

3. 连续生产

连续生产（Continuous Process Production）是以连续不断的机械化流水线进行生产。生产过程连续不断、周而复始，机械化和标准化程度最高。物料储存、搬运、转换、检验、包装与产品仓储运送等，多由机械或计算机系统控制。基于机械化的生产具有很高的稳定性，产品规格、生产流程等均是标准化的。这类生产技术在石油产业中较为常见，如炼油、石化原料生产等，印刷、酿酒、食品产业也采用此类技术。由于连续生产系统的配备和维修成本较高，所以所需的人员数量通常不多但素质较高，并且采用该技术的组织与单件小批量生产组织同样也是一种有机式组织，灵活性和适应性较高。

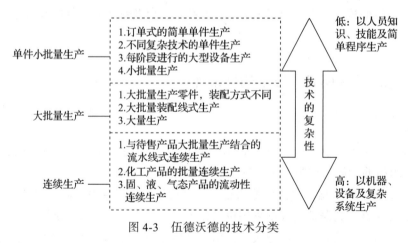

图 4-3　伍德沃德的技术分类

资料来源：WOODWARD J. Management and technology[M]. HM Stationery Off, 1958: 11.

（二）技术类型与组织结构

当组织面临变化着的竞争环境时，组织的技术、战略、结构必须相互匹配，不同的组织采用不同的生产技术，需要设计不同的组织结构，从而保证生产过程以及组织发展的要求。

表 4-1 显示了制造业组织技术类型同组织结构特征之间的相互关系。单件小批量生产技术的组织适用于有机式组织，横向和纵向差异化程度都较低（即直接工人与间接工人的比例、管

理人员占全体员工的比例），标准化程度也较低。大批量生产技术的组织适合采用机械式组织，纵向差异化程度中等，横向差异化程度高，标准化程度高。采用连续生产技术的组织与单件小批量生产技术的组织类似，也适合采用有机式组织，但与后者不同的是这类组织的纵向差异化程度更高。

表 4-1 制造业组织技术类型同组织结构特征之间的相互关系

组织结构特征	组织技术类型		
	单件小批量生产	大批量生产	连续生产
管理层次	3	4	6
直接工人与间接工人的比例	9∶1	4∶1	1∶1
管理人员占全体员工的比例	低	中等	高
工人的技术熟练程度	高	低	高
工作流程的规范程度	低	高	低
集权程度	低	高	低
口头沟通的数量	多	少	多
书面沟通的数量	少	多	少
组织形式	有机式组织	机械式组织	有机式组织

资料来源：WOODWARD J, DAWSON S, WEDDERBURN D. Industrial organization: Theory and practice[M]. London: Oxford University Press, 1965.

│视野拓展 4-1│

数智跃迁：大杨集团的智能化定制之路

大杨集团的前身是于 1979 年在大连市普兰店区杨树房镇创办的杨树房服装厂。1984 年大杨集团通过工贸合营、来料加工的方式为海外品牌代工，并在这一阶段与国有外贸企业建立了稳定的战略合作关系。21 世纪初，随着我国产业结构的不断升级，品牌代工业务价值链低端锁定的弊端开始显现。祸不单行，2008 年金融危机席卷全球、经济形势动荡，国内服装企业遭遇关店潮。在此背景下，大杨集团业务增长停滞，毛利率不增反降，一时陷入危难之境。此时，大杨集团认为它目前存在的最根本的问题是模式问题，既然批量生产的品牌代工业务没有利润，那就去尝试高利润的定制业务。

于是，当国内其他服装企业还在期望通过批量生产实现规模效应时，大杨集团已经开始着手迈向技术难度更高、单独个体、单独剪裁的"定制化"生产。2009 年，大杨集团在其创立三十周年大会上明确提出了"做世界最大单量单裁公司"的战略目标，"大杨定制"的问世也宣告大杨集团正式启动了定制化转型战略，向多种类、小规模、差异化、高附加值的"单量单裁"定制模式前进。

一转眼来到 2015 年，贸易汇率起伏不定，劳动力成本进一步增加，经济稳定增长的局势不复存在，随着整个服装行业的需求增速放缓，大杨集团的出口业务也面临瓶颈。但与此同时，国内消费市场却逆势增长，随着我国消费结构的升级，消费者的个性化需求开始涌现。大杨集团认为这是时代的机遇，更是自己的机遇。如果采用大规模定制的生产模式，不仅能够在维持现有成本的基础上丰富定制化产品的种类，还能大幅提升定制效率。但问题也随之而来，实现大规模定制谈何容易，准确获取顾客需求的能力、敏捷的产品设计开发能力、柔性的生产制造能力，这些条件缺一不可，而大杨集团当时的数字化、信息化、智能化水平还远远达不到要求。为了解决技术难题，大杨集团提出了"智能化"和"信息化"两个战略实施方向，标志着大杨集团数智化转型的开始。

2020年年初的全球疫情使服装行业再次陷入巨大危机中。在成衣加工和服装定制行业常年占据市场领先地位的大杨集团，不仅面临物流受阻、停工停产的风险，同时还遭受着国际订单锐减的打击，一时间困难重重。此外，许多以前的合作企业纷纷倒闭，大杨集团看似艰难地度过了此次危机，但在动荡的环境下，其实难以独善其身。为了团结起来渡过行业难关，大杨集团通过将工业化生产与信息系统深度融合搭建了一个交易撮合、资源匹配、优势互补的线上平台，从而实现全渠道系统集成的最优资源配置。如今，只需通过简单的触屏操作，来自全球不同国家和地区的消费者就可以按照自己的喜好将面料、款式、颜色、工艺等要素自由组合，设计搭配出专属于自己的服饰，将数智化生产流程和定制化营销体系实现高效链接。大杨集团也因此经历了从劳动密集型的传统服装制造企业，到工业信息化的大规模智能定制产业集群的巨大转变。

资料来源：张闻、史志伟、李晓飞等，数智跃迁：大杨集团的智能化定制之路，大连：中国管理案例共享中心案例库，2023年。改编人：古丽妮嘎尔·艾克拜尔。

二、佩罗的技术模式：任务的特性

（一）部门级的非核心技术分类

相对于组织级的技术（如制造业技术与服务业技术），组织技术的另一个层次是部门级技术。部门级技术也称非核心技术。组织内的任何一个部门都有区别于其他部门的独特技术。

查尔斯·佩罗（Charles Perrow）提出了解释各种技术的模型框架。

1. 部门活动的两个分析维度

（1）任务的多样性，即在工作流程中可能会出现的例外事件的数量。当部门运行过程中出现大量无法预料的例外以及面临很多新问题时，任务的多样性是很高的；当部门日常任务的重复性较高时，任务的多样性较低。不同部门的任务的多样性有很大的区别。例如，在文秘、审计工作中，大多面临的是重复的任务，任务的多样性较低，而在战略规划、法律等工作中，面临的多为尚未出现过的、未曾预料到的任务，因此，任务的多样性较高。多样性最高的任务为处理一系列互不相关的问题或完成一系列互不相关的项目。

（2）任务的可分析性，一项工作任务可以分解成若干个规范的、程序化的机械任务模块，这种可以分解的程度就是任务的可分析性，不是每一种技术都具有可分析性。比如艺术表演，这种技术需要多年的经验和实践的积累，而标准的程序无法告诉人们如何完成这项任务。相反如文秘、审计，这类任务是高度程序化的，具有像指令和政策手册般的标准，因此，任务的可分析性较高。

佩罗提出的框架从任务的多样性和任务的可分析性两个维度对部门活动进行分类，两个维度的具体衡量如表 4-2 所示。

表 4-2　任务的多样性和任务的可分析性的衡量

技术维度	相应的问题
任务的多样性	● 你的工作每天有多少是相同的？ ● 你的工作的例行性有多高？ ● 大部分时间，部门内的人都以相同的方式做相同的事吗？ ● 部门内的人在他们的工作上做重复的事情吗？ ● 你的工作任务是反复的、相似的吗？
任务的可分析性	● 你对你的工作清楚知道怎样执行的程度最高？ ● 是否有清楚的知识引导你完成你的工作？ ● 你执行工作时是否有清楚的程序可依循？ ● 执行工作时，你对既定程序的依赖程度有多高？ ● 依循清楚的程序，可完成工作的程度有多高？

资料来源：WITHEY M, DAFT R L, COOPER W H. Measures of Perrow's work unit technology: An empirical assessment and a new scale[J]. Academy of Management Journal, 1983, 26(1): 45-63.

此外，技术的任务多样性和可分析性也可以被合并成"常规性"的维度，这是由于任务多样性高的技术一般可分析性较低，而任务多样性低的技术的可分析性较高，从而形成了单一的常规性维度。

2. 部门级技术的分析框架

根据部门级技术分析的两个维度建立象限，可以区分出四种主要的非核心技术：常规技术、手工技术、工程技术和非常规技术，如图 4-4 所示。

（1）常规技术。使用常规技术的任务可分析性很高，但多样性较低，一般采用规范、程序化的方法完成。它通常用于一些经常发生、没有太多例外、处理方法明确可循的事件，如一些行政事务的处理，重复性高的采购、销售及审核等程序。

（2）手工技术。手工技术的特点是可分析性低且任务稳定。它通常涉及一些简单的任务，没有太多复杂问题需要处理，不过由于可分析性低，对于人的素质要求很高，需要经验与培训。尽管机械技术的发展似乎已使组织中手工技术的数量减少了，但是这类技术依然存在，经常出现在设计、艺术创作中。

（3）工程技术。使用工程技术的任务一般比较复杂，且具有很高的多样性，同时任务的可分析性也很强，这就可以实现任务的分解，使用标准、规范的方法按照既定的范式和流程去操作完成。这样的技术包括一些工程、会计、财务、税务、法律等相关事务的处理。这类任务虽然会遇到许多未曾出现过的问题，但是能够依赖现有的规章、准则分析、推理予以解决。

（4）非常规技术。非常规技术适用的任务可分析性低、多样化程度高，必须根据每个任务的特点进行分析讨论，找出适合特定问题的解决方法。对解决这类任务而言，经验和知识是必需的，需要投入大量的时间和精力。这类技术通常存在于组织战略规划、组织变革等中高层管理工作中。

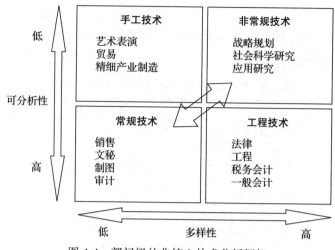

图 4-4 部门级的非核心技术分析框架

资料来源：WITHEY M, DAFT R L, COOPER W H. Measures of perrow's work unit technology: an empirical assessment and a new scale[J]. Academy of Management Journal, 1983, 26(1): 45-63.

（二）部门级的非核心技术与组织结构

部门级的非核心技术是与组织中部门的结构特征相联系的，如果确定了部门技术的类别，就可以确立相应的组织结构。

基于技术类型的"常规性"一维框架分析，部门结构可以分为有机式和机械式两种类型。有机式组织结构的灵活性和流动性比较强，而机械式组织结构强调正式管理框架。组织部门的结构主要可以从正规化、集权化、技术熟练度、管理幅度以及沟通与协调几方面进行分析。

（1）正规化：工作流程的标准化程度，以及是否具有正式的程序和规则。一般来说，采用常规技术的部门正规化程度最高，组织可对重复出现的任务进行标准化的规定。与之相反，当部门技术的任务多样性很高时，部门通常是低正规化、低标准化的。因此，非常规技术对应的正规化程度最低。

（2）集权化：决策是否集中于管理部门。常规技术中面临的多是重复出现的、现有方案能解决的问题，因此绝大多数决策由管理人员做出。在工程技术中，由于技术的重要性，受过技术培训的员工通常享有中度决策权。在手工技术中，生产工人的经验和知识至关重要，因此，他们也享有中度决策权。非常规技术的复杂程度最高，员工需要根据特定问题制订特定的解决方案，这类技术对应的集权程度最高。

（3）技术熟练度：工作人员的受教育程度以及经验和技能的掌握程度。常规技术中的员工通常仅需一些必要的培训即可从事工作，对其技术熟练的要求较低。在工程技术中，基于技术的重要性，员工通常要接受正规的专业训练，在必要时候，还需通过专业考试取得相关的资格。与前者不同，手工技术可能不需要正规的培训，这类技术通常在工作经验的不断积累中培养。非常规技术作为最复杂的技术，既需要从事者具有一定的教育背景，也需要有丰富的工作经验。

（4）管理幅度：一个管理者所能直接控制的组织成员的数量。常规技术是高度标准化的技术，管理者需要介入解决的问题较少，因此对应的管理幅度较宽。与之相反，复杂程度高的任务，经常需要管理者介入和协调，考虑到管理者的时间和精力有限，对应的管理幅度自然不宜过宽。

（5）沟通与协调：沟通的频率、沟通的效率以及沟通的方向。任务多样性的部门成员之间沟通的频率以及信息的共享程度比较高，横向沟通较为重要。任务可分析性的部门可采用统计的、书面的方式进行沟通，但是对于任务不可分析的部门，通常需要口头的、面对面的方式进行沟通。

采用不同技术的部门组织结构存在本质差异，组织需要从技术的角度出发进行部门设计，若技术与部门结构不能很好地搭配，部门的效率则比较低。表 4-3 显示了适应不同技术类型的组织结构特征。

表 4-3　部门级的非核心技术类型与组织结构特征

组织结构 特征项	技术类型			
	常规技术	工程技术	非常规技术	手工技术
正规化	高	中等	低	中等
集权化	高	中等	高	中等
技术熟练度	要求较低	正规培训	培训及经验	工作经验
管理幅度	宽	适中	窄或适中	适中
沟通与协调	书面，纵向	书面与口头	会议，横向	口头，横向
组织形式	机械式组织	偏机械式组织	有机式组织	偏有机式组织

资料来源：ROBBINS S P. Organization Theory [M]. 3rd ed. NJ: Prentice Hall, Inc., 1990.

三、汤普森的技术模式：部门间的相依性

（一）部门间的相依关系类型

技术的相依性与技术的常规性都能对组织结构产生影响，所谓技术的相依性（Interdependence）是指部门完成任务需要依赖其他部门提供的资源的程度。技术相依性程度高的部门需要与其他部门持续交换大量资源，技术相依性程度低的部门可以独立开展工作。

詹姆斯·汤普森（James Thompson）提出组织中基于技术的依赖有三种形式，分别是并列式相依、序列式相依和互惠式相依。㊀

1. 并列式相依

并列式相依是部门间关系最弱的技术相依关系。部门之间的工作流程不具有互动性，不同的部门各自独立工作，为组织的共同利益发挥自己的作用。汤普森认为并列式相依关系主要存在于组织与外界环境连接的部门中，这些部门可以彼此独立开展工作。部门之间具有这类相依关系的组织通常采用的是协调性技术，这种技术提供的产品和服务能够调节与联系外部环境中的客户，并且各单位之间允许独立工作。

并列式相依关系的部门之间一般可以采用事业部式联系，部门之间共享组织财务资源，工

㊀ 詹姆斯·汤普森. 行动中的组织：行政理念的社会科学基础 [M]. 敬乂嘉，译. 上海：上海人民出版社，2007.

作独立性高。并列式相依关系的部门主要通过规范化、标准化、程序化的方法来管理，一般统一使用财务绩效来评估，部门之间的协调较少。如银行的各分支机构、各连锁餐厅等，它们分别与自己的客户联系，彼此之间并不需要相互接触。

与并列式相依相对应的管理方法是标准化，标准化能够让组织的每一个部门都确信自己与其他部门的运行方式相一致。如商业银行，该行的任何一个分支机构交易时都必须遵循标准的条款以及统一的程序。

2. 序列式相依

序列式相依的部门之间的联系强于并列式相依。当一个部门的产出可以作为另一个部门的投入时，这两个部门之间构成序列式相依关系。序列式相依是组织内部门间的资源单向流动。序列式相依对部门间的横向协调机制要求很高。只有在前面工序的部门准确执行工作任务的前提下，后续部门才能顺利工作。因此，相较于并列式相依，序列式相依对组织的横向协调要求更高。

序列式相依关系一般发生在采用长线技术的组织中，每一个部门的产出作为下一个部门的投入，下一个部门利用其上一个部门投入生产的产出又可以传递给第三个部门。利用装配线生产的大型组织的部门之间通常存在序列式相依关系，如汽车行业，前面的部门必须将所有需要的零部件生产出来，接下来的部门才能依次将汽车组装起来。

由于需要较高的部门间协调能力，序列式相依对部门间管理的要求比并列式相依高，需要有较为详细的计划和进度安排。例如，在汽车生产中，首先需要准确计算出各个部门生产零部件的类型、数量和进度，以保证生产任务的顺利进行。

3. 互惠式相依

互惠式相依是组织内部门间最紧密的依赖关系。组织内第一个部门的产出可以成为第二个部门的投入，而第二个部门的产出又反过来成为第一个部门的投入，这种依赖关系就是互惠式相依，此时一个部门会对组织内所有部门产生影响。为顾客提供一种集合的产品或服务的组织内存在这种互惠式相依，组织内的新产品开发也属于这种情况。

互惠式相依通常出现在采用密集型技术的组织中，这种技术是指以集结的方式为顾客提供产品或服务。综合性医院的各个部门之间最好地体现了这一相依关系，写一个病例可能需要对患者饮食、住宿服务、化验室、X光、各种医疗专利手段、药剂服务等进行组合，这些部门之间要密切配合，根据患者的健康状态选择合适的服务及施用时机。

互惠式相依要求部门之间密切配合，团结协作。这种模式下采用横向型结构可以促进部门间的横向沟通与调整。组织内的成员可以普遍地参与到组织协调、运行和决策工作中。互惠式相依是一种非常复杂的部门间关系。

（二）部门间的相依性与组织结构

组织部门间能够建立最短的沟通渠道并能进行有效的协调是组织成功的关键因素之一。互惠式相依关系中的部门相互依赖性最强，需要经常性的相互调整，在必要时候还需采用团队合作的方式，组织结构设计中的决策、沟通和协调问题最为突出，所以存在这种相依关系的部门在结构设计中应该被优先考虑。组织中互惠式相依关系的部门的活动必须紧密地结合在一起，因此需要部门管理者与另一环节人员建立便利的协调渠道。互惠式相依的部门应向相同的管理者报告工作，并且空间距离要近，以减少协调成本。围绕核心过程组建互惠式部门或团队，形成横向的组织结构，可以实现与互惠式相依关系相匹配的紧密协调。如果互惠式相依关系的部门在地理上无法临近，组织则应该增设协调机制以促进沟通，如互联网会议或例会。

组织结构设计中其次考虑序列式相依。序列式相依关系具有中度的相互依赖性，通常需要通过计划、进度安排与反馈来协调各个单位，对横向沟通的需要适中。随着变量的增加和沟通线的延长，计划的成本会迅速增长。当计划在小的部门内执行时，能降低成本，因而组织会将计划的难题放在尽可能小的群组里。所以，序列式相依的部门组合优先顺序仅次于互惠式相依。由此也可得知，部门组合中最后考虑的为并列式相依关系。

组织应该针对不同的任务相依性结构建立对应的协调机制。表4-4解释了各个部门间相依关系类型所对应的组织结构特点及其适用的结构性协调机制。

表4-4　相依关系类型所对应的组织结构特点及其适用的结构性协调机制

相依关系类型	部门技术类型	横向沟通重要性	协调机制类型	组织结构类型	部门组合优先程度	举例
并列式相依	标准化、规则与程序	低度	协调型	事业部型	低度	银行
序列式相依	计划、进度安排与反馈	中度	长线型	任务小组	中度	装配线
互惠式相依	相互调整与团队合作	高度	密集型	横向型	高度	医院

第二节　计算机技术对组织设计的影响

现代计算机技术的迅猛发展使组织处理信息及进行决策与管理的手段、方法都产生了革命性的变化，组织结构也随之发生了巨大改变。组织的计算机技术是指通过硬件、软件、数据库、通信等将信息加以储存并进行传递的技术。信息具有资源性的特点，其价值可由以下几个特性来评估。

（1）相关性，即信息与组织的重要决策及核心价值创造的活动是否高度相关。

（2）精确性，即信息能否反映实际情况。只有凭借真实的信息，决策者才可能对环境产生正确的判断，从而做出正确的决策。

（3）丰富性，即信息的传播渠道能否承载多元的信息，能否传递复杂的信息。例如，在面对面的交流中，可以借由音量大小及各种肢体语言来传递多元的信息，能够提升所传递信息的丰富性。

（4）信息量，即信息被收集的程度高低。信息量不能用计量单位加以统计，而是描述信息让决策者了解决策情境的程度，进而做出最佳判断。当信息量不足时，决策者可能不能得到某些重要信息，从而影响决策的科学性。然而，信息量过多也可能造成信息收集、处理成本增加，过多的信息量还可能造成"信息的过度负荷"，同样使决策者无法做出有效的决策。

（5）时间性，即信息的价值能否体现在决策的时点上。如果在决策做出之后获得信息，那么信息的价值会大打折扣，甚至几乎没有价值。

（6）可获得性，即信息能否传递给需要它的人，并提供决策的有效参考。如果信息经过适当的整理、储存，能够被方便地检索、获得，那么，它的可获得性就很高。然而，部分信息，如组织的商业机密，则属于外人不可获得的信息。通常来说，相关、高质量、丰富、及时、充足的信息是较难获得的，因此，需要利用信息技术增强信息的可获得性。

一、信息技术在组织中的应用

信息技术指的是用于管理和处理信息所采用的各种技术的总称，它主要是应用计算机科学和通信技术来设计、开发、安装和实施信息系统及应用软件。随着信息技术的不断演进，信息技术在组织中的应用范围越来越广，信息技术的广泛使用使得各类组织中的信息处理、决策等一系列组织管理方法发生了革命性的变化。例如，信息技术使得组织的沟通和协调更为便利，增强了组织高层管理人员的控制能力，因此，负责传递信息和监督下属的中层管理人员的数量逐渐减少，从而使组织结构逐渐趋于扁平化。信息技术还能促进组织内部各部门之间的整合，对外突破组织界限，构建合作网络。

信息技术的发展使得信息系统的复杂性变得越来越强，信息技术在组织中的应用也越来越广泛，如图4-5所示。早在20世纪50年代，信息系统就开始被引入到组织中，但直到20世纪80年代才开始被大量使用，到20世纪90年代以后，信息系统已经成为组织不可或缺的系统。在最初引入时，信息系统只是作为自动化生产流程发展的基础，被应用于处理一线生产作业活动等运营过程，以提升组织的生产效率。在这一阶段，信息系统还被应用于管理控制，管理者能够利用财务、会计、采购、生产管理等信息收集与分析系统处理相关业务。后来的系统逐步发展为涵盖高层战略、计划等非程序性问题的全面应用，这一阶段的信息系统开始与组织的核心活动相关，例如，如何制定企业的竞争战略、提升企业的核心能力等。20世纪90年代之后，信息系统的应用分为"组织内部适应"和"组织外部适应"两个方向，组织与外部的信息交换，内部的信息共享，导致了从组织设计到管理方式的创新。信息技术已经把大部分组织整合到互联网和电子商务系统中，互联网构成了组织与外界联系的重要渠道。网络与数据库技术的发展，使得信息系统能够发挥更加强大的整合与适应能力。

对组织结构的设计与变革而言，信息技术的应用可以说是近20年来最重要的影响因素。信息技术对组织结构的影响主要有以下几个方面。

1. 实现组织结构的整合

信息是维持组织活动的重要因素，也是组织的重要资源，信息技术的发展为组织提供了新型的管理方法，即管理信息系统，组织的运行可以在这个系统下得到整合集成。这种组织结构的整合主要有三个阶段。

（1）物理整合阶段：将子系统的信息集中，存在数据交换，但互相联系性还不强，依赖性不高。

（2）管理整合阶段：随着管理信息系统的进一步发展，子系统之间的信息交流更加频繁，形成小规模的集成系统并较大幅度地提高管理效率。

（3）信息综合整合阶段：这一阶段是管理信息系统发展的最高阶段，实现了组织内全部信息的汇总，极大地提高了劳动生产效率和市场竞争力。

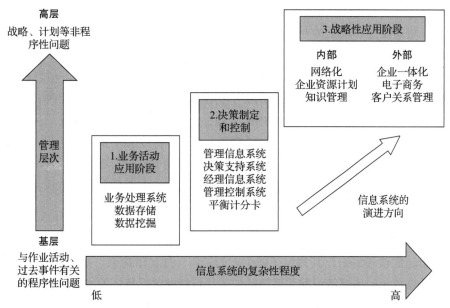

图 4-5　信息技术在组织中应用的演进过程

资料来源：DAFT R L. Organization Theory and Design[M]. 9th edition. Cincinnati: South-Western, 2007: 290.

2. 推动组织结构扁平化、分权化

信息技术的发展使得组织可以减少管理层级并促使决策权下放。在一定规模的组织中，管理幅度越小，组织的管理层级越多。管理层级严密的组织虽然分工细致，但管理层级越多，组织中信息的流动受到的阻碍就越大，信息沟通成本就越高。随着外部环境不确定性的增加，组织的灵活性和适应性已经成为组织生存与发展的必要条件，过多的管理层级成为组织的通病。信息技术的发展可以扩大管理幅度，促进组织结构扁平化，消除组织中间的层级，使信息在组织中得到快速有效的传递，组织管理者与员工的合作与协调得到改善。原本只有总部高层才掌握的信息，现在可以迅速地传递到组织各部门，各事业部和部门的管理者可以依据这些信息迅速决策而无须等待总部的决策，信息技术带来的信息迅速传递与决策的分权化提高了组织对环境做出反应的速度。另外，信息技术还加强了组织中各部门和个人的沟通与协作，促进了组织的横向协调。

3. 实现组织规模小型化

信息技术意味着组织盈利并不一定需要依靠规模经济，组织同样可以通过灵活、机动性强的优势适应竞争的需要，通过组织内部高度分权以及组织外部联盟的建立，都可以摆脱组织规模对组织的束缚。在信息社会里，凭借便利的信息渠道，一个规模庞大的呈金字塔结构的企业可以分解为若干规模较小、可独立运营的部门，形成立体的网络结构，而不会影响组织的综

合协调与规划能力。所以说，信息技术的应用使得组织规模小型化，提高了组织的效率和适应能力。

4. 影响组织成员与组织行为

人是组织的主体，是组织行为的实施者。大量先进的信息技术涌入组织，对组织成员的传统观念、思维方式、行为以及素质等都有一定的影响。组织中复杂信息技术系统的应用使组织必须配备具有更高技能和素质的专业人才，让他们全面地参与组织的决策与发展。此外，信息技术系统的使用和维护也需要组织配备专门的职务。

对组织结构各层级的成员来说，信息技术都带来了工作方式的改变，信息技术的发展使得组织成员不需要在固定的地点工作，员工可以通过网络互相沟通。除此之外，组织成员的角色也开始改变。高层管理者的活动从简单地坐在办公室"发号施令"，变成了从事需要大量信息支持的战略规划和综合协调性工作。中层管理人员传递命令和监督下属的职责不再被组织需要，一部分中层管理人员上升到高层，另一部分则下移到了执行层级。对一线的工人来说，他们也开始拥有一定的决策和自我管理的权力，这类员工的专业素质和参与意识都得到了极大的提升。

5. 强化组织间关系

信息技术还能改善组织与其他组织或个人的关系，如与供应商、顾客或合作伙伴。图 4-6 说明了基于信息技术的传统组织间关系特征与现代组织间关系特征的区别。在组织间建立信息网络，能够即时传递准确、真实的信息，加强了组织的一体化，模糊了组织边界，并促进了组织间的战略共享。另外，信息技术也使得网络化的组织结构变得更加有效，网络中的组织间协作变得更加紧密。这种商业模式的组织被称为虚拟组织（也称"虚拟网络组织"）。这类组织通常将大多数业务活动外包出去，而信息技术带来的便利的电子化沟通，也为外包活动提供了基础条件。

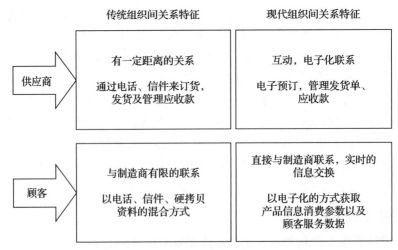

图 4-6　传统组织间关系特征与现代组织间关系特征的区别

资料来源：CALLAHAN C V, PASTERNACK B A. Corporate strategy in the digital age[J]. Strategy and Business, New York 1999: 10-14.

|视野拓展 4-2|

中欧电器十年信息化历程

中欧汽车电器有限公司（以下简称"中欧电器"）是中欧国际集团有限公司专业从事汽车电器的研制、开发和生产的专业性骨干企业，是国内汽车电器产品的主要生产与供应基地之一。中欧电器按照事业部管理模式开展日常的企业经营管理活动，每个事业部均设立相应的技术部门和生产管理部门，技术人员不仅要进行产品的研发设计，而且还负责工艺设计和生产现场技术指导等工作。近十年来，中欧电器除在生产方面进行投入外，还在技术创新上进行大量的投入，目前已具备CAD/CAPP/CAE/PDM/ERP计算机辅助设计与管理能力，全面实现了"甩图板""甩手册"和无纸化办公，基本达到企业经营管理信息化。中欧电器的信息化历程可以分为四个阶段。

1. 信息化建设初级阶段

信息化技术最初引进是在1998年，当时的重点放在日常行政管理和产品开发设计等工作领域。经过这个时期的建设，中欧电器达到了如下目的。

（1）在企业的主要科室和重要岗位实现计算机化。

（2）在产品设计部门采用GS-ICAD大天二维参数化设计与绘图系统进行产品的研发设计，达到"甩图板"的目的，计算机出图率达到95%以上。同时，利用GS-ICAD系统的产品管理功能，建立中欧电器产品结构树（产品BOM）体系，为企业实施产品数据管理（PDM）和企业资源计划（ERP）奠定产品数据的基础。

（3）在行政管理部门采用计算机文字处理系统进行企业行文编辑，处理企业日常行政管理方面的工作，基本上达到"甩钢笔"的目的。

2. 信息化深入建设阶段

随着企业的发展，信息化需要进一步增强。因此，在初级建设的基础上，中欧电器将企业信息化深入建设阶段的重点放在产品三维设计、工艺规程设计、企业网站和企业网络建设方面，并于2000年开始实施建设。在这一阶段，中欧电器基本上建立起企业信息化的应用技术构架，实现了从产品设计到工艺设计的计算机化，建立了产品数据体系和工艺数据体系，完善了企业产品创新体系。主要措施如下。

（1）在产品设计部门中，引进三维设计系统，如Pro/ENGINEER等，进行产品造型设计，弥补二维CAD软件在模型直观上的不足，也为将来进行产品的有限元分析奠定基础。

（2）企业在行政管理部门、产品开发部门建立企业局域网，对企业各部门的计算机进行联网，初步实现信息共享，也为企业实施计算机辅助工艺规划（CAPP）、产品数据管理（PDM）和企业资源计划（ERP）创造条件。

（3）在产品工艺设计部门中，引进GS-CAPP大天综合式工艺设计与管理系统，建立企业工艺知识（资源）体系，实现派生式工艺规程设计和工艺定额的自动生成与统计，达到工艺设计"甩手册"的目的，同时也为将来实施企业资源计划（ERP）奠定工艺数据基础。

（4）建立企业对外宣传网站，向企业的客户介绍企业的发展过程和现状、产品技术特点与指标，汲取客户对产品、服务的意见，扩大企业的知名度。

3. 信息化提升阶段

面临加入WTO之后日益激烈的竞争，中欧电器于2002年决定实施大天GS-PDM系统，并随之对企业的技术管理体系进行技术整合、明确工作流程、落实工作职责，取得了明显的经济效益。主要措施如下。

（1）建立公用工程数据资源库，企业全体技术人员共享资源库。大幅度提高产品的标准化设计水平，提高产品设计质量，降低产品设计成本，加大单一零部件生产当量，降低零部件制造和采购成本。

（2）实现单项产品负责制，事业部内部实现产品数据完全共享，事业部之间实现部分共享（如浏览），保证产品数据的安全性。

（3）实现在线审批、批注，改变原有人工流程，缩短审批时间，保留审批、批注记录，加强工作责任。

（4）实现产品模型与工程图纸、技术文档、合同订单关联，保持技术资料的唯一性和可追溯性，杜绝因版本问题带来的损失。

（5）规范企业工作流程，建立产品开发、工艺开发、文档更改、在线审批、文档发放和零件借用等技术业务流程，使技术管理工作有序进行。

4. 信息化完善建设阶段

中欧电器在CAD/CAPP/PDM等项目完成后，各项信息化建设基础基本具备，为了进一步提升企业经营管理能力，提高市场竞争力，中欧电器在2004年提出引进ERP技术，对企业的生产、销售、财务等环节进行优化。中欧电器决定引进法国Adonix公司的X3-ERP产品，作为中欧电器ERP项目的基础软件，并在此基础上进行量身定制。ERP的引入进一步推动了中欧电器的信息化进程。

（1）建立以生产管理为核心的资源配置。中欧电器的经营管理以生产为核心，围绕生产，企业调配各种资源保证生产环节的正常运行。ERP的实施，克服了计划、调度、生产节拍、生产负荷、库存、订单、成本等生产环节中的"瓶颈"，生产管理实现了自动化和计算机化。

（2）建立以产品模型为基础的成本分析。中欧电器的成本分析以产品状态和生产状态为基础，产品成本主要涉及材料、设备、人力、协作以及管理等生产过程。ERP的实施，解决了实际生产成本与计划预期成本之间的矛盾，实现了成本分析的滚动化。

（3）建立以产品数据为依据的技术环境。中欧电器的CAD/CAPP/PDM等系统向ERP系统提供了产品数据、工程数据、生产数据和标准数据，而这些数据通过ERP系统，使企业的销售、采购、仓储、生产、质量、财务等环节达到数据共享，形成以产品为中心的数据源头。

（4）建立以客户关系为中心的营销体系。中欧电器的客户以定点客户为主，通过ERP系统建立各种客户资源，分析客户对产品的质量、价格、供货周期和售后服务等的反馈信息，按照订单、供货时间以及库存情况，及时调配各种产品资源来满足客户的需要。同时通过ERP系统将订单的情况及时传递到技术、生产、采购、仓储、质量和财务等环节中，及时传递信息。

（5）建立以总经理为主的决策系统。中欧电器的决策系统是通过查询一系列生产经营数据进行决策活动，通过 ERP 系统生成的各类数据表、模型图、曲线图等，协助中欧电器的总经理、部门经理以及各相关人员进行工作计划决策，达到实时监控和修正的目的。

中欧电器 ERP 项目的成功实施，使企业的经营管理更加完善、生产指挥更加灵活、成本分析更加准确、质量控制更加严密、行政决策更加科学，达到了引进 ERP 技术的目的，使企业的市场竞争力达到一个新的层次。

经过这四个阶段，中欧电器的信息化基本完成。中欧电器通过信息化技术的建设和应用，使企业在技术创新、资源利用、市场竞争和经营管理等方面都得到了充足的发展和提高，真正体会到了信息化技术给企业带来的利益，也为企业培养了一批既有企业专业知识又有信息化技术知识的企业人才。

截至 2023 年年底，中欧电器经营范围包括汽车电器、汽摩配件制造销售、日用百货、纺织品、金属材料、五金家电销售、物业服务、车辆保管服务、餐饮服务、展览展示服务、电影放映、货物进出口、技术进出口。顺利通过 ISO 9002、QS 9000/VDA 6.1、IATF 16949、ISO 14001 等各类质量体系与资质认证。

资料来源：吴国琳、张志林、林雄飞. 中欧电器信息化十年风雨路：信息化技术支撑下的企业快速发展 [J]. CAD/CAM 与制造业信息化，2006，(1)：8-11；中欧电器有限公司 – 爱企查，2023 年。改编人：曹琳君。

二、柔性制造系统

柔性制造系统（Flexible Manufacturing System，FMS）是指通过运用无线技术、计算机技术、数控技术等各种新制造技术进行生产自动化的生产系统，也称灵活制造或未来工厂。

柔性制造系统可以将原来独立的制造模块，如设计、生产等联合为一个统一整体，使制造组织可以在大量生产的同时，以较低的生产成本定制产品，跨越了组织规模的界限。柔性制造系统一般由三部分组成。

1. 计算机辅助设计（Computer Aided Design，CAD）

计算机辅助设计是指使用计算机进行产品以及工艺流程等的设计。设计者可以通过计算机直观地模拟运行，并进行细节修改。CAD 最早应用于汽车制造、航空航天以及电子工业的大公司中。随着信息技术的普及，其应用范围也逐渐变广，视野拓展 4-2 中的中欧电器就使用了 CAD 进行产品设计。

2. 计算机辅助制造（Computer Aided Manufacturing，CAM）

在生产过程中，自动完成离散产品的加工、装配、检测和包装等制造过程，即计算机辅助制造。采用计算机辅助制造的零件和部件，加工速度和生产自动化水平提高了，加工准备时间缩短了，生产成本降低了，产品质量和批量生产的劳动生产效率提高了。除此之外，CAM 还允许通过计算机的控制指令使一条生产线从某一产品的生产快速转换至另外一种产品的生产，因此改善了对产品设计和品种多变的适应能力。与 CAD 相似，CAM 最初出现在汽车制造以及航空工业领域的大公司中，现在也在其他企业中得到了广泛的应用。

3. 集成信息网络

凭借数据库技术的发展，越来越多的组织已经在日常运行中引入新的计算机化的信息与管理系统，其中包括产品设计、生产、采购、营销以及内部会计等各个方面。这一个整体的集成信息网络系统可以使组织管理者从统筹的角度以一体化整合的方式做出决策。

如果一家企业同时采用了CAD、CAM以及集成信息网络，那么它就是柔性制造系统应用的典型代表。柔性制造的优点是可以将多元化的产品融合在一条生产线上进行生产。计算机辅助技术的应用使现代组织脱离了大量烦冗的计算工作，提高了机器利用率和劳动生产效率，大大提高了产品的多样性和顾客满意度，降低了产品的缺陷率，深入地整合组织内各部门以及生产过程的各阶段，为组织适应现代社会、提高生产效率提供了重要的帮助。

第三节　大规模定制目标下的组织设计

随着消费者生活水平的提高，消费者对于商品的多元化需求也越来越高，传统的大规模生产方式已经不能满足消费者的多元化需求。计算机和信息技术的发展为制造技术注入了活力，越来越多的企业开始采用大规模定制的方式进行生产。大规模定制（Mass Customization）是两种生产模式的综合：个性化定制产品和大规模生产。大规模定制指的是以客户的需求为中心，主要是以大规模生产的组织形式满足单个客户定制产品的需求开展的相关的企业活动。其核心思想是以类似于标准化和大规模生产的成本和时间，提供满足客户特定需求的产品和服务。

柔性制造系统和精益制造方法为大规模定制提供了技术基础。柔性制造系统已在上一节中介绍。精益制造方法的核心不是机器或软件，而是人，它在产品生产的整个过程中都使用训练有素的员工，这些员工关注细节、擅于发现和解决问题，从而减少浪费并改进质量。柔性制造系统和精益制造方法的发展和成熟，为大规模定制铺平了道路，大规模定制已经广泛应用在产品的生产中。例如，戴尔的崛起就主要依靠的是大规模定制，提供许多模块化的电脑次系统或零部件，然后由顾客进行选择与设计组合，在确认组合系统的稳定性后，顾客可以在网络上下单，再由戴尔的工厂迅速启动订单的订料、组装及运送程序，使顾客可以快速收到定制的电脑。

一、传统技术条件下如何设计定制化产品

传统制造系统只能提供十分有限的选择，小批量生产具有手工艺性的特点，因此能够满足较高程度的定制要求，其产品具有很高的灵活性，但也正是受这种手工艺性的限制，每次生产的批量很小，生产效率很难大规模提高。相反，大批量生产可以满足对生产规模的要求，但产品缺乏灵活性，种类有限。比如流水线技术，能够生产出大量的但是种类单一的标准化产品。

与小批量生产相比，大规模定制一般在生产过程中使用通用的工具以及机器，按订单生产而不是按计划生产，生产过程具有高度的灵活性，导致了产品的高度多样化和定制化。并且，像大规模生产一样，大规模定制常常有较高的生产批量，较低的单位成本。但是，如表4-5所示，大规模定制也不同于大规模生产。大规模生产中，低成本主要是通过规模经济实现的，即通过高产量和高效率降低生产成本。在大规模定制中，低成本通过规模经济和范围经济实现，

它将顾客的需求直接融入产品设计及生产活动中，用标准化的零部件生产实现规模经济，零部件按多种方式进行组合，形成多种最终产品，从而实现范围经济。

表 4-5　大规模生产模式与大规模定制模式的对比

特征	大规模生产	大规模定制
焦点	通过稳定性和控制力获得高效率	通过灵活性快速响应实现多样化、定制化
目标	凭借低成本实施低价	提供多样化和定制化的产品，同时制定大多数消费者能承受的价格
关键特征	稳定的需求 统一的大市场 低成本、质量稳定、标准化的产品和服务 产品开发周期长 产品生命周期长	分化的需求 多元化的细分市场 低成本、高质量、定制化的产品和服务 产品开发周期短 产品生命周期短

资料来源：派恩. 大规模定制：企业竞争的新前沿 [M]. 操云甫，译. 北京：中国人民大学出版社，2000：44.

大规模定制的实现主要依靠柔性制造系统和计算机集成技术。柔性制造能够任意制造零件组的加工对象。计算机辅助制造指的是计算机将每一件商品都根据顾客的要求加工。这一技术允许变形设计，甚至快速完成一个全新的设计，并可以从设计定义中自动产生制造要求。计算机集成技术将计算机控制的所有单个的环节联结起来，成为一个快速、敏捷、灵活且产量高、成本低的集成系统。这些制造技术一方面提升了产品的多样性，另一方面还能维持低成本。图 4-7 是大规模定制与传统技术的关系。

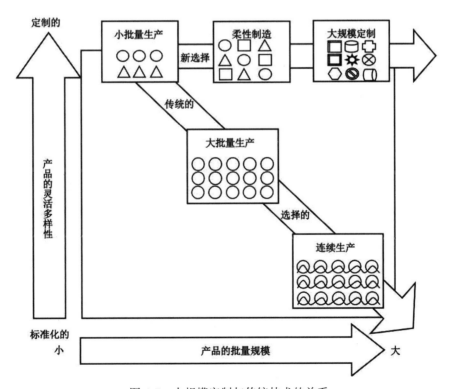

图 4-7　大规模定制与传统技术的关系

资料来源：DAFT R L. Organization Theory and Design[M]. 9th edition. Cincinnati: South-Western, 2007: 258.

组织的价值链包括设计、生产、销售和交付四个环节，企业可以通过这四个环节的具体实践，促使大规模和定制化同时实现，完成传统技术下的大规模定制生产。

（1）围绕标准化产品和服务来定制产品和服务：在产品的设计、生产和销售流程都采用标准化生产，在交付的过程中提供定制化服务或标准化服务。

（2）创建可定制的产品和服务：在设计阶段就开发可定制的产品和服务，生产、销售和交付都可以提供定制的产品和服务，也可以提供标准的产品和服务。

（3）提供交付点定制：在产品的开发、生产和销售阶段都贯穿标准化的产品和服务，但是在产品的交付地点可以提供定制化服务。

（4）构件模块化以定制最终产品和服务：在设计和生产阶段都围绕着模块化的定制产品和服务。模块化指的是将各种零部件加以规格化。在大规模定制中，模块化是非常重要的概念。

二、大规模定制条件下的组织设计

大规模定制强调灵活性和适应性，使得这种技术条件下的组织不能采用高度集权的机械式结构。如表 4-6 所示，大规模定制技术与传统大批量生产技术对组织结构产生了不同的影响。在传统大批量生产技术下，组织采用高度集权的机械式结构，人员的工作内容和范围受到较大限制，同时注重技术能力的培养。此外，该情景下的组织的顾客需求相对稳定，并与供应商之间为竞争导向关系，因此组织需要与供应商保持一定的距离。

表 4-6 传统大批量生产和大规模定制对组织结构的影响

	特征	传统大批量生产	大规模定制
组织结构	管理幅度	宽	窄
	层级数	多	少
	任务	常规、重复性的	适应、手艺性的
	专业化程度	高	低
	决策	集权化	分权化
	总体结构	行政机构式，机械的	自我调控的、有机的
人力资源	人际间关系	独自工作	团队工作
	培训	范围窄，一次性的	范围宽，经常性的
	专长	体力、技术	认知、社会能力
组织间关系	顾客需求	稳定	多变
	供应商	量多，简单关系	量少，紧密关系

资料来源：DAFT R L. Organization Theory and Design[M]. 9th edition. Cincinnati: South-Western, 2007: 259.

与传统大批量生产技术相比，使用柔性制造系统进行大规模定制的企业中，管理幅度较宽，层级较少，任务具有适应性，专业化分工程度较低，决策分权化，人员的任务是处理复杂的非例行问题，组织的整体结构表现为有机式结构，有自我调控的特征。组织中的人员需要具备团队合作能力，需要有很好的认知和理解能力，以及良好的人际互动技能，因此要经常进行范围宽泛的培训，以掌握相关的社会性能力和问题应对能力。大规模定制要求组织与外部少量组织（如供应商）结成紧密联系，以适应顾客需求的多样性。

第四节 服务技术对组织设计的影响

一、服务技术的特性

服务业组织的目标不同于制造业组织的生产实现使命,服务业组织是通过提供服务来实现其总目标的,它的产品是无形的。如表4-7所示,服务业组织的技术特点与传统制造业非常不同,深入理解服务业技术的特点有助于更好地调配组织战略、结构和工作流程,做好服务业组织的组织设计。具体而言,与制造业组织相比,服务业组织有如下特点。

(1)服务技术的产出是无形的,服务业提供的产品是包含知识、思想以及人的素质在内的抽象内容,而不是物质化的。而制造业的产出是有形的产品,比如一台电脑,它能看得见摸得着,并且能够储存。

(2)服务技术产出的生产与消费是同时进行的,产出过程必须有顾客参与,不能储备,也不能以成品形式存在。例如,医生为患者诊病,诊断过程结束了,患者的消费过程也就结束了。而制造业企业则通常是企业先生产,形成成品之后顾客再消费。

(3)服务业组织一般是劳动和知识密集型的,需要配备很多的员工以满足顾客的需要。而制造业组织则是资金密集型的,更需要先进的设备和技术。

(4)服务业中消费者与组织员工有很强的直接互动,工作人员的性格和行为直接影响到顾客的满意度,因此,通常需要具有很强的人际技能的员工。而在制造业组织中,核心技术人员与消费者基本不存在互动。

(5)由于消费者与员工的直接接触,组织员工的态度和行为直接影响到顾客的满意度和对服务的评价,因此,在服务业中,人的因素至关重要。在制造业中,人可能会被自动化的设备和技术所取代,而在服务业中,人是不可替代的。

(6)服务业提供的产品质量感知是主观的,不宜被客观衡量,同时对产品提供的及时性要求非常高。它的产出不能像制造业那样用产量来衡量,或是通过某些客观的产品检验。服务业产品的质量完全依赖于顾客的感知。

(7)在服务业组织中,每一名员工都是边界联系人员,他们能够迅速感知消费者的需求,并及时做出响应。然而,在制造业中,组织设有专门的边界联系人员,他们的反馈和组织的决策时间可能使得组织的反应时间较长。

(8)服务业组织更加重视地点的选择,通常设置在容易接触到顾客的地方。如果顾客的分布很广,那么通常这类组织也有较为广泛的网点分布。这也就是为什么我们能在同一个城市的许多地方看见同一品牌连锁的便利商店,却通常只能在城市的郊区看见一家大型的制造类企业。

表4-7 服务业技术与制造业技术的差异

服务业技术	制造业技术
无形的产品	有形的产品
生产与消费同时发生	产品可以储存后再消费
劳动和知识密集型	资金密集型

(续)

服务业技术	制造业技术
与顾客有很强的互动	很少与顾客直接互动
人的因素至关重要	人的因素可以不太重要
主观感知质量，不宜被客观衡量	质量可用标准衡量
快速响应	可以存在较长的反应时间
机构地点选择非常重要	机构地点选择的重要程度适中

资料来源：DAFT R L. Organization Theory and Design[M]. 9th edition. Cincinnati: South-Western, 2007: 260.

现实中，很少存在绝对的制造业组织和绝对的服务业组织，一般都是以制造业或服务业为主，绝大多数组织都是既生产实物产品，又提供无形服务，处于一种混合的状态。就比如说快餐类行业，它们常常被归类为服务业，但是它们经营活动中的主要部分也包括提供实物产品，而制造业企业也开始加强对顾客服务的重视。

一直以来，服务业都偏向于按照顾客的想法和需求提供服务，是一种定制化的产出。但制造业技术的大规模定制变革，使得越来越强调个性化和多样化的社会需求飞速增长，也对服务业的定制服务以及服务质量改进产生了进一步的要求。服务业组织必须利用包括信息技术等在内的一切手段来满足顾客需要。在信息技术等现代技术的推动下，现代服务业出现了新的趋势，也必然会出现更适合的技术。不同于过去以生活消费服务为主的传统服务业，现代服务业开始转向生产消费服务。随着服务业的转型，知识密集型服务业组织占的比重加大，地位日益重要。服务业的技术也在发生改变，逐渐向密集型技术靠拢。

二、服务业组织的设计

现代社会中服务业发展迅猛，劳动力逐渐从制造业组织向服务业组织转移。服务业组织不同于制造业组织，服务业技术也不同于制造业技术，故与之相匹配的组织结构也不相同（见表4-8）。

表 4-8 服务业组织与制造业组织的形态和结构特征对比

	特征	服务业组织	制造业组织
组织结构	专设的边界联系人员	少	多
	空间上分散化程度	大	小
	决策	分权	集权
	正规化程度	较低	较高
人力资源	员工技术水平	较高	较低
	技能重点	人际技能	技术技能

资料来源：DAFT R L. Organization Theory and Design[M]. 9th edition. Cincinnati: South-Western, 2007: 262.

在组织结构方面，服务业没有专门的边界联系人员，因为每个员工都必须直接接触顾客，他们本身就具有边界联系的功能；服务业组织通常比较分散，因为必须配合顾客的分布与互动需要，虽然现代很多服务能够通过网络与其他通信科技改变地点；服务业组织通常比较分权，正规化程度较低。在人力资源方面，服务业组织的工作者必须根据顾客的需求提供必要的服务，所以通常具有良好的专业技能、决策能力以及人际沟通能力。

知识栏

准确把握现代服务业发展新趋势、新内涵

服务业是国民经济的"稳定器"、吸纳就业的"蓄水池",现代服务业还是促进传统产业改造升级的"助推器"、孕育新经济新动能成长的"孵化器"。党的二十大报告强调,要"构建优质高效的服务业新体系,推动现代服务业同先进制造业、现代农业深度融合"。这一论断为新时代新征程我国抢抓服务业发展新机遇、增强服务业创新力、塑造竞争新优势指明了方向。

党的十八大以来,我国服务业在吸纳就业、税收贡献、固定资产投资等方面均显著提升。进入新阶段,我国服务业呈现诸多新特点,处于加快发展重要战略机遇期,需要顺应趋势、主动求变、抢占先机。

一是高品质生活呼唤新供给。随着城乡居民收入水平不断提高,居民消费从温饱型向舒适型、享受型消费升级,更加注重消费品质和层次,对生活服务业发展提出了更专业化、更精细化的要求。

二是数字化转型激发新活力。在新一轮科技变革和产业革命条件下,服务业新产业、新业态、新模式不断涌现,成为经济发展的突出亮点。尤其是数字经济渗透到产业链、供应链的全过程,成为重组要素资源、重塑经济结构、改变竞争格局的关键力量。

三是融合发展打开新空间。随着产业不断向高级演进,产业间加速渗透、交叉和重组,引发产业功能形态、组织方式和商业模式发生新变革,产业界限日趋模糊,融合发展成为全球经济竞争的新趋势,三次产业加速融合发展将为服务业现代化打开更加广阔的空间。

四是绿色发展带来新机遇。在新发展理念的指导下,"双碳"战略加快推进,绿色技术的创新应用和推广普及,推动经济社会的生产、流通和消费等领域发生广泛而深刻的系统性变革,绿色发展将为服务业加速现代化进程带来新机遇。

五是制度型开放扩大新领域。我国稳步扩大规则、规制、管理、标准等制度型开放,社会资本市场准入有序放宽,非基本公共服务加速市场化、产业化,基本公共服务供给模式多元化等,将进一步推动服务业的现代化发展进程。

资料来源:推进优质高效的现代服务业发展,中工网,2023年5月。

视野拓展 4-3

宅急送的"门到门"服务

宅急送公司恪守"安全、准确、亲切、视服务为生命"的经营训诫,自1994年成立以来,公司以跨越式的发展速度在全国建立了庞大的"快递网络",以优质服务赢得了国内上千家著名企业以及广大民众的信赖;以"诚信,和谐,高效,追求卓越"的企业精神,矢志成为民族快运行业的一面旗帜,挑起中国快运追赶世界水平的重任。宅急送在全国拥有32家直营分公司,4 374个经营网点,全国省会中心城市和直辖市100%覆盖,地级城市98%覆盖,县级城市85%覆盖,乡镇50%覆盖;全国共计自建平台304个,其中运转中心35个,分拨站269

个，总分拨面积达到 21 万平方米。全国共有干线班车 119 条，支线班车 427 条，省内班车 1 337 条。拥有航空口岸 33 个，与国航、南航建立全面的战略合作关系，航空线路 700 条，依托成熟的快运平台，宅急送每年进出港货物逾亿件，真正做到了"物畅其流，货通天下"。

宅急送的运营模式

（1）全国"门到门"快递服务：宅急送选择的市场定位是快递物流服务，即"门到门"快递服务。宅急送的定位是在公司成立之时确定的，当时中国的国内快递业还是空白，中国邮政 EMS 业务只限于信；其次选择这一定位是由于日本"宅急便"的实验证明，这一运作模式为客户提供了与众不同的物流服务。速度是快运之魂，宅急送利用晚上装车运货，节省了送货时间，提高了货物的转移速度。2018 年，宅急送与每日一淘合作，为商户提供同城、省内及跨省次日达的"门到门"入宅派送业务。《2023 快递幸福感报告》中指出，近三年，"送货上门"一直是最受用户欢迎的收货方式，由此可见"门到门"的服务极大地便利了消费者。

（2）服务由零散客户向大型企业转型，使宅急送抓住了业务发展的增长点。目前宅急送已经和诺基亚、佳能、LG、当当网等著名的企业或商务网站建立合作关系，这样一来，宅急送迅速增长了业务量，同时不断提升了自身的竞争力。

全国"门到门"服务的成功因素

只有"门到门"服务，才能更贴近客户，更好地满足客户的个性化需求，这也是快运市场发展的必然趋势。

（1）全国物流网络布局。要做到"门到门"服务，就必须有星罗棋布的网络，这些网络要涵盖客户业务要求的每一个区域。为此，陈平从与日方合资开始，就大力着手营建覆盖全国的网络建设。宅急送的网络结构分为四级，即子公司、分公司、营业所和营业厅。子公司是按照中国的地理位置并结合宅急送的实际情况设立的，分公司是以子公司为中心向周边区域扩展或延伸的，营业所和营业厅位于比较繁华的地段，主要是为了方便客户，并提高派送及取货速度。

1997 年，宅急送初步完成北京局域网建设，紧接着 1998 年宅急送进军上海，到 2000 年 8 月，宅急送建立了北京、上海、广州、沈阳、成都、西安、武汉七个全资子公司，并组建起自己的传统运输网络，覆盖全国七大区，在深圳、厦门、东莞、宁波、大连、天津、南京、杭州、长沙、株洲、郑州、济南、青岛、绵阳、贵阳、重庆等城市设立了全资分公司，网络从沿海到内陆呈扇形分布。

宅急送公司使异地发货、到付结算成为现实，最大程度上满足了客户的需求。

（2）高效迅速的货物查询和管理系统。宅急送投入数百万元建立 ERP 操作平台，让客户可通过互联网登录宅急送网站，利用 ERP 查询货物运行和签收等相关信息，并在网上通过先进的 GPS，查询车辆在全国的具体位置，掌握货物的第一手资料，对货物进行全程跟踪。

2022 年，宅急送开始业务转型，回归创业基因，公司全面朝着"供应链物流"方向迈进。目前，宅急送集团下有快运、供应链、IT 科技、四方物流平台四大板块，同时，还在供应链管理和供应链金融科技服务等领域进行布局。

资料来源："宅急送：从一元钱到一个亿"，2009 年；宅急送官网，2013 年；快递幸福感报告，2023 年。改编人：晋禾。

本章小结

不同的学者对于组织技术的类型具有不同的分类,不同的技术模式对应的组织结构设计也不同。伍德沃德按照技术的复杂性,将技术分为单件小批量生产、大批量生产和连续生产,它们对应的组织结构特点各不相同。佩罗则从任务的多样性和可分析性出发,提出了部门及技术的分析框架和相应的组织结构特点。汤普森研究了部门间的相依关系,即并列式、序列式、互惠式,并提出了相应的组织结构。

随着信息技术的发展,信息技术在组织中的应用也日益广泛,主要体现在组织结构的整合,组织结构扁平化、分权化,组织规模小型化、影响组织成员与组织行为等方面。信息技术的发展也推动了柔性制造系统的实践,柔性制造系统是指通过运用无线技术、计算机技术、数控技术等各种新制造技术进行生产自动化的生产系统,也称灵活制造或未来工厂。

依靠柔性制造系统和计算机集成制造技术能够实现大规模定制。大规模定制条件下的组织整体表现为有机式结构,具有管理幅度较宽,层级较少,任务具有适应性,专业化、分工程度较低,决策分权化等特点。

服务业组织相较于制造业组织,具有不同的特性,对应的组织结构也不相同,通常来说,这类组织比较分散,正规化程度较低,对员工的人际技能要求更高。

复习思考题

1. 组织技术具有哪些模式?它们分别对应何种组织结构?
2. 计算机技术为组织结构带来了何种影响?
3. 什么是柔性制造系统?它由哪些部分组成?举例说明。
4. 传统技术下如何实现大规模定制?需要做出哪些结构上的改变?
5. 服务技术具有哪些特性?服务业组织的结构应如何设计?

进一步阅读

1. ANDERSON P, TUSHMAN M L. Technological discontinuities and dominant designs: A cyclical model of technological change[M]// Organizational Innovation. London & New York: Routledge, 2018: 373-402.
2. HENDERSON R M, CLARK K B. Architectural innovation: The reconfiguration of existing product technologies and the failure of established firms[J]. Administrative Science Quarterly, 1990, 35(1): 9-30.
3. BAYLISS C Y, CLARK K B. Managing in an age of modularity[J]. Harvard Business Review, 1997, 75(5): 84-93.
4. SANCHEZ R, MAHONEY J T. Modularity, flexibility, and knowledge management in product and organization design[J]. Strategic Management Journal, 1996, 17(S2): 63-76.
5. MOHR L B. Organizational technology and organizational structure[J]. Administrative Science Quarterly, 1971, 16(4): 444-459.

综合案例

海尔集团的大规模定制策略

海尔集团(以下简称"海尔")是最早在整体橱柜及厨房设施领域实施大规模定制生产方式的国内企业。海尔集团的大规模定制历程,始于1997年海尔厨房设施有限公司(以下简称"海尔厨房")的成立。海尔厨房向市场推出按客户要求定制的橱柜,并整合海尔家电提供高品质的整体厨房定制服务。1998年,海尔在集团内部开展了以市场链为纽带的流程再造,形成了以订单信息流为中心的业务流程,在海尔流程再造下的制造从过去的大规模生产变为大规模定制生产。

2000年,海尔在全国率先推出"定制冰箱"的概念,从传统的"我生产你购买"转型为"你设计我生产"。随后,海尔在洗衣机和空调等产品上也有所突破。到2001年,海尔已能满足来自68个国家和地区用户的特殊订单,所生产的产品已达12个系列近500个品种。海尔采用柔性制造系统,将其几十大类产品分解为数万个模块;同时在销售上引进B2C的方式,实现由商家(及最终顾客)设计、厂家制造的模式。至此,海尔在全范围内的产品中实现了大规模定制的生产方式。

自实施大规模定制生产方式以来,海尔经过十多年的发展,已经完成了全范围的转型,并充分利用产品族设计、模块化设计、产品开发与快速设计、延迟化的策略,保证企业以较低的成本快速响应客户的需求,并在全球化竞争中赢得了竞争优势。其中,模块化设计、产品开发与快速设计是海尔运用最成功的两种策略,下面将对海尔在这两种策略上的实践进行详细说明。

一、模块化设计策略

1998年,海尔开始实行模块化,把一些可以按标准化制作的部件整合起来,形成模块,并在研发中心建立模块库,然后由专门的模块经理负责,并且不断地更换旧的模块。海尔的产品设计者在产品开发前,首先从模块库里选择可用的模块,其次在此基础上对产品进行局部改进。2000年,海尔加快了模块化设计的推进速度,依据"顾客需求—基本功能—原理模块—结构模块"框架,采用基于功能分析的模块划分方法对产品进行模块化设计,构建了全球模块资源共享平台,使全球的海尔工程师都能构想模块库,并要求全球的产品设计者对模块库中的模块不断地进行整合、更新和补充。

随着产品开发品种的不断增多和生产规模的不断扩大,从2002年开始,海尔在继续加强模块化开发的基础上还开始了模块标准化建设工作。在模块整合方面,以海尔的洗衣机为例,没有实施"模块化"之前,海尔洗衣机本部的零部件种类在24 000~26 000种,实行"模块化"之后,通过标准化零件的不断整合,海尔洗衣机零部件种类数量不断减少,到2006年,零部件数量已经被控制在3 000~5 000种。海尔开发任何一款洗衣机新产品,70%~80%甚至90%左右的洗衣机,可以使用已经存在的模块。

海尔面向客户推出模块化定制的个性化销售方式,即将能实现不同功能的主要部件划分成相对独立的功能模块,在统一的平台上加上不同的模块组合就能形成不同的产品。用户在购买产品时,只需对产品所能实现的具体功能进行说明,生产销售人员就可以很方便地提供使用不同功能模块的、客户所需要的产品。海尔现主要从事家电产品的组装制造,其关键零部件的开发主要借助上游企业的研发力量,海尔模块化产品架构体系能与上游企业对接,具有开放性的模块化架构特征。

海尔通过创建模块化产品,降低了产品的成本,提高了产品的质量,整合了供应商研发的资源,增加了产品的差异化,并且能够快速响应客户的需求,充分发挥了规模经济和范围经济的作用。

二、产品开发与快速设计策略

海尔产品设计的理念就是设计需求(现有的和潜在的需求),结束抱怨。在这种理念下,海尔不断挖掘可能连客户都没想到的需求。围绕着这种需求,海尔始终发挥两个优势:产品开发和快速设计。在海尔内部,收集信息的渠道多种多样,客户的反馈能够直接到达研发人员手里。为能快速、低成本地满足客户的需求,早在2002年,海尔就鼓励采用新产品系列化开发,即在已有母本新产品的基础上,进一步拓展其功能、性能,开发更加完善的同系列新产品。

在产品开发与快速设计上,为了缩短产品开发与设计的周期,提高市场响应速度,海尔进一步完善了市场信息采集—产品企划—外观设计—模型制造—模具开发—批量生产的信息同步开发平台,大大缩短了产品开发与设计的周期。海尔在产品开发与快速设计策略中主要有模块化变形设计、并行开发、采用国际标准提高国际竞争力和建立产品生命周期管理系统等措施。

1. 模块化变形设计

为提高新产品开发效率,最大限度地利用现有资源,海尔积极利用信息化技术进行产品的模块化设计,并建立模块化库。海尔把产品配置分成基本模块配置和可变模块配置,基本模块由规划科或档案科提供,可变模块由研发本部和各开发部提供。通过模块化变形设计,实现了快速满足客户个性化需求的目标。如海尔现共有冰箱、空调、洗衣机等96个大门类、15 100多个基本产品类型及2万多个基本功能模块,分销商和客户可以在这个平台上,有针对性地、自由地将这些基本产品类型和基本功能模块进行组合,或者在此平台基础上进行变形设计,生产出让客户满意的独具个性的产品。

2. 并行开发

为提高新产品开发速度、以最快的速度把产品推向市场、在最短的时间内满足客户需求,海尔实施并行开发流程。对于每项新产品的开发,项目负责人根据设计任务,对需开模的零部件、工艺性复杂的零部件及其他需并行开发的零部件编制并行开发计划。项目负责人根据并行开发计划书与工装中心、模具事业部、物流新产品开发小组等部门签订并行开发合同,以确保并行开发工作的顺利进行。并行开发方案的实施,大大提高了产品的开发速度,缩短了开发周期,使开发周期达到了客户和市场的要求。并行开发具体体现在以下三个方面。

(1)模具的并行开发。海尔在方案确定阶段就接收了工装中心的参与,大大缩短了开发周期,采用已有样机加上开发要求,对外协厂进行招标,使开发设计与模具加工同步,也使得项目得以快速完成。

(2)试制过程的并行开发。在试制过程中,一改常规的模具加工完成后再试模的办法,而是在模具粗加工完成后,就进行一次试模,不但可以提前验证模具加工的准确性,而且试模内胆经过整修也可以提前用于研发泡模,从而使模具开发和试制周期大大缩短,这也得益于工装中心及外协厂家的参与。

(3)塑料件的并行开发。在供应商的参与下,确定了首批试制,用已有件手工改制进行试制与开模组织批量生产同步进行的方法,使这一难题得到解决。在保证了开发质量的前提下,使开发周期达到了客户和市场的要求。

3. 采用国际标准提高国际竞争力

为了使出口产品能满足当地标准和认证的要求,海尔对拥有的标准资源进行了详细的消化吸收，对不同国家标准文本的条款要求进行了详细对比。先将 ISO 标准、美标、欧标、中东标准、俄罗斯标准与中国的国标及产品执行的企标的指标和要求进行分析对照，建立 BOM（Bill of Materials，物料清单）作为出口全球各地产品开发、生产和检验的参考；再进一步收集全球出口国的标准进行分析对照，建立产品全球标准 BOM。这对出口产品的设计、生产和检验起到了很好的指导作用，有效避免了因技术标准不适用引起的贸易后患。在标准情报信息搜集上，海尔建立了统一的标准信息支持网络，并同 30 多个国内、国际标准研究机构、认证公司建立了合作关系，共同跟踪国际标准的最新动态，确保标准信息的及时性和有效性。海尔标准化工作的实施，不仅提高了产品的质量，而且为海尔产品打开、拓展国际市场打下了坚实的基础。

4. 建立产品生命周期管理（Product Lifecycle Management，PLM）系统

海尔的产品有 96 大类，15 100 种规格，零部件种类和技术文件繁多。由于业务的快速增长，这类信息每年以 40% 的速度增长。PLM 系统的实施实现了产品从研发、设计、计划、采购、制造、销售、服务及回收全生命周期管理，缩短了产品上市时间，增加了产品设计中的创新内容。海尔采用 Teamcenter Enterprise 作为 PLM 的平台解决方案：①在集成的数据库中管理所有的零部件及其成组分类、设计文件、产品档案、EBOM（设计物料清单）、MBOM（制造物料清单）和产品经理资源，以及它们之间的关系；②使用工作流程和过程自动化来管理所有产品数据发放的过程；③使用与 ERP 系统的集成接口管理设计向制造的数据发布；④采用统一的物料自动编码；⑤所有产品数据基于 PLM 进行管理，提高不同 BOM 的准确性、一致性和版本有效性；⑥所有产品经理基于一个完整的、集中的、共享的、动态的型号经理资源平台（认证、专利等）；⑦所有产品设计数据、BOM 等的发布、更改（版本变化）通过电子流程进行控制；⑧采用成组技术提高产品设计的零部件模块化水平；⑨物料、MBOM 由 PLM 系统（作为唯一的数据源）向 ERP 系统发布，提高系统数据的一致性。

海尔 PLM 项目的实施已基本实现了四个目标。第一，建立了零部件的选件库，以推进整个零部件的重用。第二，建立了选检库，即通过质量、成本、交货期以及能否参与前端的设计开发对供应商进行评价，然后对供应商进行 A、B、C、D 的分类和控制。第三，建立了完善的研发流程。第四，完善了产品的项目管理，减少了研发项目拖期的情况。

三、组织结构的变化

随着海尔大规模定制生产方式的实施，海尔对集团内部的组织结构也进行了相应的调整，逐渐建立趋于小型化、个性化、综合化和以客户为导向的扁平化组织结构，有利于大规模定制生产方式的推进。这样做改善了信息传递与沟通，提高了企业的灵活性和适应性；充分调动了员工的积极性，提高了管理系统的效率和柔性；能有效地整合企业外部资源，提高研发能力，发挥规模经济的作用。海尔组织结构的调整，是业务流程再造基础上的市场链与事业部两者优势结合、强化不同产品运营模式的结构变革。

1. 海尔的"市场链"流程再造

1998 年年底，海尔在集团内部开展了以市场链为纽带的流程再造，形成了以订单信息流为中心的业务流程。具体的做法是把原来各事业部的财务、采购、销售业务全部分离出来，整合成商流推进本部、物流推进本部、资金流推进本部，实行全集团统一营销、采购、结算，这是海尔"市场链"的主流程；对集团原来的职能管理资源进行整合，形成创新订单支持流程 3R（R&D：研发、HR：人力资源、

CR：客户管理），和保证订单实施完成的基础支持流程3T（TCM：全面预算、TPM：全面设备管理、TQM：全面质量管理）。整个集团形成了主流程和支持流程两大体系的组织架构。

整合后的海尔组织结构如图4-8所示。商流、海外推进本部从全球营销网络获得的订单形成订单信息流，传递到推进本部、产品本部和职能中心，推进本部按照订单安排采购配送，产品本部组织安排生产；生产出的产品通过物流的配送系统送到客户手中，而客户的贷款也通过资金流依次传递到商流、产品本部、物流和分供方手中。这样就形成了横向网络化的同步业务流程，有力地支持集团公司大规模定制的实施。在这种结构下实现了企业内部和外部网络相连，使企业形成一个开放的系统。

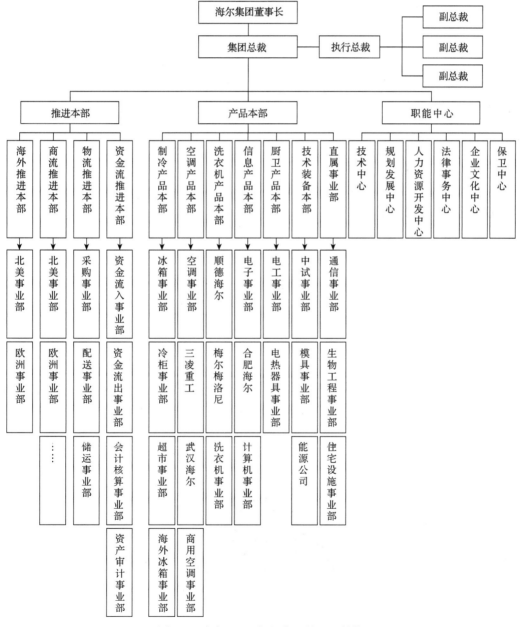

图4-8 海尔1998年整合后的组织结构

2. 海尔建立二级集团制度

2007年7月，海尔将实施了九年的按照产品品类组成事业部制的组织架构，调整为根据各类产品线运营模式的不同划分为六个子集团：白电运营集团（冰箱、洗衣机、空调）、黑电运营集团（彩电、AV产品）、数码及个人产品运营中心（电脑、MP3等）、全球运营中心（海外推进本部）、创新市场中心（国内市场）、金融运营中心。调整的原则是以产品运营模式为核心，重组现有集团下属各个事业部，以提高运营效率。新的子集团架构的组织形式，实际上是把从供应链到制造体系再到市场链的完整运营权下放到了子集团层面，使得各个具有相对独立性的业务单元在自身的体系内实现完整的经营活动。而集团层面则负责品牌、资本运营、公共关系等更高层面的运作。

四、互联网时代的模式创新

互联网时代的到来颠覆了传统经济的发展模式，而新模式的基础和运行则体现在网络化上，市场和企业更多地呈现出网络化特征。海尔也开始实行网络化的企业发展战略，并进行了一些模式创新，其中最重要的就是"人单合一双赢"的发展思路。

"人"即员工，"单"不是狭义的订单，而是用户需求。"人单合一双赢"即让员工与用户需求融为一体。"人单合一双赢"模式适应了互联网时代的要求，它与传统管理模式最本质的区别是：传统管理模式是以企业为中心制定的，"人单合一双赢"模式是以用户需求为中心制定的。互联网时代，信息不对称的主动权转移到用户手中，用户可以决定企业的生存。"人单合一双赢"模式就是让员工成为自主创新的主体，由此形成了企业与员工之间关系的新格局，即由原来员工听企业的，现在变成员工听用户的、企业听员工的为用户创新的方案。

而在组织结构的设计上，海尔认为传统的组织（见图4-9）是一个正三角的组织，最下面是员工，上面是领导。上级对下级下达命令，下级服从上级。在推进"人单合一双赢"模式过程中，海尔认为应当把组织变得扁平化，变成动态的网状组织（见图4-10）。海尔目前正在积极探索平台型组织生态圈，认为平台型组织体现为资源的按单聚散。按单聚散以后，员工分为在册员工和在线员工。过去员工听上级领导的指令，是接受指令者，现在变成资源接口人。以海尔的家电研发为例，原来的研发者现在成了资源接口人，负责对接外部资源。目前，海尔有1 150多名研发资源接口人，连接着全球5万多项研发资源。也就是说，有很多人不是公司的在册员工，而是可以在线整合的员工资源接口人，将来的发展方向是创建小微公司，可以独立创业。

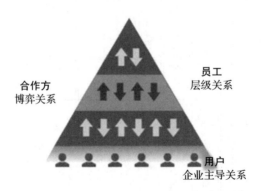

图4-9 传统的组织

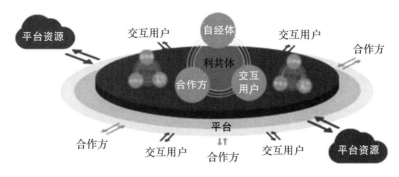

图 4-10 创新组织

2011年,海尔并购日本三洋白电,通过引入"人单合一双赢"模式,使团队从原来的"唯尊是从"变为"唯用户是从"。日本企业里根深蒂固的年功序列制被打破,谁能为用户创造更大价值,自身就能得到更大价值。一位年仅35岁的日本员工表现出了为用户创造更大价值的能力,破格当上了部长。这在论资排辈的日本企业中是不可想象的。"人单合一双赢"模式的推进,由此形成的机会公平、结果公平的文化氛围大大激发了日本员工的创新活力,海尔并购当年即止亏。

很多著名管理专家、商学院也都在跟踪研究海尔"人单合一双赢"模式。世界一流的战略大师、《管理大未来》的作者加里·哈默表示:目前在全球范围内,进行类似管理革新的企业本来就不多,取得成功的则还没有。海尔推进的自主经营体创新是超前的,相信一定会取得成功。西班牙IESE商学院把海尔"人单合一跨文化融合"案例纳入案例库用于教学研究。2023年9月16日,第七届人单合一模式引领论坛在青岛举行,大会吸引了体验经济创始人约瑟夫·派恩,MLab管理实验室创始人、伦敦商学院客座教授加里·哈默等全球管理界大咖以及数百位专家、学者、企业家齐聚一堂,分享全球管理创新的前沿观点和实践探索,共襄生态经济时代管理创新之道。这一切都证明了海尔"人单合一双赢"模式是为适应互联网时代挑战而进行的创新,它兼具时代性和国际性,是国际权威认可的方向。

资料来源:张余华.面向客户需求的大规模定制策略[M].北京:清华大学出版社,2010: 157-175。改编人:曹琳君。

讨论题

1. 模块化设计的策略都需要怎样的技术支持,与原来的设计方式相比有什么优势?

2. 请尝试分析海尔生产策略的改变,其组织结构发生了哪些相应的变化?

3. 海尔在互联网时代的模式创新,相对于传统的组织模式发生了哪些变化,具有哪些优势?

第五章
CHAPTER 5

数字化技术与组织设计

§ **学习目标**

- 了解数字化技术的构成与应用
- 理解数字化转型的内涵与影响
- 掌握基于数字化转型的组织设计原理

§ **核心概念**

人工智能 大数据 物联网 云计算 数字化技术 数字化转型

§ **引例**

娃哈哈集团的数字化旅程

娃哈哈集团（以下简称"娃哈哈"）成立于1987年，总部位于杭州，现已成为中国最大的食品和饮料制造商。根据《数字中国建设与发展报告（2018）》，浙江的"产业数字化"指数达18.66，居全国第一。2018年，杭州提出建设中国第一个数字经济城市，成为数字中国建设的先行者。在强劲的数字经济氛围中，娃哈哈积极推动企业数字化和生产管理智能化。娃哈哈提出，企业应该实现数据和框架的并行性，将分散的、无法直接获取的数据通过建立动态模式进行结构化，从构建数据层开始，到构建逻辑层，再到构建接口层，将数据转换到企业办公。所需要的知识将继续构建决策层，最终实现数据驱动的企业决策。娃哈哈的数字化实践可以分为3个部分：企业管理信息化、生产智能化、营销数字化。

1. 企业管理信息化

娃哈哈通过让消费者参与到饮料的开发和生产过程中的方式来收集消费者数据，并对消费者数据进行分析，将其转化为能够反映消费者需求的信息。在消费者数据的驱动下，娃哈哈可以实现规模化、标准化生产向个性化、定制化、柔性生产的动态转型。同时，娃哈哈高层管理团队利用娃哈哈近十年积累的客户大数据，挖掘数据的价值，从而准确分析客户行为，动态调整企业决策。

2. 生产智能化

2016 年，娃哈哈成立数字智能饮料工厂，开展高端数字仿真设计，打破单机设备的信息孤岛，实现了整个生产数据线的互联互通，拓宽了生产信息获取的深度和宽度，并使企业的生产可以动态调节，最终实现柔性生产。IT 部门建立了多模块的知识信息管理系统和内部知识交易系统，鼓励员工分享信息、应用信息，控制信息隐藏行为。2018 年，娃哈哈与西门子合作打造数字化生产，专注于食品饮料行业的智能制造，共享设计软件、程序、原装元器件等数据。

3. 营销数字化

2020 年，全球疫情初期给娃哈哈造成了数亿元的损失，传统线下经销商的推广因疫情冲击而取消，公司开始全力拓展线上营销渠道。娃哈哈时任董事长宗庆后及高层管理团队经历了从"抵制"电子商务到"拥抱"电子商务的认知转变。他们从最初对电子商务破坏价格体系表示不满，到现在主张线上线下渠道相互依存，大力打造线上销售渠道。

宗庆后提出，未来娃哈哈将深化数字技术的应用，向全面数字化、智能化迈进。公司加大了从互联网企业引进人才的力度，推动企业数字化、运营智能化，通过培训等措施加强员工数字化意识、数字化技能和共享信息的素质。同时，娃哈哈的研发部门建立了内部的知识交易系统，通过发放积分和奖励来促进企业核心信息的共享，减少和消除信息隐藏行为，提高企业的运营效率。

资料来源：Chen Y, Luo H, Chen J, Guo Y. Building data-driven dynamic capabilities to arrest knowledge hiding: A knowledge management perspective[J]. Journal of Business Research, 2022, 139: 1138-1154. Wamba S F, Gunasekaran A, Akter S, Ren S J F, Dubey R, Childe S J. Big data analytics and firm performance: Effects of dynamic capabilities[J]. Journal of Business Research, 2017, 70: 356-365。改编人：曹琳君。

第一节　数字化技术

人工智能、区块链、云计算、物联网等数字技术的发展从根本上改变了产品、服务、运营和商业模式，数字技术正在重新定义组织的运行方式。

一、数字时代的到来

数字时代，也被称为信息时代，是一个历史时期，从 20 世纪 60 年代计算机的出现开始，一直持续到今天，其特点是电子处理和信息共享的快速增长。数字时代是由四种技术促成的，即计算机硬件、软件应用、互联网和移动通信以及人工智能（Artificial Intelligence，AI），它们的迅速采用导致了人与人之间互动方式的全面改变。这些技术极大地降低了搜索、分析、储存和分享信息的成本。根据全球移动通信系统协会（GSMA）2023 年发布的《亚太地区的数字社会：利用新兴技术推动数字国家发展》的报告显示，目前亚太地区 96% 的人口被移动宽带网络覆盖。

数字时代促成了与它所取代的工业时代截然不同的商业格局的出现，很大程度上是因为

"信息的经济原则"。特别是，这些原则表明，虽然生产信息的固定成本可能很高，但使用信息的成本可能要低得多，分享信息的边际成本可能很低，而且在不断下降。这就有力地刺激了人们通过利用网络的外部性来获取市场份额。许多关于竞争战略的传统思考是建立在寡头竞争的假设之上的，但数字市场往往有很强的网络效应，因此会出现"赢家通吃"的情况。因此，它们涉及竞争者和监管者的一系列不同反应。

此外，通过信息技术投资实现的运营效率的极大提高，并没有在所有公司中得到一致的实现。"天生数字化"的公司通常比使用传统物理基础设施的公司效率高一个数量级。因此每当新的革命性技术出现时，谁先拥抱新技术，谁就赢得发展先机。例如，亚马逊已经从JCPenney和Macy's等实体零售商转向在线销售。事实上，今天的独角兽公司几乎没有一家不使用数据或某种形式的数字技术而生存，这些数字技术支持基于这些资源而非传统固定资源的大量商业模式。

信息产品的高固定成本和低边际成本也影响了产业结构。一方面是基础设施供应商的集中，如云计算和光纤主干网；另一方面是利用这一基础设施的公司激增。例如，为智能手机和计算机提供应用程序。这种高固定/低可变成本的结构，加上网络效应，形成了市场竞争的结果，并似乎奖励了市场中的先行者和先发制人的战略实施者。然而，对网络效应更为深入的理解是，只有在存在高转换成本、同质消费者和用户无法同时使用多个平台的情况下，才会出现"赢家通吃"的情况。值得注意的是，这些条件并不总是得到满足，例如，MySpace输给Facebook[一]的情况就是如此。

更为普遍的是，数字世界中的相关参与者成为互补者，因为他们的产品或服务增加了另一家公司的价值或需求。在这种市场结构中，参与者之间的互动引入了"合作竞争"的悖论，因为企业相互合作以增加蛋糕的规模，但在蛋糕的规模上进行竞争。例如，标准之间的竞争使得一组企业相互竞争，并使其战略相互依赖，如同建立一个生态系统，这是传统战略"定位"所无法考虑到的方式。

数字时代对B2C市场的影响非常明显，在B2B市场的幕后，也发生了相当程度的变化。例如，制造业企业现在在其工厂中使用了无数的传感器和数字控制器，实现了许多任务的自动化，并对机器进行预测性维护，在没有任何人工干预的情况下持续改善其性能。工厂的数字孪生模型已经存在，在与3D打印等新型物理技术的交互中进一步提高了生产力。结合机器学习和人工智能，数字化现在允许机器在国际象棋和围棋游戏中击败人类玩家，并提高各种活动的效率。

总之，数字技术导致企业以及行业和市场的性质发生了巨大的变化。数字时代的这些变化影响了多业务公司如何获得企业（竞争）优势，并通过企业战略增加价值。事实上，数字革命经常被引用的（经济）后果之一是，以市值计算的最有价值的公司名单发生了"动荡"。1980年，只有两家"科技"公司，即IBM和AT&T，它们与通用电气、埃克森美孚和一系列其他工业公司一起，跻身于十大最有价值的公司。2021年3月31日，前十名名单中有七家数字公司，即苹果、微软、亚马逊、Alphabet、Facebook、腾讯和阿里巴巴，前四家的市值都超过了1万亿美元。

㊀ 2021年10月更名为Meta。

在向数字时代过渡的同时，其他"革命"也在发生，包括远离碳氢化合物的能源转型、生物科学和遗传学的快速转型以及由此产生的市场融合。数字技术与纳米科学等领域的发展相互作用，增强了其影响力。此外，物理通信的数量、范围、速率和成本在数字通信之前经历了巨大的改进。例如，在集装箱化以来的50年里，运输成本占货物运输价值的比例几乎减半。因此，我们今天观察到的变化和好处并不完全是数字化造成的，是因为在过去的几十年里，物理和虚拟交互的成本与数量都发生了指数级的变化。

数字化转型源自云计算、大数据、物联网和人工智能等数字化新技术的交叉、融合，在组织领域的全面应用中，它是利用数字化技术和先进分析手段提升经济价值、企业敏捷度和行动力的重要方式。有人把数字化转型与"第四次工业革命"联系起来，前几次工业革命的标志是创新技术（分别是蒸汽机、电力、计算机和互联网）的大规模采用和在生态系统中的广泛分布。如今人类正在接近一个类似的引爆点，即云计算、大数据、物联网和人工智能聚合形成的网络效应，催生指数级的巨大变革。㊀第一次工业革命使人类掌握了机械力量，第三次工业革命使人类掌握了电子力量，在数字化转型时代，人类将掌握思维力量。

知识栏

地方政府领导力之光：数字时代下的信息化建设与数字转型

数字时代的到来为地方政府提供了巨大的发展机遇。在这个背景下，领导者的前瞻性战略和创新理念对于地方信息化建设起着至关重要的作用。早在2000年，时任福建省省长的习近平同志就提出了建设"数字福建"的战略部署，明智地设立了"数字化、网络化、可视化、智慧化"的奋斗目标。这一战略成为福建信息化建设的思想源头和实践起点。

福建政务信息网在两年后正式开通，推动着福建数字政府建设蓬勃发展。这个案例生动展示了数字时代背景下，地方政府如何通过信息技术的投资和战略规划迅速实现数字化转型并提升政务效能。

2003年，时任浙江省委书记的习近平同志提出以信息化带动工业化、以工业化促进信息化的理念，加速"数字浙江"建设，使浙江成为全国数字经济发展的试验田和领头羊。这不仅是一次地方经济发展的创新尝试，更是对数字经济时代变革的积极响应。

在全国范围内率先提出的"最多跑一次"改革以政府数字化转型为支撑，如今已经成为浙江改革的代名词和金名片。这一实践经验被广泛运用于全国各地，为其他地方政府提供了成功的参考。这说明数字时代的发展不仅仅需要科技创新的驱动，更需要领导者在战略制定和政策实施上的领导力。

综合而言，这两个地方政府的案例充分展示了在数字时代，通过前瞻性的战略规划和积极的政府数字化转型，使得地方政府能够在信息化建设中赢得先机，推动本地经济蓬勃发展。

资料来源：林晶晶.习近平关于数字治理重要论述在社会治理中的实践价值[J].福州党校学报，2023(02): 53-59。

改编人：晋禾。

㊀ 西贝尔.认识数字化转型[M].毕崇毅，译.北京：机械工业出版社，2021：20.

|视野拓展 5-1|

数字化时代到来,你准备好了吗

人类已经进入数字化时代,根据世界经济论坛的数据,2019 年全球数字化学习科技投资达 186.6 亿美元。在全世界蔓延的疫情则加速推动了世界各国的数字化教育和学习。根据世界经济论坛的报告,到 2025 年,在线数字化教育的整体市场预计将达到 3 500 亿美元。疫情以来,许多人增加了对在线学习软件及在线应用程序的需求(如 Coursera),在线辅导,语言应用程序,视频会议工具(如 zoom 和谷歌会议)。许多虚拟教育平台,例如 Byjus,已经为学生提供免费访问服务,以满足他们的高需求。其他一些平台,如新加坡的 Lark,已经加强了全球基础设施,为教师和学生提供一站式设施服务,以获得有效的数字化学习体验。不仅如此,新加坡政府通过"技能未来"(Skills Future)等项目投入巨资,让国民为数字经济做好准备。政府给所有 25 岁及以上的新加坡人 500 新元,帮助他们发展新技能。目前还提供同样数额的额外一次性信贷,支持 40~60 岁的公民在职业生涯中期转型。

同样,新加坡高等院校正在各领域展开数字化教学。我们来看几个案例。

1. S. P. 贾恩全球管理学院

图 5-1 是新加坡 S. P. Jain 全球管理学院(SP Jain School of Global Management)的 CJ Meadows 博士正在教授一门虚拟课程,她的学生可以从世界上任何一个地方登陆。S. P. Jain 全球管理学院应新加坡政府的邀请,与新加坡工商管理学院(INSEAD)和芝加哥大学布斯商学院(University of Chicago Booth School of Business)一起在新加坡建立了一个校区。该学院的本科生在新加坡、孟买、迪拜和悉尼的不同校区学习,并获得由澳大利亚学校颁发的学位证书。作为数字化努力的一部分,这所学校在新加坡开设课程,专业人士可以从世界上任何地方登录,与教职人员互动,并与学校云系统中的同学协作和共享文件。院长尼蒂什·贾恩(Nitish Jain)说:"我们在四个国家运营,但到目前为止,我们从新加坡政府获得的支持一直是排第一的。""自疫情暴发以来,我们的 EMBA 在线课程增长了六倍。"贾恩提到了来自越南、印度尼西亚、印度、澳大利亚、欧洲和美国的学生。"无须旅行,无须隔离,什么都不用。"

图 5-1　CJ Meadows 博士教授虚拟课程

2. 新加坡国立大学医学院

图5-2为新加坡国立大学医学院使用一种名为Pass-IT的虚拟现实设备来为三年级学生接受手术期护理培训提供科技支持，受疫情影响，他们不能陪伴医生到患者的床边。

图5-2　学生使用Pass-IT虚拟现实设备

为满足数字化时代的需求，新加坡国立大学为工程本科生提供了三个新的专业，即物联网、机器人和数字化城市基础设施。在教学方面，学校增加了例如游戏化教学、翻转课堂等采用数码科技的在线课程模式，也使用通过计算机图形和技术创建的增强现实和使用计算机技术创建一个模拟的、交互式的三维环境（虚拟现实）来学习。

3. 南洋理工大学

图5-3为新加坡南洋理工大学李光前医学院的医学本科生正在上解剖学课。该大学在疫情前就已使用数字化教学技术，学生可以扫描患病器官的存储条形码，也可以用3D打印机打印带有彩色代码的器官。南洋理工大学同时还使用人工智能来追踪学生的学习进度，它使学校能够为能力较弱的学生量身定制补习课程，并帮助他们学习。

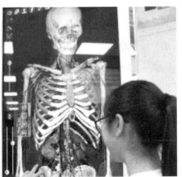

图5-3　医学本科生上解剖学课

此外，该学院开发了一个提供虚拟课程的平台。该学院正在研究技术对社会、人工智能和伦理的影响。它还在与人工智能平台IBM Watson合作，开发一种虚拟导师，帮助医学院进行数字学习。人工智能带给学生的最重要的好处之一是自适应学习。通过人工智能，自适应学习具备以下几个优点。

（1）自动分级，准确、及时。在传统的学术机构中，老师的大部分时间都花在给学生布置作业和课堂作业评分上。一个老师面对许多不同学术级别的学生，往往力不从心。那么如何解决老师时间不足的问题呢？通过 AI 和 ML 算法的自动评分，老师可以更好地利用时间。这将允许老师有效地教授他们的学生，也将确保基于学生表现的公平评分。

（2）人工智能的异步学习。数以百万计的学生在家学习，有时学生很难在同一时间参加同步课程。然而，与传统的课堂学习不同，在线学习允许学生重复阅读、跳过或按照自己的节奏学习。人工智能技术可用于为无法参加或跟随老师现场授课的学生提供个性化的指导。像 Amira 这样的人工智能软件正在帮助学生从传统的课堂学习过渡到远程学习，以提高他们的技能。TechKit 是另一个通过个性化学习保障来促进学生在线技能和职业发展的平台。

（3）使用 AI 进行性能跟踪。自适应学习技术可以广泛地跟踪学生的表现。不能在网络课堂上赶上进度的学生也有公平的学习和成长机会。最重要的是，他们可以适应地参与与课程相关的扩展学习，直到他们做好了前进的准备。讲课和教学材料之间的间断经常让学生感到困惑。解决这个问题的最好办法就是以聊天机器人的形式进行个性化的反馈驱动对话。学习过程是连续的，学生可以调节自己的学习模式。

（4）学习聪明的内容。现在，书本对学生来说似乎过时了。但是，如果这些书以抽认卡、练习测试、自我评估、模拟游戏和互动总结的形式呈现给学生，结果会怎样呢？发布智能内容是一项艰巨的工作。然而，人工智能的界面使其简单有效。例如，Facts101 致力于促进学生"高效学习"。到目前为止，已经有许多创造性的方法被用来向跨大陆的学生传授理论教育。人工智能正在继续快速发展，在未来几年将更具竞争力。

数字化时代，在线教学和人工智能都无法取代教师的职位，但是教师可以利用在线教学和人工智能，帮助自己的职业获得更多、更大的成功。

资料来源：新加坡高等教育最新报道，融入人工智能的自适应学习以及数字化时代教学。改编人：李思嘉。

二、云计算

云是网络、互联网的一种比喻说法，是指接受服务的对象，不管何时何地，都能享受云计算提供的服务。云计算是一种全新的、能让人们方便快捷地使用远程计算资源的模式。计算资源所在地称为"云端"（云基础设施），输入/输出设备称为云终端，两者通过计算机网络连接。云终端与云端之间是标准的 C/S 模式，即客户端/服务器模式，客户端通过网络向云端发送请求消息，云端计算处理后返回结果。

1. 云计算的特征、服务模式与类型

云计算的可视化模型，如图 5-4 所示。

（1）云计算的 5 个基本特征：一是自助服务，消费者不需要或很少需要云服务提供商的协助，就可以单方面按需获取并使用云端的计算资源；二是广泛的网络访问，消费者可以随时随地地使用任何云终端设备接入网络并使用云端的计算资源；三是资源池化，云服务提供商可以通过多用户模式同时服务多个用户，根据每个用户的需求对资源池中的物理和虚拟资源进行动态分配和调整，从而降低所有用户的资源使用成本；四是快速弹性，随着用户需求的增长或下降，云端资源可以快速自动地实现无缝供给和调整；五是计费服务，消费者要付费使用云端的计算资源。

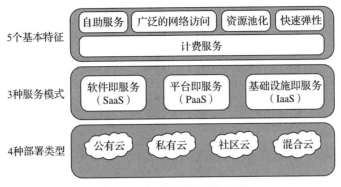

图 5-4　云计算的可视化模型

（2）云计算的 4 种部署类型：

①公有云，云端资源开放给社会公众使用；②私有云，云端资源只给一个单位组织内的用户使用；③社区云，云端资源专门给固定的几个单位内的用户使用，而这些单位对云端具有相同的诉求；④混合云，由两个或两个以上不同类型的云（公有云、私有云、社区云）组成，它们各自独立，但用标准的或专有的技术将它们组合起来，而这些技术能实现云之间的数据和应用程序的平滑流转。

（3）云计算的 3 种服务模式。第一，软件即服务（Software as a Service，SaaS），在云设施基础上（包括公有云和私有云）运行的软件应用程序，用户可以通过网页浏览器在互联网上访问这些程序。SaaS 模式出现之前，组织必须在本地硬件上安装运行有授权许可的软件程序，自行管理服务器的可用性、安全性、兼容备份、软件补丁和系统升级操作。但大多数组织机构并不具备专业的软硬件维护技能。通过 SaaS 模式由云服务提供商来解决这些问题，相关组织只需支付服务费用，大幅度降低了信息技术成本和需求。第二，平台即服务（Platform as a Service，PaaS），帮助用户在云端开发、测试和部署应用程序。平台负责管理底层硬件、操作系统、运行环境、可用线路、升级性、系统备份以及数据库等相关需求。第三，基础设施即服务（Infrastructure as a Service，IaaS），涵盖了可以从云端根据用户需求提供的硬件基础设施（如计算、存储网络资源）。云服务提供商负责提供硬件设施，满足用户对其虚拟主机的访问。在访问过程中，用户可控制云端的操作系统、虚拟磁盘镜像以及 IP 地址等。

2. 云计算在组织中的应用

与传统的以计算机为主的办公环境相比，办公云具备以下特征：建设成本和使用成本低，维护更容易，云终端是纯硬件产品，数据集中存放云端更容易保全企业的知识产权，能实现移动办公。

ERP（企业资源计划）、CRM（客户关系管理）、SCM（供应链管理）等企业应用软件是现代企业的必备软件，但由于价格昂贵、实施困难、运维复杂、二次开发难度大，经过云化后部署于云端，企业按需租用，价格低廉，解决了企业面临的难题。

数据存储云以数据块或文件的形式通过在线或离线手段存储企业的各种加密或解密的业务数据，并建立数据回溯机制，可以规避因事故导致的企业数据丢失或泄密。

高性能计算云可以应用于组织新产品开发、场景模拟、工艺改进等往往涉及模拟实验、数学建模等需要大量计算的项目，可以加快产品迭代的步伐。

电子商务云可以覆盖尽量长的产业链，打通上下游企业的信息通路，整合产业链条资源，降低交易成本。

云计算在社会治理中也有着广泛的应用前景，如医疗云、公民档案云、卫生保健云、教育云、交通云、出行云、购物云、农业农村云、高性能技术云、人工智能云等。

| 视野拓展 5-2 |

云计算的 5 大应用场景

云计算使企业主可以快速部署最新的技术、使用最新的软件、获得专家支持，而无须承担昂贵的成本支出。从以下云计算在 5 大场景的应用方式中，可以更直观地理解云计算带来的变革。

1. 电子邮箱

作为最流行的通信服务，电子邮箱的不断演变，为人们提供了更快和更可靠的交流方式。传统的电子邮箱使用物理内存来存储通信数据，而云计算使得电子邮箱可以使用云端的资源来检查和发送邮件，用户可以在任何地点、任何设备和任何时间访问自己的邮件，企业可以使用云技术让它们的邮箱服务系统变得更加稳固。

2. 数据存储

云计算的出现，使本地存储变得不再必需。用户可以将所需要的文件、数据存储在互联网上的某个地方，以便随时随地访问。来自云服务提供商的各种在线存储服务，将会为用户提供广泛的产品选择和独有的安全保障，使其能够在免费和专属方案之间自由选择。

3. 商务合作

共享式的商务合作模式使得企业可以无视消耗大量时间和资金的系统设备和软件，只需接入云端的应用，便可以邀请伙伴展开相应业务，这种类似于即时通信的应用，一般都会为用户提供特定的工作环境，协作时长可以从几个小时到几个月不等。总之，一切为用户需求而打造。

4. 虚拟办公

对云计算来说，最常见的应用场景可能就是让企业主"租"服务而不是"买"软件来开展业务部署。除了 Google Docs 这一受欢迎的虚拟办公系统，还有很多其他解决方案，如 Thinkfree 和微软 Office Live 等。使用虚拟办公应用的主要好处是，它不会因为"个头太大"而导致你的设备"超载"，它将企业的关注点集中在企业业务上，通过改进的可访问性，为轻量办公提供保障。

5. 业务扩展

当企业需要进行业务拓展时，云计算的独特好处便显现出来了。基于云计算的解决方案，可以使企业以较低的额外成本获得计算能力的弹性提升。大部分云服务提供商都可以满足用户的定制化需求，企业完全可以根据现有业务容量来决定所需要投资的计算成本，而无须对未来的扩张有所顾虑。

资料来源：西贝尔.认识数字化转型[M].毕崇毅，译.北京：机械工业出版社，2021.

三、大数据

大数据是推动数字化转型的第二项重要技术。所谓大数据（Big Data），或称巨量资料，指的是所涉及的资料量规模巨大到无法通过主流软件工具，在合理时间内达到撷取、管理、处理并整理成为帮助企业经营决策更积极目的的资讯。大数据的说法最早出现在21世纪初的天文学和基因学等领域，这些领域生成了大量数据集，使用传统中央处理式计算架构（纵向扩展架构）根本不可能实现成本低廉且高效的处理。大数据作为术语首次出现在1997年10月美国电气和电子工程师协会第八届可视化会议论文集上的一篇文章中[一]，美国航空航天局研究人员迈克尔·考克斯（Michael Cox）和大卫·埃尔斯沃斯（David Esworth）作为作者称："可视化会为计算机系统带来新的挑战。由于需要处理的数据集较大，系统的内存、本地磁盘和远程磁盘性能会受到严重影响。我们把这一现象称为大数据问题。"2001年，META集团的分析员道格·拉尼（Douglas Laney）为大数据总结了三种描述特征，即容量（以字节、GB、EB等单位衡量的数据集大小）、速度（以每秒字节数、每秒信息数或每日生成新数据字段数为单位衡量的数据访问或交换的速度）和类型（包括数据种类、格式、存储方式、表现机制等）。

1. 大数据的特征

未来大数据将会沿着容量、速度和类型这三个维度继续发展进化，这一趋势不仅需要技术专家和数据专家的重视，更需要高管层的重视，以掌握这些维度如何为组织创造价值。

（1）容量（Volume），即数据的大小，决定所考虑的数据的价值和潜在的信息。在过去的25年中，全球生成的数据量出现几何级增长。从1997年的每天2.5TB（2.5×10^{12}字节）增长到2018年的每天2.5EB（2.5×10^{18}字节），未来这一增长速度只会继续加快。目前，各组织机构每天都要访问日益增长的来自内部和外部的大量数据。这一趋势为人工智能应用奠定了基础，海量数据可以帮助人工智能发现新的模式，做出更好的行为预测。

（2）速度（Velocity），即获得数据的速度，随着物联网设备的大量出现，数据正在以越来越快的速度生成。正如大量数据可以改善人工智能算法，高频率的数据生成也可以改善人工智能的性能表现。

（3）类型（Variety），即数据类型的多样性，当今时代的数据呈现出各种不同的形式，如图像、视频、遥测信号、人类语音、手写内容、短信息、网络图形、电子邮件、文本消息、推文、网页评论、呼叫中心电话、企业网站上共享的反馈信息等。数据可以分为两类：结构化数据和非结构化数据。结构化数据包括序列、列表和记录，可以利用关系数据库和电子表格等传统工具进行有效的管理。非结构化数据（未预定义的数据模型）包括结构化以外的所有类型，如文本、图书、笔记、发言、电子邮件、音频、图像、社交内容、视频等。在全球数据样式

[一] Press G. A very short history of big data[J]. Forbes Tech Magazine, 2013 May, 9.

中,绝大部分(占70%～90%)都是非结构化数据。○

2. 大数据在组织中的应用

大数据技术的战略意义不在于掌握庞大的数据信息,而在于对这些有意义的数据进行专业化处理。换言之,如果把大数据比作一种产业,那么这种产业实现盈利的关键在于提高对数据的"加工能力",通过"加工"实现数据的"增值"。组织可以把来自任何渠道的不同数据格式汇集在一起,利用人工智能从中挖掘价值。

组织通过利用各种技术获取和存储数据,强化现有组织系统。以保险公司为例,它可以和矿山等企业合作,在工作场所安装摄像头或传感器来探测可能出现的异常物理移动,从而预测矿工的受伤状况以及避免索赔纠纷。

组织通过整合外部数据、改善内部数据质量,推动有价值的数据关联。零售商在规划新店开发时可能会发现住房建设数据有很大帮助,市政电力公司在架设电网时可能会发现电缆途经路线发生闪电次数的数据很有价值。在使用这些数据方面,数据专家往往会极富创意。例如杜克能源电力公司在利用机器学习模型分析建筑用电量时,参考了OpenTable和Yelp等大众点评网站的餐厅评论信息和经营时间数据。这些数据提高了模型的分析能力,例如若发现一些已经关门的餐厅存在电力消费异常高的情况,则表明可能出现了盗用电力的问题。

在组织大力探索来自内部和外部的数据来源,利用人工智能分析集成数据集创造新价值等方面,大数据技术无疑为人类打开了大门。

3. 大数据技术与云计算

大数据分析背景离不开支撑其数据中心部署和运营的虚拟化技术、数据挖掘技术、大规模并行处理数据库、分布式文件系统、数据库和可扩展的存储系统等关键的技术。大数据相关关键技术的战略意义不仅在于收集、掌握海量的数据信息,更在于通过对海量数据的过滤、筛选,进行专业化加工与精确分析处理,提升数据的增值与服务能力,进而上升为信息、知识、用于指导科学的决策。大数据和云计算可以说是一枚硬币的两面,大数据分析常与云计算联系在一起,只靠一台设备对海量的数据进行收集、整理、统计、汇总、处理、分析,在短期内很难实现,于是就有了将大量的数据分成不同的小份,每台机器处理其中一小份,多台机器同时并行处理的分布式计算的方法,这就是大数据的分析技术。可是随着整个社会存储的数据量越来越大,很多规模小或资金实力不足的组织不可能拥有这么多的机器设备资源去处理海量的数据,或者如果自身购置大量的机器设备资源一次用完后又会导致大量资源长时间闲置,此时就可以用到云计算。大数据分析依赖于云计算提供的服务,云计算也依赖于大数据的分布式计算方法与技术。

四、人工智能

近年来,人工智能和机器人科学已经渗透到不同的行业。人工智能可以被定义为使用计算机进行感知和智力过程的实验和理论研究,并让计算机以目前只有人类才可能的方式去感知、理解和行动。

○ 西贝尔. 认识数字化转型 [M]. 毕崇毅, 译. 北京:机械工业出版社, 2021: 34-55.

1. 人工智能及其算法

1956年夏，麦卡锡、明斯基等科学家在美国达特茅斯学院开会研讨"如何用机器模拟人的智能"，首次提出了"人工智能"这一概念，标志着人工智能学科的诞生。人工智能是研究开发能够模拟、延伸和扩展人类智能的理论、方法、技术及应用系统的一门新的技术科学，研究目的是促使智能机器会听（语音识别、机器翻译等）、会看（图像识别、文字识别等）、会说（语音合成、人机对话等）、会思考（人机对弈、定理证明等）、会学习（机器学习、知识表示等）、会行动（机器人、自动驾驶汽车等）。

逻辑型算法是传统计算机科学的核心，即把一系列逻辑化的步骤或流程转化为机器可理解的指令，机器按照这些指令有效解决相关问题。传统的逻辑型算法思维强大，可以解决多领域的计算机科学问题，如数据管理、网络搜索等。但在处理对人类来说轻而易举的任务时却不那么有效，如讲话、阅读和编写文本信息、识别照片中的人、理解语音等，这些对传统逻辑型算法来说是极其困难的。多年来，这些问题一直困扰着机器人、车辆自动驾驶、医学等领域的智能化发展。人工智能算法与逻辑型算法完全不同，例如，对于如何识别相片中的小狗，按照逻辑型算法要开发一套复杂的程序识别方法，对小狗的所有特征变量进行编码和参数化，如体型、种类、颜色，以及它们在图片中的方向和位置。而人工智能算法的原理不是编写执行某一项任务的计算机程序，而是设计一个直接利用数据学习经验的程序，即不用编写直接的指令去识别小狗，而是利用大量含有小狗的各种图片来培养人工智能算法，帮助计算机程序像人类那样做出正确识别。

2. 人工智能的驱动因素

进入21世纪，人工智能领域有三大推动力推动着它广泛应用在经济社会中，深刻地改变组织的商业模式与转换过程。

（1）摩尔定律出现。摩尔定律是英特尔（Intel）名誉董事长戈登·摩尔（Gordon Moore）经过长期观察总结的经验，被称为计算机第一定律，是指集成电路上可容纳的晶体管数目，约每隔18个月便会增加一倍，性能也将提升一倍，它在一定程度上揭示了信息技术进步的速度。摩尔定律的出现带来计算机性能的突飞猛进。计算机行业见证了处理性能的极大提升，计算机外形尺寸的逐步优化（从大型机、小型机、个人电脑、笔记本一直到移动设备的出现），以及计算成本的稳定下降。

（2）伴随互联网高速发展而产生的海量数据。谷歌、亚马逊等互联网巨头公司积累了数百万甚至数十亿消费者的数据，这些数据来自用户的搜索查询、点击、购买选择以及娱乐喜好等。这些公司需要先进的技术去处理和解释海量数据，并利用技术改善其产品和服务。人工智能技术可以直接满足这些公司的需求。云计算的出现，让计算资源在互联网上得到无处不在的应用。如公有云可提供价格低廉的计算资源，帮助公司实现弹性应用和横向扩展。云计算时代的组织可以随时随地地使用各种网上的计算资源。

（3）人工智能领域取得数学概念上的突破。随着上述技术的应用，人工智能领域在20世纪90年代到21世纪初取得了数学概念上的突破，其中机器学习（统计学习）是人工智能领域出现的一项重要突破。机器学习用数学方式把复杂的非线性问题转换成线性规划问题，然后利用云端强大的计算能力解决。从业者快速解决了各种问题，构造了一系列高级算法技术，机器学习能力也随之增强。机器学习的早期应用案例包括谷歌、亚马逊、Facebook、雅虎等公司面向顾客的应用程序。这些公司的机器学习工作者利用其技能改善搜索引擎的搜索结果、广告位置和点击率，以及产品服务的高级推荐系统。进入 21 世纪后，机器学习开始进入其他行业。金融服务业和零售业是最早采用机器学习技术的两个行业，交易处理和电子商务带来的大量数据是推动金融服务业采用机器学习技术的主要原因，应用案例包括识别新信用卡欺诈等。零售业使用机器学习技术是为了顺应电子商务的快速发展，以及满足与亚马逊竞争的需要。

3. 深度学习与人工智能的组织应用

进入 21 世纪后，另一种人工智能技术开始快速发展，这就是神经网络技术，也称深度学习技术。这种技术使用复杂的数学方法，利用大样本数据进行学习并做出判断。2009 年前后，随着计算机硬件的改善以及大量数据处理能力的提升，深度学习技术的发展开始提速。尤其值得一提的是，研究人员开始使用功能强大的图形处理器训练深度学习神经网络技术，这种训练方式要比以前的速度快 100 倍。这项技术突破使神经网络的商业化应用成为现实，应用这项技术的行业包括金融服务业（如识别欺诈活动、信用分析评分、贷款审核处理、交易优化等）、医疗保健业（如医学影像诊断、自动化药物分析、病情预测、制定骨科诊疗方案、预防医学等）、制造业（如库存优化、预见性维护、质量保障等）、油气开发业（预测油田油井产量、油井产量优化、预见性维护等）、能源服务业（如智能电网优化、收入保护等）和公共安全领域（如威胁预测等）。

若想成功应用人工智能技术，组织机构需要具备管理大数据的新技术和业务能力以及数据科学和机器学习领域的新技能。正如互联网推动组织改变业务流程一样，人工智能也会产生类似的甚至影响范围更大的变革推动力。组织机构必须让员工适应和接受人工智能系统做出的判断，并对人工智能系统的判断做出反馈。这一过程可能会充满困难，例如，长期以来习惯于传统工作方式的设备维护员工往往会抵制人工智能算法提出的建议或行动方案。因此，利用人工智能获得商业价值需要企业管理者和一线员工拥有坚定的管理能力和灵活的思维方式。

五、物联网

物联网（Internet of Things，IoT）是指通过信息传感器、射频识别技术、全球定位系统、红外感应器、激光扫描器等各种装置与技术，实时采集任何需要监控、连接、互动的物体或过程，采集声、光、热、电、力学、化学、生物、位置等各种需要的信息，通过各类可能的网络接入，实现物与物、物与人的泛在连接，实现对物品和过程的智能化感知、识别和管理。物联网可以让我们通过高速网络低成本地连接高速芯片和内嵌式传感器。智能型互联产品和高速发展的互联网是物联网存在的基础。物联网和人工智能的强强组合，必将在 21 世纪带来人类难以想象的巨大威力，帮助组织解决以前无法解决的重大难题。

1. 物联网技术解决方案

为了利用物联网技术，组织需要新技术栈来连接边际设备、物联网平台和组织。边际设备是包括可连接到网络的电器、传感器和网关等各种通信型设备的泛称。边际设备基础的功能是监控，对产品所在的位置、性能和状态提供可视化访问。边际设备可实现与组织互联，物联网平台是组织和边际设备之间的沟通桥梁（见图5-5）。物联网必须能够汇集、整理和规范化大量不同的实时运营数据，这种大规模的数据分析能力对于物联网应用至关重要，必须把来自不同信息系统的历史数据和运营数据集成到云端，形成统一的数据格式。目前最先进的物联网平台可用作组织应用的开发平台，具备快速开发可监控、控制和优化产品及业务部门的系统应用能力，可极大提升组织的生产力。

图5-5　物联网平台：边际设备与组织的互联

2.物联网的影响与价值创造

物联网为组织机构运营方式带来了重大改变。其驱动因素主要包括三个方面：第一，物联网系统生成的数据量是史无前例的；第二，物联网生成的数据有很大的价值；第三，梅特卡夫定律的作用，即网络的价值和网络成员数的平方成正比。

物联网会给组织带来三方面的根本性改变。

（1）物联网会改变决策方式，特别是数据驱动型决策将会全面登场，算法会成为决策的一部分甚至是全部。对需要进行每日决策的业务流程来说，这种情况会更为普遍。随着产品使用信息、设备维修数据和环境测量数据的大量反馈，问题会实时得到评估并立刻向操作者提供处理建议。这种决策方式既不依靠简单的经验，也不依靠运营专家的指导。专家只有在人工智能系统的判断出现偏差时才被需要。当偏差被纠正之后，系统可以从人类干预中学习经验，在未来出现类似情况时更好地解决问题。显然，这种决策方式无需大量员工，也不用人类过多干预，带来的商业效果还更好。简而言之，传感型价值网络可以推动基于事实的、人工智能驱动的预测型决策。

（2）物联网会改变企业执行业务流程的方式，带来更快捷、更准确和成本更低的决策。操作者不用再依靠个人直觉经验，也不用凭感觉行事，而是在事实的基础上根据算法的推荐展开行动。虽然员工能够推翻系统做出的判断和推荐，但这种情况通常极少发生。他们无须再关注操作细节，可以更多地关注如何提升企业的战略价值和竞争价值。

（3）物联网会改变市场中实现产品差异化的方式。我们将见证产品个性化定制的全新升级。先进的智能手机已经适应了机主的说话方式和输入方式，未来的智能恒温计可学习住户的温度设定偏好，自动调节温度。在医疗行业，智能葡萄糖检测仪可使用算法自动调整胰岛素泵的给药量，为患者带来福音。

数量不断增长、范围不断扩大的应用案例正在强化物联网的深刻影响。这些案例涉及技术栈的不同领域，从连接设备和服务的硬件产品到分析技术和应用程序，无所不包。从客户或终端用户的角度来看，物联网的真正价值源自服务、物联网分析和应用程序，技术栈的其他部分发挥的只是辅助作用，价值和增长潜力不大。最终，使用物联网技术的组织机构（工厂主、操作者、制造商等）随着时间的推移将会获取更大的潜在价值。对应用物联网解决方案的商业管理者来说，他们必须了解这些产品是怎样通过解决企业重大问题来为企业增值的。这些重大问题包括削减资产维护成本、优化库存、通过优化需求预测来增加收入，以及提升产品质量和客户满意度。

3. 物联网对组织模式的影响

物联网技术正在迫使组织评估新的战略决策。这些重要决策包括企业应开发哪些能力，在内部整合哪些功能，应当开发开放式系统还是专属系统，需要获取哪些类型的数据，怎样对数据进行管理，应当采取哪种商业模式，以及如何确定产品范围等，由此带来的组织结构的变化将是史无前例的。组织的新旧结构通常需要并行一段时间。为了更好地利用有限的人才资源及其经验，很多公司不得不采用混合或过渡型组织结构。一些企业会和软件公司以及经验丰富的咨询机构展开合作，为组织机构注入新的人才和改革思路。从事多种业务的组织，通常使用叠加式结构发挥物联网和人工智能技术的优势。可叠加的组织通常有以下几种形式。

（1）独立业务部门。这是一种分离式业务部门，自负盈亏，负责执行产品设计、发布、营销、销售、维护物联网产品和服务等企业战略。业务部门负责召集人才，整合新产品开发所需要的技术和资产。此类部门不受传统业务流程和组织结构的约束。

（2）优胜中心（Center of Excellence，CoE）。CoE 是对独立业务部门的补充，它也是一个分离式业务部门，负责汇集有关智能互联产品的关键知识和技能。这个部门没有利润盈亏责任，但它是其他部门都能利用的利用共享式服务成本中心。CoE 可结合数字化技术和转型战略的跨职能知识，指导物联网产品战略开发并为其他业务部门提供专家资源。

（3）跨业务部门执行委员会。这个机构负责召集各部门的意见领袖，以委员会的形式分享专业知识，推动部门协作，从而更好地利用新技术带来的发展机遇。这个机构通常在制定全面数字化转型战略方面发挥关键作用。物联网产品不但会改变未来组织竞争形式，而且会改变制造型组织本质、运行方式及组织形式。

| 视野拓展 5-3 |

物联网应用案例：Intermec 自动识别解决方案带来完美工作流程

1. 公司简介

ThyssenKrupp Budd 公司隶属于世界最大的汽车零部件供应商之一的德国 ThyssenKrupp 汽车公司。总部位于美国密歇根州特洛伊市，在北美地区经营30家工厂。ThyssenKrupp Budd 公司为100多种机动车设计并生产零部件，拥有11 000名员工，公司年收入超过25亿美元。

2. 挑战与应对

汽车制造商的研究表明，零部件运输环节的差错是导致装配线中断的主要原因。因此,汽车制造商经常告诫供应商,标签错误会带来严重的后果,甚至导致整条生产线停产。ThyssenKrupp Budd 公司在俄亥俄州北巴尔的摩工厂的不同厂区生产不同的零部件。两种外形相似但功能不同的零部件会在距离 50 英尺①的两个地方生产,因此将它们混合在一起的可能性很小。但是浇铸完毕之后这些零部件会与其他零部件一起被集中到喷漆生产线,涂上相同的颜色并焙干。这样大大增加了出现差错的可能性。

在运输环节准确运行之前,ThyssenKrupp Budd 公司就已经强烈意识到要保持这种准确性的重要性。因此,该公司选择了 Intermec 及其合作伙伴 ToolWorx 信息产品公司的技术方案来保证运输环节不出差错。Intermec 提供的先进 ITM[即数据自动采集(Identify)、物品追踪(Track)和物品管理(Manage)]解决方案在全球有广泛的应用。早年,Intermec 发明了世界上使用最广泛的 39 码条码技术。今天,作为全球领先的 ITM 的开发、生产和集成者,Intermec 的条码扫描器设备、MobileLANTM 无线局域网及广域网数据采集设备、Intellitag RFID andreg 在条码打印机与耗材领域早已声名鹊起,特别是在射频识别(RFID)领域,拥有众多关键专利技术的 Intermec 正在这一领域发挥着重要作用。现在,Intermec 在全球 70 个国家与数百家顶尖软件集成商达成了合作关系,建立了庞大的销售服务网络,为包括《财富》500 强中的 75% 和《财富》100 强中的 60% 的企业用户提供服务,帮助这些全球行业用户提高生产效率、改善产品质量、提高业务运作的快速反应程度。从供应链管理、企业资源计划到现场销售与服务,人们都会发现 Intermec 的身影。

ToolWorx 信息产品公司的销售与营销副总裁 Ed Weber 认为解决这一问题的方案十分简单。他认为,"如果在一开始就在第一个零部件上贴上正确的条码标签,那么此后的一切环节中都可对其进行准确的扫描和追踪。只要给零部件标上记号,防错和可追溯性都能够顺利实现"。

3. 工业扫描、打印、无线传输:Intermec 的解决方案

ToolWorx 信息产品公司将其软件安装在 Intermec 的 EasyCoder F4ci 条码打印机中,该打印机被称为 ToolWorx 可程序逻辑控制器(TWPLC)打印机。该款智能打印机自带一个工业界面板以及使用 Fingerprint 语言编程的内部计算机,完全淘汰了专门需要一台单独的个人电脑来驱动打印机的模式。在制造过程中,可程序逻辑控制器就是一台安装在零部件加工机器内部用来控制机器运行的小型计算机。TWPLC 打印机可直接插入零部件加工机器内部。在对每个零部件进行冲轧或铸模的过程中,加工机器就会向 TWPLC 打印机发送一个数字信号,而 TWPLC 打印机则可以通过程序获知与每个信号相对应的零部件编号,从而打印出与每一个零部件相匹配的条码标签。

Weber 评论道:"整个过程中没有个人电脑,没有键盘,也无须接入网络进入任何程序,更无须推测、估量。一切都由一台打印机完成,且该款打印机方便易携,工人们可以将打印机带到任何需要的地方,唯一的要求便是附近需要有一个 110 伏的电源插座以及与 PLC 的连接口。"当零部件一下生产线,工人便会在上面贴上刚刚打印出的标签。每一张标签都是根据零部件制造机器发送的命令语言单独制造的。每一个零部件被贴上正确的标签之后,这些新铸造的零部件便可以在整个工厂之间传送,不必担心与其他外形相似的零部件混合,因为它们的标

---

① 1 英尺 = 0.304 8 米。

签会体现出它们的不同之处。

零部件往返最频繁的地方是喷漆生产线。例如，大批的发动机罩都需要在这里喷漆并在焙干炉里烘焙。Intermec 的耐热标签可以固定在零部件上，承受 325℃ 的高温。在完工车间，所有的零部件都被包装成盒，等待送货。每一个零部件上面的条码标签首先被 Intermec 1552 无线激光扫描器扫描一遍。工人们可以在车间内一边自由行走，一边扫描标签，而且能够扫描距离 Intermec 9745C 基站 50 英尺远的条码标签。扫描器和基站构成 Intermec 的无线局域网络，并通过 2.4GHz 无线频率进行工作。每一个基站都能够容纳 9 个扫描器同时工作。每经过一次扫描，条码标签上的信息都会通过无线设备传输到 ThyssenKrupp Budd 公司的 SAP R/3 系统中。当一定数量的相同零部件被包装完毕之后，ToolWorx 信息产品公司提供的软件工具包，即 Loftware 便会与 SAP R/3 系统连接，并将信息传送到 Intermec EasyCoder 3400e 或 3600 标签打印机上，从而打印出运输标签。与此形成鲜明对比的是，此前所有的运输标签都是批量打印的，然后由工人将对应的标签贴到正确的集装箱中。

ThyssenKrupp Budd 公司的一位质量控制经理 Scott Stemen 说："我们不但验证了零部件编码，同时也验证了零部件的数量。如果某个人扫描出错，系统就会发出可视化警报，并在计算机监控器上体现出来。"

Stemen 认为 Intermec 的智能打印系统带来的最大收益便是客户满意度。是否安装了这一系统成为客户对两家报价相同的供应商进行选择的决定性因素。当客户看到你采取措施帮助他们避免潜在的差错时，客户一定会眼前一亮！

资料来源：助力 ThyssenKrupp Budd Intermec 自动识别解决方案带来完美工作流程 [J]. 计算机与网络，2006(02)：29。

第二节 对数字化技术的组织响应

一、作为颠覆来源的数字化技术

学术界把数字化技术概括为 SMACIT，即社交（Social）、移动（Mobile）、分析（Analytics）、云（Cloud）以及物联网（Internet of Things，IoT）。数字化技术的广泛应用成为当今组织所面临的最大的不确定性来源，根源在于数字化技术在本质上所具有的内在的颠覆性。

1. 改变消费者的行为和期望

数字化技术对消费者的行为产生了深刻的影响，他们可以无处不在地获得信息并随时随地沟通（例如，在移动设备上使用社交媒体）。利用这些技术，他们成为组织和其利益相关者之间对话的积极参与者。这些变化的一个重要含义是，客户不再将自己视为与其交易的公司的"俘虏"，他们对应向其提供的服务的期望也在增加。因此，预测而不是响应客户期望的变化已成为企业战略的当务之急。

2. 颠覆竞争格局

数字化技术给企业经营的市场带来了颠覆。它促进了现有产品和服务的（重新）组合，以产生新形式的数字产品，使服务优于产品，降低了进入壁垒，阻碍了现有参与者的竞争优势的可持续性。例如，平台通过促进数字商品和服务的交流，实现了对现有市场的重新定义。随着竞争从物理层面转移到信息更自由流动的虚拟层面，以前的进入障碍形式变得不那么重要。例如，在音乐行业，通过中介机构销售的实物商品已经被原本不属于该行业的公司（如苹果、Spotify）提供的音乐订阅服务所取代。

3. 增加数据的可用性

除了直接的操作价值外，数字化技术还促进了数据的产生（例如，通过使用移动设备产生的数字痕迹）。在数字化技术的背景下，企业努力利用数据的潜力为自己谋利，或者在某些情况下，通过向第三方出售这些数据来实现货币化。通过分析，公司可以提供更好地满足客户需求或更高效地执行流程的服务（例如，使用数据驱动的算法决策），以获得竞争优势。例如，荷兰航空公司使用 Twitter 和 Facebook 等社交媒体开展客户服务业务，然后通过使用这些交互生成的数据来实时维护并根据对客户情绪的理解采取行动。

二、组织的战略回应

数字化技术既为组织提供了改变游戏规则的机会，也为组织带来了生存威胁。组织将以数字化商务战略和数字化转型战略来面对颠覆，保持竞争力。数字化商务战略（Digital Business Strategy，DBS）就是通过利用数字资源创造差异化价值而制定和执行的组织战略。组织间的竞争越来越依赖于它们利用数字化技术实现愿景的能力，这要求组织战略和信息系统战略实现融合而不仅仅是保持一致性。

数字化转型战略（Digital Transformation Strategy，DTS）关注由新技术带来的产品、流程和组织方面的转变，与专注于"未来状态"的 DBS 不同，DTS 是一个支持因数字化技术整合而产生的组织转型、运营的蓝图。DTS 独立于 IT 战略与所有其他组织和职能战略的结构性变化，即"公司组织结构的变化"，通过全盘规划来实现在当前财务约束下利用数字化技术为组织带来利益。

🔗 知识栏

数字化时代：实体经济与数字经济的深度融合

党的二十大报告提出，"建设现代化产业体系""坚持把发展经济的着力点放在实体经济上""加快发展数字经济，促进数字经济和实体经济深度融合，打造具有国际竞争力的数字产业集群"。

促进数字经济和实体经济深度融合，是以习近平同志为核心的党中央统筹中华民族伟大复兴战略全局和世界百年未有之大变局，深刻把握新一轮科技革命和产业变革新机遇做出的重大决策部署。数字经济是以数据资源为关键要素，以现代信息网络为主要载体，以数字技术融合应用、全要素数字化转型为重要推动力，促进公平与效率更加统一的新经济形态，是继农业经济、工业经济之后人类经济形态的又一次飞跃。当前，数字技术正全面融入人类经济、政治、文化、社会、生态文明建设各领域和全过程，给人类生产生活带来广泛而深刻的影响。大力推动数字经济和实体经济深度融合，对于推动高质量发展、全面建设社会主义现代化国家具有重大意义。

推动数字经济和实体经济深度融合是建设现代化产业体系的必然要求。智能化是现代化产业体系的重要特征。能否把握人工智能等新科技革命浪潮，实现产业体系的智能化转型，事关一个国家尤其是大国的产业核心竞争力。数字经济具有高创新性、强渗透性、广覆盖性，不仅有利于开辟发展新赛道，培育壮大以数字技术为核心的第五代移动通信技术（5G）、工业互联网、大数据、人工智能等新兴产业发展，催生出一大批新技术、新业态、新应用，形成新的经济增长点，还能够带动对传统产业的全方位、全链条改造，发挥数字技术对经济发展的放大、叠加、倍增作用。建设现代化产业体系，必须推动数字经济和实体经济深度融合，加快发展数字经济，持续拓展信息化、数字化的深度，引领产业体系优化升级。

推进制造业数字化转型是促进数字经济和实体经济深度融合的重点领域。以应用为牵引，加强分类指导、分业施策，深入实施制造业数字化转型行动和智能制造工程，推动工业互联网创新发展，推进互联网、大数据、云计算、区块链等数字技术在研发设计、生产制造、经营管理、市场服务等各环节应用，加快制造业数字化、网络化、智能化发展。加快通用大模型在工业领域部署，推动通用人工智能赋能新型工业化。原材料行业，推进石化、钢铁、有色、建材等行业的生产过程数字化管理，加快设备系统的互联互通和工业数据的集成共享，推动工艺改进、运行优化、质量管控和安全管理。装备制造行业，加快重点领域智能装备发展，建设一批智能制造示范工厂，培育一批智慧供应链，创建一批智能制造先行区，完善国家智能制造标准体系，推进装备数字化发展。消费品行业，积极运用数字技术，助力消费品工业增品种、提品质、创品牌，推进产品个性化定制、柔性化生产，支持建设食品、药品的生产流通信息追溯系统，提升产业链、供应链智慧管理水平和产品质量管控能力。

资料来源：洪银兴，任保平. 数字经济与实体经济深度融合的内涵和途径[J]. 中国工业经济，2023，(02): 5-16.

三、组织的响应策略

虽然数字化技术本身为组织提供的价值很小，但正是它们在特定环境中的使用，使组织能够发现创造价值的新方法，这与组织变革是一种新兴现象的持久观念相一致。在数字化转型背景下，组织商业模式的改变以及重新定义主要体现在以下四个方面的变化。

1. 价值主张

数字化技术能够创造新的价值主张，这些主张越来越依赖于所提供的服务。组织利用数字化技术从实体产品的销售过渡到服务的销售，以服务销售作为其价值主张的一个组成部分，通过提供创新的解决方案来满足客户的需求，并收集利用在产品和服务交互过程中产生的数据。数字化技术产生颠覆性创新的潜力，可以显著改变现有的价值主张。

2. 价值网络

数字化技术能够重新定义价值网络：一是去中介化战略，数字化技术绕过中介，使价值网络的参与者（如客户）之间能够进行直接交换；二是协调战略，数字化技术促进参与者之间密切协作和协调，例如通过使用一个平台来协调供应链中的交流，价值网络参与者之间的耦合得到加强；三是网络效应，为了客户的利益，在具有潜在竞争利益的多个利益相关者之间建立起复杂的关系。数字化技术也赋予客户在价值网络中成为价值共同创造者（生产消费者）的能力。例如，在线社区和社交媒体几乎完全依赖于用户的积极贡献，这些用户没有义务使用这些技术。因此，组织有必要通过数字化技术激励客户参与，以推动共同创造价值。

3. 数字化渠道

组织利用数字化技术可以实现分销和销售渠道的变化。有两种方法可以做到这一点。首先，组织可以创建新的面向客户的渠道，例如，使用社交媒体，通过接触和娱乐的方式加强与消费者的沟通与交流。例如，一个组织可以有效地利用社交媒体来弥合物理世界和数字世界之间的差距，以支持创建全渠道战略，其被定义为"一种整合多渠道的销售和营销方法"。其次，基于数字化技术的算法决策方式的出现为组织提供了一个前所未有的机会，使软件能够有效地协调组织间的活动。例如，在制造业领域，与物联网相关的传感器和其他技术可以提高供应变化的效率。

4. 敏捷性和双元性

数字化技术可以通过促进组织敏捷性帮助组织快速适应环境条件的变化。敏捷性是指快速整合必要的资产、知识和关系，发现创新机会并抓住竞争性市场机会的能力。组织既可以通过物联网分析技术，优化现有业务流程、减少闲置资源，也可以实施这些技术以洞察未开发的市场机会或增加客户满意度。一家公司可以分析嵌入其产品中的传感器产生的数据来提供创新的维护服务。而且，数字化技术还能提高组织双元性的能力，将数字创新的探索与现有资源的利用结合起来。

第三节 数字化技术与组织设计

一、组织规模与范围

数字化技术会以不同的方式影响组织的规模和范围。数字化技术因提高了自动化程度（人为错误风险的降低）和透明度（解决争议变得更加容易）而降低了交易和协调成本，使得市场交易变得更有效率，从而导致组织规模和业务范围的缩小。然而，数字化技术还通过人工或重复性任务的自动化、专业任务中基于人工智能的系统以及组织层面的资源规划系统提高了组织内部效率，进而使组织能够扩大规模和范围。像亚马逊、谷歌和腾讯这样主导整个行业的"新巨头公司"的崛起就是很好的例子。组织边界的扩张抑或收缩取决于一系列具体情境。

数字化技术对组织纵向的影响，就是从纵向一体化向纵向专业化的转变。传统意义上的垂直整合的行业，如计算机（如 IBM）、汽车（如福特）、能源（如 BP）和制药（如辉瑞），在其业务系统的所有阶段都出现了专业供应商。近年来，许多成功的数字公司，如 Expedia、Meta、Google 和 PayPal，其特点是垂直范围狭窄而专注于核心活动，横向范围则非常广泛。当然也存在不同的案例，如金融服务公司 Wise（前身为 TransferWise），因为在数字世界中，接触以前广泛分散、差异化客户的成本较低，所以通过对传统分销渠道进行脱媒而实现垂直整合。制造业中的苹果和特斯拉的垂直整合程度明显高于其竞争对手，这使它们对用户体验有了更大的控制，并确保了关键部件的供应。

在数字化世界中，商业生态系统的重要性日益凸显，即一组相互作用的组织，它们相互依赖对方的活动。虽然这种生态系统早于数字革命而存在（例如，汽车行业的供应商层），但与数字经济产品相关的网络效应和转换成本使得"平台生态系统"比以前更加普遍。由于生态系统促进了基于市场交易的效率似乎导致了企业范围的缩小，而现实中同样存在不同的状况。例如，截至2020年年底，亚马逊拥有约130万名员工，因为它选择自己主导大部分供应和分销活动，而拥有大致相同商业模式的阿里巴巴集团，截至2021年3月底，该公司只有约25万名员工，更多地利用合作伙伴和供应商为客户提供服务。

二、组织边界

数字化技术的一个后果是模糊了传统组织和行业的分类方式。在数字时代，组织"边界"的概念变得更难定义，因为数字技术的结合创造了独立的组织和行业的替代品。如果我们从法律意义上将企业定义为"合同关系"，有两种可能的方式使这一边界变得更加松散。第一，在内部劳动力关系方面，即时通信与远程工作"现在支持"的合同形式，减少了公司对同时配置在一个地点的劳动力的"历史依赖"。例如，美国"零工"经济的数据显示，2018年已经有36%的劳动力（约5 700万人）从事这类工作。第二，在外部实体方面，外包、离岸外包和联盟最近几十年急剧增长。作为法律上独立公司服务提供商、合作伙伴与客户通过签订长期合同建立起合作关系。服务提供商和联盟伙伴的员工与客户的员工在同一个物理位置开展团队工作，并使用通常在公司内部使用的隐性协调机制。这种联盟、合资企业和其他处于明确的市场和等级之间的安排，挑战了我们对传统企业边界的理解。数字化技术通过降低管理成本来支持、促进这样的商业安排。

数字化技术也逐渐模糊了B2C公司和它们的客户之间的界限，像Meta、谷歌和Twitter这样的公司依赖于客户来创造它们从中获利的内容。这并不是一个全新的现象，像宜家这样的公司从20世纪70年代就开始"拉拢"顾客。Handy（1989）谈到了"三叶草"组织，其中包括由全职员工组成的核心"叶"，两个由个体经营者和兼职工人组成的"叶"，以及有可能由消费者组成第四"叶"，正在接管公司本身的一些职能。其他版本的"自助服务"，如网上银行等，进一步将消费者融入公司的活动从而模糊了二者之间的界限。

三、组织结构与设计

组织结构与设计包括正式的组织结构、责任和角色的分配、信息的来源和分配，以及个人的评估激励方式。组织理论指出，在给定的企业生产函数下，组织结果取决于信息、知识和激励在个体中的分布。一个公认的论点是，在工业时代占主导地位的组织使用官僚控制系统和等级权威，这在很大程度上是因为共享信息的成本很高。然而，随着数字化技术在工作场所的引入，公司内部和公司之间的信息收集和共享变得更加高效，不同地点的人之间的实时协作成为可能，工作变得更加模块化，这使得部件之间的耦合更加松散，在适应不断变化的环境方面具有更大的灵活性。这为更扁平和更流畅的工作方式铺平了道路，因此我们可以期待在组织结构内部决策权分配的宏观层面以及在个体任务设计和劳动力组成的微观层面上的变化。

近年来，新型组织结构的出现，例如，网络结构、敏捷工作和合弄制等，都是由组织数字化转型促进的。通过减少沟通与协调费用，新型结构改变了任务分工与整合之间的平衡，在横向"协调"和纵向"控制"过程中重新分配决策权，处于低层级的个人和团队能更好地判断他们的优先级是什么，以及他们的活动如何与组织中其他人的活动相联系。

按照信息处理的观点，数字化技术降低了个人获取编码信息的成本。例如，工厂中的企业资源计划（ERP）系统可以准确地告诉车间工人库存中有哪些材料以及在哪里，这种增强的信息获取能力应该导致更多的分散和授权的决策。另外，纵向沟通的成本较低，具有更广泛专业知识的高级管理人员可以实时了解一线的问题和选择，可以通过观察额外的维度，更有效地监控员工的表现（无论多么隐蔽，现在可以通过 GPS 追踪，随时观察员工所在的位置）。激励合同的设计可以更准确地激励特定行为并允许对任务绩效进行更精确的定义和监测。数字化技术对集权分权的影响是显著的，而方向取决于具体情境。

本章小结

数字时代，也被称为信息时代，这是一个历史时期，从 20 世纪 60 年代计算机的出现开始，一直持续到今天，其特点是电子处理和信息共享的快速增长。数字化技术导致企业、竞争以及行业和市场的性质发生了巨大的变化。数字时代的这些变化影响了多业务公司如何获得企业（竞争）优势，并通过其企业战略增加价值。

数字化转型源自云计算、大数据、物联网和人工智能等数字化新技术的交叉、融合，以及在组织领域的全面应用。它是利用数字化技术和先进分析手段提升经济价值、企业敏捷度和行动力的重要方式。

数字化技术的广泛应用成为当今组织所面临的最大的不确定性来源，根源在于数字化技术在本质上所具有的内在的颠覆性，包括改变消费者的行为和期望、颠覆竞争格局和增加数据的可用性。组织将以数字化商务战略和数字化转型战略来面对颠覆，保持竞争力。

近年来，新型组织结构的出现，通过减少沟通与协调费用，新型结构改变了任务分工与整合之间的平衡，在横向"协调"和纵向"控制"过程中重新分配决策权，处于低层级的个人和团队能更好地判断他们的优先级是什么，以及他们的活动如何与组织中其他人的活动相联系。

复习思考题

1. 数字化技术包括哪些典型类型？这些典型类型具有什么特征？
2. 云计算有哪些服务模式？如何在组织中加以应用？
3. 物联网如何促进组织模式创新？
4. 基于数字化技术的组织设计包括哪些内容？

进一步阅读

1. PORFÍRIO J A, CARRILHO T, FELÍCIO J A, et al. Leadership characteristics and digital

transformation[J]. Journal of Business Research, 2021, 124: 610-619.
2. CHEN H, TIAN Z. Environmental uncertainty, resource orchestration and digital transformation: A fuzzy-set QCA approach[J]. Journal of Business Research, 2022, 139: 184-193.
3. CHEN Y, LUO H, CHEN J, et al. Building data-driven dynamic capabilities to arrest knowledge hiding: A knowledge management perspective[J]. Journal of Business Research, 2022, 139: 1138-1154.
4. WAMBA S F, GUNASEKARAN A, AKTER S, et al. Big data analytics and firm performance: Effects of dynamic capabilities[J]. Journal of Business Research, 2017, 70: 356-365.

综合案例

海底捞逆势扩张的秘密：数字化转型如何驱动商业模式创新

火锅作为中国独有的美食，为人熟知的品牌比比皆是，如小龙坎、呷哺呷哺、巴奴等。在这片竞争激烈的红海市场中，海底捞凭借其无微不至的服务吸引了众多消费者。尽管贴心的服务提升了顾客体验，但高昂的人力成本成为其主要挑战。随着经济发展和工资上涨，人力成本在短期内难以降低。同时，餐饮业作为劳动密集型产业，涉及采购、制作和服务等多个环节，管理复杂且市场竞争激烈。

创始人张勇意识到，单靠服务难以支撑公司持续高速发展，必须识别并保持关键竞争优势以确保长期成功。在2004年之前，海底捞各门店独立采购食材和调配火锅底料，供应商多为分散的农户或中小企业。这导致企业与供应商缺乏长期合作关系，供应链不稳定，难以保证门店产品的标准化和一致性。作为连锁火锅的标杆，海底捞对食材的新鲜度和安全性有更高要求，而这正是连锁火锅企业的主要痛点。

意识到持续发展的核心痛点后，海底捞于2005年邀请国际咨询公司制定物流战略规划，并经过几年的建设，成功建立了国内领先的物流供应链体系。在此基础上，海底捞不断升级信息系统，整合资源，优化产业链布局，并统一各环节的业务标准。通过数字化转型，海底捞不仅提高了运营效率，还保证了产品质量的一致性，为企业的持续发展奠定了坚实的基础。这一过程显示了海底捞在数字化时代的前瞻性思维和创新能力，确保了其在竞争激烈的市场中保持领先地位。

传统采购到共享采购

自2007年起，海底捞实施了食材采购改革，成立了采购部，负责食材采购和物流配送，实现了餐饮食材源头直供、采购可视化和可追溯，建立了完善的保鲜与安全管理体系，确保了商品品质。2009年，公司升级至全球高端SAP-ERP系统，并定制开发了门店Portal系统以提升管理效率。2011年6月，海底捞剥离采购部资产，成立了蜀海（北京）投资有限公司（以下简称"蜀海"）。蜀海在北京、上海、郑州、武汉、西安设立中央厨房，实行严格的品控管理和冷链配送。食材在专属区域分拣后，按要求储存并运送至门店，确保食材安全。

蜀海采用"区域要货、区域配送、区域库存"的模式，建立了完整的清洗、加工、检验、冷藏及冷冻设备。通过实时数据分析，优化库存和配送，提高采购、生产与销售的协同效率。蜀海还提供服务培训，制定统一服务标准，保证食材安全和服务一致性。成熟后，蜀海开始拓展其他客户，如一麻一辣、肥猫等，并于2013年成为唯一的餐饮供应链代表，获得业界认可。同时，蜀海积极开展供应链金融服务，为中小企业提供保理融资、存货质押融资等金融支持。

"全产业链"的标准化运作

在统一标准的共享采购模式成熟后，创始人张勇将海底捞的重点转向火锅产业链的标准化运作。为覆盖火锅底料、食材运输、餐厅设计等业务环节，海底捞设立了颐海国际、蜀韵东方、微海咨询等公司，实现产业链各节点的独立标准化运作。张勇将底料加工、物流配送、工程建设等业务独立运营，使其服务范围扩大至整个社会，海底捞只是其中一个客户。

2016年，颐海国际在香港上市，成为火锅底料和调味料的重要品牌，其产品销售覆盖全国及42个海外国家。2020年，颐海国际的收入超过53.6亿元人民币，其中仅26.2%来自海底捞，净利润超过9.8亿元人民币。海底捞通过产业链上各公司独立运营，激发各环节能动性，优化资源利用。上游的蜀海供应链实现规模化采购，中游的颐海国际提供多样化底料，下游的蜀韵东方负责店面设计装修，微海咨询则进行人才招聘和培养。

随着企业规模扩大，海底捞运用物联网、互联网、人工智能和大数据等新技术提升运营效率。例如，选址工作从依靠经验和调研转为智能分析算法，综合评估人口密度、消费层次、门店分布等因素，提高选址成功率。

数字化转型：全面实现业务数字化

餐饮行业长久以来是劳动密集型、附加值低、消费碎片化的行业，难以支撑现代化管理体系。为了推动海底捞更好、更快地发展，管理层意识到组织变革、专业化服务和新技术应用的重要性。创始人张勇曾表示："我相信新技术对传统产业的影响不应是颠覆，而是提高效率。"基于这一理念，海底捞不断通过技术锻造自身的"骨骼"和"神经系统"。2018年，海底捞推出了"超级App"和智慧餐厅项目，实现业务全面数字化，使服务更加智能化。

首先，海底捞的"超级App"是公司IT建设中最大、最复杂的项目，于2018年10月上线。该项目重构了IT基础，以会员系统为核心，提升系统性能18.6倍。此前，海底捞在发起会员权益活动时需要一天时间，现在只需一小时。新系统打通了线上线下数据，提供了个性化服务和全新的社交互动体验。顾客通过线上订餐和评价，与海底捞保持沟通，增强了线上线下的互动，并积累了大量消费者数据。"超级App"集成了社交功能和24小时智能客服"捞小秘"，能记住3 000万注册会员的口味和喜好。系统使服务员能够了解顾客偏好，提供个性化服务，如为孕妇顾客准备鱼汤和靠垫，推荐菜品或送上顾客曾赞不绝口的食品，提升顾客的体验感。为了提升服务数字化水平，海底捞推出了智慧桌面服务屏。该系统针对大厅和包间定制了联动功能，包间内设置的桌面服务牌和外部显示屏联动，顾客可以选择服务选项，外部屏幕显示相关内容，服务员根据屏幕信息提供服务。这个系统减少了对服务员察言观色的依赖，提高了服务效率，节省了人工成本，同时积累了服务数据，解决了餐中沟通和数据记录的问题。智慧桌面服务屏还包括新品推荐模块，在用餐区域展示新菜品，增加了新品的曝光率，提高了点单率。

其次，为提升顾客体验、降低成本和保障食品安全，海底捞在2018年10月28日推出了首家智慧餐厅。这一餐厅项目耗资1.5亿元，历时三年打造，是海底捞数字化转型的试验场。智慧餐厅集成了多项数字化功能。顾客可以通过"超级App"进行排位、订位和点餐。在用餐过程中，顾客的专属口味锅底由智能系统在三分钟内调配完成,从在线点单到机器人传菜,整个过程迅速高效。同时,餐盘下方的 RFID 芯片记录每个环节的消耗情况,确保食材安全并实时监控库存。自动配锅机通过精准配制原料,提供个性化口味。系统根据地区和消费者偏好生成经典口味组合,并允许用户分享自己配置的锅底。这样既满足了个性化需求,也简化了选择过程。为保障食材安全,智慧餐厅的智能菜品仓库保持在 0~4℃,由机械臂自动采货和传菜,每份菜品都有标签,超过 48 小时未被使用会被自动下架。制作好的菜品由智能传菜机器人送到顾客桌前。库存管理方面,智慧餐厅与阿里合作,通过智能算法预测销量,实时跟踪库存情况。这种管理方式减少了损耗,保持了供应的合理水平,同时降低了运营成本。智慧餐厅的推行还减少了员工成本。2020 年,海底捞员工成本支出为 96.77 亿元,员工人数为 131 084 人,人均年薪为 7.33 万元。智慧餐厅的员工成本减少了 20%,每年节省约 256.55 万元,但增加了智能机器人成本。截至 2020 年 6 月 30 日,海底捞在全球已有 935 家门店,其中 23 家已配备私人定制配锅机。门店还配备了 958 台传菜机、389 部小美电话机器人和 3 台智能机械臂,并不断更新智能厨房管理系统和门店要货系统。

数字化赋能:创新商业模式

"超级 App" 全面革新了海底捞的服务系统。以会员系统为核心,整合前台点餐、收银、个性化服务和后厨系统,搭建了一个全新的智能服务平台,为全球用户提供统一且不断创新的精细化服务。在这个智能服务平台中,前端业务部门通过数据分析向系统发送指令,系统则以模块化的方式进行组装,如同搭积木一般。这种设计使得新业务场景能够迅速搭建,打破了部门之间的信息壁垒,消除了数据孤岛,提升了业务部门的全局视角和响应速度,增强了企业的敏捷性。

例如,在食材备货和配比方面,系统利用外部环境数据(如日期、天气等)预测各类食材的需求量。高峰期的冬季需求较大,而淡季的夏天需求较少。此外,学校假期和天气变化也会影响采购量。以前进货决策主要依赖店长经验,但现在"智能要货系统"能够自动根据消耗数据预测进货量并下单,且随着门店的增多和数据积累,系统算法的精确度也在不断提高。

价格策略对企业利润至关重要,海底捞利用数据积累构建了基于 PI 值的定价策略模型。PI 值(千人购买率)反映了商品的价格敏感性和客户关注度。PI 值高的商品价格变动会引起顾客的强烈关注,因此这些商品的价格区间较固定,毛利率相对较低;而 PI 值低的商品则可以定价较高,毛利率也相对较高。海底捞通过调整部分商品的价格,既提高了利润空间,又减少了顾客的心理落差,保持了消费积极性。

总体来看,"超级 App" 的应用使海底捞在提升服务效率和精准度的同时,实现了业务流程的优化和成本的控制。

资料来源:赵健梅、应文池、刘思雨、牛婧,"揭开海底捞逆势'跑马圈地'的面纱:数字化转型驱动商业模式创新",中国管理案例共享中心案例库,2022 年。改编人:李思嘉。

讨论题

1. 海底捞的竞争优势是什么?公司积极进行数字化转型的源动力是什么?

2. 海底捞是如何运用数字技术帮助公司提升运营效率的?

第六章
CHAPTER 6

组织文化与组织设计

§ **学习目标**

- 了解组织文化的基本要素
- 理解组织文化的层次结构与形成阶段
- 了解组织文化的特点与功能
- 了解不同的组织文化类型与环境和战略的关系
- 理解组织文化的两种常用测评模型

§ **核心概念**

组织精神　价值观　人本文化　软管理

§ **引例**

华为狼性文化

华为技术有限公司（以下简称"华为"）成立于1987年，是全球领先的ICT（信息与通信）基础设施和智能终端提供商，致力于实现未来信息社会，构建更美好的联接世界。

随着华为的巨大成功，其"狼性文化"开始备受中国企业界推崇。在不少的相关论述当中，华为的"狼性文化"都被理解为绝对服从、不计个人得失的集体主义，敢于牺牲一切的竞争思维，还有人将其更直观地解读为"加班文化"。确实，大部分人对华为"狼性文化"都带着些许刻板印象，认为华为的"狼性文化"总是带有一丝不近人情的冷酷意味，但是在了解华为整个人力资源管理的发展历程后，对于华为真正的"狼性文化"会有更深刻的认识，其实只不过是"狼性文化"被误解了，以下为对"狼性文化"的解读。

第一，"狼性文化"是"以奋斗为本"的文化。华为在设计人力资源体系时处处体现着"以奋斗为本"的核心思想。例如，华为在改革其薪酬体系时，创新性地将人岗分离，建立职能型薪酬体系，从知识能力、解决问题的能力以及职责范围这三个维度衡量员工。采用该薪酬体系，可计算出各个职位的难易程度，并依此给出符合岗位难度的薪酬。因此从理论上说，拥有相同难度的不同岗位会获得相同的报酬，这样报酬多少就完全不取决于任职者的资历、年龄或教育背景。从华为的这些举措中可以看出公司无时无刻不在践行"以奋斗为本"的核心思想，平等关注每一名员工。华为从一家小公司到今日的全球大企业，靠的就是每一名华为人的坚持和努力，专注于奋斗，专注于自身的发展，所以华为的"狼性文化"就是给予奋斗者激励，帮助他们不断前行。就像任正非说的，既要集体狩猎，又要集体分肉。

第二，看似"残忍"实则人尽其才的考核机制。华为的"末位淘汰制"一直以来都备受争议，很多人认为华为裁撤工作能力较差的人，是狼的劣根性，其实这无可厚非，因为企业没有必要去养那些不能创造价值的员工。但是"末位淘汰制"其实不像外界传闻的那样简单残忍，华为在实行"末位淘汰制"时其实是与轮岗制交织使用的。通过轮岗制，员工更容易找到适合自己的岗位，这使得每个岗位上的员工都更具备竞争力，而"末尾淘汰制"又逼迫员工不得不提高绩效，进一步促进了"狼性文化"。优胜劣汰是自然规律，对一家企业来说也是一样，淘汰弱者是十分有效的促进企业发展的方式和手段。但是华为并没有完全放弃这些老员工，或是调岗（人尽其才），或是给予极好的"退休"待遇。企业要不断进步，就要善用人，使其各司其职，人尽其才，这是对"狼性文化"的一个新的解读。

第三，打破组织惰性、塑造公平竞争环境的企业文化。许多组织存在惰性，因而绩效不高。而华为的"狼性文化"塑造了一个公平竞争的环境。华为自成立之初，就将"以奋斗为本"作为企业的核心价值观，因此在贯彻企业文化时，华为从不以资历、年龄排辈，而是以奋斗的程度衡量员工的价值，使得新入职的年轻人得到公平的竞争，更能发扬奋斗精神。最典型的例子是2007年的高管大辞职，老员工可以选择与华为签订新的劳动协议，或是带着补偿金辞职。继续入职的老员工将获得一个随机的工号，这样他们的职位就不能通过号码被轻易识别。这种做法打破了公司内部员工之间明显的阶层划分。加强企业对有奉献的员工的甄别能力，帮助企业打破组织惰性，向员工传递华为是"以奋斗为本"的。所以这样的"狼性文化"，实则是能够打破墨守成规，提升组织绩效，并且以公平竞争的氛围给有梦想的青年施展才华的舞台。

第四，狼性奋斗的文化和人性道德文化的结合。很多人认为"狼性文化"是"残忍"的代名词，是"压榨员工"的幕后推手。"狼性文化"其实是奋斗与人性化的完美结合。最突出的体现是华为所推出的薪酬激励TUP计划，它有效地避免了老员工坐吃老本的行为，为年轻人提供了奖金激励，除此之外，它还能够有效解决不同国籍员工的激励问题，不仅激励年轻人为获得更多奖金而努力工作，同时也提升了新员工的忠诚度，让他们长驻公司，专一思想。这其实是对"狼性文化"的深化解读，在狼群中，身强力壮的狼会被头狼赏识，可以得到较高的回报。

华为的成长史是一部奋斗史，只有从诸多光环的表象深入探究企业的内部治理及企业文化，才能吸取企业精髓。

资料来源：赵晓婷. 华为"狼性文化"分析与探讨[J]. 中外企业文化, 2020, (7): 172-173. 改编人：古丽妮嘎尔·艾克拜尔。

第一节 组织文化的内涵

组织文化源于组织的创始人或是早期的领袖,当他们的理念或价值观表达出来并且获得成功之后,在组织中逐渐制度化,形成了反映组织设立目标的组织文化。所谓组织文化(Organization Culture)是指组织成员共享的一套稳定的价值观、信念、惯例以及行为规范等的总和,是组织作为一种标准来传承的精神基础。组织文化并不是用明文加以规定的,但却是实实在在地存在于组织当中,是组织的重要部分,深刻地影响着组织中的每个成员,对组织成员对事物的看法和对周围环境的反应起着重要的决定作用。当组织成员行动时,组织文化约束了组织成员的行为,并为组织成员采用何种行动提供方向性指导。

党的十八大以来,党中央高度重视文化建设,在党的二十大报告中,又针对文化自信自强提出新要求、做出新部署。一个民族的复兴需要强大的物质力量,也需要强大的精神力量。文化自信正是凝聚和引领一个国家、一个民族胜利前行的强大精神力量。在企业中,组织文化是指企业在长期的发展过程中形成的一种独特的价值观、行为准则和管理方式,是企业内部员工共同遵循的一种文化氛围和精神认同。组织中的文化建设是现代企业发展的重要组成部分,对于提升企业竞争力、塑造企业形象、激发员工工作热情具有重要意义。特别地,企业的文化自信是指企业对自身文化的自信心态,包括对企业核心价值观、文化传承和创新的自信。基于组织文化的本质,可以将组织文化的基本要素划分如下。

1. 组织精神

组织精神是组织的灵魂,是组织全体成员对组织的形象、地位、风貌以及合法性的理解和认同,是对组织前途的认可与希望,是一种集体的价值取向。组织精神对于组织非常重要,是凝聚组织成员的精神力量,它能反映出组织成员的素质与精神面貌。

2. 组织价值观

组织成员共同认可的、用以评价事物和用来指导行为方式的准则与观点就是组织价值观。组织价值观是企业文化的核心,为组织成员提供向导作用。组织价值观具有三个特性:一是调节性,即组织价值观对组织成员具有强烈的凝聚力和强大的感召力,能够对组织的行动产生协调、规范和调整的作用;二是评价性,即组织成员在对外部事物做出衡量评判时,会采用组织认可的价值观;三是驱动性,即组织价值观会告诉组织成员什么才是值得追求的价值目标,这会成为推动组织行动的内在驱动力,是一种隐形的动力机制和激励机制。不同的组织拥有不同的价值观,积极先进的组织总是会倡导更为崇高的目标,秉承更积极的信念承担更大的社会责任。

3. 组织形象

社会、其他组织以及组织内部成员对组织与组织行为的印象和评价就是组织形象。组织形象体现了组织的能力,反映了社会、其他组织以及组织资深成员对组织的认可程度。组织形象包括五个重要因素:社会形象、环境形象、产品(服务)形象、组织领导者形象和成员形象。

组织文化的上述三种基本要素中,前两种是抽象的,是组织文化的深层次内涵。第三种是具体可被观察到的,是组织文化的表层反映。可被观察到的组织形象要素的表征物折射出了组织文化的精神要素和价值观要素。

组织文化可以通过有形的载体,如仪式、典故、英雄、口号等表现出来。对这些有形载体的观察和分析可以帮助我们理解组织文化的内涵。典礼或仪式(Rite/Ceremony)是组织为了向组织成员表明某种重要性而在一定场合举行的有计划的活动。通过举行典礼或仪式,组织可以向组织成员说明组织所看重的是什么,为他们树立并强化组织价值观,增强组织的凝聚力。口号(Slogan)是组织用来解释和进一步影响组织文化所采用的一种语言方式,组织凭借口号向组织成员传递某种思想,通常是一些比较简洁的词语或短句。口号的扩展,如组织的使命说明书等书面的公开文件,这种宣传形式从口头变成了文字。典故与英雄(Story and Hero)都是组织树立的榜样,代表了组织认为的正确的事或人,是弘扬组织精神与组织价值观的模范与典型。符号(Symbol)是用一些形象具体的物体、行为等来表达或传递某种意义,是一种含义丰富的表述。仪式、典故、口号等都可以说是符号的一种,象征着组织价值观与文化内涵。符号也可以是实体存在的某种标识性的事物,代表了组织想要表达的一种主题。

组织文化对于组织具有极强的影响力,这种影响力可能是积极的也可能是消极的。与组织及其战略相适应的组织文化对组织的发展具有正面导向作用,反之,落后消极的组织文化对组织活动的开展具有阻滞作用,不利于组织的存续发展。

┃视野拓展 6-1┃

特斯拉发展之路:开放式创新

特斯拉汽车公司(Tesla Motors)(以下简称"特斯拉")成立于 2003 年,得名于电磁物理之父尼古拉·特斯拉(Nikola Tesla)。特斯拉的最初创业团队来自硅谷,以 IT 理念来造车的思想也造就了"硅谷小子大战底特律巨头"的故事。马丁·艾伯哈德(Martin Eberhard)发现,上流社会的人群在拥有高收入达到高品质的生活后,对环境问题也更加关注,环保意识较强,于是萌发了将跑车与新能源结合的想法。在此背景下,特斯拉公司应运而生,本着"加速全球向可持续能源的转变"的愿景,除了从事纯电动汽车的设计、制造和销售,也向第三方提供电动汽车动力系统的研究开发和代工生产服务,被称为"汽车界的苹果"。

特斯拉自成立至今短短 20 年时间就战胜了许多传统汽车公司,确立了自身在电动汽车行业的领先地位,突出的业绩和独特的创新能力帮助其迅速发展,在各种困境中能充分利用自身特点和研发能力并迅速反应,逐步成长。

特斯拉的技术优势是其强大竞争力的来源,尤其是在充电技术和电池系统设计方面,特斯拉无疑是整个行业的领跑者。特斯拉采取颠覆式的创新策略,改变现有规则,实现跨越性发展,成功为未来技术、产品、服务与产业发展奠定了基础,显著提升了技术水平和顾客价值。特斯拉在创新电池技术、快速换电技术、电池控制技术等方面的优势逐渐凸显。

特斯拉 2023 年第三季度的总收入约 234 亿美元(约 1 712 亿元人民币),净利润约 19 亿美元(约 139 亿元人民币)。储能部储量为 4 吉瓦时(等于 40 亿瓦时),同比增长 90%,是有史以来最高的季度装机量。特斯拉认为,储能正成为公司利润最高、最具远景的业务之一。目前,能源和服务板块已为公司贡献了超过 5 亿美元的季度利润。

马斯克表示,一个公司的科技领导地位并非由它拥有多少专利决定,而是由该公司吸引和促进人才创新的能力决定。特斯拉即使处在发展困境和逆境,都能主动把握时机,抢夺先机,以技术创新为基础,打破固有的思维模式,成功实现多行业的融合发展。

资料来源:郭名媛、孟娟,特斯拉发展之路:开放式创新,中国管理案例共享中心案例库;特斯拉第三季度财报。

改编人:古丽妮嘎尔·艾克拜尔。

|视野拓展 6-2|

IBM 价值观的变迁

不同的业务时代,IBM 的核心价值观在适时而变,而且总能对企业的业务产生巨大的推动作用。IBM 曾经经历过三个企业核心价值观时代。

在 IDM 的创始家族沃森那里,他们用三句话把 IBM 的员工凝聚在了一起。20 世纪中期,"尊重个人、追求卓越、服务顾客"是 IBM 的基本信仰。当时正处于大型机时代。IBM 主要是依靠大型主机技术方面的领先技术、产品以及服务人员的专业技能来赢得客户。那时还没有通用型计算机,每台计算机都是独一无二的,连操作系统和应用软件都是单独编写的。每个客户的系统都不一样,而他们的服务人员是相对长期和固定的。在这样的市场状况下,具有专业技能和应用经验的员工无疑是公司最宝贵的资源。公司要在市场上具有竞争力就必须稳定保持大量优秀人员。"尊重个人"得到了充分且完美的演绎。用现在人的眼光来看,那时的 IBM 是"大锅饭"的天堂,福利待遇好得出奇。其实,是否是"大锅饭"并不重要,重要的是,是否适合公司所处市场特点,能否有帮助公司保持并促进核心竞争力的好措施。"尊重个人、追求卓越、服务顾客"是最适合当时状况的,而事实也证明了正确有效的企业核心价值观的作用是巨大的。IBM 正是在这三句话的激励下高挂云帆,成为世界计算机技术发展的领航企业,达到了大型计算机时代的巅峰。

到了 20 世纪末,世界变了。通用计算机小型机和个人电脑的兴起使得计算机市场迅速地扩展,客户类型变得复杂多样了,客户也有了更多的选择。计算机行业逐渐从卖方市场进入了买方市场,仅仅依靠产品技术和资深人员已经不能赢得客户的欢心。这次,IBM 的动作慢了。由于对市场的错误决策等原因,IBM 开始走向低谷,并且所信奉的基本信仰的负面影响也日益显露,比如精益求精反而成了对技术的固执迷恋和追求,造成决策缓慢甚至决策"流产";过分相信自己的行业专家使 IBM 忽略了对客户需求变化的关注,失去了敏锐的市场适应力;"尊重个人"则使公司失去了优胜劣汰的选拔机制,或者无法贯彻公司的决定。这时,郭士纳临危受命,对 IBM 进行了一系列业务和管理制度的改革与调整,成功地实现了从生产型企业向同时出售硬件、网络及软件整体解决方案的供应商的转型,重新塑造了 IBM 的竞争力。整体解决方案也就意味着 IBM 不依靠单一产品来赢得客户。在这样的业务模式下,需要的是合作而不是彰显个人。因此,根据当时公司的状况以及业务模式的转变,郭士纳提出了"胜利、执行和团队合作"这三条新的企业核心价值观。以这三条标准为出发点,经过 10 年的救亡图存,

IBM 浴血重生。

进入 21 世纪以后，IBM 开始转变为一个时时刻刻都在思考创新的企业，不但在自己的企业内部创新，而且还联合全球不同行业的专家、学者和官员们协作创新。IBM 提供给客户的不是单纯的软硬件产品或解决方案，而是应用了产品和服务之后客户竞争力的增强。IBM 也不仅仅关注自身的发展，还关注如何与各国政府和企业一起协同合作、共谋发展。简单地说，今天的 IBM 所"出售"的并不是看得见摸得着的 IT 产品，而是着眼于用 IBM 的种种优势（这些优势包括产品、技术、服务以及 IBM 在商业和其他各行各业积累的敏锐洞察力和经验）能够帮助客户带来什么样的价值。这种价值多种多样，可能是政府在民众心中的形象提升，可能是企业业务模式的顺利转型，可能是科研单位更有效地利用资源，可能是帮助公司降低内耗提高管理，等等。这些无疑比以前 IBM 所出售的"产品"都复杂得多。

2003 年，IBM 在全球展开了 72 小时的即兴大讨论，32 万名员工一起在网上探讨什么是 IBM 的核心价值，怎样才能让公司运作得更好。讨论的结果是，员工们一致认为"创新为要""成就客户""诚信负责"是对 IBM 现在和未来而言最为重要的三个要素，顺理成章地，这三个要素上升成为 IBM 的核心价值观。IBM 希望成为一个全员创新的公司，成为客户首选的创新伙伴；希望通过努力，不仅使 IBM 自己获得成功，更重要的是帮助客户取得成功；最后，"诚信负责"，IBM 希望无论在哪个国家和地区，都能成为当地资产的一部分，成为政府和客户最值得信任的伙伴。

"创新为要""成就客户""诚信负责"这三条新的核心价值观确定之后，立刻得到了 IBM 全球员工的热烈响应。这是几十万名员工辛勤讨论的结果，是大家的共同创作，所以也代表了全球 IBM 人的共识，大家自然而然就把这些核心价值观装在心里并且反映在行动上。另外，由于这些核心价值观是由全体员工共同认可的，也代表了员工对 IBM 公司现状的判断和对未来的期望，遵循着这些核心价值观的指导前进的 IBM 公司，对员工来说也就具有非同一般的凝聚力和向心力。

然而，信息技术的快速变化给这个领域带来了更多的不确定性。几乎一夜之间，一系列的科技和市场营销革新，比如无处不在的宽带网络和来自终端设备的数据完全颠覆了科技市场。变革正在发生，它的旗帜上写着"移动互联网""物联网""大数据""云计算""社交"。企业所面对的用户（而非企业本身），才是产品和服务的最终使用者。2012 年，IBM 云收入较 2011 年同期增长了 80%。2013 年前三个季度，IBM 云业务获得了 70% 的增长，单季收入已超过 10 亿美金。这样的业务并不足以与硬件和软件销售所获得的丰厚回报相提并论，也有一些案例无疾而终，因为 IBM 的商务体系还在尝试转型的过程当中，多数的合作伙伴仍只能为原有的业务模式提供服务。

2013 年，IBM 全球 40 万员工通过在线大讨论，提出了把客户放在首位的九个实践，包括"客户的事就是自己的事""预见客户的未来""持续精进，分享专业""不断再造自我""勇于提出和实践新构思""君子和而不同""反复演练""一起做，现在做""建立长远关系"等。

过去几十年，IBM 为企业用户奉上了诸多经典产品，证明了很多理念的前瞻性，这些贡献可以用"概念先行"来形容，无论电子商务、随需应变、智慧地球……都由 IBM 率先提出而后应者无数。

IBM 人普遍接受这样一个观念，IBM 有义务去探索客户崭新的业务场景和已有的业务场景，以及它们之间完美结合所需的技术形态，在尽可能的情况下，让客户因采用 IBM 的技术而在其行业获得新的"里程碑式的胜利"。

2023 年，IBM 迎来了它百年历程中的第四次转型。虽然成败未知，但如果公司通过政策来解决结构问题和领导层不利创新的方面，那么大公司的日常管理开支和官僚体系可能会让位于一种新的文化，这种文化不仅愿意改变自身，还将改变整个行业。截至 2023 年，IBM 帮助超过 175 个国家和地区的客户，从它们拥有的数据中获取商业洞察，简化业务流程，降低成本，并获得行业竞争优势。金融服务、电信和医疗健康等关键基础设施领域超过 4 000 家政府和企业实体依靠 IBM 混合云平台和红帽 OpenShift 快速、高效、安全地实现数字化转型。

资料来源：IBM 钱大群：以价值观成就客户，2007 年；IBM：百年老店迎接新挑战，2013 年；IBM 官网，2023 年。改编人：古丽妮嘎尔·艾克拜尔。

一、组织文化内容的层次结构

埃德加·沙因（Edgar H. Schein）认为组织文化的内涵是由以下三个相互作用的层次组成的[1]。

（1）外显的物质形态（Observable Artifacts）。它指的是组织文化的外在表现，是可以被直接观察到的具有组织象征意义的事物以及行为，能够看得见、听得见、摸得着，例如组织成员的服饰、组织办公场所的设计和装修以及组织的特定仪式等。组织文化的这一层次对组织以外的人来说是容易感知的，但如果不是组织中的一员，却很难理解它的真正内涵。

（2）共同拥护的价值观（Espoused Values）。共同拥护的价值观往往体现了一个组织希望向外界展示的理想组织形象。共同拥护的价值观一般通过组织的目标、口号和战略等来体现，这一层次的组织文化与外显的物质形态相比，要相对隐蔽些。但必须指出的是，那些表现组织目标、口号和战略的物质载体及表现形式，也是组织文化外显的物质形态之一，而藏于组织结构、规章制度和行为方式等外显的物质形态之下的便是组织的"信仰与价值"，它们是组织的战略、目标和哲学。

（3）基本的隐性假设（Basic Assumptions）。基本的隐形假设完全隐藏在组织成员的感知中，常常只能通过组织成员的行为方式、交流，甚至眼神、动作等表现出来。由于它们大部分出于一种无意识的层次，因此很难被观察到。但这是组织文化中影响层次最深、范围最广的部分。

组织文化的三个层次对于组织的运作有不同的影响力，可以用冰山模型来进行说明（见图 6-1）。冰山模型是把组织文化比喻成一座漂浮的冰山，其中，浮在水面以上、显露在外的部分是外显的物质形态，这部分的组织文化是外在表现，容易了解与测量，相对而言也比较容易通过特定的方法来改变和发展。但冰山的绝大部分是在水面以下，代表着共同拥护的价值观和基本的隐性假设。这部分组织文化对组织的影响力远远大于外显的物质形态，所以组织更应该注重组织文化的内隐部分。不过，由于组织文化的内隐部分难以捉摸，也不宜管理，因此组织可以考虑由外而内，先从组织文化的外显部分着手，例如从管理者的言行、组织的规则、结构、绩效与报酬制度等做起，首先改变组织成员的行为，从而逐渐改变他们的想法以及价值观。

---

[1] SCHEIN E H. Organizational culture and leadership[M]. New York: John Wiley & Sons, 2004: 25-37.

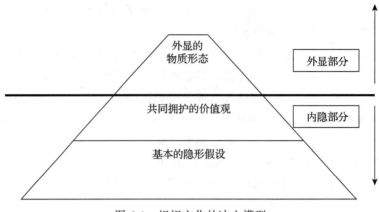

图 6-1　组织文化的冰山模型

二、组织文化的形成

组织文化并不是从一开始就形成的，它的形成要经历一定的演变过程，并与组织生存的环境以及组织的自身发展密切相关。当一个组织形成并开始运作时，必然会与外部环境产生互动，受到外部环境的影响，同时组织内部的成员之间也会产生某种人际关系，逐渐地，组织成员发展出一些共同的想法或观念，以处理组织运作时所面临的各种外部与内部问题。也可以这么说，一个组织在生存与发展过程中，必然会形成某种共同的观念、价值观和行为准则，从而构成了组织文化。

（一）组织文化产生的基础

组织能够生存与发展，必然要具备两个条件：一个是外部适应，另一个是内部整合。外部适应，是指组织能够了解外部环境，并对如何适应环境有明确的方法，能够迅速且成功地适应环境。内部整合，是指组织能够确保其内部的运作持续稳定进行，顺利而高效地整合组织现有资源。在这两个条件中，组织成员从外部环境中发现并确定对组织的存续发展具有积极意义的文化因素，并通过组织内部磨合整理，使之得到组织认同，进而形成组织特有的文化。

1. 外部适应

组织要适应外部环境，就要发展出特定的思考方式和行为方式，而这些通常都是为了应对组织面对的生存与发展问题。组织在适应环境的过程中，必须对环境有深入的了解，接着必须对如何适应环境产生共识。组织在外部环境中适应与生存的步骤，如表 6-1 所示。

表 6-1　组织在外部环境中适应与生存的步骤

使命与策略	成员对组织的核心使命、主要任务、外显和内隐功能有着共同的理解
目标	成员就组织使命发展出来的目标达成共识
方法	成员就实现目标的方法达成共识，如组织结构、劳动分工、薪酬制度、权力体系
衡量	成员在衡量各群体业绩表现的标准上达成共识，例如信息与控制系统。这一部分涉及如何获得信息，并将信息传递给组织相应的部门加以分析，从而指导之后的修正行动
修正	如果目标没有达成，成员应当对修正或补救措施达成共识

资料来源：SCHEIN E H. Organizational culture and leadership[M]. New York: John Wiley & Sons, 2004: 88.

上述这些重要的议题与步骤，是围绕着企业策略规划的流程来思考的。企业策略就是根据外部环境与组织环境的需要，设定适当的组织目标，进而拟定适当的方法并加以完成。有了好的组织文化，通常在这些重要的议题上就可以有明确的共识，进而使组织面对外部环境挑战时有明确的方向。

2. 内部整合

内部整合是为了保证组织的内部运行顺利且稳定。通常组织文化要能在一些重要议题上（见表6-2）达成共识，才能维持一个稳定的组织环境，让组织成员知道在组织中如何表现自己的行为。

表6-2 内部整合的重要议题

创造共同的语言和概念性分类	如果成员无法彼此沟通和理解，是无法形成群体的
定义群体内部和外部的界限与标准	群体必须明确自身界限，哪些成员可以进入群体，需要满足怎样的标准才能进入群体
权力分配	群体必须确定权力分配的方式，制定成员获得、维持和失去权力的标准与规则，以帮助减少成员的不满与焦虑
发展亲密关系、友谊等规范	每个群体必须对成员之间的人际关系互动制定规则，以保证组织顺利实现任务目标，有助于培养成员间的情感联系与凝聚力
明确奖励与惩罚	每个群体必须知道哪些行为是好的或不好的，并对什么行为应得到怎样的奖励或惩罚达成共识
解释不易理解的意识形态与信仰	就像社会一样，每个群体都会存在一些难以解释的事物，但群体必须对这些事物赋予意义，以便成员能够理解并做出反应，从而消除成员对不可控因素的焦虑

资料来源：SCHEIN E H. Organizational culture and leadership[M]. New York: John Wiley & Sons, 2004: 112.

（二）组织文化形成的阶段

沙因将组织文化的形成过程分为三个阶段。

第一阶段是"诞生和早期发展"，在这一阶段，组织刚形成不久，因此组织的建立者在很大程度上会影响组织文化的形成，组织成员受到组织建立者的价值观、信念以及各种管理行为的影响，此时，组织文化被视为组织区别于其他同类型组织的个性以及组织内部凝聚力的源泉。

第二阶段是"组织的中年时代"，这一阶段组织已经开始成熟，成员发展出高度的凝聚力与亲密感，进而使组织成为一个和谐、紧密的组织。组织成员对组织的认同感达到最高，组织文化进一步强化。在这一阶段组织将会面临来自外部适应和内部整合的问题，而这些问题可能无法用过去的经验和方法加以解决，所以组织需要一些新的机制来避免组织僵化。在保证之前成功的基础上，可以寻找一些新的价值观或强调包容多元的文化，也可以鼓励组织中的小群体发展自己的次文化，激发新的意见的产生，有助于组织创新。

第三阶段是"组织成熟"，这一阶段发生在组织成立很久之后，组织通常会致力于追求稳定，逐渐发展成熟，但过于追求稳定，有可能导致组织文化一成不变，组织成员也会缺乏创新意识，这种情况严重时，甚至可能引发组织的生存问题。组织成员不但难以帮助组织进行创新发展，在组织进行变革时还有可能起到阻碍作用，抗拒组织变革。组织文化慢慢变得僵化，无法根据组织进一步发展的需求做出改变。

| 视野拓展 6-3 |

雅戈尔理念：装点人生

雅戈尔集团公司（以下简称"雅戈尔"）地处浙江宁波，它的前身是青春服装厂。雅戈尔是英语"青春"（Younger）的译音。20 世纪 80 年代初建厂，经过 40 多年的风风雨雨，它从一个农村手工作坊发展成为一个颇具规模的上市公司。

1. 理念开发与导入

雅戈尔作为一家服装生产企业，结合自身的企业特点和行业特点，把"装点人生、服务社会"作为自己的企业宗旨和根本理念。从 1991 年以来，公司围绕这个理念做过三次 VI（视觉识别）导入，前后采用了三个不同的企业标识：1991 年采用的是一个圆形图案中间加一个"Y"（公司地处三江交汇处，Y 又是英文"青春"一词的首字母）；1993 年改为椭圆形图案加"Y"；1994 年又增加了一个"1"，表示争创一流，下面加英语转形词 YOUNGOR，表示永葆青春。为了统一视觉系统和理念系统，公司认为有必要对它进行整合。于是在 1997 年进行了新的 CI（企业识别战略）导入，请中国企业管理研究会和中央美术学院的专家实施 MI（理念识别）、BI（行为识别）以及 VI（视觉识别）的整合。整合思路如下。

（1）就导入的目的、原因与背景、期待成果、作业安排、总概念书、内部传播系统、外部传播系统进行了细化。

（2）对企业发展战略进行了定位：在企业内提出了第二次创业的口号，并制定了三个五年规划。第一个五年规划（1996—2000 年），跨国企业集团初具形态；第二个五年规划（2001—2005 年），跨国企业集团形成规模；第三个五年规划（2006—2010 年），跨国企业集团走向成熟。

（3）企业市场营销战略按以下思路展开：发展国内市场，开拓国际市场；国内向多品种、多规格、多花色发展；发展配套产品、系列产品；向华东、西南、西北、全国铺开；建立海外情报信息网络；向国际市场进军，包括欧、美、日高价位市场；拓展低价位市场，如周边国家、东南亚、中东；市场营销商务人员培训；加强风险管理。

（4）管理理念的提炼与阐释。雅戈尔的管理理念是宽容、和谐、文雅、仁和；为每个人提供均等的机会；以诚相待，晓之以理；品牌与品质同步；人才与事业共长；精神与物质并重。

2. 理念的展开和推出

为了全方位地实施企业理念，公司从用户、竞争对手、社会公众各个层面上进行分析，并制定相应的目标、规划和落实措施。用户层面即如何满足用户，服务用户；竞争者层面即如何与对手竞争；联合者层面即谁是企业可利用的外部资源。同时进行市场跟踪，包括明确目标（What）、规划日程（When）、人员落实（Who）、组织落实（Where）、确定手段（How）、说明原因（Why）、评估控制（Control）。

3. 遵循原则

为了严格履行既定的企业理念，公司制定了必须遵循的六项原则：竞争原则、盈利原则、用户至上原则、质量原则、创新原则、服务原则。

44 年来，雅戈尔始终把打造国际品牌作为企业发展的根基，围绕转型升级、科技创新砥砺前行，确立了高档品牌服饰的行业龙头地位，品牌价值 374.46 亿元，男衬衫品类连续 26 年获得全国市场综合占有率第一，男西服品类连续 23 年获得全国市场综合占有率第一。

资料来源：雅戈尔理念：装点人生，中国经济网，2007 年 2 月 6 日；雅戈尔官网，2023 年。改编人：曹琳君。

三、组织文化的特点与功能

（一）组织文化的特点

组织文化实质是一种"软管理"，是组织自我建构的一套体系。组织文化归属于整个社会大文化，是社会大文化的重要组成部分，既有文化的通用特性，又有组织文化自身的特点。

1. 组织价值观是组织文化的核心部分

每个组织都在自己的组织价值观中将其认定最值得追求的目标设定为组织的最高宗旨，当组织价值观被组织成员接受之后，组织成员的目标被高度整合统一，形成强大的向心力，有利于组织行动的实行。因此，可以说组织价值观支配着组织的信念与行动，是组织文化的核心。

2. 人本文化是组织文化的中心

组织由具体的人组成，人是组织行动的指挥者与执行者，组织离开了人就不能称为组织。组织必须充分地调动人的积极性，重视人的本质，发挥人的主观能动性，增强组织的活力与实现组织目标的动力。组织成员必须顺畅地沟通，相互信任。

3. "软管理"是组织文化的本质

组织文化实质上是以一种软性文化管理方法存在的管理方式。通过柔性的、隐形的、渐进的文化引导组织成员建立一个协调合作、目标统一的组织，促进成员的心理认同，这种认同反过来又进一步内化成组织文化，使组织目标成为组织成员的自觉行动，对组织成员具有强烈的控制力。

4. 增强凝聚力是组织文化的任务

组织成员不同的行为方式、文化背景等都不利于组织成员之间的沟通及协作，组织文化通过建立组织成员共同的价值观，强化同质性，促进组织成员的合作、信任以及对组织的归属感，有利于组织统一行动的实现。

除上述四种组织文化的特点之外，还可以依据控制强度、结果导向程度、横向与纵向沟通程度、信任程度、创新接受程度、冲突宽容度、协作意识、团队意识、激励的指向性以及组织的开放性等 10 个特征要素来对组织文化进行分类。

(二) 组织文化的功能

文化在组织中有两大重要功能,一是内部调整功能,二是外部适应功能。

1. 内部调整功能

组织文化为组织树立价值观,引导组织成员如何工作、如何沟通,应该做什么、不应该做什么,以及建立组织中的权力格局。这些都为组织实现内部整合提供了前提。组织文化的内部调整功能具体而言包括自我凝聚功能、自我调节功能和自我完善与延续功能。

(1) 自我凝聚功能。组织文化通过培养成员的归属感与认同感,建立起组织与其成员之间的相互依存关系,将个人与组织有机统一,凝聚成一个整体,使组织成员为了组织目标而共同努力。组织文化的这种自我凝聚功能正是促进组织不断发展壮大的动力。

(2) 自我调节功能。组织文化作为组织成员共同认可的价值观,能通过向个人价值观的不断渗透和内化从根本上改变组织成员的旧价值观,以一种"软管理"的方式使成员与组织的行为保持一致,对组织成员的行为具有修正调节作用。

(3) 自我完善与延续功能。组织文化并不是一成不变的,而是组织在不断发展的过程中逐渐沉积下来的经过淘汰和强化的理念,会随着组织的进步发展不断更新、不断优化。组织的发展推动组织文化的丰富与升华,积极的组织文化又进一步推动组织的发展,这是一个自我完善的良性循环,并且在组织中具有持久的历史延续性,并不因为组织成员的变动而立即发生变化。

2. 外部适应功能

组织文化帮助组织成员建立一种行为规范及理念模式,对组织要达到什么目标、怎样达到目标、在达到目标的过程中如何对待外部的事物等都具有指导意义。组织文化因此为组织与外界环境的沟通提供了可选途径,可以促进组织对外部环境变化的适应性。

第二节 组织文化的类型与组织结构

组织文化应该是与组织的战略、结构以及环境相匹配的,只有这样才是积极的组织文化,有助于提高组织行动的绩效。组织文化与组织结构可以通过多种方式进行调配,在本书中我们主要分析两个特殊维度,一是竞争环境是灵活的还是稳定的,二是战略焦点是内部聚焦还是外部聚焦。这两个维度构成了四个象限,从而把组织文化划分成四种类型,分别是适应型文化、使命型文化、团体型文化和行政机构型文化。其中任何一种组织文化在与相应的战略和环境相符时都可以是积极有效的文化。组织文化与战略、环境间的关系如图6-2所示。

一、适应型文化

适应型文化是以组织战略外部聚焦且环境灵活性高为特点的。适应型文化需要加大变革力度来适应外部环境的变化,同时提高自身灵活性。这种文化提倡组织加强对环境的适应能力,快速识别来自外部环境的各种信息,并对外部变化做出快速反应,不仅如此,还要积极地引导变化。适应型文化鼓励变革、风险以及创新。

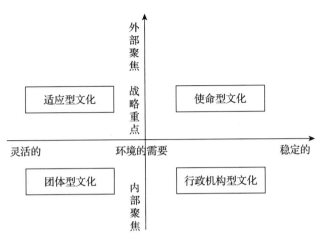

图 6-2　组织文化与战略、环境间的关系

资料来源：DAFT R L. Organization theory and design[M]. 9th edition. Cincinnati: South-Western, 2007: 80.

| 视野拓展 6-4 |

"00 后"员工管理对策探析

自 2022 年夏季开始，第一批"00 后"大学毕业生步入职场。"'00'后整顿职场"这一话题频繁冲上热搜，社会舆论褒贬不一。

首先，"00 后"作为我国改革开放以后中国第三个十年出生的年轻一代，2000—2009 年，国民经济继续保持高速增长的态势。"00 后"的生活条件要整体优于"90 后"。"00 后"人群较其长辈们拥有良好的物质条件和教育资源，生活水平更高。

其次，2000—2009 年，我国生育政策方针仍旧为稳定低生育水平，这一阶段的出生人口整体下降。"00 后"所在的家庭多是计划生育的"4＋2＋1"家庭，即四个老人，一对夫妻，一个孩子，因此"00 后"从小便备受宠爱，很少会受到传统家庭规范的限制，但同时也更多地承受着来自长辈的期待和压力。

再次，我国从 1994 年首次全面接入互联网，"00 后"经历了三次互联网大浪潮，享受到了全球化、移动互联网、整体消费升级，更深层次地受到新兴外来文化的影响，不仅在物质方面能得到更多的满足，精神方面更没有包袱感。

最后，"00 后"受教育文化及社会大环境影响，拥有更多新兴的理念与价值观。他们更加懂得自我，习惯自己做决定，对自我认知强；更加重视平等，在长辈或上级面前敢于表达自己的想法，重视社会公平，考虑问题更加现实。"00 后"会更积极地获取资源来发展自己的领域，也会更加主动地向外去争取资源。正因为上述"00 后"的成长背景，步入职场后注定会在新生代形象的加持下成为焦点，新生代工作生活的理念与"老一代"的工作生活理念产生碰撞，从而出现"'00 后'整顿职场"的现象。

因此，管理"00 后"员工具有特殊性与创新性。在进行员工管理时，要根据"00 后"员工的特点、特征、特色、特质，采用有指导性、操作性、针对性的管理办法，以进一步激发出"00后"员工的内在潜能，以便"00后"更快地融入职场，职场也能够更好地适应"00后"。

资料来源：苗艺凡，文革."00后"员工管理对策探析[C].成都信息工程大学管理学院."劳动保障研究"2023研讨会论文集.成都信息工程大学，2023: 5.改编人：李思嘉。

二、使命型文化

使命型文化是组织战略外部聚焦，但是环境稳定性高，它强调组织的目标及实现的过程。适应这种文化的组织要对外部环境中的变化高度关注，但并不需要非常迅速地应对。由于外部环境稳定，组织的目标可被预计衡量并实现阶段性的评估，组织可以通过设定组织预期的状态来激励组织成员行动，是一种结果导向型文化。

| 视野拓展 6-5 |

古井贡酒：使命立业

古井酒厂建于1957年，1963年"古井贡酒"被评为八大名酒第二名，30多年来荣获各种奖项近100种。古井酒厂是以名优白酒生产的龙头企业，致力于多元化经营和国际化发展，是集科工贸为一体的大型集团公司，拥有50多家子公司。古井集团现有员工6 000余人，总资产约25亿元，净资产约15亿元。

古井集团在从一个传统的手工酿酒作坊向多元化经营的企业集团发展的过程中，以"效忠古井、业绩报国"的使命，树立了"敢为人先"的古井精神，通过"两场效应"管理法，走出了一条"名牌、名企、名人"的发展道路，培育了独具特色的"以人为本、天人合一"的古井文化。

在制度文化层面上，古井人极力强化制度建设，先后制定了《生产工艺法规》《产品质量法规》《现场管理法规》等15种企业内部规章制度，以约束员工行为，维护企业经营活动的正常秩序。同时，古井人还坚持"以人为本"，讲求以情动人、以理服人、以德信人的"情、理、德"相结合的柔性管理，做到软硬结合，优化企业管理行为。在物质文化层面上，古井人在厂容、厂貌、产品构成和包装、装备特色、建筑风格、厂旗、厂服、厂标、纪念物、纪念性建筑物等方面大作"文化"文章，创建的"花园式工厂""古井亭""古井""古槐""古井酒文化博物馆"向人们展示千年古井酒文化的历史渊源。

2013年，古井人秉承"酒神"曹操缔造"中华第一贡"的"贡献文化"，以酿造中国最好的酒、提供最好的产品与服务、让消费者乐享生活作为企业的使命。

从贡酒到贡献，从共享到共赢，是古井人一以贯之的理念。简单工作、快乐生活，是现代人的追求，是具有普世价值的生活理念。把二者结合起来，贡献美酒、乐享生活，是体现古今一体、返璞归真的人生观。

从古井集团的产业格局来看，白酒是主业，是企业生存发展之本，所以古井人的使命首先是贡献美酒；同时，古井集团还有酒店、餐饮、房地产、农产品深加工、热电等产业，它们和白酒有一个共同点，就是服务于人们的日常生活，是为了人们乐享生活而存在的。所以从总体上看，贡献美酒、乐享生活能够代表古井集团各产业的共同属性及存在价值，是古井人名副其实的使命。

2023年是古井集团"改革深化提升年"。古井集团坚持以习近平新时代中国特色社会主义思想为指导，全面贯彻落实党的二十大精神，增强"四个意识"、坚定"四个自信"、做到"两个维护"，聚力建设"华夏酒城"，进一步落实"做真人，酿美酒，善其身，济天下"的企业价值观，抓好"三品工程"，夯实"四梁八柱"，坚定信心、保持定力、守正创新、高质高速、争先进位、勇毅前行，向更高目标奋力进发！

资料来源：代凯军.管理案例博士评点[M].北京：中华工商联合出版社，2000.；古井集团官方网站，2023年。

改编人：晋禾。

三、团体型文化

团体型文化的特点是战略内部聚焦且环境灵活性高。这种文化对组织成员高度关注并且要求其对外部环境的变化做出迅速且有效的反应。在适应这种文化的组织中，人的因素非常重要，组织成员的积极参与会为组织做出非常大的贡献。

| 视野拓展 6-6 |

诺基亚：借企业文化塑造团队精神

诺基亚公司（以下简称"诺基亚"）的企业文化包括四个要点：客户第一、尊重个人、成就感、不断学习。公司的团队建设完全以企业文化为中心，不空喊口号，不流于形式，而是落实到具体的行动中。公司的团队建设活动是一直进行的，各个部门都积极参与。公司会定期举行团队建设活动，并具体和每个部门的日常工作、业务紧密相连。这方面，诺基亚学院在团队建设和个人能力培养上发挥了很大的作用，为员工提供了很多很好的机会，能够让员工认识到他们是团队的一分子，每个人都是这个团队有价值的贡献者。

诺基亚在招聘之初，除了对专业技能的考核外，还非常注重个人在团队中的表现，将团队精神作为考核指标中的主要项目之一。通常会用一整天时间来测试一个人在团队活动中的参与程度与领导能力，并考虑该候选人是否能在有序的团队中发挥协作精神，发挥应有的潜能和资源如何配置。这样就可最大限度地保证诺基亚所招聘的员工一开始就能接近公司要求的团队合作的精神文化。

在诺基亚，一个经理就是一个教练，他要知道怎样培训员工来帮助他们做得更好，不是"叫"他们做事情，而是"教"他们做事情。诺基亚同时鼓励一些内部的调动，发掘每一个人的潜能，这些都体现了诺基亚的企业价值观。

诺基亚的产品研发是一个涉及面很广、复杂度很深、产品研发周期越来越短的系统工程，需要大量研发人才参与。截至2008年12月31日，诺基亚研发人员共有39 350名，约占集团总员工的31%。显然，管理这些研发人才是一个巨大的挑战，因为他们都是具有专业才智的精英，管理不好，就会因为互相较量造成彼此排斥的内耗局面。因此，诺基亚的团队文化在这里起到了非常重要的作用，"没有完美的个人，只有完美的团队"。基于这样的主导文化，上下级之间、同事之间都变成了团队中合作伙伴的关系，大家沟通顺畅，可以为着同一个团队目标而群策群力。因此，诺基亚的研发团队就变成了一个人人主动的领导力聚合体。

2014年6月，诺基亚宣布收购美国 Medio Systems 的小型智能数据公司，以加强其 Here 地图业务。这是诺基亚试图与谷歌地图对抗，继6月初收购人工智能旅行规划应用 Desti 后，在短短两周时间内为加强 Here 地图服务功能做出的又一举措。

2023年10月31日，诺基亚发布了《2030年技术战略》，确定了未来七年将塑造技术、网络和世界的趋势和新兴技术。根据其《2030年全球网络流量》报告，网络流量正在增长，并将在这十年中急剧上升。推动这一增长的是人工智能、机器学习、扩展现实、数字孪生、自动化和数十亿台设备等最新趋势。为了利用这些技术的指数级潜力来解决未来最大的挑战，诺基亚需要尽快适应和转型。

资料来源：诺基亚：追求完美的团队，中国人力资源开发网，2005年；诺基亚：没有完美个人 只有完美团队，2009年；诺基亚官网，2023年。改编人，田晓煜。

四、行政机构型文化

行政机构型文化的特点是战略内部聚焦，且追求环境的稳定性。行政机构型文化具有非常稳定的外部环境，强调内部成员行动的一致性。在适应这种文化的组织中，个人因素并不重要，重要的是个体与组织的一致性以及成员之间的沟通协作，鼓励理性的行为，强调高度的整合力以及组织统一性。

| 视野拓展 6-7 |

青山的纪律文化

经过30多年的发展，青山控股集团有限公司（以下简称"青山"）从温州龙湾几千家普普通通的不锈钢加工企业中脱颖而出，成长为一家世界不锈钢和镍产业领域具有较强竞争力的世界500强民营企业。很多龙湾人、温州人甚至浙江人都认为，青山是一家突然"冒"出来的企业。"冒"，体现了曾经的默默耕耘，体现了企业的快速成长，更体现了一种不屈的力量。青山为什么能突然"冒"出来？这跟青山领导人有意打造的青山纪律文化分不开，这里的纪律文化包括青山人该干什么和不该干什么的界定、倡导和保障，包括青山领导人志同道合、身体力行的垂范、自律和坚守，包括敢为人先、廉洁敬业的青山精神的提炼、发扬和传承。这正是青山提倡的"正义、公平、公正"的企业文化。

一大批企业发展到一定程度就止步不前，很多都是因为高层团队纪律意识淡化了，出现了腐败问题，企业不再健康，发展受到了阻碍。青山自创业之初就深知"正义、公平、公正"对企业的作用和影响，一直把"正义、公平、公正"的理念融入进青山的各项工作中，并使之成为青山企业文化的主流。正义，就是要看所做的事情是否对团队、对公司、对社会、对国家有帮助,是否能带来正能量。公平公正,就是要公平对待每一位员工,给每一位员工同样的机会。讲正气、有思想、想做事已成为青山选人用人的基本标准。

资料来源:青山企业的纪律文化,2013年。

上述四种组织文化并没有孰优孰劣,并且通常现实中组织文化并不严格按照这种文化分类,无论树立何种类型的组织文化,都必须考虑到组织的环境状态与组织的战略重点。只要能与组织的环境以及战略很好地配合,就是优秀的组织文化。

第三节 组织文化测评

组织文化测评是针对组织文化特点的诊断与评价。如同患者看病诊断,首要的是判别得了什么病,然后才能寻找病因,对症下药。对组织文化的诊断就需要进行组织文化测评,测评结果可以帮助组织采取针对性的措施进行组织文化的建设和变革。国内外很多学者都提出了基于不同维度的组织文化测评模型。本书主要介绍两种应用广泛的组织文化模型:卡梅隆与奎因组织文化模型和丹尼森组织文化模型。

一、卡梅隆与奎因组织文化模型

美国组织行为专家罗伯特·奎因(Robert Quinn)在1988年开发出了对立价值构架模型。在奎因与卡梅隆共同完成的经典著作《组织文化诊断与变革》中,对该模型进行了详细介绍。对立价值构架模型又称卡梅隆与奎因组织文化模型,简称OCAI。该模型把企业文化指标按照内部、外部导向和集权、分权两个维度进行分类,最后形成四个基本的价值模式。卡梅隆与奎因组织文化模型从20世纪90年代开始在世界范围内被广泛应用并在国际上逐渐成为一种比较权威的企业文化分析工具。如图6-3所示,根据组织关注的工作内容的不同,可将企业文化划分为注重内部管理与整合以及关注外部竞争与差异性;根据组织采取的工作风格的不同,可将企业文化划分为追求灵活与适应以及追求稳定与控制。在这两个维度的基础上将组织文化分为等级森严式、市场为先式、部落式、临时体制式四种组织文化类型(见图6-3)。

1. 等级森严式

早期的组织理论大多倾向于建立正式化且结构性的组织类型,主要是为应对不断扩大的社会生产和提供充足的产品和服务。组织实现制定好的程序指挥和控制成员的工作。组织最追求稳定、效率和可预见的行为,认为一个好的组织应该具有高度正式化的组织结构。在变化小且较不复杂的环境中,这种组织结构能顺畅地运作,任务流程可以很好地整合与指挥,产品和服务保持稳定,员工的工作行为受到高度的控制与监督。

为了适应这种高度集权的组织结构,组织一般会形成等级森严式组织文化,领导者具有很大的权力,决策权高度集中,成员只需按照组织的规定和领导者的指挥行事。这种文化下,成员缺乏参与决策的机会,有可能对组织的认同感不足,也会缺少学习与成长的机会。但通常会有较好的工作保障以及明确的奖惩机制和升迁制度,这是因为组织希望降低员工行为的不可预测性,以保证组织目标不会因为成员变动而产生较大的波动。

图 6-3 卡梅隆与奎因组织文化模型

资料来源：CAMERON K S, QUINN R E. Diagnosing and changing organizational culture: Based on the competing values framework[M]. Hoboken: Jossey-Bass, 2006: 46.

2. 市场为先式

20 世纪 60 年代末，出现了一种新的组织文化形式，即市场为先式组织文化。市场为先式组织运作起来本身就像是一个"市场"，组织积极地设定市场与财务目标并加以达成，所以组织对员工的管理会倾向于目标导向，且非常重视竞争者在"市场"上的表现，以保证能够高效地达成组织目标。在这样的组织中，成员之间通常是高度竞争的，除了追求自己目标的达成，希望完成任务之外，也与组织内部的其他成员或潜在的外部竞争者竞争，因此，在这样的组织形式下，员工在工作中比较积极，将达成目标视为最重要的任务。为了塑造这样的组织文化，组织可能采取严格而详细的绩效管理制度，实行明确的奖惩制度。

市场为先式组织通常注重结果多于过程。组织的领导者都是铁腕的生产者和竞争者，都很坚强并要求苛刻，在制定好组织与个人目标之后，就会根据预定的标准不断努力，直到目标达成。

3. 部落式

部落式组织文化是指以亲情、传统、承诺为基础的文化。这种文化中充满了共同的价值观和目标，团结互助，彼此之间有关系亲密的氛围。组织成员视组织为自己的家，对组织有强烈的认同感。部落式组织文化注重团队精神、员工的参与和对成员的关心。奖励与惩罚是面向整个团体，而非针对个人。质量管理小组鼓励成员积极地提出建议以改善工作和业绩，同时努力创造自主性很强的工作环境。

部落式组织文化需要几个要素来保证其发展，分别是组织成员的团队意识较强，能够进行自我监督，并在工作中不断提升自我；组织与其供应商和顾客之间的关系更像是合作伙伴，而不是单纯的利益关系；工作环境人性化，赋予组织成员较大的自主权，激发他们的参与、贡献和忠诚意识。

当一个组织的文化更多地关注成员的长期目标和自我提升时，员工在组织中就会表现出较高的奉献精神，愿意为组织付出。这时，组织的领导者就更像一位长辈，扮演着家长的角色，组织就像是家庭的延伸。

4. 临时体制式

随着信息时代的到来，出现了一种新型的组织文化，这种组织文化具有高度活跃、高度变化的特性。组织成员时刻关注外在环境的变化，分析其对组织造成的影响，并会积极寻找各种问题的解决之道。组织成员参与程度与自由度很高，能够随时准备接受变化和新的挑战，并激发各种创意，时常可以创造新的产品或服务。总的来说，临时体制式组织文化就是要创造一种动态的、能够帮助创意形成的工作场所，组织的重点是如何在产品和服务创新方面做到领先，领导者必须充满想象力，富有创新精神并能容忍风险。

> **知识栏**
>
> **以文化赋能企业高质量发展**
>
> 党的二十大报告指出："全面建设社会主义现代化国家，必须坚持中国特色社会主义文化发展道路，增强文化自信，围绕举旗帜、聚民心、育新人、兴文化、展形象建设社会主义文化强国。"这一表述明确了中国特色社会主义高质量发展中文化建设的使命和任务，即通过文化赋能国家的高质量发展。类似地，文化在企业中也具有同等重要性。企业领导者常强调，经营企业的本质在于塑造企业文化，明确为何为人服务、如何提供服务，不仅涉及企业战略，更关乎企业的使命和价值观。高质量发展是时代对企业的要求，同时也是企业提升市场竞争力的本质需求。企业文化作为一种潜在的、无形的生产力，持续不断地影响着企业的发展。因此，企业必须以文化为支点，为高质量发展注入动力。
>
> 资料来源：田建忠，李倩. 以文化赋能企业高质量发展 [J]. 商业文化，2024, (02): 86.

二、丹尼森组织文化模型

丹尼森组织文化模型是应用最为广泛的测评组织文化的模型之一。它是由瑞士洛桑国际管理学院的丹尼尔·丹尼森（Daniel Denison）教授在经过对1 500多家样本公司的研究后提出的。丹尼森对大量公司进行研究后，总结出组织文化的四个特征：适应性（Adaptability）、使命（Mission）、参与性（Involvement）与一致性（Consistency），如图6-4所示。

1. 适应性

适应性是指组织对外部环境（包括市场与客户）的各种信号迅速做出反应的能力。适应性包含以下三个维度。

（1）组织学习：组织能否将外界信号视为鼓励创新和吸收新知识的良机？是否有能力在外部环境变化的情况下抓住创新与学习的机会？

（2）客户至上：善于利用环境的组织总是以客户为出发点分析问题。组织对自己的客户有多了解，在多大程度上能够满足客户？能否正确地预计或引导客户未来的需求？

（3）创造变革：组织是否有勇气承担变革带来的风险？是否学会仔细观察、分析外部环境、评估相关流程和变化步骤并及时实施变革？

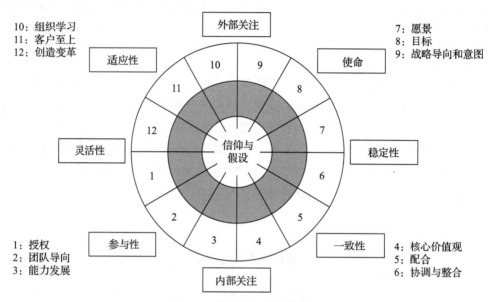

图 6-4　丹尼森组织文化模型

资料来源：MOBLEY W H, WANG L, FANG K. Organizational culture: Measuring and developing it in your organization [J]. Harvard Business Review, 2005, 3: 128-139.

2. 使命

使命这一文化特征是用来判断组织是关注眼前利益，还是更关注长期目标。一般来说，成功的组织目标比较明确，且志向远大。使命包含以下三个维度。

（1）愿景：员工对组织想要达成的理想状况是否理解并认同？组织将要变成什么样？要对组织内部和外部做出怎样的贡献？

（2）目标：组织是否制定了一系列与使命密切相关的详细目标，可以让每位员工工作时作为参考？

（3）战略导向和意图：组织是否将成为行业最优作为目标？清晰明确的战略导向和意图展示了组织的决心，让所有组织成员知道应该如何为组织战略做出自己的贡献。

3. 参与性

参与性涉及组织成员的工作能力和个人发展以及对组织的归属感和责任感。组织的这一文化特征，反映了组织对其成员自身成长的关注程度，以及对鼓励成员参与决策并承担任务的重视程度。参与性包含以下三个维度。

（1）授权：成员获得多大程度的授权，是否承担了相应的责任？成员在工作中是否能自我控制、自主管理？授权是否调动了成员的积极性？

（2）团队导向：组织是否利用科学的手段来强化成员的团队意识？成员的凝聚力有多强？在工作中是否更多地依靠团队合作？

(3) 能力发展：组织在人才引进方面能否保持较高的水平？对成员的培训是否及时、合理、有效？对成员个人的学习和提升是否提供了必要的条件？

4. 一致性

一致性涉及组织共同的占据主导地位的文化，成员对这种文化有着高度的赞同。成员之间和谐相处，能够密切合作以达成共同目标。一致性包含以下三个维度。

(1) 核心价值观：组织是否拥有所有成员都认可并遵守的价值观？能够加强成员与组织的联系，保证个人目标和组织目标一致性？

(2) 配合：领导者是否有能力带领大家团结一致，群策群力，共同解决组织难题？是否能在关键的问题上调和不同意见？

(3) 协调与整合：组织不同部门、上下级之间能否密切合作？部门之间的矛盾能否通过沟通予以及时解决？

通过分析我们可以看到，在组织文化的四个特征中，"适应性"和"参与性"（图6-4中位于左侧）衡量的是组织变革的愿望和能力及灵活程度，而"使命"与"一致性"（图6-4中位于右侧）衡量的是组织保持可预测性及稳定性的能力，左边和右边共同构成了一对矛盾主体；此外，"适应性"和"使命"（图6-4中位于上部）与组织对外部环境的适应能力相关，而"参与性"和"一致性"（图6-4中位于下部）强调组织内部系统、组织结构及流程的整合问题。其中，强调灵活的适应性与关注内部整合的一致性存在矛盾。自上而下的使命（愿景）与自下而上的参与性之间存在矛盾。

该模型的实用性在于通过调查和相关计算，可以迅速地得到组织在总共12个维度上的相关分数。这12个维度对市场份额和销售额的增长、产品和服务的创新、资产收益率、投资回报率和销售回报率等业绩指标有着重要的影响，因此测试组织在这些方面的得分能帮助组织采取相应的行动来调整组织结构与工作计划，实现组织的战略目标。

丹尼森组织文化模型已经广泛运用于各种组织和个人。主要的应用包括：①运用丹尼森组织文化模型，可以把某一组织的文化分别与拥有较好和较差业绩的组织的文化进行对比，以明确该组织在组织文化方面的优势与劣势；②可以应用该模型对业务部门进行考察，以了解组织内部的亚文化；③该模型可以测量组织现存的文化并考察如何使该文化在提高绩效方面发挥更好的作用；④该模型可以在调查研究的基础上进一步提出改进组织文化的新方案和具体建议；⑤该模型还可以为组织的发展和组织文化变革提供决策依据等。

| 视野拓展 6-8 |

利用丹尼森组织文化模型分析某在华国际办公家具公司的组织文化

在丹尼森博士的许可与支持下，我们在确保准确性的基础之上将丹尼森组织文化测评法译成中文，并在多家中国公司运用了这种方法。丹尼森组织文化测评法通过一份由60个问题组成的问卷调查（表6-3"组织文化测评问题示例"选列了其中的15个问题），请公司各层级员工描述自己对本公司的看法,最终经过整理形成组织文化分布图。答卷时间大约需要15分钟,既可通过互联网在线完成,也可采用书面方式。下面我们通过对该在华国际办公家具公司的组织文化进行分析来介绍组织文化测评法的具体用途。

图6-5是某在华国际办公家具公司的组织文化分布图,通过对该组织各个岗位上的136名员工进行调查,经过计算,最后得到了如图6-5所示的这一测评结果。其计算原理是,把组织文化测评每个维度的分值与组织文化测评法中所选用的550多家公司的分值进行比较后,可以得到一个百分数,这个百分数就是该公司在相应维度上的得分。举例说,在"团队导向"上获得59分意味着就这一维度而言,有59%的公司表现不如该公司,而有41%的公司表现优于该公司。"能力发展"获得14分,说明在这一维度有14%的公司表现比该公司逊色,而有86%的公司表现超过该公司。

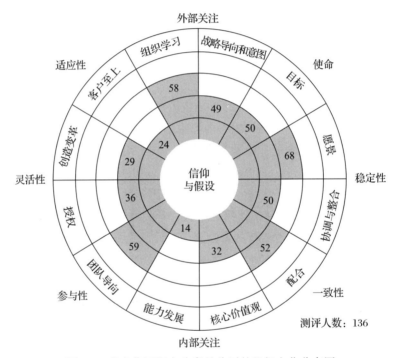

图6-5 某在华国际办公家具公司的组织文化分布图

我们将提供简单的背景资料,有助于大家更好地了解该公司的状况,从而更直观地解读这张组织文化分布图。这家位于上海的公司是某国际办公家具巨头在中国及亚太地区的总部,该在华国际办公家具巨头通过在世界各地开设或收购工厂,积极推进公司的全球扩张战略。它试图通过统一利用各地的资源优势(如全球性大客户、产品线以及采购能力),提高公司运营的一体化程度,力图更加贴近本地市场。

在这种全球化战略的指导下,公司采取了许多组织变革行动。以前它主要是一家制造型公司,如今公司的工作重心已转为以客户为导向。公司希望与建筑师和设计师共同合作,提供令客户满意的办公室布置设计方案,给客户带来舒适的体验。此前公司70%的部件从北美进口,产品设计也大多在美国和欧洲进行,而现在则努力加强本地化的采购、生产及产品开发。此举既有助于降低成本,把产品价格从高端下调到中端,以适应当地客户的价格承受能力,同时又能更好地满足中国客户的独特需求。

公司还做出了一项重要决定，即将亚太地区总部从香港迁往上海。这主要出于两个原因：首先，由于它的许多全球性客户都将它们的亚太总部和研发中心等机构从中国香港、新加坡、东京等地迁往上海，因此公司的业务中心自然也要转移到上海；其次，将亚太地区总部迁往上海还有助于公司将其设在上海的工厂与亚太地区业务进行整合。以往，上海的工厂与总部的关键决策（尤其是在市场营销方面）脱节，中国业务经常受到忽视。

于是，亚太地区高层管理团队迁到了上海，上海的销售部和工厂也进行了重组。上海的员工深受鼓舞，因为这缩短了他们与亚太区领导团队的距离，从而获得了更好的学习机会。然而，在将市场营销部门与工厂的运营部门进行整合的过程中遇到了问题。这两个部门以往就存在摩擦，现在，因为市场营销部门开始"进入"运营部门的领地，两者之间的矛盾更深了。如果双方不想分享权力，不愿意相互整合，变革势必受阻。此外，随着变革进程的推进以及新管理团队的创立，以前的亚太地区管理团队和公司总部都不免感到心神不定，他们对此次组织变革可能带来的影响以及采取这项战略行动之后可能出现的前景并没有把握。

尽管面临困难，这家公司仍然努力把握自己的命运，积极地为总公司的全球化战略做贡献。在将亚太总部移到上海之后，这家公司的主要目标集中在以下几个方面：加强市场营销与运营部门之间的整合；更积极地在当地建立起产品设计、采购及战略上的联盟；培养本地人才，建立一支富有凝聚力的领导团队，并塑造高效的组织文化。

面对这样一家公司，如果你是该公司的总经理，应该采取哪些变革措施呢？下面是一些建议：你可以从它的组织文化分布图入手，仔细分析该公司的状况。对组织文化分布图进行分析时，通常有四个步骤：一是研究整体特点，找出主要的强项和不足；二是对主要强项进行研究；三是对主要不足进行研究；四是制订行动计划。

组织文化测评问题示例如下所示。

让员工对如表6-3所示的陈述打分，然后统计平均分，就能知道公司在"参与性"上的得分。利用丹尼森组织文化的数据库进行对照，就能知道自己在"参与性"上比多少公司强，又比多少公司弱。其中5分表示强烈赞同，1分表示强烈不赞同，3分表示中立。

表6-3 组织文化测评问题示例

序号	题项	评分
1	大多数员工积极投入自己的工作	①②③④⑤
2	哪个级别获得的信息最充分，就在哪个层面做出决策	①②③④⑤
3	信息广泛共享，每个人都可以在需要时获得所需的信息	①②③④⑤
4	每个人都相信自己能够产生积极的影响	①②③④⑤
5	业务规划具有持续性，并且让每个人都能参与其中	①②③④⑤
6	积极鼓励组织内不同部门之间进行合作	①②③④⑤
7	员工彼此进行广泛的团队合作	①②③④⑤
8	完成工作依靠团队协作，而非职权和命令	①②③④⑤
9	团队是我们的主要基石	①②③④⑤
10	工作的组织方式使每个人都能了解本职工作与组织目标之间的关系	①②③④⑤

（续）

序号	题项	评分
11	员工被授予权力，可以独立开展工作	①②③④⑤
12	员工的能力在不断提高	①②③④⑤
13	公司能够对提升员工的技能不断进行投资	①②③④⑤
14	员工的能力被视作竞争优势的重要来源	①②③④⑤
15	由于我们不具备完成工作所需的技能，因此时常出现问题	①②③④⑤

资料来源：茅博励、汪滢、方敏等，如何测评你的组织文化[J].哈佛商业评论，2005(3): 1-12. 改编人：田晓煜。

本章小结

组织文化是指组织成员共享的一套稳定的价值观、信念、惯例以及行为规范等的总和，是组织作为一种标准来传承的精神基础。组织文化的基本要素可以分为组织精神、组织价值观与组织形象。

组织文化内容的层次结构可以分为外显部分（外显的物质形态）、内隐部分（共同拥护的价值观与基本的隐形假设）这三个层次。组织文化的形成需要外部适应和内部整合两个条件。组织文化的形成过程可以分为三个阶段，即诞生和早期发展、组织的中年时代与组织成熟阶段。

组织文化是组织自我构建的一套体系，其核心是组织价值观，中心是人本文化，本质是一种"软管理"，任务是增强组织的凝聚力。组织文化具有内部调整与外部适应两大功能。

从竞争环境和战略焦点两个维度可以将组织文化与环境和战略的匹配关系分为适应型文化、使命型文化、团体型文化与行政机构型文化四种类型。

卡梅隆与奎因组织文化模型根据组织关注的工作内容与企业文化两个维度将组织文化分为部落式、临时体制式、等级森严式和市场为先式四种类型。丹尼森组织文化模型被广泛应用，其模型包括适应性、使命、参与性和一致性。

复习思考题

1. 如何理解组织文化的冰山模型？
2. 举例说明一家企业的组织文化是如何形成的。
3. 组织文化在组织的运行中发挥什么作用？
4. 举例分析一个组织的文化类型如何与环境和战略相匹配。

进一步阅读

1. 沙因. 组织文化与领导力[M]. 马红宇，王斌，等译. 北京：中国人民大学出版社，2011.
2. 马丁. 组织文化[M]. 沈国华，译. 上海：上海财经大学出版社，2005.
3. DENISON D R, MISHRA A K. Toward a theory of organizational culture and effectiveness[J]. Organization Science, 1995, 6(2): 204-223.

综合案例

老字号的新烦恼：正源茶业的组织变革中的文化冲突

正源茶业的前身是创建于清光绪二十六年（1900年）的京城著名的老字号茶庄。在中华人民共和国成立前，茶庄通过在福建建设茶场、就地加工生产等方法，确保产品的质量和味道。在20世纪三四十年代，茶庄已经开始利用电台、电影等手段进行广告宣传，使得茶庄名声大噪，在北京可谓家喻户晓。经过100余年的发展，经历了公私合营、国企改制等阶段，正源公司已经成为茶叶界的龙头企业。

中华人民共和国成立前的正源茶庄是私营性质，主要是靠师父带徒弟来手口相传，茶庄的创始人也是从学徒出身直至自己开设买卖。师徒制是一种在实际生产过程中以口传手授为主要形式的技能传授方式，这在茶叶行业是很普遍的。1956年公私合营，正源茶庄也由私有制改为国有制，归宣武区（现西城区）主管。正源茶庄改为国字号以后，仍然用师徒制的管理方式。直到1992年，中国茶叶市场都为计划经济下的统购统销，正源茶庄亦然。1992年成立正源公司，1999年正源公司成功改制，由国有企业转制为有限责任公司。从1999年至今，公司年销售额由8 000多万元增长到近6亿元，店铺数由13家增长到目前的100多家。

随着正源公司的不断发展，公司领导层逐渐认识到人才的缺乏已经成为制约公司持续发展的瓶颈问题。从2003年开始，正源公司开始引进大学毕业生，既包括茶学专业的，也有管理专业的。2003年的大学应届毕业生总共招入4人，当时公司总共有80多人，除了四五十岁的老员工以外，年轻员工的学历基本都是中专。之后每年都会引进若干名大学毕业生，特别是前些年公司与安徽农业大学茶业系合作，一次性从安徽农业大学应届毕业生中招入8人，进入公司不同岗位实习和工作。公司引进的大学生一开始会在各自的师父带领下实习，然后被安排在公司总部的核心部门、门店或分公司。当时公司大学以上学历的员工占25%左右，而且这个比例以后会逐渐提高。

2007年，正源公司开始试行竞聘上岗制度，本着"不拘一格用人才"的思路，提出全公司无论年龄，无论学历、资历，均可以应聘公司的工作岗位。从公司领导的角度，非常重视引进的大学毕业生，许多大学毕业生经过实习之后，都经过竞聘上岗担任了公司中重要岗位的工作，例如产品检验、仓储物流、生产管理、品牌管理等岗位的工作，或者到一线门店担任经理或经理助理。经过竞聘上岗，一批年轻员工，特别是具有大学或以上学历的员工走上了管理岗位或重要岗位。公司的中层和基层管理人员日益年轻化，许多部门的负责人都是30来岁的年轻人，大多数直营店的店长都是近年来竞聘或提升上来的年轻人。

可是，中国的企业，特别是传统老字号企业大多深受儒家思想的影响。儒家思想中的伦理观念、长幼有序的等级观念根深蒂固。"师徒制"是传统老字号企业的一大特点，特别是茶叶行业最兴的就是拜师，因为里面的门道太深，没有师徒这层关系，许多诀窍是断然不会轻易外传的。中国有句老话"一日为师，终身为父"。一直以来，正源公司新招入的员工都要经过在门店实习的阶段，而在门店实习，首先就是要有一个师父，也许没有正规的拜师仪式，但是师父会教徒弟学习那些逐年传承下来的东西：传统茶叶包、茶叶种类鉴别、茶叶桶的捆扎、茶产品的推介……由于"师徒制"的传统，正源公司每个年轻的员工都有自己的师父，而新的人事改革和调整带来的一个直接结果就是有些徒弟会变成师父的领导或与师父平起平坐。

虽然正源公司不断地发展，也重视对年轻员工的培养，把有学历、有一定专业知识的年轻人放在重要的岗位上，可是"师徒制"这个传统传承了100多年，这就导致公司出现了传统的管理方式和行为习惯与新的管理体制与方式之间的冲突。许多老师傅对于新的管理体制与方式不能马上适应，年轻员工按照公司规章制度行事却又不敢违背自己的师父，最终使得一些年轻员工面临两难的境地进而选择离职。因此，对正源公司这样有着深厚传统和文化基础的企业来说，如何有效实施组织变革成了一道难题。

2023年高考，新课标Ⅱ卷也提到了"老规矩"这个词。这一如今已经多多少少被人划入调侃语境的词组，此番"堂而皇之"地登入高考试卷，并成为决定万千学子前途的词汇，不但会让这一届的考生记忆犹新，也让观者重新重视起这一词组背后所蕴含的深意。当年，正源公司创始人从学徒到开创自己的字号，靠着自办茶场、秘方制茶、掌柜评茶等方式窨出味道独特的京味儿花茶，几十年后，公司领导层通过寻访老茶客、走访后人，重新将老掌柜当年窨出的口味儿给找了回来，重拾正源公司的"老规矩"。"老规矩"用不好叫古板守旧，用好了叫传承创新，正源公司用"老规矩"恰到好处。

资料来源：武欣、单伟、王令娜，老字号的新烦恼：正源茶业的组织变革中的文化冲突，中国管理案例共享中心案例库。改编人：孙贵娟。

讨论题

1. 你认为正源茶业所奉行的是一种什么样的文化？其核心价值观是什么？

2. 为什么公司的一些年轻员工选择离职？你认为正源茶业让徒弟变成师父的领导或与师父平起平坐这一做法是否正确？

3. 你建议正源茶业采用什么方法来平衡"师徒制"的传统的管理方式和行为习惯与新的管理体制与方式之间的冲突？

PART

组织与环境篇

第七章　环境与组织策略
第八章　企业间关系管理

第七章 CHAPTER 7

环境与组织策略

§ 学习目标

- 了解组织外部环境的内涵与特征
- 掌握环境不确定性的内涵及分析框架
- 理解组织对环境资源的依赖性的内涵及资源分析模型
- 掌握应对环境不确定性的管理策略
- 掌握应对资源依赖性的管理策略

§ 核心概念

组织环境 环境不确定性 资源依赖 适应策略 控制策略

§ 引例

甄选直播,知识带货:商业模式重构,新东方浴火重生

20世纪90年代,我国留学政策进一步放开,留学生人数迅速增长,全国英语培训需求强劲。顺应市场需求,新东方教育科技集团有限公司(以下简称"新东方")应运而生。新东方在留学考试培训领域获得成功后,依托该培训业务拥有的客户资源优势,往产业链上下游拓展业务,先后成立了前途出国、东方游学等公司,提供全方位的留学服务。留学考试和咨询业务面向的是大学生群体,这个群体的学生较成熟,具有一定的自控力,再加上新东方的"名师战略",所以这个时期新东方采取的是大班教学模式。

2010年前后,我国留学市场从2008—2010年约25%的平均增速逐步下滑,提前布局新的业绩突破口成为新东方的战略重点,而同期课外辅导市场的爆发给新东方打造新的业绩增长点带来了可能。中小学生群体年龄较小,学习自控力较差,大班模式无法发挥其优势。经过研究和学习,新东方把大班教学模式变为小班教学模式,学生人数不多,老师们可以科学系统地了解每一位学生的水平,精细化教学。

2005年，新东方成立新东方在线子公司，开始布局线上业务。由于当时技术较为落后，网络不发达，线上教育发展缓慢。随着互联网的发展和直播新业态的出现，在线教育迎来了新的发展机遇。2019年，新东方在线独立开发的双师大班线上直播平台——ECCP，在疫情出现后成功应对了大规模的流量涌进，充分保障了线上平台系统的顺畅运行，也为千万人次的学生提供了高质量的在线教学服务。

新东方在教育培训行业如鱼得水、独占鳌头之际，却遭逢巨变一夕变天。2021年7月24日，中共中央办公厅、国务院办公厅印发的《关于进一步减轻义务教育阶段学生作业负担和校外培训负担的意见》（以下简称"双减"）重磅落地。彼时，比重越来越大的课外辅导教育板块已成为新东方收益的重要来源之一，但行业大震荡之后，该业务踩下了急刹车，教育培训行业遭受重创。

2021年8月，新东方开启裁员、退租线下教学点等工作。同年9月，集团召开高管会，俞敏洪宣布秋季课程结束后，不再招收义务教育阶段的学科类培训辅导学生，各地分校逐渐关停教学点。关闭了部分教学点后，新东方把总价值超5 000万元的定制桌椅全部捐出。

"双减"政策促使新东方积极探索转型，寻求商业模式重构。农业是国家"十三五"重点发展领域，具有广阔的市场空间和巨大的发展潜力。与此同时，新媒体的快速发展，使得短视频、直播等新形式已广泛被消费者接受。新东方认为将两者结合，或许能探索出一条新的发展之路。因此，当教育领域出现变革时，俞敏洪将目光放在了直播带货上。在探索新的转型方向时，俞敏洪希望找到一个政策更加稳定、前景更加广阔、需求更加深远的领域，尝试农产品的直播带货。

2021年12月，新东方在抖音平台上创建了专注农产品直播的"东方甄选"账号。东方甄选的定位是做一个专注于为客户甄选优质产品的直播平台、做一家以持续提供东方甄选自营农产品为内核产品的优秀产品和科技公司以及做一家为客户提供愉快体验的文化传播公司。

东方甄选直播间的主播皆是来自新东方的优秀教师，这些优秀的教师和自身具有的知识价值赋予了东方甄选核心竞争力。从转型初期开始，东方甄选就没打算赚快钱做好了长期的准备。新东方内部达成共识，充分利用新东方核心资源优势，将新东方的课堂三要素——激情、励志和幽默，以及原有教师体系的探索精神和运营思维应用到电商直播行业中。所以，东方甄选从一开始就没有采用当时直播行业惯用的吆喝式直播，而是做有文化内涵的带货直播，追求调性，给客户带来愉悦的精神体验。主播们在讲解商品时，会讲解产品的功能和特点，也会对产品的历史和文化背景进行延伸，为消费者带来额外的精神价值。开播第一天俞敏洪带着东方甄选CEO孙东旭、董宇辉和YOYO几个人直播，4小时卖出了400多万元。在东方甄选的直播间，消费者既能买产品，还能学知识，这是东方甄选从创立起从未改变的初心。

东方甄选有两种产品形式，一是代销产品，二是自营产品。在选品上，东方甄选坚持以产品质量为导向，不一味地追求产品价格，只选择最优质的、最美味的产品，以高标准要求供应商。因此，对自营产品的选品标准就更高，关于东方甄选自营产品的选品逻辑，有几个原则：健康、美味（保证有复购的可能）和高性价比（保证能被大多数人复购）。截至 2023 年 5 月初，自有品牌的烤肠热卖 343 万单，意大利面售出 140 多万单，南美白虾销售 200 万单，其他自营产品的销量也十分可观。

"英语"曾是新东方的标签，现在成了新东方的带货优势，"知识带货"让新东方再现辉煌。商业模式重构后的新东方借助曾经的优势，主播们发挥特长进行知识带货，在直播领域里构建起难以效仿的竞争优势，真正实现了知识带货界的"弯道超车"。

资料来源：刘娜、王雪晴、翟文畅，甄选直播，知识带货：商业模式重构，新东方浴火重生，中国管理案例共享中心案例库，2023 年。改编人：李思嘉、古丽妮嘎尔·艾克拜尔。

第一节　组织的外部环境

绝大多数组织都需要面对具有极大不确定性的外部环境。那些无法适应竞争日益激烈的环境、多样多变的消费偏好和不断更新技术的组织正在逐渐衰退直至消亡。正是这些外部环境因素引起的不确定性导致了组织的混乱，给组织带来了极大的制约。因此组织所面临威胁的主要来源就是外部环境。组织与环境的关系既包括组织根据环境主动选择组织战略，又包括组织被动地受到环境的影响，这是一个相互作用的过程。所以，组织与环境的关系可以从组织对环境的影响和环境对组织的影响两个方面结合来分析。

一、组织外部环境的内涵与特征

（一）组织外部环境的内涵

环境是一个"剩余"的概念，它指所有"别的因素"[⊖]。从广义来讲，环境是没有边界的，它包括了组织外部的所有因素。这里的分析只考虑了那些对组织有较大影响的环境因素，组织的运行必须对这些因素及时做出正确的反应。这里的组织外部环境（Organization Environment）是指组织边界外可能对组织产生影响的所有要素。

通过分析组织外部的领域有助于认识组织的环境。组织的环境领域（Domain）是指组织为了自己的产品、服务和要面向的市场而主动选择在其中活动运行的环境区域。领域对组织的运行方向和为实现组织目标所需互动的外部环境要素都具有决定作用。环境是由很多方面组成的，任何组织的环境领域都可以划分为行业、原材料、市场、技术、人力资源、金融资源、政府、社会文化、经济形势和国际环境 10 个方面。

组织的外部环境是由两个层次构成的：一般环境和任务环境，见图 7-1。

1. 一般环境

一般环境（General Environment）是环境的外层，它广泛地分布在组织周围，并对组织产生一定的影响，但并不直接影响组织的日常运行。一般环境要素包括国际环境（International Environment）、技术环境（Technical Environment）、社会文化环境（Social and Cultural Environment）、经济环境（Economic Environment）、法律政治环境（Legal and Political Environment）和自然环境（Natural Environment），这些要素几乎对所有处于其中的组织都有相近的影响。

[⊖] 汤普森. 行动中的组织：行政理论的社会科学基础 [M]. 敬乂嘉，译. 上海：上海人民出版社，2007: 33.

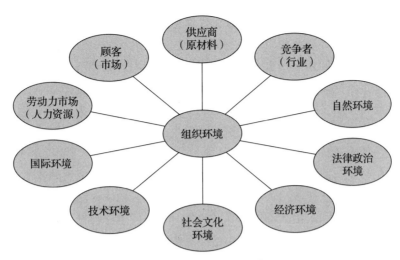

图 7-1 组织的外部环境

（1）国际环境。国际环境不但代表着组织在其他国家面临的机遇和威胁，而且还包括在外国发生的比较重大的事件。国际环境为组织提供新的竞争者、顾客和供应商。

与国内环境相比，国际环境是一个不断变化、不断流动的具有激烈竞争的环境，具有更大的不确定性。国际环境要素一般包括外国企业的竞争和收购，本国企业进入海外市场，外国的习俗、法律和汇率。党的二十大报告提出，坚持高水平对外开放，加快构建以国内大循环为主体、国内国际双循环相互促进的新发展格局。推动共建"一带一路"高质量发展成为更高水平对外开放的着力点。以中国建材集团为例，近年来，中国建材集团响应党中央号召，积极参与"一带一路"建设，在 26 个国家投资了 44 个固定资产与股权收购项目，涉及水泥、玻纤等领域；主持制定了 27 项国际标准；在全球高水平建设了 496 个水泥和玻璃工程项目，连续 14 年保持全球建材工程技术服务市场占有率第一；探索了"跨境电商 + 海外仓"模式，在阿联酋、坦桑尼亚、南非、越南等国家和地区建设了 32 家海外仓和建材家居连锁超市。对此，中国建材集团党委书记、董事长周育先表示："中国建材集团坚决贯彻落实党中央决策部署，开展更高水平的对外合作，更高质量参与'一带一路'建设。"

（2）技术环境。技术环境是指包括特定行业在内的全社会的科学和技术的进步趋势。技术的更新为各种组织带来大规模的革新。技术环境要素主要包括生产技术、科技、计算机、信息技术和电子商务。比如曾经全球领先的手机厂商诺基亚在技术变革时遭遇了难以扭转的艰难局面，诺基亚手机一度以其经久耐用的良好品质畅销全球，然而一切在 2008 年谷歌公司主导开发的安卓系统智能手机发布之后发生了清晰的变化，该系统拥有很强的可开发性，有功能丰富的应用软件，促使消费者迅速转移购买的注意力。2011 年以后安卓系统首次在全球手机市场上超越诺基亚的塞班系统，占据手机销售的最大份额。

（3）社会文化环境。社会文化环境不仅包括社会中的习惯、规范和价值观，也包含这个社会的人口特征、地理分布、人口密度、年龄和教育水平等因素。社会文化环境要素包括价值观、信念、受教育程度、宗教、年龄、职业伦理、消费者运动和绿色运动。例如，TCL 集团在 2004 年与法国的阿尔卡特公司共同组建成立新公司 T&A 以进行手机产品的研发、生产与销售，原本充满发展潜力的合作却因管理理念的巨大冲突以失败告终。究其原因在于双方在企业的文化整合方面出现巨大的问题，导致双方在管理体系上格格不入。

（4）经济环境。经济环境是指组织运行所在的国家或地区的一般经济状况，包括消费者的购买力、失业率和利率等因素。随着全球化的推进，组织面对的经济环境日益复杂，组织面临更多的不确定性。经济环境要素包括经济萧条或繁荣、失业率、通货膨胀率、投资回报率和经济增长率等。在经济危机发生时，很多企业的业务量大幅度缩减，为了保存实力，企业都会在战略布局、业务结构和人员安排上进行调整，有的企业让员工调换工作，以降低企业的运营成本，甚至直接裁员使企业获得喘息的机会。

（5）法律政治环境。法律政治环境不仅包括影响组织行为和价值观的政治活动，也包括国家和地方的法律法规等。法律政治环境要素包括国家和地区的法律法规、税收、政府服务、司法系统、法律的执行情况和政治活动情况等。比如对企业的生存与发展影响重大的《中华人民共和国公司法》，从 1993 年颁布之后，至今已经经历了数次修订，每次内容的修订都促使企业在设立、组织与经营活动等方面的行为发生改变。

（6）自然环境（Natural Environment）。自然环境是指无机物条件和有机物条件等人们可以利用的一切物质环境。以能源行业的企业为例，它们所经营的产品直接来源于煤、石油和天然气等自然资源。然而自然环境是在不断变化的，也是不可再生的。企业如果要想可持续发展，就必须根据赖以生存的自然环境的变迁调整经营的产品，开发新的可替代资源，如开发利用太阳能、风能等清洁能源。

2. 任务环境

任务环境（Task Environment）较一般环境与组织的关系更为密切，它包括与组织进行资源和信息交换，直接影响组织基本运行和绩效的所有要素。任务环境包括竞争者、供应商、顾客和劳动力市场。

（1）竞争者（行业）。与组织处于同行业或经营同类业务，向同样的顾客群体提供相类似的产品和服务的其他组织就是组织的竞争者（Competitor）。竞争存在于绝大部分行业中。竞争者要素主要有竞争者、所在行业规模与竞争强度、相关联的行业。

（2）供应商（原材料）。供应商（Supplier）为组织提供用以生产产品的原材料。原材料要素主要有供应商、制造商、不动产商、服务商。

（3）顾客（市场）。组织所处的环境中，从组织获取产品或服务的个人和组织即组织的顾客（Customer）。顾客代表了组织面对的市场，是组织产出的接受者，关系到组织的成败。市场要素主要包括客户、产品和服务的潜在消费者。

（4）劳动力市场（人力资源）。劳动力市场（Labour Market）是指组织可以从环境中雇用而来的组织成员。每个组织都需要有适合组织发展的成员，劳动力市场为组织提供必需的资源。目前劳动力市场有三个因素会对组织产生较大影响，分别是：①组织对掌握信息技术的人力资源需求加大；②组织对于人力资源的投资加大；③国家或地区劳动力使用率不均衡。人力资源要素有劳动力市场、就业机构、大学、培训学校、其他企业的员工、工会。

（二）组织环境的特征

面对组织赖以生存和发展的环境，组织必须正确分析环境的性质、特征与变化趋势，以结合自身的条件来制定组织的行动方略。组织的环境特征主要有客观性、系统性和不确定性。

（1）组织环境的客观性。组织环境是不随组织及个体的主观意愿而变化的客观存在，它客观地制约着组织的行动。组织环境也是组织赖以生存的物质实体或条件基础，是客观存在的事物。

（2）组织环境的系统性。组织环境是一个有机整体，是由组织运行相关的各种外部资源和条件有机组合而成的一个系统。构成这个系统的各种要素以一定的结构相结合，体现出环境的整体性与系统性。

（3）组织环境的不确定性。不确定性是组织环境的一个非常重要的特征，正是由于这个特征的存在，环境才对处于其中的组织产生了非常大的影响。构成组织环境的各种要素不断发展变化，重新组合，资源与信息也不断在环境与组织之间输入输出，这必然使得环境时刻处于运动变化的状态，具有不确定性。

组织环境的客观性、系统性和不确定性意味着环境是一个动态运行系统。组织在运行的过程中，不可避免地会受到外部环境领域的影响。因此，组织必须能够对外部环境进行深入的分析，以采取相应的应对措施。分析环境可以从很多维度出发，如是否稳定、是否同质、集中还是分散、简单还是复杂等。这些可以归结成环境对组织产生影响的两种基本根据：一是组织对不确定的环境信息的需要；二是组织对环境资源的需要。一方面，组织的外部环境是不断发展变化的，具有极大的不确定性。组织要具备持续的竞争优势，就必须适应这种不确定性，随环境变化而不断自我调整。另一方面，对具体的某个组织而言，能够对其产生重大影响的环境要素一般只有特定的几个，这些要素涉及对组织至关重要的资源。组织可以通过对这些环境要素的控制来保证重要资源的获取。综上所述，组织外部环境分析分为两个维度：一是环境的不确定性；二是组织对环境资源的依赖性。接下来将着重分析组织外部环境的这两个维度。

二、环境的不确定性

（一）环境不确定性的内涵

环境不确定性（Environment Uncertainty）是指组织对于外在环境的各种信息无法做到全面有效的收集、分析和理解，进而存在决策错误的风险。不确定性增加了组织采取错误决策的可能性，而且决策的成本与成功的概率变得更加难以估计。所以，研究环境的不确定性关乎组织的生存与发展。经济条件、社会文化条件以及技术发展等方面的因素都会带来组织发展的不确定性因素，然而，最能影响也是最常见的不确定性因素来自任务环境。组织要想达到预期的目标效果，就必须通过各种措施对环境的不确定性进行管理，以尽可能预见组织外部环境的变化。

（二）环境不确定性的维度与分析框架

环境不确定性可以认为是那些对组织的运行起到一定影响力的环境因素的不稳定程度。环境不确定性和环境的复杂性与稳定性关联紧密。因此，对环境的不稳定性进行评估，可以基于由简单—复杂和稳定—不稳定这两个维度构成的四象限来对组织环境进行分析。所有不确定的总和就构成了组织外部环境的不确定性。

1. 简单—复杂维度

简单—复杂维度（Simple-Complex Dimension）也称环境的复杂性，是指影响组织决策的环境要素的异质化程度的高低以及数量的多少，也就是环境的异质性。当复杂性增加时，组织就需要收集更多、更全面的信息，进而增加了信息整理与分析的难度，导致不确定性加大。复杂的环境中有很多要素对组织产生影响，而简单的环境中对组织产生影响作用的因素数量较少。

2. 稳定—不稳定维度

稳定—不稳定维度（Stable-Unstable Dimension）是指环境要素是不是动态多变的，也就是环境要素变化的频率或幅度，评价稳定与否主要看稳定状态持续时间的长短和变动幅度的大小，如果组织不能对环境要素进行有效的预测，就增强了组织的不确定性。虽然大多数组织面临的环境的稳定性都在逐渐降低，但如公共事业等组织的外部环境还是比较稳定的。

根据简单—复杂和稳定—不稳定两个维度可以将环境划分成四象限，从而构成关于环境不确定性的分析框架。如图7-2所示，共有四种环境类型。

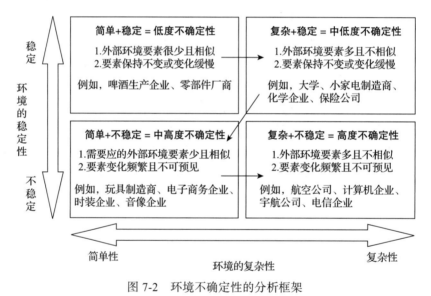

图 7-2　环境不确定性的分析框架

资料来源：DAFT R L. Organization theory and design[M]. 9th edition. Cincinnati: South-Western, 2007: 146.

（1）低度不确定性环境。在低度不确定性环境（Low Degree Uncertain Environment）中，组织需要应对的外部环境要素很少、相似性强，而且要素变化不大，环境非常稳定。这些组织通常所经营的范围都比较小，而且技术层次并不高，不需要直接与企业的顾客打交道，因此生产的产品种类较少，啤酒生产企业、生产零部件的厂商多具有这样的特征。它对应图7-2中"简单＋稳定"的环境象限。

（2）中低度不确定性环境。虽然中低度不确定性环境（Moderately Uncertain Environment）所要应对的外部环境要素的数量增大，并且开始逐渐多元化，但总体来说，要素的变化并不大，环境也是处于高度稳定的状态。比如大学等教育机构、小家电制造商以及化学企业等，它们需要面对高度复杂的技术或是多元化的顾客群体，但是这些技术或顾客需求的变化的频率和幅度较小，因此企业依旧可以通过采取各种手段对环境进行预测，以制定相应的规划安排。它对应图 7-2 中"复杂 + 稳定"的环境象限。

（3）中高度不确定性环境。中高度不确定性环境（Environment of High-Medium Uncertainty）要素比较单一，但要面临极大的变动。通常组织不需要面对复杂的技术或多元化的顾客群体，但这些环境要素的变化幅度却很大，非常不容易被预测，增加了企业运营过程中的风险。比如玩具制造商、电子商务、时装和音像等企业通常处于高度变化的环境中。组织需要通过对市场环境的分析，不断地对自己的产品与服务进行革新，以降低风险的冲击。它对应图 7-2 中"简单 + 不稳定"的环境象限。

（4）高度不确定性环境。在高度不确定性环境（Highly Uncertain Environment）中，企业面对的环境要素不仅数量较多、同质性较低，而且还非常不稳定。组织通常一方面需要与复杂的技术打交道，或者拥有庞大的顾客群体或产品供应网络；另一方面还需要承受顾客需求与偏好和供应商供给的变动等风险。一些大型高科技企业面临的环境通常符合这种情况。比如航空公司、计算机企业、宇航公司和电信企业等都会受到高度不确定性环境的影响。它对应图 7-2 中"复杂 + 不稳定"的环境象限。

三、组织对环境资源的依赖性

组织的生存与发展离不开对资源的索取，环境则为组织提供生存必需的资源。所谓的资源依赖性（Resource Dependence）是指组织依赖于环境提供的资源，又反过来通过控制环境以降低对资源的依赖程度。

每个组织都试图控制对自身发展至关重要并能使其保持竞争优势的关键资源，把资源依赖性降到最低。党的二十大报告对建设现代化产业体系做出全面部署，强调"推动战略性新兴产业融合集群发展""推动现代服务业同先进制造业、现代农业深度融合"等重要任务。这是对如何处理组织间资源环境的生动回答。组织可以对其要获取的资源进行评估，选择并确定组织需要从外部环境中获取什么资源来创造并保持竞争优势，增强国内大循环内生动力和可靠性，提升国际循环质量和水平，加快建设现代化经济体系，着力提高全要素生产率。但有时一些组织也通过相互联合或者共享的方式共同占有资源来实现发展。组织间资源的共享意味着组织出让了一部分权力换回资源，甚至有一些组织为了有价值的资源依附于其他组织，这都对组织保持自主性和独立性造成了困扰。

一般通过对组织环境的资源性分析来分析组织的资源依赖程度。资源性分析主要分析组织需要从外部环境获得什么资源，以及如何获得这些资源。无论是个体还是组织，都无法脱离生存在其中的环境，这是因为个体与组织的存续发展都必须从环境中获取资源。组织的外部环境对于组织的影响也是以对组织的资源供给的形式表现的。因此，组织环境的资源性分析是环境分析非常重要的方面。

组织赖以生存的资源包括物质资源、人力资源和组织资源。[①]物质资源是指组织生产所需要的所有实物形态的资源；人力资源是指组织成员的知识和能力；组织资源则包括企业的管理框架、组织结构以及个体之间、各部门之间的正式或非正式关系的集合。这三种资源都可以从外部环境中获得，组织根据资源能够为其带来持续的竞争优势而择优争取。组织所依据的就是

---

① BARNEY J. Firm resources and sustained competitive advantage[J]. Journal of Management, 1991, 17(1): 99-120.

资源获取模型,这个模型主要提供了以下四条资源分析依据。

(1) 资源有用性。有用性资源能帮助组织形成独特优势,提高组织的运行效率和效果。因此,有用性是资源能够带来持续竞争优势的前提特征。当然,相同的资源为不同企业所带来的使用价值是不同的,有用性是个相对的概念。比如处于不同行业的两家企业 A 企业和 B 企业,即使 A 企业能够拥有 B 企业赖以生存的有用性资源,也未必能够发挥其作用。

(2) 资源稀缺性。资源如果可以被任何组织轻易获取,那么很显然这种资源基本无法使组织借助它形成持续的竞争优势。比如对石油企业而言,它拥有的油田很难被其他组织获取,掌握这种资源的企业很容易在行业中获得优势地位。

(3) 资源的低模仿性。组织拥有不能被其他组织短时间内模仿出同质的资源,那么这种资源很有可能会帮助组织建立独特优势并保持较长的时间。通常而言,这种资源以无形资源为主,包括企业经过努力经营所产生的声誉、企业文化、客户关系以及专利等多方面的内容。

(4) 资源的不可替代性。与资源的低模仿性类似,资源的不可替代性也是帮助组织保持持久竞争优势的重要条件。这种资源很难被其他资源替代其价值。比如旅游景区的独特景观,尤其是同时具有自然与人文双重特色的景点,就是旅游公司的不可替代性资源。

通过资源分析模型的建立,组织可以对其要获取的资源进行评估,选择并确定组织需要从外部环境中获取什么资源来创造并保持竞争优势。

第二节 对环境不确定性的管理:适应策略

对环境的适应策略也可称为内部策略,是指组织采用权变的方式应对外部环境的不确定性。适应策略是组织通过改变自身以取得在环境中生存的机会,并不能对环境造成改变。组织的结构应该与环境相匹配,面临环境不确定性程度高的组织一般采用横向结构,促进组织内沟通与协作,通过在设立职位和部门、建立缓冲部门和边界联系部门分化与整合改变管理过程以及计划和预测等方面采取一定的措施以适应环境不确定性。

一、设立职位和部门

为了解决组织因对外部环境信息掌握不足,从而不能精准地对外部环境变化做出判断的问题,组织需要对环境信息进行系统的整理分析。因此,组织需要在结构上进行调整,以安排环境分析的岗位,专门负责对特定环境要素的监测。组织通常采用增加组织中职位和部门的数量来应对外部环境的高度复杂性。组织设置相应的职位和部门来应对环境变化的每个方面意味着组织成了一个开放系统。比如,企业的营销部门就需要随时关注市场行情的变化,充分掌握市场占有率以及营销策略等信息,而且还要了解顾客的需求变化。其他诸如采购、制造以及人力部门等都承担了相似的角色。

二、建立缓冲部门和边界联系部门

建立能够吸收环境不确定性的缓冲部门是组织应对环境不确定性的传统方法。缓冲部门围绕着组织的核心部门,负责组织核心资源与外界环境的资源和信息交换,保障组织核心不受到外部环境的冲击。当组织的外部环境处于高度不确定性时，为了防止因组织中的人员或部门要应对外部环境的不确定性而对组织核心活动效率和质量造成干扰，组织必须有一些部门来担任缓冲的角色。比如加工制造企业的核心部门是生产部门，其他诸如营销、采购与人力等部门都可以认为是围绕生产核心部门的缓冲部门，应当共同应对环境的不确定性。

此外，边界联系是连接并协调组织与外部环境的关键要素，主要涉及由环境到组织和由组织到环境的信息双向交换。边界联系部门帮助组织及时了解外部环境的变化，向外代表组织并输送信息，是组织非常重要的应对环境不确定性的策略。

三、分化与整合

为了更加有效率地完成组织的目标，提高组织的绩效，可以以专业化的思想将工作分配给不同的部门来完成。因此，当组织的外部环境比较复杂并且快速变化时，组织能够通过实现部门高度专业化（分化）以及实现部门之间的充分沟通交流（整合）来应对外部环境的不确定性。组织的分化与整合策略在企业中比较常见，比如随着市场竞争的加剧，增加了企业组织与外界发生冲突的可能性，很多发展成熟的企业都设立了法律事务部门专门处理企业经营过程中遇到的法律问题，以尽可能地降低企业的经营风险。

四、改变管理过程

组织可以通过改变正规机构的数量和对组织成员的控制程度来应对环境不确定性。这种管理过程主要分机械式和有机式两种。机械式管理过程有着大量的规则、程序和职权序列。而有机式管理过程内部组织较松散，可以自由流动，具有适应性。随着组织面对环境的不确定性加剧，组织逐渐从机械式管理过程过渡到有机式管理过程，组织的职权分散到更低层级，员工通过协作的方式共同解决问题，组织能够更为快速地对环境变化做出反应。

五、计划和预测

在不确定性的环境下，计划和预测对组织的生存至关重要。计划一般都需要精准的预测作为前提，这需要全面而准确的信息作为分析的基础。组织可以通过合理的计划流程，系统地收集和分析信息，并对组织外部环境可能的发展趋势进行预测，进而制定出有针对性的实现目标的策略和方案。合理的计划能够帮助组织应对环境的变化，并迅速地做出反应。组织可能会使用情境预测（Scenario Forecasting）对将来可能发生的外部环境变化和对组织造成的影响进行预测，并预先设想出应对的策略。

结合环境不确定性的分析框架和组织适应环境不确定性的方法，可以形成组织应对环境不确定性的反应框架，如图7-3所示。

（1）低度不确定时，组织处于简单且稳定的外部环境中。此时，可以采用正规化和集权化较强的机械式结构，设置较少的部门就可以满足需求。

（2）中低度不确定时，组织开始面临多元化的任务环境。虽然结构上依然是机械式的，但需要设置更多的部门和一些边界联系人员以及少量整合人员。同时，还要对可能发生的变化制订一些计划。

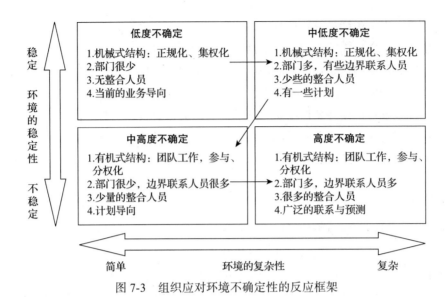

图 7-3　组织应对环境不确定性的反应框架

资料来源：DAFT R L. Organization theory and design[M]. 9th edition. Cincinnati: South-Western, 2007: 155.

（3）中高度不确定时，组织任务环境变化的频率和幅度较大。需要采取以员工有更多参与和分权化为特征的有机式组织结构，并需要更多的边界联系人员。当然，组织的任务环境依然比较单纯，部门的设置可以比较简单，只需要少量整合人员的配合。

（4）高度不确定时，组织面临环境多元化和剧烈变化的双重挑战。组织适合采取有机式组织结构，并要设置很多部门满足分工的需求，以及配置更多的边界联系人员和整合人员。同时，组织还要制订更多的计划并对未来可能发生的变化进行预测。

∷视野拓展 7-1∷

环境迅速变化下的公司文化

比尔·格罗斯（Bill Gross）是 Knowledge Adventure 公司的创始人和董事会主席。该公司有 100 多名员工，开发具有娱乐性和学习性的多媒体教育软件，在市场上父母和孩子们都争相购买。他非常担心公司丧失"小公司"的环境。格罗斯感到在这一领域存在一个使他的公司发展成为几十亿美元规模的"巨人"的机会，但是他必须以"小公司"的模式思考和运作，从而避免大公司存在的问题。像一个大家庭一样紧密团结的公司文化使得雇员能够迅速响应外部环境的变化。例如，当电影 *Jurassic Park* 在剧院上映时，公司交互学习项目 Dinosaur Adventure 就有了专门的市场。然而，随后微软公司以自己的版本，称为 Dinosaurs，进入了市场。格罗斯立即组织了一支专门的团队，在不到一个月的时间里用三维技术设计出了一个名为 *Theme Park* 的仿真游戏。两个月以后，在商店里，公司有了自己的三维 Dinosaur Adventure，比微软公司的产品更畅销。在决策迟缓的等级层次的组织中，这样快速的行动是不可能的。

资料来源：COYLE D. The culture code: the secrets of highly successful groups[M]. Bantam, New York, 2018. 改编人：李思嘉。

第三节 对资源依赖性的管理：控制策略

组织根据对资源的需要情况，在自主性与资源获取之间权衡。为了最大程度地保有自主独立性，组织试图控制和改变环境因素，把资源控制在自己手里。组织获得并控制资源的方式主要有建立组织间联系和控制组织所处的环境领域两种方式。表 7-1 概括了组织外部环境的实施策略。

表 7-1　组织外部环境的实施策略

建立组织间联系	控制组织所处的环境领域
1．拥有所有权	1．改变领域
2．建立战略联盟	2．政治活动和规章条例
3．聘任关键人员	3．行业协会
4．广告宣传与公共关系	

一、组织建立组织间联系的主要策略

（1）拥有所有权。组织可以通过收购和合并拥有对另一个组织的所有权，利用所有权建立与其他组织间的联系，通过合并和收购可以降低收购方某一方面的环境不确定性，掌握更多资源。比如优酷与土豆在 2012 年宣布合并，合并后的新公司被命名为优酷土豆股份有限公司（Youku Tudou Inc.）。两家企业之前分别在纽约证券交易所和纳斯达克证券交易所上市，为了巩固行业地位，获得更大的市场份额，二者的合并能够降低来自行业竞争的压力与未来发展的不确定性所带来的风险。[1]

（2）建立战略联盟。当两个组织在业务、地理位置或专长方面具有较大的互补性时，两个组织为了获取更多的资源，并不是采用收购和合并的形式，而是相互之间建立战略联盟。战略联盟一般通过合作或合资实现。比较典型的例子就是中国的海尔集团与日本的三洋集团在家电领域形成的战略联盟。日方企业的先进技术和研发水平与中方企业的营销网络和生产规模是双方建立关系的基础，这种优势资源互补极大地降低了企业所面临环境的不确定性。此外，通过稳固的合作可以促进联盟方在技术和管理上的学习与交流，带来更为长远的利益。

（3）聘任关键人员。组织为了加强与外界环境中的关键组织的联系，促使组织更好地运行，可以通过提供组织中的重要职位给重要相关人员以达到降低环境不确定性的目的。不仅可以聘任关键组织的领导者成为本组织的董事，还可以在多个组织之间实现董事连锁。不仅仅是董事，经理人员的聘任与调动也是组织增加与外界联系的一种手段。比如很多中国的民营企业都会聘请具有政府背景的专业人员担任公司的独立董事，以维持与当地政府的关系，获取更多的发展机会和资源。

（4）广告宣传与公共关系。广告与公共关系是建立组织间及组织与公众间良好关系的一种传统方式。广告主要是通过一些媒体沟通渠道宣传组织的形象与产品的特色，让更多的人了解与认同。良好的广告宣传能够帮助企业在短时期内声名鹊起，产生良好的品牌效应，有助于企业形成竞争优势。例如，在天然矿泉水市场竞争激烈的情况下，农夫山泉公司以"农夫山泉有

---

[1] 优酷土豆合并：不确定性下的抱团取暖，《第一财经日报》，2012 年。

点甜"的广告语恰到好处地定位了产品的质量和特征,同时又迅速地拉近了与消费者的距离,促使公司旗下的水产品销量大增。公共关系与广告宣传比较相似,但手段多为免费的报道,目标更倾向于以公众意见为主,以帮助企业在消费者、政府以及供应商中树立起良好的正面形象。或是通过组织的影响力影响其他组织做出有利于自身的决策,此时开展公共关系活动游说的对象可能就包括政府部门、行业协会、环保组织以及消费者等多元化的群体。

二、组织控制环境领域的主要策略

(1)改变领域。组织的领域并不是固定不变的,当组织无法适应现有竞争激烈的领域时,组织可以设法建立新的环境联系,寻找环境更加友好的领域进入。组织改变环境领域一般采用收购和剥离的策略。比如为了适应国家对房地产行业的宏观调控政策,很多涉足房地产业务的中国上市公司纷纷剥离其房地产业务,以求得上市公司再融资和持续发展顺利进行。

(2)政治活动和规章条例。组织可以通过政治活动来影响政府的立法,并使组织的支持者得到政府机构的人事任命,改善政治环境领域。比较典型的是,当前中国企业大力实施"走出去"战略,经常会在海外市场遭遇由于各种政策限制而形成的贸易壁垒。

(3)行业协会。行业协会是同行业的组织为了共同的利益进行的合作,在某种程度上来说也是一种联盟。成立于2012年2月的中国上市公司协会就是为了维护上市公司会员的合法权益而结成的全国性自律组织,其致力于促进提高上市公司质量,促进完善上市公司治理,推动建立良好的公司文化,进而促进整个资本市场质量的提高。

| 视野拓展 7-2 |

丰田汽车的组织与经营环境

日本丰田汽车公司(以下简称"丰田")成立于20世纪30年代末,公司现有8个工厂,职工人数达45 000人,生产的产品主要是汽车部件,包括钢铁、有色制品、化纤制品、塑料制品、橡胶、玻璃、各种日用品用具等。现在,丰田的汽车产量仅次于美国通用汽车公司和福特汽车公司,是世界第三大汽车制造公司。美国《财富》杂志1999年全球500强排行榜上,丰田名列第十,营业收入额为990多亿美元,利润为27.86亿美元,总资产达1 200多亿美元。丰田生产方式是丰田所创造的一套进行生产管理的方式、方法,以消除浪费、降低成本为目的,以准时制(Just-in-Time,JIT)和自动化为支柱,以改善活动为基础。

1. 变"终点"为"起点"的准时制生产

"准时制"被认为是丰田生产方式的两大支柱之一。准时制就是将需要的工件,在需要的时间按需要的数量供给各工序。

2. 带"人"旁的自动化

所谓包括人的因素的"自动化",就是不用人就可以对机器进行监视,在出现异常时,机器能够判断并停下,而一般人说的"自动"仅仅是指机器自己动作。那种仅仅会自己动作的机器非但不能减少人员,车间里每台"自动"机器前反倒要设一个监视人员,这和手动没有什么两样。所以,自动化的第一步并不是使机器自动进行加工,而是当发生异常情况时,机器能够感觉到并能自动停下。

为此,无论新老机器,丰田都要装上自动停车装置,诸如定位停车、全面运转系统、质量保险装置、安全装置等,努力使机器具有人的智能。

3. 一"卡"了然的看板生产

有人把丰田生产方式简单地归结为"卡片制"(日语为"看板"),认为只要运用"看板"就可以了,这是极为肤浅的。"卡片制"是丰田运用的一种优化的物料拉动方式,专家指出,丰田在经营上取得的成就,丰田生产方式本身的贡献占90%,而"卡片制"的作用不过只占10%。丰田生产方式是一套系统完整的生产管理方法,而"卡片制"只不过是一种工具,脱离这一体系,"卡片制"就失去了意义。

4. 精细生产方式

造就今天丰田精细生产方式的最初起源,据说要追溯到第二次世界大战后。当时,丰田自动织布工业社长丰田喜一郎对部下大野耐一有"三年赶上美国"的要求。据说,当时日本的生产效率只有美国的1/8,而核心的原因被认为是日本人在生产过程中做了很多无用功。最后,这样的判断成了丰田后来形成精细生产方式的出发点,其基本的思路就是彻底消除无用功。

资料来源:企业组织与经营环境,2022年10月8日。改编人:田晓煜。

总的来说,组织与环境的相互作用包括两个方面,一是环境领域的不确定性,二是环境领域的资源稀缺性。一方面,组织一般采用设立职位和部门、建立缓冲部门和边界联系部门、对组织进行分化与整合以及改变管理过程的方式来应对环境的不确定性;另一方面,组织采用建立组织间联系和控制组织所处的环境领域的方式降低对资源的依赖。整合框架如图7-4所示。

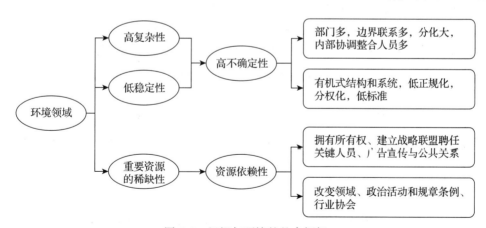

图7-4 组织与环境的整合框架

资料来源:DAFT R L. Organization theory and design[M]. 9th edition. Cincinnati: South-Western, 2007: 162.

◆ 本章小结

组织环境是指组织边界外可能对组织产生影响的所有要素,组织的外部环境由一般环境和任务环境两个层次构成。组织环境具有客观性、系统性和不确定性的特征。

环境不确定性是指组织对于外在环境的各种信息无法做到全面有效的收集、分析和理解，进而存在决策错误的风险。对不确定性的分析关乎组织的生存与发展，可以基于由简单—复杂和稳定—不稳定两个维度构成的四象限进行分析。

资源依赖性是指组织依赖于环境提供的资源，又反过来通过控制环境以降低对资源的依赖程度。资源获取模型为资源分析提供了依据，即基于资源的有用性、稀缺性、低模仿性和不可替代性进行分析。

组织对环境不确定性的应对方式是适应策略，主要是根据环境不确定性的程度，在设立职位和部门、建立缓冲部门和边界联系部门、组织的分化与整合、改变管理过程、计划和预测方面采取一定的措施。

组织对资源依赖性的管理方式是控制策略，一方面通过拥有所有权、建立战略联盟、聘任关键人员、广告宣传与公共关系建立组织间联系，另一方面通过改变领域、政治活动和规章条例、行业协会等控制组织所处的环境领域。

◆ 复习思考题

1. 组织外部环境的层次有哪些？这些层次中都包含什么要素？
2. 环境不确定性的分析维度和框架是什么？请用这一框架分析一个组织面临的不确定性。
3. 组织如何管理环境不确定性？请继续分析复习思考题 2 中的组织应当采取的策略。
4. 组织的资源依赖性如何分析？组织如何管理资源依赖性？请举例说明。

◆ 进一步阅读

1. DESS G G, RASHEED A M A. Conceptualizing and measuring organizational environments: A critique and suggestions[J]. Journal of management, 1991, 17(4): 701-710.
2. ALDRICH H. Organizations and environments[M]. New York: Stanford University Press, 2008.
3. BOURGEOIS Ⅲ L J, EISENHARDT K M. Strategic decision processes in high velocity environments: four cases in the microcomputer industry[J]. Management science, 1988, 34(7): 816-835.
4. MCCARTHY I P, LAWRENCE T B, WIXTED B, et al. A multidimensional conceptualization of environmental velocity[J]. Academy of Management Review, 2010, 35(4): 604-626.

◆ 综合案例

电子商务环境催生的中粮集团我买网

专供日常食品销售的我买网是中粮集团（以下简称"中粮"）在 2009 年推出的 B2C 型食品购物网站。如果在百度上输入"中粮"关键词，排在首位的就是我买网，足见中粮对这一网络购物平台的重视程度。作为中国最大的食品进出口公司和实力雄厚的食品生产商，中粮推出这样一个食品网站似乎不足为奇。但是，在近年国内的主流专业购物网站纷纷向综合网购平台转型的趋势下，中粮依然能够雄心勃勃地向垂直网站进军，其信心可见一斑。

作为一家脱胎于传统企业的B2C网站，我买网的大部分优势源于中粮这一母体，对此，我买网在线营销部经理尚炎并不讳言，在他看来，我买网的优势正源于其专业化，"目前国内的大型B2C专业食品网站，我买网是唯一一家"。毕竟，在粮油食品领域，中粮拥有天然的产品和销售优势。而我买网的推出，不仅符合中粮打造"产业链、好产品"的需求，首次尝试B2C业务，也使其成为少数拥有自己的垂直销售平台的世界500强企业之一。

"当代企业的竞争已并非产品之间的竞争，而是商业模式之间的竞争。电子商务正是互联网时代必然选择的商业模式。"尚炎表示，中粮作为一家年逾半个世纪的央企，想要适应国际化发展、参与国际竞争，必然离不开电子商务。

其实对传统企业而言，"触网"已是电子商务大潮下这些企业必须面对的一个课题——不是做不做，而是如何做的问题。尤其对那些早在某一领域形成相对优势的传统企业而言，旧有业务的运作已经驾轻就熟，但是到底应该如何试水电子商务这一领域，仍是一个值得思考的问题。因为它不仅意味着操作平台的转换，还有其背后一连串管理方式的转变问题。

创新的延伸

我买网的诞生，源于中粮的创新中心。尚炎介绍，我买网属于中粮创新食品（北京）有限公司（以下简称"中粮创新食品公司"）。作为中粮的全资子公司，中粮创新食品公司是由原中粮旗下的北京可得福公司增资扩股而来的，在2009年年初完成更名的同时，其注册资本也扩充至1亿元。目前，中粮创新食品公司由中粮的创新与品牌管理部直接管理，这个在2006年成立的部门在2009年更名为创新与品牌管理部。中粮赋予该部门的任务是研发和推广新产品、新业务，使中粮在快速消费品业务上能够有新的突破。

对拥有多年食品制造经验的中粮而言，产品创新自然是最先被交出的一份答卷。2009年，经过对原料供应商以及产地的筛选、多轮的产品试验到消费者调查，中粮创新食品公司推出了"悦活"系列果汁产品。据悉，该系列果汁被定位于中、高端客户，且锁定的是竞争相对不激烈的纯果汁、果蔬汁市场。

在进行产品创新的同时，中粮创新食品公司也开始着手筹备渠道创新，建立一个全新的B2C网上购物平台就是他们最初的设想。结合中粮"高品质、高品位"的市场地位以及多年从事食品加工及进出口业务的优势，我买网的目标客户定位为"生活和工作在大都市的受过高等教育的白领人群——生活、工作的压力大，生活节奏快，可自由支配的时间比较少，但是追求高品质的生活"。

其实，对于网络销售平台的构建，中粮已在内部考虑了许久，随着中国网络购物市场的快速发展，越来越多的年轻人已经习惯于"网购"这种消费方式。也正是看到了这个发展趋势并认定市场机遇已经成熟，中粮才在2009年正式推出我买网。"目前食品领域缺乏专业性的B2C交易平台，建设食品B2C网购平台存在巨大的市场机遇。"尚炎说。"对中粮而言，我买网的推出具有跨时代的意义，因为此前中国市场上还没有一家专门做食品购物的大型网站。"易观国际高级分析师曹飞认为，"这意味着我买网面对着巨大的市场需求，他们进入的是一个蓝海市场。"

不过，在中粮眼中，我买网的建立还不能简单地以"B2C业务"来定义。"更准确地说，这应该是一项全新的战略业务单元。"尚炎说，我买网并不仅是中粮为了销售自有系列产品而开设的一个网站，还肩负着品牌展示、推广、销售和用户回馈的责任。"从某种意义上来讲,我买网就是一个纯粹的电子商务零售企业。"尽管我买网试运营的时间还不到半年,但正如阿里巴巴表示要打造"网上沃尔玛"一样,我买网也确立了自己的目标:"做中国最大、最专业的食品购物网站。"

事实上,像中粮这样有实力的传统企业开拓网络销售渠道已是大势所趋,相对于纯互联网型的电子商务公司,这些传统企业由于在品牌、渠道、客户等方面积累了深厚资源,因此在推广相应的网上销售平台时就更容易突破诚信和推广的障碍,发展速度也相对更快。

首先,依靠中粮的主品牌优势,我买网可以在品牌诚信、社会知名度方面嫁接到一定的优势。例如,出于对中粮品牌的信任,消费者也会对我买网销售的产品的质量更加放心。其次,在采购成本上,依托中粮的支撑,我买网在与上游供应商的谈判过程中,能够获得更大的议价权力,而这方面的优势也是纯互联网型B2C公司无法比拟的。最后,另一个关键性的优势就是资金压力相对较小。"现在很多B2C型电子商务公司的背后都有风险投资的介入,这样的公司可能会在投资方的压力下,为了实现短期利益而放弃长期目标。"尚炎说,"而我们则不然,中粮目前没有给我买网下达利润的考核指标。因此我们能将精力主要放在用户体验的改善、产品种类的丰富上。"

尚炎坦言,在我买网进行测试时,他们的另一项工作就是完善用户体验,根据用户的反馈对各项功能加以改进。例如,有一些用户向他们反映希望网站能添加一些有充值功能的产品服务,随后,"我买卡"系统就应运而生。实际上,所谓的"我买卡"就是一个储值卡,而这项新服务的推出,也为我买网在试运营初期带来了巨大的收益。在2009年中秋节前,中国电信、万科、中英人寿等公司都向他们团购了"我买卡",并将它们当作过节福利或礼物赠送给员工或客户。在"我买卡"的销售带动下,2009年"十一"黄金周期间,我买网已经完成了全年计划销售额的三分之一。

创新的挑战

"我们采用的是经销模式,所以不仅会卖自己的产品,也会经销其他优质产品。"尚炎告诉记者,我买网上线之初的产品就多达1 000余种,还在以每月近300种的速度增加,预计到2009年年底会达到2 000~3 000种。

至于产品选择的标准,尚炎表示,我买网在选择产品时采用的是"优选"原则,不会把所有的品牌都拿到我买网上销售,首先他们会看产品的知名度和生产企业的实力,其次要看产品的质量是否过关。2009年,我买网已经和国内几十家企业达成了合作共识,还会与国外的知名食品企业进行洽谈,将国外的优秀食品引入国内,而这些进口食品则是在普通超市买不到的。

曹飞认为,随着网购竞争的日益加剧,产品和价格已不再是决定网购优势的唯一条件,"现在网民更看重的是购物网站的服务能力,因此,决定我买网成败的关键将是服务品质的优劣"。尤其对于中粮这样一家过去长期从事大宗货物贸易的企业,面对的更是层级跨越式的挑战:从批发向零售模式的转变。对此,曹飞形象地打了个比方:过去一直做批发生意的中粮接到的订单都是上千万元的,他们已经习惯于"一车一车地"卖货物。但在网络购物这个新平台上,他们只能"一件一件地"卖产品,通常每张订单只有几十到几百元。因此,我买网的打造对中粮而言也是一次新的考验,考验他们是否有服务于个人消费者的能力。

销售平台转换的背后,也意味着对后台的各个工作环节提出了新的要求。由于我买网主要销售的产品是食品,而食品在保存方面对库房有更特殊的要求，因此他们配备了专业的食品库房。此外，还专门设计了一套库存管理系统，在系统层面确保做到"保质期超过1/3的产品不进库，保质期超过2/3的产品不出库"，以保障用户收到的都是优质新鲜的商品。除了仓储，配送也是不容忽视的另一个环节，尤其零售食品的外包装比较薄弱，如何保证产品质量在配送环节中不受到损害是一个重要问题。这种零售式配送体系的建立对我买网而言是一个挑战。他们的做法是"将专业的事交给专业的人"，即将配送环节交由第三方物流公司完成。

对于我买网采用第三方物流公司的这种方式，曹飞认为，"关键原因就是规模的问题，如果没有足够的市场需求以及相应的管控能力，网站自然就只能将配送环节外包给其他公司"。在当前国内的大型B2C网站中，除了当当网是将配送外包外，红孩子、凡客诚品等公司都是自己在做配送。"这样做的好处就是能保证服务质量的统一，而将配送交由第三方去做的劣势很明显：快递公司什么产品都送，可能你的食品会被他们跟其他公司的商品放在一起配送，这样产品质量就不那么容易得到保证。"

事实上，在曹飞看来，像中粮这样一直专注于传统业务的企业做电子商务，面对的挑战是来自方方面面的，从供应链、仓储到配送，都是全新的考验，而想将所有这些做好，就要有一支优秀的团队，"因此，我买网能否做好，就要看他们能否找准定位，并建立一支优秀的运营团队，将中粮的优势真正发挥出来"。

中粮在2008年网站筹建期间，就开始招兵买马，网罗了网站运营、产品采购、在线营销等相关领域的优秀人士。据悉，这些经验丰富的专业人才有的曾在知名B2C网站的重要部门担任要职，有的则已在传统超市行业积累了超过10年的丰富经验。"我买网做中国最大、最专业的食品购物网站"这一理想能否实现，还有待时间的检验，但毫无疑问，那些被我买网致麾下的专业人才能否适应这个新平台，在发挥各自优势的同时团结协作，将决定我买网现实与梦想的距离。

资料来源：冯嘉雪. 中粮的新蓝海[J]. 中国新时代, 2009, (12): 68-70. 有删改；界面新闻：中粮集团营收首次突破7 000亿元，农粮业务净利润贡献率近80%，2023年6月16日. 改编人：曹琳君。

讨论题

1. 中粮利用我买网进入网络购物产业的原因是什么，具有怎样的优势？

2. 中粮决定进入网络购物时的环境以及采取的各种措施是怎样的？

第八章
CHAPTER 8

企业间关系管理

§ **学习目标**

- 了解企业生态系统的构成与特征
- 理解企业集群的特征与分类
- 掌握企业战略联盟的含义、组织类型及管理策略
- 理解企业集团的定义、内部机制、类型与结构
- 掌握平台的概念、平台业务的独特性、价值主张及平台管理

§ **核心概念**

企业生态系统　企业集群　战略联盟　企业集团　数字化平台

§ **引例**

小米手机的生态系统

2011年8月16日，小米手机在北京的首次发布会现场播放了一段宣传视频。视频里，雷军投资的几大公司的首席执行官（CEO）齐齐现身，力挺雷军与小米。这些人包括凡客诚品CEO陈年、UCWEB CEO俞永福、多玩游戏总裁李学凌、尚品网创始人赵世诚、拉卡拉CEO孙陶然、乐淘网创始人毕胜——他们为了表示对小米的祝福，统一做出一个举动，把手里的旧手机（大部分为iPhone）一齐摔在地上，转而换用全新发布的小米手机。

这段视频不仅仅是个让人一笑而过的表演，更像是个暗喻，喻示着雷军的小米征程注定将跟这些"雷军系"的公司有千丝万缕的关系。

毫无疑问，在过去几年中国互联网的又一波迅猛增长潮中，雷军是获益最多的人之一，他投资了近20家互联网公司，几乎每家都是所在领域的前三名。而在上述多数公司中，董事长的名字都是"雷军"，"雷军系"这个名词由此而来。曾有媒体估算过，"雷军系"的资产总值已经接近200亿美元，比百度、腾讯市值的一半略少，但已经接近阿里巴巴市值的 3 倍。"雷军系"已经与百度系、腾讯系、阿里系并列，成为中国互联网行业中举足轻重的一张桌子（TABLE）：T 指腾讯，A 指阿里巴巴，B 指百度，L 指雷军，E 则是奇虎 360 董事长周鸿祎名字的谐音。

手机制造与销售领域无疑是典型的"红海"，在小米手机之前，科健、波导等无数国产品牌曾经昙花一现，中兴、华为、酷派、联想也在奋力与三星和苹果抗争。而小米手机短短三年间狂飙突进，一骑绝尘，迅速成长为年销售额近 300 亿元的品牌。

单看 1999 元的超低价格，小米手机纯粹属于烧钱的"自杀"行为。但小米官网出售的除了小米手机，还有小米盒子、小米电视以及小米耳机、电池、移动电源等其他数码外设，甚至还有小米 T 恤、米兔公仔和小米运动鞋。而在 2013 年 12 月 26 日，小米又注册成立了"北京小米支付技术有限公司"，并且在 2014 年年初宣布与北京银行签署战略合作协议，正式进入移动金融领域。

雷军强调小米公司未来要做"铁人三项"，即硬件+软件+网络服务。手机硬件将是整个小米公司未来的基础，它不会承担小米公司赚钱的责任，小米的未来更多的是小米与"雷军系"公司在经营层面和资本层面的合作，从一家卖手机的公司，变成一种生态。这一点可以从雷军投资"雷军系"公司的脉络中看出端倪。

雷军投资主要布局了五条线。第一条，宣传线：投资资深媒体人林军的线上媒体，专注报道移动互联网的雷锋网，以及线下的社交会议组织长城会（即全球移动互联网大会 GMIC 的主办方）。第二条，电商线：凡客诚品、乐淘、尚品网。第三条，入口线：移动互联网入口 UCweb、线下支付入口拉卡拉、语音入口 YY/ 瓦力语聊 /iSpeak、多看。第四条，社区线：旅人网、好大夫、多玩、乐讯、太美。第五条，软件线：金山、可牛、喜讯无线。最后，他自己出山做了硬件公司：小米。而随着"雷军系"的不断整合，小米不仅是雷军的好生意，更是"雷军系"的好生意。

2023 年 10 月，小米创办人雷军宣布了一项令人振奋的消息，小米将推出全新自研的操作系统，命名为小米澎湃 OS（Xiaomi HyperOS）。这一消息引发了广泛的热议，不仅因为这是小米的全新尝试，还因为它标志着小米在手机领域的一个历史性时刻。

资料来源：雷军：小米电子商务大棋局，2013 年；爆侃数码圈：小米自研系统澎湃 OS 公布：手机、生态、汽车通用，底层架构彻底重写，2023 年。改编人：李思嘉。

第一节　企业生态系统

如同人、动物、植物、水、土壤等因子组成了自然生态系统，企业、经济、社会、科学、文化等因子也组成了企业生态系统。同样，和生物一样，不存在任何一家企业组织能长期单独地生存。在企业生态系统下，企业只有通过与外部环境进行物质、信息等交换，才能获得成长与继续发展的可能。

詹姆斯·弗·穆尔（James F. Moore）对"企业生态系统"作了如下定义：企业生态系统是由相互作用的企业组织与个人所形成的经济群体，包括生产商、销售商、消费商、供应商、投资商、竞争商、互补者、企业所有者或股东以及有关的政府机构等，同时包括企业生产经营所需的各种资源。在这样的群体中，每家企业都与其外部环境进行物质流、信息流与能量流的交换，共同形成相互依存与发展的整体。企业在生态系统中既要通过竞争获取生存发展的机会，又要与其他组织和环境之间保持协同演进的关系。

一、企业生态系统的构成与特征

（一）企业生态系统的构成

自然生态系统主要分为非生物物质和生物有机体。非生物物质包含了空气、水、矿物质以及非有机体存在的元素或化合物质。生物有机体根据获取能量的方式不同，分为生产者有机体、消费者有机体和分解者有机体。同样，企业生态系统（Enterprise Ecosystem）也可以从生物成分和非生物成分两个方面进行划分。企业生态系统的生物成分包括同行企业、消费者、代理商与供应商等。非生物成分包括自然生态、经济生态与社会生态等企业生态环境（Ecological Environment）。构成生态环境的因素被称为企业生态因子（Ecological Factor），包括经济生态因子、社会生态因子和自然生态因子。

1. 经济生态因子

经济生态因子是指能影响企业产品或服务的资源获取、生产、流通、消费等相关经济市场因素。它包括消费市场因子、物资市场因子、资金市场因子、劳动力市场因子、交通因子、通信因子、国际经济因子。

（1）消费市场因子。在市场经济下，消费市场对企业的产品与服务拥有绝对决定权。消费市场的评价标准主要有消费者的消费能力以及消费者的价值偏好。在企业生态系统内，企业如果想要生存或发展，在同一支付条件下，为消费者提供更多价值的产品或服务或加强消费者的价值偏好是企业必须做好的事情。

（2）物资市场因子。物资市场因子是指企业所获得资源的相关因子。物资市场中货源供给的充裕程度、货源数量、价格水平以及价格的稳定性与货源稳定性、供货的快捷性都对企业发展有影响。

（3）资金市场因子。企业发展一直会受到资金的限制。现代企业仅凭自己积累的资金来寻求发展，一般来说会比杠杆融资的方式缓慢。企业如果想要得到快速发展，在资金市场快速、安全地获得资金的能力是至关重要的。当然，资金市场的成熟对整个社会的发展也是至关重要的。

（4）劳动力市场因子。企业绝大部分活动是依靠人才进行的。劳动力市场中劳动力的供应、素质、价格甚至劳动者的价值偏好，都在影响企业的人才战略和企业发展。

（5）交通因子。物质上的交通是商品流通、人才流通和技术流通的基础。

（6）通信因子。从信息的角度来看，企业的经营管理是集合了信息收集、存储、产生和发布的一个循环过程。较为方便的通信手段可以提高企业搜集信息、整合信息的能力，使得信息在企业内部能够准确传达，在企业外部也能快速搜集信息，并及时做出决策。

（7）国际经济因子。现代企业所面临的竞争不再局限于某一地区或是某一国家，开放的市场使得竞争加剧。在这样的市场背景下，关税、货币汇率、经济法规等都对企业在国际市场上的发展起着制约或推动的作用。

2. 社会生态因子

社会生态因子包括文化因子、教育因子、社会制度与政策因子、国际政治因子、科学技术因子。

（1）文化因子。文化因子是指企业所在地区以及企业经营所涉及地区人群的文化。文化特征的主体是道德观念、价值观念、宗教与非宗教信仰等。一个地区的文化形态对企业产品品种、形态的可接受程度、员工的价值观念都有非常深刻的影响。现实中常提到的跨国企业文化管理问题的大部分症结就出现在此方面。

（2）教育因子。教育质量与方式不仅决定了劳动力的素质，而且决定了整个地区的主流文化观念与道德水平，从一定程度上说，对社会的稳定性也有非常重要的作用。

（3）社会制度与政策因子。社会制度与政策因子往往是企业家较为关注的问题，这是因为一个国家与地区的相关社会制度和政策对企业的发展往往起着决定性的影响，能从经济制度、产业结构、市场结构、投资环境等方面来影响企业的微观环境。

（4）国际政治因子。随着全球经济一体化的发展，国际关系对企业跨国发展的作用越来越明显。国际政治的稳定性有利于企业保持经营决策的稳定性与连贯性。

（5）科学技术因子。科技改变了传统的产品形态，提升了产品更新发展的速度，甚至对产业形态、市场竞争形态都有着极为强烈的影响，进而也在影响着人类的生活方式、文化观念，进一步放大来说，科技的进步也能改变国家与国家之间的关系。从现代的视角来看，重大科学技术革命都必将引起生产力的巨大提高，使得新产品不断出现，以至于催生了新的产业，改变了企业的生态环境。

3. 自然生态因子

自然生态包括企业可利用的地域资源与自然资源两方面。地域资源包括邻近区域的政治、经济和文化等各方面所带来的潜在发展条件，而自然资源包括空气、土地、气候等多方面的天然条件。

| 视野拓展 8-1 |

产品与服务共同构建亚马逊特有的生态系统

亚马逊是全球首屈一指的互联网企业，前些年采取的产品和服务双线发展模式为其快速发展奠定了坚实基础。围绕硬件终端及内容平台，结合其他相关产品与服务，亚马逊构建了其特有的生态系统（见图8-1）。

产品方面，亚马逊销售图书、音像制品等媒体产品以及 Kindle 系列自有终端产品，还有其他电子产品及日常商品等实体内容的销售。其中，Kindle 系列产品的销售量对于亚马逊产品销售额的推动力量显著。进入 2012 年，平均每季度产品销售额达到 100 亿美元以上。服务方面，亚马逊服务销售额统计包含第三方平台佣金、相关运费、推广、数字内容订阅、AWS 等非零售业务的服务收入。通过与上游内容企业的合作，开放 API（应用程序编程接口）以及下调 AWS 服务费用等手段加强了亚马逊内容平台的建设。亚马逊特有生态系统的构建，为其快速发展提供了坚实的基础，从 2011 年第一季度到 2012 年第二季度，亚马逊的总体销售额稳步增长。

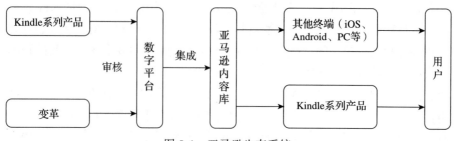

图 8-1 亚马逊生态系统

2023 年第二季度，亚马逊的营收达到了惊人的 1 344 亿美元，同比增长 11%，运营利润达到 77 亿美元。这一数据超出了市场的预期，使得亚马逊的股价在盘后交易中大涨超过 9%。此外，亚马逊在 2023 年上半年的整体业绩也表现出了强劲增长的态势，营业收入和净利润均较 2022 年同期有所增长。

资料来源：艾瑞咨询，产品创收服务盈利，亚马逊双线发展模式构建生态系统，2012 年；科技明灯，亚马逊季营收达到惊人 1 344 亿美元：同比增长 11% 运营利润 77 亿美元，2023 年。改编人：晋禾。

（二）企业生态系统的特征

企业生态系统的特征可以概括为整体性、层次性和不确定性三方面。

（1）整体性。企业生态系统的整体性是指只有企业生态系统本身才具有的整体结构和整体性，企业生态系统的整体性是基于企业生态系统中的生物因子与非生物因子，通过物质、信息的交流而进行的联系。

（2）层次性。从更广的范围来讲，企业生态系统是整个社会系统中的一个子系统，属于更高层次系统的子系统，但是就企业生态系统本身来看，其也包含多层次的子系统。比如，除了上述提到的企业经济生态、企业社会生态和企业自然生态，企业生态系统还包含了各行业企业子系统、生态链子系统等。

（3）不确定性。企业生态系统是介于自然系统与人工系统之间的一类特殊系统。从整个企业生态系统来看，人虽然只是整个系统众多因素中的一个，但是却与其他因素有质的区别，即人不是被动地接受安排，而是主动地去寻求发展。这也是为什么人在企业生态系统中起着主导作用。当然，人的思维、判断、认识、动机都有所差异，所以在以人为主导作用的企业生态系统中，系统的发展、系统中子系统的发展在很大程度上都会受到人的因素影响。这样，人的不确定性就使得企业生态系统表现出明显的不确定性。

二、企业竞争优势的获取

不同企业由于所处生态环境的差异而扮演不同的角色，企业生存与发展的关键在于能够找到或构建合适的企业生态环境。同时，企业生态系统内部也存在着层级的差异，核心企业决定企业生态系统的存亡,而剩余的其他辅助企业会围绕核心企业的业务发挥作用,在系统中扮演辅助的角色。当然,核心企业与辅助企业的地位并非一成不变,任何外部环境的变革都可能引起企业角色的转变。因此,企业要根据自身条件和定位获取竞争优势。

(一) 核心企业

在企业生态系统中对系统整体发展稳定性起到关键作用的企业可以称为核心企业。它们通过提供稳定和可测的共享资源来提升系统的整体健康程度,系统中的其他企业通过对这些共享资源的使用形成自身的产品。[⊖]可以看出,核心企业在进行产出的同时为其他企业提供了发展的平台性资源。尽管它们在系统中所占的价值比例比较低,但为系统的平衡发挥着至关重要的作用。有效的核心企业首先应该体现在对价值的创造上,为其他企业进入系统发挥良好的正面作用;其次还需要在共享价值方面发挥重要作用,企业生态系统的稳定取决于所有相关企业的共同成长,只有核心企业为其他企业创造了良好的发展机会,企业生态系统中的所有企业才能在动态的平衡中不断发展。

为了适应环境,核心企业应该具备很强的应变机制,以便在环境出现变化时能够快速反应。核心企业由于处在生态系统发展中的顶端层次,可能具备较大的规模和复杂的结构,因此,核心企业应该注重发展对环境变化的识别能力,并能够根据环境的变化开展各种创新活动,以增强对环境的适应能力。

(二) 辅助企业

辅助企业通常会专注于对专业能力的培养,并与核心企业在角色定位上互补,形成企业生态系统中的价值创造主体。辅助企业往往会通过高度专业化的战略提高企业的竞争力,并利用企业生态系统的各种优势和便利条件拓展自身产品的市场空间。通过不断地创新来强化差异化战略的实施是辅助企业生存与发展的重要条件。当然,核心企业与辅助企业在企业生态系统中的角色也存在很大的变数。由于业务的复杂性,企业可能同时处在不同的生态系统中,在一个系统中处于核心地位的企业可能在另外的系统中承担辅助的角色,反之亦然。而且在同一个企业生态系统中,核心企业与辅助企业的地位也可能会发生互换,外部环境的变化可能导致核心企业丧失主导地位,辅助企业如果能够充分利用机会也有变成新的核心企业的可能性。

由于辅助企业的发展定位通常都是高度专业化的,因此对环境的适应能力并不强。在企业的经营环境发生变化时,很容易受到冲击。当然,也正是同样的原因,辅助企业在特定的生存环境中由于更为专业而会获得足够的发展空间。所以,辅助企业在企业生态系统中一方面要做到定位走专业发展的道路,另一方面也要不断积累资源并拓展能力,以应对经营环境的动荡。

⊖ IANSITI M, LEVIEN R. Strategy as ecology[J]. Harvard Business Review, 2004, 82(3): 68-78+126.

三、企业集群

|视野拓展 8-2|

浙江绍兴纺织业企业集群的竞争优势

浙江绍兴有"国际纺织之都、现代商贸之城"的美誉。绍兴纺织业发展多年,创造了中国式纺织产业集群的发展奇迹,奠定了它在全球纺织制造基地的重要地位,也记载了绍兴纺织不断创新与超越的发展历程。浙江绍兴纺织企业集群形成和发展过程中经历的四个阶段的竞争优势来源如下。

1. 形成阶段:绍兴纺织企业集群竞争优势的来源

1980—1991 年是绍兴纺织企业集群的形成阶段,其竞争优势逐渐形成,主要来源于区域资源、政府的作用和外部经济性。自然环境上,绍兴气候温和,是著名的水乡,但那时交通不甚便利。历史纺织文化的积淀,是孕育绍兴纺织企业集群的核心要素。经过漫长的历史发展,绍兴不仅积累了质朴的纺织文化,还使当地人得以积累起丰富的纺织经验和技能,这种特殊的文化资源和人力资源成为该地区竞争优势的源泉。

20 世纪 80 年代初,政府改变计划经济体制,取消了化纤原料的国家计划限制,为绍兴化纤工业异军突起铺平了道路。1984 年,绍兴化纤纺织品产量超亿米,为纺织企业集群的形成打下了基础。此阶段政府的突出贡献在于倡导了中国轻纺城的建设和发展。20 世纪 80 年代中期,绍兴柯桥只有自发形成的类似农村集贸市场,即以交易布匹为主的"布街"。1987 年前后,绍兴纺织业出现了"增产不增收"的局面,为有效解决市场交易等问题,1988 年政府集资了 650 万元始建了绍兴柯桥轻纺交易市场,1992 年正式更名为中国轻纺城。由于一开始小企业的小农经济思想仍较为严重,极其不愿进入轻纺市场,政府采用了市场引导与行政命令相结合的方式,大力推动,才使轻纺市场得以建立并最终稳定。这被称为绍兴纺织业的"市场革命",轻纺市场的建立不仅促进了产业链的形成,还使得企业集聚程度相对增强和销售向轻纺市场相对集中,使得外部规模经济和范围经济较为明显,极大地促进了绍兴纺织业的发展。

形成阶段企业之间联系较少,关系基本建立在交易之上,因而集群降低交易成本的优势很弱。企业技术以传统的纺织工艺为主,技术模仿盛行而极少进行科研投入,企业之间相互学习很少,因此谈不上集群的学习和创新效应,集群协调大多依赖于传统,出现了一些非正式的行业交流组织,但正式的协调机制尚未形成。

2. 成长阶段:绍兴纺织企业集群竞争优势的来源

1992—1998 年绍兴纺织企业集群步入了黄金的成长时期。绍兴市经贸委统计,1998 年年末,绍兴纺织业的总产值达到 289 亿元,约是 1991 年的 4 倍,年平均增长率在 20% 以上。在成长阶段,企业集聚程度不断提高,市场销售进一步集中于中国轻纺城,并以相关的配套专业性市场为依托,区域内拥有中国轻纺城面料市场、钱清化纤原料市场等专业化市场,使进入企业集群的原料和产品都能够达到规模批量,从而降低了单家企业的运输成本和交易成本,更加凸显了企业集群外部规模经济的优势。从化纤纺纱起，直至织造、印染、整理、加工的产业链基本形成，织造成为核心产业链的主导环节。核心产业链周围还有基于功能分布的辅助产业，使得产业链进一步完善。企业之间除了交易联系，生产联系迅速增强并逐渐形成规模，企业生产合作的范围经济开始显现。企业之间开始建立以生产和交易双因素为基础的信任关系，基于长期合作的反复博弈降低了交易成本。同时，绍兴纺织盛行家族式管理，企业扩展时往往以亲缘关系为纽带，这也有利于信任关系的建立。

从企业集群协调机制的发展看，出现了正式的行业协会。在传统规范的基础上建立了行规，既有由某个环节比较重要的企业组成的协会，也有按不同地域来源组成的协会。更重要的是，企业集群内出现了一批从事科技、金融、物流等的中介服务机构，它们成为该产业集群的网络辅助系统，为企业集群提供知识、信息、人才等多方面的支持，并起着规范和协调企业集群内部行为的作用，将企业集群内部各类不同的组织更紧密地联系在一起。在政府的引导下，绍兴纺织业经过一系列的体制变革，特别是1998年的股份制改革，最终形成了国有、集体、个体、股份制和外资共同发展的局面，这一过程就是绍兴纺织的"体制革命"。同时，政府还在建设基础设施、完善法律法规、鼓励技术改造等方面做了大量努力，大力发展轻纺城市场。

但是，在成长阶段企业集群虽然发展速度很快，但是由于没有形成核心竞争力，自己还不是创新中心，因而学习和创新还无法成为企业集群竞争优势最核心的来源。

3. 成熟阶段：绍兴纺织企业集群竞争优势的来源

1998年后，绍兴纺织企业集群逐步发展成为一个功能较为完整和全面的企业集群，步入了成熟阶段。政府成为重要的竞争优势来源之一。首先，政府倡导了"外贸革命"。1998年东南亚金融危机和内需不足导致绍兴纺织业面临前所未有的困难。于是政府提出了"纺织硅谷战略"。一是市场开拓，鼓励纺织品出口，积极拓展国际市场，该举动取得了显著的实际效果，纺织品出口额和外销率迅速提高。这不仅为绍兴纺织的发展开辟了一条广阔的道路，更将中国轻纺城的品牌打入了国际市场；二是市场建设，努力发展企业集群所依托的中国轻纺城交易市场。中国轻纺城交易市场已成为亚洲规模最大、成交额最高、经营品种最多的纺织品专业批发市场。其次，学习和创新效应是该阶段竞争优势的另一个重要来源，与发展阶段相比，除了企业之间的学习交流和科技服务中介之外，成熟阶段还出现了专门的纺织业生产力促进中心，由此出现了产学研战略联盟。

随着现代市场制度的基本确立，正式的行业协会数量增多且管理逐渐规范，中介系统以及辅助网络系统和外围支持网络系统进一步完善，使得企业集群的协调功能更加全面，协调途径更加多样，协调手段更加灵活，有利于在保持规模不变的前提下，实现企业集群整体运行效率的提高和运行成本的下降。企业集群内企业数量继续增加但增速减缓，产业链进一步完善且十分明显，主导环节仍是织造业，并向纺织机械织造、燃料、助能剂延伸，产业的主体是家族企业，企业集聚程度进一步增强。企业之间基于亲缘、交易、生产的信用关系日益稳固，专业分工和协作已达到相当广泛且深入的程度。因此，企业集群交易成本进一步降低，外部规模经济和范围经济也相当明显，但相对于其他竞争优势来源则并不突出。

4. 升级阶段：绍兴纺织企业集群竞争优势的来源

随着欧美的反倾销、特保等对我国纺织品绍兴纺织企业集群的限制，绍兴纺织企业集的种种问题逐渐暴露出来，如企业集群内部结构不尽合理，存在平面重复、无序扩张、恶性竞争等问题。核心生产企业实力仍不够强，技术力量的分散也抑制了技术创新，家族企业在用人机制、融资渠道等方面的局限性日益突出，因此，绍兴纺织企业集群在发展中面临着升级的挑战。与前几次革新不同，这次升级是以创新为特色的，要从粗放型转向集约型发展道路。技术创新是中小企业的生命，是推动中小企业发展的关键因素。

绍兴纺织企业集群的应对措施主要有：第一，延伸产业链，上游延伸至重要原料的生产，下游延伸至高附加值的服装业、家纺业；第二，建立创新机制促使企业由技术模仿向联合创新转变，例如与一些大专院校及科研机构建立战略合作关系。同时，政府也采取了对应措施：一是促进产业结构升级，提出"印染减量、织造控量、化纤稳量、服饰增量"的结构调整方针；二是推动企业集群创新战略，秉承"传统产业高新化、高新技术产业化"的思想，依托科技进步，引导企业更新技术，促进纺织产业结构优化升级，加强品牌建设，全面打造纺织品研发、制造、营销中心；三是实施"市场极"战略，充分利用中国轻纺城的品牌效应，以市场为依托，引导生产和销售，整合资源和信息，积极拓展国内外市场，使绍兴纺织企业集群嵌入全球价值链中，走"国内为本、外贸并举"的发展道路；四是提供充分、高质量的公共产品，提高社会化服务水平，完善相关的市场制度、法规制度，保障企业集群升级战略有序顺利开展。

绍兴纺织企业集群创新系统的要素构成：绍兴纺织产业集群作为创新主体的化纤、织造、印染、服装企业共计1 577家，另外还有专门提供技术、信息服务的企业和技术中心，形成了纵横交错的企业本地网络，其中中国轻纺城是企业集群纺织品集散中心和市场信息的集散地。

绍兴纺织企业集群的创新系统由以下几部分构成。

（1）企业集群核心网络系统：由两部分构成，一部分是以化纤、织造、印染和服装为主导的产业链，另一部分是由纺织技术服务业、染料/制剂企业和纺织机械企业等相关产业所组成的。这些核心网络系统及其成员构成了企业集群创新系统的知识、技术应用子系统。

（2）企业集群创新系统的辅助网络：主要由技术服务机构、教育培训中心、生产力促进中心、轻纺科技中心、中国轻纺城、浙大职教学院绍兴分院，以及集群内部骨干纺织企业研发机构和企业家协会等集群代理机构所构成，该辅助网络为企业集群提供知识、信息、人才支持，是知识提供子系统和集群规制协调机构。

（3）企业集群外围网络系统：由绍兴县（今绍兴市柯桥区）政府及其科委等相关机构、绍兴县的信息县工程、外部知识机构等组成。这三个层次构成了绍兴纺织企业集群创新系统的基本构架。

资料来源：朱小斌，林庆. 中小企业集群竞争优势来源的演化差异：基于浙江绍兴纺织业集群的案例研究 [J]. 管理世界，2008(10)：75-86+187；豆蔻财经. 绍兴纺织产业集群创新系统分析，2022年6月30日。改编人：晋禾。

企业集群（Enterprise Cluster）是在地理上相邻、同处特定产业领域的公司与机构共同组成的具有共性与互补性的紧密相连的企业集合体。企业集群在组织形式上属于介于企业组织与市场组织中间的网络型组织，具有比市场组织稳定、比企业组织灵活的特性，因为内部激烈的竞争，在分布上更加接近市场组织。企业是企业集群中的核心组织，同时也包含了提供各种服务的相关机构，比如政府和中介机构等。

（一）企业集群的特征

企业集群在全球范围内分布广泛，例如以地域同业经营为特色的意大利纺织产业和服装产业集群，以科技创新为主导的美国硅谷企业集群，还有分工明细的日本企业集群，以及通过手工业发展兴起的中国温州皮革与制鞋企业集群等。这些企业具有如下特征。

（1）中小企业主导的网络组织。集群中的企业基本上都是中小型企业，通过独资或合资的形式由个人或家族所有，并且在地理上分布集中，形成合作紧密的网络组织。

（2）分工高度发达。企业集群的企业通常是以一个或几个产业为主导而聚集形成的，产业内部企业具有高度专业化的分工和协作机制，有些企业仅完成产品生产中的某个工序。这些企业通过合作能够形成很高的集体效率。

（3）竞争与合作并存。在企业集群中信息与技术的扩散极为迅速，企业在产品的工艺或技术上的任何变革都可能引发整个集群中企业的竞争优势变化，具有替代性的企业之间存在非常激烈的竞争。同时，中小企业网络的创新发展离不开企业彼此之间的信息共享、资源互补与共同研发等支持。企业之间因为竞争与合作并存，形成了整个集群网络组织对长期利益追求的良性关系。

（4）文化规范的信任关系。集群中的企业之间通常具有地缘、亲缘等复杂的关系，并在"熟人社会"[○]的影响下，形成能够有效抑制企业机会主义行为的高度信任关系。企业交往时往往遵循社会习惯和声誉机制等非正式的制度规范，发展出具有浓厚文化特色的企业成长发展的行为规范。

（二）企业集群的分类

从形成的视角可以将企业集群划分为三类[○]，并且以第一种分类方式为主导。

（1）通过地理环境、资源禀赋与历史文化等因素形成。比如意大利的企业集群涉及的行业包括纺织、制鞋和家具等，是通过地理和资源因素形成的典型代表。相似地，美国的硅谷企业集群的形成与发展也离不开诸如斯坦福大学等世界一流研究机构的人才力量。而以中国浙江等地为代表的企业集群，则依靠地缘和亲缘等历史文化因素得以形成。

（2）通过大企业改造、分拆形成。大型企业由于规模过于庞大，很容易形成机构冗余、人才浪费的"大企业病"。为了让企业能够更专注其主营业务，可以通过改造、分拆等举措对大企业进行变革。比如意大利的普拉托毛纺企业集群，就是在面临激烈的国际竞争的情况下，对其生产组织进行变革之后的结果，企业组织由垂直型向分散型进行转变。

（3）通过跨国公司对外投资形成。跨国公司在对一国进行投资时通常会集中于某一区域，这样的布局可能会形成以跨国公司相关业务为主导的企业集群。企业集群不仅可以创造更多的企业收益，而且还能够为当地创造更多的商业资源与就业机会，因此更加容易获得政府的政策性支持。比如美国的电子科技公司在东南亚等国家投资形成的电子元件企业集群就属于这种类型。

○ 熟人社会的概念源于费孝通在《乡土中国》中所阐述的中国式的社会关系状况，即人与人之间在非常熟悉的环境中相互了解，形成社会学中的面对面社群。

○ 李亦亮. 企业集群发展的框架分析 [M]. 北京：中国经济出版社，2006: 42-43.

🔵 知识栏

加快战略性新兴产业融合集群发展

党的二十大报告对建设现代化产业体系做出部署，强调"推动战略性新兴产业融合集群发展，构建新一代信息技术、人工智能、生物技术、新能源、新材料、高端装备、绿色环保等一批新的增长引擎"。

战略性新兴产业具有基础性、先导性、战略性、渗透性、复杂多样性、技术密集性等特征。积极适应全球产业分工模式、产业链布局、产业创新模式、产业组织范式、产业驱动力、产业核心要素等维度发生的深刻变革，需推动战略性新兴产业融合集群发展，聚焦主体融合、要素融合、产业链互动和产业生态繁荣等，不断促进技术、市场与政策供给的紧密耦合。这既是应对新发展阶段大国竞争的必然之举，也是服务和融入新发展格局的应有之义。

推动战略性新兴产业融合集群发展，不断增强产业创新力、市场竞争力和国际影响力，需在围绕产业链部署创新链、完善生态构建和场景应用、加强数字平台建设等方面发力。

一是围绕产业链部署创新链。聚焦提升产业基础能力和产业链现代化水平，确保关键节点的稳定性，打造一批战略性新兴产业融合集群发展基地，加快建设产业融合集群发展生态圈的创新服务支撑平台，大力提升科技创新能力建设，推动短板领域补链、优势领域延链、新兴领域建链，形成经济循环畅通的战略支点。为此，要充分发挥龙头企业链主优势、平台效应和示范引领带动作用，利用其产业链生态位优势、话语权与资源整合能力，实现产业链价值链利益相关方的交互赋能、责任传导并形成紧密耦合发展模式和发展合力，持续推动科技创新、制度创新，促进创新链与产业链的共融和产业链上下游协同发展。助力中小企业培养专注于细分市场的独创性、加速创新的自主性、适应变化的灵活性以提升参与产业融合集群发展的能力。构建"以大带小、以小促大、广泛合作"的大中小企业融通发展、产学研融合发展格局。着力突破供给约束堵点、卡点、脆弱点，提升产业链供应链韧性和安全水平，形成富有创造活力、利于创新发展的良好产业生态。

二是完善生态构建和场景应用。聚焦更好统筹扩大内需和深化供给侧结构性改革，加强产业链供应链开放合作，打造一批战略性新兴产业融合集群发展高地，鼓励产业链上下游协同发展，强化产业技术跨域跨界深度融合，大力提升科技创新能力建设，提高全要素生产率，促进产业链提质扩量增效。为此，要强化政府投资对全社会投资的引导带动，支持各地围绕禀赋优势，着眼未来发展，前瞻布局谋划新一代信息技术、人工智能、生物技术、新能源、新材料、高端装备、绿色环保等重点行业领域的融合集群发展，打造细分领域的标志性产业，以产业需求牵引教育、科技、人才发展，推动前沿技术多方向多路径探索和跨学科跨领域交叉应用，开辟出新的巨大增长空间，打造国际竞争新优势，增强产业链供应链的竞争力和安全性。

三是以数字平台建设促进数实融合。聚焦提升基于数据要素的态势感知、需求对接、分析决策能力，确保牢牢掌握战略主动，打造一批战略性新兴产业融合集群发展的"数据空间"，统筹数据资源整合共享和开放流通，推动数据要素价格市场决定、流动自主有序、配置高效公平。为此，要以数字化为基础，依据产业特点、发展阶段、发展基础和融合集群发展需求，集合行业上下游相关企业、行业科研机构和政府公共部门等创新力量，构建"针对特定行业、提供多种功能"的细分行业领域"数据空间"，提供共性技术、政策咨询等综合性、集成性、专业性服务，推进资源整合，激发创造活力，实现系统集成、资源互联共享。(作者张于喆，系中国宏观经济研究院产业经济与技术经济研究所研究员)

资料来源：加快战略性新兴产业融合集群发展，新华网，2023年6月1日。改编人：田晓煜。

第二节　企业战略联盟

| 视野拓展 8-3 |

北汽与梅赛德斯奔驰的战略联盟

中国自从2001年加入世界贸易组织（WTO）以来，国内越来越多的企业走出国门，参与国际竞争。面对汽车行业竞争日益激烈的市场环境，越来越多的汽车企业选择与外商组建跨国战略联盟的国际化战略作为提升自身实力的发展路径。

北汽集团（以下简称"北汽"）作为中国五大汽车集团之一，是国内第一家与外商成立合资企业的车企，开启了中国汽车行业的对外合作之路。

北汽集团与梅赛德斯奔驰集团（以下简称"梅赛德斯奔驰"）的战略合作长达20年之久，该跨国战略联盟是中国汽车行业跨国战略联盟的经典案例，对中国的其他汽车企业有一定的借鉴意义。

1. 北汽与梅赛德斯奔驰跨国战略联盟案例介绍

改革开放以来，随着中国打开对外开放的大门，国内外企业开始进行交流与合作。汽车行业是中国企业跨国战略联盟的重点领域，可以说，近年来中国汽车工业发展史也是与外商组建跨国战略联盟的合作史。

中国加入WTO后，国际化进程加速，汽车行业也参与到全球生产价值链中。国内汽车企业与国外企业组建跨国战略联盟的数量明显增加，联盟的形式和内容也逐步呈现多元化特点。

中国头部汽车集团如上汽、一汽、东风汽车、长安汽车和北汽等车企纷纷选择与国外汽车公司合作，通过合资等跨国战略联盟的方式占据着各类细分汽车市场。

北汽跨国战略联盟动因：北汽与梅赛德斯奔驰组建跨国战略联盟，能够获取梅赛德斯奔驰汽车的技术资源，共同致力于合资品牌的发展。梅赛德斯奔驰是全球顶级的汽车制造公司，拥有先进的生产技术，在整车制造、发动机、变速箱、安全系统等领域处于世界领先水平。双方的跨国战略联盟始于建立合资公司北京奔驰，经过不到20年的发展，北京奔驰拥有了戴姆勒合资公司中最大的研发中心。近年来，北京奔驰开展了纯电动车和动力电池的本土化生产，双方不断在动力电池等新能源领域共同研发合作。

梅赛德斯奔驰跨国战略联盟动因：自2015年以来，中国新能源汽车产业发展迅速，目前中国已成为全球最大的新能源汽车市场。

世界各大车企纷纷加入对中国市场的争夺，相较于其他竞争对手，梅赛德斯奔驰在新能源领域的布局稍显滞后，所以找到一个在该领域已有成绩的合作伙伴对梅赛德斯奔驰来说可能是一个更好的选择。北汽早在2009年就成立了北汽新能源公司，在新能源领域进行战略布局。

北汽新能源公司拥有国际一流的新能源汽车实验中心，在世界六国八地建立了研发中心，掌握三电核心技术，同时与产业链上下游的企业进行合作，在新能源领域积累了一定的优势。因此，北汽是梅赛德斯奔驰在新能源领域的最佳合作伙伴。

2. 关于北汽在跨国战略联盟中的问题与思考

北汽过度依赖合资公司北京奔驰。在国内汽车行业逐渐放开合资企业股比限制的背景下，北汽对北京奔驰的过度依赖会使其压力倍增。虽然北汽表现得比较强势，分别于2019年和2021年收购了德方戴姆勒的部分股权。但是北汽持续依靠北京奔驰的支持并不是长久之计，因为在合资公司的股权比例直接关系着合作双方的利益分配，未来奔驰集团是否会争夺北京奔驰的股权尚不清楚。北汽接下来需应对各种风险，重视自主品牌的发展是其合理选择。

北汽研发力度不足，未很好地整合技术资源。北汽研发投入在营业收入中的占比最低，而且与行业可比企业有一定的差距。横向对比，北汽近三年研发投入占总营业收入的比例在1.58%左右，而广汽、比亚迪的该项指标分别为7.8%和5.6%左右，这一情况表明北汽的研发进展迟缓、投入力度不足。此外，近几年北汽的北京品牌连续亏损，也可能与创新不足有关。总之，从研发投入占比这一指标来看，北汽在与梅赛德斯奔驰的跨国战略联盟中并没有很好地整合技术资源，自主研发能力有待加强。

3. 启示

要想在跨国战略联盟中实现共赢，前提是选择有共同利益驱动和优势互补的结盟对象。在选择合作伙伴时，客观真实地评价自身和对方的优势与不足是实现优势互补、资源共享的前提。

在北汽与梅赛德斯奔驰的跨国战略联盟中，梅赛德斯奔驰作为世界一流汽车制造商，拥有先进的生产技术和成熟的管理体系，这对于刚刚改制的北汽有十足的吸引力。同时，北汽作为北京市重点国有企业，具有完善的市场渠道和地域优势，这是梅赛德斯奔驰进入中国市场不可或缺的，双方正是有着各自的优势以及共同的汽车市场战略目标，才能进行长期的战略合作，实现双赢。

在国内汽车企业的跨国战略联盟中，大多数中方企业只注重引进和模仿技术，而忽视了自主研发和创新，究其原因在于只满足合资合作带来的眼前利益，没有重视自身技术研发的长久发展。

因此，在以后的跨国战略联盟中，中国汽车企业应完善主动学习机制，坚持"引进—消化吸收—再创新"的发展路径，不断提升核心竞争力，达到更好的跨国战略联盟效果。

资料来源：杨胖思维，北汽集团与奔驰：跨国战略联盟中的成功，其他汽车企业如何借鉴？改编人：曹琳君。

企业战略联盟（Strategic Alliance）是20世纪90年代以来国际上新兴的一种流行的战略管理思想。战略联盟的概念由美国DEC公司总裁简·霍普兰德（J. Hopland）和管理学家罗杰·奈杰尔（R. Nigel）提出，是指两个或两个以上企业之间为了实现某种共同的战略目标而达成的长期合作安排，其核心思想为"竞争合作"。战略联盟改变了传统的以消灭竞争对手为目标的对抗性竞争，在战略联盟中竞争与合作并行不悖，为合作而竞争，靠合作来竞争，以寻求企业的竞争优势。战略联盟的独特之处在于，在增强联盟企业总体核心竞争力的同时，并不削弱每个企业的原有核心竞争力。它可以在保持双方核心竞争力相对独立的基础上，实现优势互补、资源共享，最后达到双赢的目的。

自20世纪80年代以来，战略联盟的数量激增，逐渐成为企业快速成长的主要方式。据不完全统计，在世界150多家大型跨国公司中，以不同形式建立战略联盟的高达90%，在未来的10年间，全球的战略联盟数目还将以每年30%的速度递增，战略联盟俨然已经成为企业重新组合资源、培育和提升市场竞争能力的重要手段。那么，企业为何要建立战略联盟？其内在驱动力何在呢？

资源驱动理论认为，企业是资源的集合体，企业的资源包括资本、知识、组织结构、企业流程以及企业可以控制的其他要素。资源驱动理论将企业的战略能力视作一种内部资源的集合，对于企业创造竞争优势具有战略重要性。但是，在现代社会经济条件下，企业拥有的资源往往是有限的，而大量资源存在于广泛的社会网络中。所以，企业需要通过与其他企业组织建立联盟，利用其他组织的资源来满足自身需求。

竞争战略驱动理论认为，企业希望通过参与联盟，提高自身的市场能力和效率，加强竞争力。例如，企业可以通过战略联盟进入某一特定市场；可以通过战略联盟降低内部运作的成本，实施成本领先战略；还可以通过战略联盟获取自己所不具备的核心能力，为开拓市场奠定基础；甚至可以通过战略联盟与联盟伙伴共同增强竞争能力，与共同的竞争对手相抗衡。实际上，以竞争战略为驱动力的研究仍是基于资源驱动理论。

学习驱动理论认为，企业的发展需要自身素质的提高与新知识和技能的学习。许多研究表明，学习其他企业的技术诀窍和某些能力也是促使企业加入战略联盟的最主要动因之一。企业在学习联盟伙伴知识的同时，也面临着被伙伴学习的风险。所以，联盟企业往往希望能够在联盟中比伙伴学习得更快，进而尽量减少或避免自身的损失，这就是战略联盟中的"学习竞赛"现象。但是，"学习竞赛"往往会使联盟的运作陷入困境，是导致企业联盟失败的主要原因。

皮埃尔·杜尚哲（Pierre Dussauge）及贝尔纳·加雷特（Bernard Garrette）将战略联盟定义为：战略联盟是两个或两个以上的企业，在保持各自独立性的基础上建立的以资源与能力共享为基础、以实施项目或活动为表征的合作关系。这种合作关系排除了以下两种情形：一种是企业单靠自己的努力实施某一项目或活动，独自承担全部风险并独立应对竞争；另一种是与其他企业合并，或者收购其他企业，或者将自己的业务部门剥离。从上述定义可知，伙伴企业的战略独立性是战略联盟的基本属性。具体来讲，战略联盟主要有以下三方面特征。

（1）从罗纳德·科斯（Ronald Coase）和奥利弗·威廉姆森（Oliver Williamson）的交易费用理论来看，企业战略联盟是介于企业与市场之间的一种"中间组织"。

（2）从企业关系看，战略联盟是促使合作各方由"零和"演变为"正和"的一种新型合作伙伴关系，它强调整体利益的互补性、相互往来的平等性、合作关系的长期性以及组织形式的开放性。

（3）战略联盟一方面受多决策中心共同施压，另一方面又能通过谈判、相互妥协进行决策。

一、战略联盟的组织类型

为了揭示战略联盟的内在机理，帮助企业经理人员更好地管理战略联盟，学者们常常将战略联盟划分为不同的类型，以便分门别类地展开研究。例如，迈克尔·A. 希特（Michael A. Hitt）等根据合作伙伴与建立的战略联盟之间是否存在资产关系及资产关系的密切程度，将战略联盟划分为资产联盟与非资产联盟。杰伊·B. 巴尼（Jay B. Barney）根据战略联盟是否存在股权以及股权安排的具体形式，将战略联盟划分为股权联盟、合资企业及合作企业。杜安·爱尔兰（R. Duane Ireland）和罗伯特·E. 霍斯基森（Robert E. Hoskisson）根据合作伙伴之间的互动程度，将战略联盟划分为后竞争联盟、竞争联盟、非竞争联盟以及前竞争联盟。乔尔·布利克（Joel Bleeke）和戴维·厄恩斯特（Dowid Ernst）则将战略联盟划分为竞争者联盟、弱者联盟、变相出售联盟、借力联盟、出售倾向联盟及互补联盟六种类型。本章主要介绍杜尚哲及加雷特对战略联盟的类型划分，即将战略联盟按照伙伴企业是否存在直接的竞争关系划分为非竞争者战略联盟和竞争者战略联盟。参与战略联盟的企业之间的关系通常也被称为伙伴关系。

（一）非竞争者战略联盟

非竞争者战略联盟，指的是来自不同产业之间的企业建立的战略联盟。这种联盟形式常常是企业进入那些联盟企业能够提供帮助的新业务领域的重要手段。这种联盟在一定程度上取代了传统的业务扩张方式。根据企业成长与扩张的基本方向，可以概括为以下三种类型：国际化扩张、纵向化扩张和多元化扩张。类似地，非竞争者战略联盟的形式如下。

（1）国际合资企业，即由寻求国际扩张的企业与目标国当地企业共同组建的合资企业。国际合资企业具有自身的优势。首先，国际合资企业常常是跨国企业进入受限制的外国市场的理想选择，因为大多数国家都存在着政府管制，对国外商品的进入存在一定的限制。其次，国际合资企业是应对他国复杂市场环境的有效手段，大多数企业都倾向于先与当地企业合作，等熟悉当地市场之后再建立独资企业。例如，丰田最初选择进入美国汽车市场、本田最初进入欧洲市场时，虽然当地政府没有硬性要求两大日本公司与当地企业建立伙伴关系，但是两家公司均选择与当地企业合作，后来逐渐过渡到建立独资企业，有效地规避了市场的复杂性风险。

（2）纵向伙伴关系，是指将同一产业链业务相互继起的企业联系在一起的合作关系，主要为供应商和客户结成的伙伴关系。首先，通过建立纵向伙伴关系，公司减少了对市场的依赖。其次，借助纵向伙伴关系，企业避免了通过完全的前向一体化或后向一体化与客户（或供应商）形成竞争关系。例如，长期以来中国双汇集团是杜邦公司在亚洲最大的大豆蛋白客户，2002年双方共同组建合资企业杜邦双汇漯河蛋白有限公司，以加强双方在大豆蛋白生产与销售领域的合作。

（3）跨产业合作协定，是指来自不同产业的企业共同建立的、旨在通过相互利用对方的互补性资源和能力来寻求开展新的业务活动的合作关系。例如，对光学数据存储技术的开发促使全球领先的光盘系统开发商菲利普公司与全球领先的化工巨头杜邦公司共同建立了合资企业菲利普-杜邦光学公司（Philips-Dupont Optical，PDO），共同开发光盘系统的表面覆盖技术。此外，这种战略联盟形式有利于至少一家企业进入新兴的业务领域，是企业通过内部发展或收购已经存在的竞争者进入新业务领域的替代形式。比如，2002年海尔公司选择进入保险领域，但自身缺乏人才与经验积累，于是选择了与纽约人寿保险公司共同组建了一家合资企业，即海尔纽约人寿保险公司。借助跨产业合作协定进入新业务领域的伙伴企业能否实现其预期目标，这在一定程度上取决于它们进入新市场的学习能力的强弱。

（二）竞争者战略联盟

划分竞争者联盟有两个标准：其一，参与联盟的伙伴企业对联盟所做贡献的性质；其二，战略联盟产出的性质。据此，可以将竞争者战略联盟划分为供应共享型联盟、准集中化联盟和互补型联盟。

（1）供应共享型联盟，指的是竞争者合作开发或制造在各自的最终产品中都需要使用的中间产品的联盟，旨在无需其他外部供应商的情况下以特定的投入获得规模经济效应。主要组织形式是伙伴企业在合作工厂内进行研发和生产任务的分配。例如，福特汽车公司与马自达汽车公司自1979年以来共同研制了十多种新车型，福特负责大部分的式样设计，马自达提供关键部件。福特擅长市场营销和资金筹措，马自达善于开发制造，双方彼此吸引，相互合作，实现共赢。

（2）准集中化联盟，指的是竞争者共同开发、生产和销售对所有伙伴企业都无差异、在市场中销售的产品的联盟，其目标则是在无须采取并购的情况下借助某一产品获得规模经济效应。准集中化联盟的运作，常常采取在伙伴企业之间划分研发、制造等工作任务的方式。例如，法国宇航公司和意大利阿莱尼亚公司共同研发和生产区域支线飞机，在双方的合作框架内，法国企业负责设计和制造飞机的机头和侧翼，而意大利企业则负责飞机的燃油系统。

（3）互补型联盟，是指将提供性质不同的资产和技能的企业联系在一起共同开展项目合作的合作关系，旨在无须大量投资的情况下充分利用合作伙伴企业的互补型资产与技能。例如，美国PPC公司和日本ASAHI公司在美国合资开办了两家生产汽车玻璃的工厂，把日本公司的营销方法和美国公司的生产技术结合起来。

二、战略联盟的管理

（一）国际合资企业的管理

1. 协调伙伴企业之间的利益冲突

在国际合资企业中，存在着伙伴企业利益一致的地方。既然双方愿意共同组建合资企业，都愿意为合资企业的建立和运作投入资源，那么，对参与合作的任何一方来说，都认为该合资企业有存在的必要。

但在国际合资企业中，也存在着巨大的潜在利益冲突。因此，为了确保国际合资企业有效运作，必须协调不同伙伴企业之间的利益冲突。首先，伙伴企业必须相互尊重对方的利益目标，努力在实现自身目标的过程中促成合作伙伴合理利益目标的实现。其次，每个伙伴企业都应该将自身的利益期望控制在适当范围内。再次，每个伙伴企业都应该让合作伙伴明白，国际合资企业能够分别为双方提供哪些资源与能力。最后，伙伴企业必须经常沟通，及时协调各种可能出现的冲突。

2. 平衡伙伴企业之间的权力

实际上，国际合资企业管理中的权力平衡对于合资企业绩效的影响超过了合资企业的股权结构安排。对国际合资企业的经理人员来说，独立运作型合资企业或一方主导型合资企业大大减少了合资企业中的冲突，营造了和谐的氛围。因此，从经理人员的角度出发，即使这样的企业未能产生相应的协同效应，经理人员也会给予肯定的评价，这样的企业显得更加成功一些。

3. 发挥经理人员在国际合资企业中的关键作用

国际合资企业的总经理以及整个高层管理团队的任命，是一项非常关键的决策。这一决策应该遵循如下两条准则：国际合资企业的总经理必须具备外交家的素养，必须具有独立经营的良好意识；跨国公司一方，必须接受任命当地人担任国际合资企业高层管理人员这一观点。

（二）纵向伙伴关系的管理

1. 选择合适的合作伙伴和恰当的合作时机

在选择纵向合作伙伴时，传统意义上选择转包商的标准远远不够。下列因素在选择纵向伙伴时，应该给予特别关注：伙伴企业之间的相互信任程度；双方对长期投资的承诺，包括有形资产与无形资产的投入；战略联盟之间的战略适应性。

在实际运营中，为了选出适当的纵向伙伴关系，一些企业甚至建立了伙伴企业的选择规程。例如，丰田公司是最早建立伙伴关系选择规程的公司之一，要求工作人员将所有可能的伙伴关系企业罗列出来，指定专门的工作小组长期负责评估工作，以找出真正适合的伙伴企业。同样地，还要注意选择签订战略联盟协议的具体时机，以便清晰、准确地了解合作伙伴企业的意图、实力等具体情况。

2. 建立适应合作伙伴关系的管理系统

从传统转包关系转变为纵向伙伴关系，无论是客户，还是供应商，都需要进行重大的组织变革。主要包括以下几个方面：①客户的采购经理必须改变对供应商的态度，必须充分考虑供应商在多个方面的贡献，而不是像曾经那般一味地压价；②客户的设计部门必须转变角色，不能继续将自己置于领导地位，必须摒弃不可一世的工作作风；③客户的其他相关部门必须从产品的初始设计阶段就加强与供应商的接触，长期保持互动合作；④必须重新设计供应商的销售职能，应当学会如何与客户一起满足最终消费者的需求；⑤供应商必须强化研发职能，建立能够与客户有效展开合作设计的研究团队；⑥供应商必须围绕与客户的合作，重构内部工作流程，重新规划各部门组织权、责、利的边界。

3. 关注纵向伙伴关系的战略影响

纵向伙伴关系已由选择少数供应商、由少数供应商承担更多的责任取代了传统转包生产中大量选择按规格要求提供加工生产服务的供应商的方式。为了适应这一转变，供应商务必拓展自身的技术专长和制造能力，时刻关注纵向伙伴关系的战略影响，相应地采取较为灵活的内外部策略。

（三）跨产业合作协定

1. 借助跨产业合作协定开展多元化业务

相较于共同开创一个全新的业务领域，跨产业合作协定更多地被一些企业视为进入新业务领域的有效途径。例如，韩国的大宇公司（Daewoo）曾经与通用汽车公司建立战略联盟，进入汽车制造行业。由此，可以借助跨产业合作协定，利用联盟企业已有的经验和资源，减少进入新业务领域的阻力与成本。

2. 避免培育出新的竞争对手

对在位企业来说，即使与联盟企业达成合作协定，也尽量在一定程度上避免伙伴企业威胁到自身的市场份额与行业地位。新进入一个产业的伙伴企业能够以多快的速度在新产业中独立运作，取决于获得所需资源的难度与速度，主要受如下三个因素的影响：①伙伴企业是否拥有相应的技能或核心竞争力；②伙伴企业的开放性和透明度；③新进入者获得新技能和将其吸收内化的能力。

（四）供应共享型联盟

1. 了解组织惯性

大多数制造类供应共享型联盟会受到缺乏灵活性的纵向一体化战略的威胁，而且存在着巨大的退出障碍。实际上，制造类供应共享型联盟的结局常常是"内部化"，即其中一个伙伴企业对联盟进行了接管，使其成为该伙伴企业经营系统中的有机组成部分。在实际运营中，能够充分满足联盟目标的最佳组织形式，应该是在充分认识组织惯性的基础上，建立一个通用零件生产商。这样伙伴企业就能够从规模经济效应和经验曲线效应中受益。

2. 企业需求的长期一致性

为了保证制造类供应共享型联盟的有效性，伙伴企业长期保持同样的需求至关重要。如果在某一时点，伙伴企业无法就合资企业生产的零部件规格达成一致意见，那么战略联盟最初设定的共同目标将不复存在，战略联盟就将走向分裂和失败。战略联盟是否能长久合作，在很大程度上取决于联盟所在的产业，更具体说，取决于产业技术环境的稳定性如何。

3. 在伙伴企业之间进行研发和集中生产的分工

在制造类供应共享型联盟中，研究开发工作和制造工作需要不同的组织来具体实施。研发工作应该在伙伴企业之间进行分工，每个伙伴企业独自承担整个研究项目的部分工作，分别组织实施。当然，将研发工作分配给每个伙伴企业，需要强有力的协调，以保证合作开发的一致性。相反，如果不能在生产研发等方面达成一致意见，组件生产型合资企业会使管理变得更加复杂，也不能产生规模经济效应，无法降低成本。

（五）准集中化联盟

1. 重复生产：避免专业化的途径

在大部分准集中化联盟中，不可避免地会出现专业化分工。为此，在某些案例中，尽管重复生产会导致效率低下,但是,一些伙伴企业仍愿意在运行联盟的同时重复开展一些工作。为了避免公司忽视一些虽然不被认为重要但却与分配给伙伴企业的任务密切相关的技能,有些伙伴企业选择独自开展一些与其他伙伴企业相同的业务活动,从而导致联盟架构内出现了重复生产。

2. 轮换任务:保护企业的技术多样性

在某些建立了大量准集中化联盟的企业中,企业避免专业化的途径不是通过重复工作任务,而是通过同时与多个伙伴企业组建类似的联盟。为了尽可能保护自身在多个不同层面的技能,企业可以争取在不同的联盟合作中承担不同的任务。这样,每家企业在单个联盟中实现了规模经济的要求,同时又通过在不同联盟中选择完成不同的任务保全了自身能力的产业多样性。

(六)互补型联盟

1. 避免成为"特洛伊木马"

学界常以"特洛伊木马"来形象比喻互补型联盟,即其中的一家伙伴企业充分利用联盟来获取另一家伙伴企业最优价值的技能,以伙伴企业的付出作为强化自身竞争地位的基础。一个互补型联盟能否长期保持双赢,或者会不会很快陷入"特洛伊木马"的境地,主要由以下一些关键因素决定:每个伙伴企业提供的能力的适当性;一家伙伴企业提供的能力对其他伙伴企业的价值和吸引力;联盟的组织方式。

2. 管理共生联盟

共生联盟,指的是那些特别强调"双赢局面"的联盟。在共生联盟中,伙伴企业都需要向对方联盟提供资源,但是自身对其他伙伴提供的资源并不感兴趣,或者无力获得对方提供的资源。在这一情况下,获得伙伴企业的能力、保护自身的能力,都不是重要目标。对这种联盟的存续存在重大威胁的不是伙伴企业的战略,而是环境变化导致伙伴企业提供的资源价值的下降以及协同效应的丧失。

3. 赢得学习竞赛的胜利

在许多互补型联盟中,至少一家伙伴企业对获得其他伙伴企业提供有价值的能力表现出极大的兴趣。一旦伙伴企业提供适当的能力,从而使这一目标的实现具有很强的现实性,联盟很可能会陷入"学习竞赛"之中。企业为了让自己处于竞争优势,应该加强学习技术和管理的能力,争取赢得学习竞赛的胜利,这对未来的市场格局也至关重要。

4. 有意识地组织有价值诀窍的转移

对出售股权的一方来说,联盟以被接管的方式终结,常常意味着联盟的失败。实际上,联盟的这一结局完全可以通过伙伴企业之间的谈判进行事先安排。在这样的案例中,互补型联盟的建立,就是为了有意识地转移那些对有效管理最终被接管的业务来说非常重要的技能。在此情形下,联盟被当作一家伙伴企业帮助另一家伙伴企业进入新市场的机制。进入新市场的伙伴企业的目的通常比较直接,而本土企业的动机却不是十分明显。

第三节　企业集团

│视野拓展 8-4│

日本的综合商社

在很多中国人甚至欧美人看来，丰田汽车、东芝电气、松下电器等耳熟能详的企业及其产品才是日本竞争力的象征，很多企业管理书谈及的也是这些企业的管理经验。然而，国人全然不知日本大企业成长的幕后推手，以及主导日本经济的内在力量，其实真正来自三井物产等日本财团的综合商社。

综合商社是日本最具有特色的产业组织模式，它以贸易为主体、产业为后盾、金融为纽带，是具有贸易、金融、情报、组织协调等多种功能的国际化、集团化、实业化、多元化的跨国企业集团。日本的综合商社与企业集团（财团）有着密不可分的联系，是日本企业走向世界的"流通窗口"，在金融、物流、调研、咨询、市场营销等方面直接为制造业企业提供支持。在这个新型的、现代化的家族式企业集团（财团）中，主办银行（或金融集团）扮演着父亲的角色，通常决定家庭成员的血缘关系和姓氏归属，是家庭成员稳定的经济来源。而综合商社自然扮演了母亲的角色，她负责生育儿女（众多制造业），照顾家庭成员的起居，对孩子的教育和成长施加影响，为子女长大后外出求学与发展谋划（获得情报），甚至为子女选择对象和操办婚嫁（创办合资企业）。

三井物产（Mitsui）是世界上最大的综合商社，而且又是先驱者，有着悠久的历史。1993年，三井物产排名世界500强第一，在其后的10年间也都基本排名500强前10位。2003年以后，三井物产将能源部门等重要产业机构独立核算，并且在全球设立独立法人公司，使得自己在《财富》杂志世界500强排名中的位置迅速下降，隐藏了真正的实力和活动，不为外界所注意。不少中国企业都在梦想跻身世界500强的行列，然而，三井物产对500强排名从来都不屑一顾。很少有人知道，丰田、东芝、索尼、松下、三洋、NEC都是三井财团体系的成员或重要关联企业，在它们看似激烈竞争的背后，却有着更多的"共谋"。此外，三井住友银行、商船三井、三井造船、石川岛播磨、新日铁等一批世界500强企业也都归于三井财团这个大家庭。如果时间追溯到1995年，当时世界500强前10名中就有6家是来自三井财团体系的成员。

三井物产拥有子公司1 100多家，在日本国内拥有34个机构，在全球93个国家和地区设有事务所89个，当地法人91个。无论在哪一个国家或地区，无论涉足哪一个产业，三井物产几乎都遵循着这样一套"行动逻辑"，即在一个由100多家子公司和上千家股权管理企业组成的全球交易网络和信息情报网络中，三井物产以金融资本、商业资本和产业资本结合的高效形式渗透到产业的上下游链条中。最终，三井物产通过强大的贸易能力和物流网络建设能力，使上下游资源流动起来，从而为整个财团创造高额的交易利润，并掌握商业机会的"制高点"。

韩国在20世纪70年代经济高速发展期也确立借鉴日本经验，确立本国综合商社和财团机制,在推动韩国以重化工业出口为标志的出口导向工业化战略的实施、提高出口规模经济效益、抑制中小企业出口商恶性竞争方面,发挥了极其关键的作用,"哺育"了三星、现代、SK等世界型财团企业。

近年来,"走出去"战略已经成为中国企业发展的首要选择,从走出去、海外获取资源和能源、获取世界先进技术与情报信息等众多的角度讲,中国都应借鉴日本和韩国的经验,更好地推动企业发展。

资料来源:日本综合商社启示录,2007 年。改编人:曹琳君。

一、企业集团的定义与内部机制

(一) 什么是企业集团

企业集团在全世界无疑是一种重要的组织形式。在日本,有 83% 的公司与集团相连;在菲律宾,有 73% 的公司与集团相连;在中国香港、印尼和新加坡,这一比例超过了 60%。无论是在发达国家(或地区),还是发展中国家(或地区),企业集团都为经济做出了巨大贡献。中国的企业集团从 20 世纪 80 年代兴起以来,已经成为中国经济的骨干力量。

关于企业集团的定义,不同的学者有不同的说法,但是随着企业集团研究的深入,学者们渐渐达成了一些共识。公认的一个定义是将企业集团作为法律上独立的公司的集合,这些公司由多种纽带联结在一起,包括所有权、经济手段(比如公司间交易)以及社会关系(家庭、亲情、友情),通过这些它们合作完成双方的目标。在中国,根据现行的相关法律法规,企业集团是指以资本为主要联结纽带的母子公司为主体,以集团章程为共同行为规范的母公司、子公司、参股公司及其他成员企业或机构共同组成的具有一定规模的企业法人联合体。尽管表述不同,这两个定义都包含了企业集团的两个特性:一是企业集团的组成公司在法律上是独立的;二是这些公司间由某些形式的纽带联结。

(二) 外部环境与企业集团内部机制

对企业集团的性质能够造成影响的因素包括外部市场条件、社会结构、政治经济因素及外部监督和控制系统四个方面。企业集团可以看作是组织对所处环境的适应性反应,通过建立一个元素松散的耦合系统帮助组织减少环境中的不确定性和复杂性。也就是说,企业集团的角色可以解决各种制度环境中的矛盾。

可以从两个角度探索企业集团对环境的适应性。第一,侧重于企业集团附属企业单元的独特角色,通过横向连接识别集团的成员公司。横向连接是成员公司自身之间的联系,尽管企业集团中的成员公司是法律上独立的、有独特性质的实体,但在集团中它们是相互依赖的,在企业集团中不同类型的内部机制可以加强成员公司的横向联系。第二,侧重于对企业集团耦合来源的视角,即在对资源所有权的控制上采取垂直连接的形式。集团的内部机制是以垂直结构为基础,集团如同一个层级指挥系统一样运作。

以上四个外部环境变量和两个重要的内部机制互相产生影响。表 8-1 总结了企业集团如何基于两个内部机制对四个外部环境变量的反应设计出独特的组织属性。换句话说,企业集团的内部机制反映了外部环境。很显然，外部环境的多样与复杂，使得多种企业集团组织形式在社会中出现和并存。

表 8-1　四种外部环境因素对企业集团内部适应机制的影响

	外部市场条件	社会结构	政治经济因素	外部监督和控制系统
横向连接	不完善的外部市场促进企业集团发展公司间内部交易	社会交换关系为内部交易提供可依赖和稳定的网络	政府支持增加了集团的松散资源，因此便利了内部交易	交叉补贴出现，控股股东侵蚀小股东的财富
垂直连接	核心所有者通过所有权获得凌驾于个体公司的行政权威	以社会秩序和社会权威结构构建集团内的权威结构	政府对所有权直接投资，对企业集团有管理控制权	主导所有者集团通过复杂公司治理结构进行管理控制

外部环境因素对企业集团内部机制的影响如图 8-2 所示。

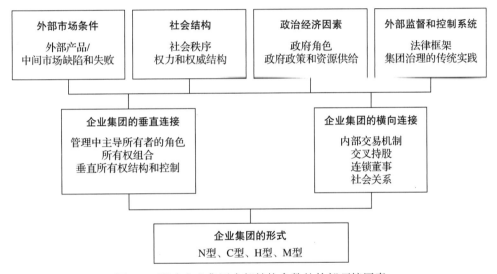

图 8-2　影响企业集团内部结构参数的外部环境因素

资料来源：YIU D W, LU Y, BRUTON G D, et al. Business groups: an integrated model to focus future research[J]. Journal of Management Studies, 2007, 44(8): 1551-1579.

二、企业集团的类型与结构

企业集团有多种分类方法，依据早期奥利弗·威廉姆森（Oliver E. Williamson）的企业组织结构分类，企业集团可分为 U 型（一元结构）、H 型（控股结构）和 M 型（多元结构）。U 型企业集团产生于现代企业发展早期阶段，其特点是管理层级的集中控制，母公司对下属成员企业进行直接管理。在 H 型企业集团中，母公司持有子公司部分或全部股份，各子公司是相对独立的利润中心。M 型企业集团又称为事业部制或多部门结构，在这种结构中，母公司保持投资中心、决策中心、战略发展中心的地位，而事业部作为利润中心、管理协调中心。除此之外，还可按照母公司对子公司的管理方式、连接纽带、涉及的行业对企业集团进行分类。

各种分类方法的不同，自然也就造成了在研究和实践中的不一致性。因此，Yiu 等学者在 2007 年试图创建了一种更为综合的企业集团分类方式。本书对企业集团的分类也主要是引用这些学者构建的模型。企业集团通过沿着两个重要的方面运用各种内部机制来适应外部环境。其中一个侧重于集团附属企业的独特作用（横向连接），如通过子公司间的内部交易机制、交叉持股、连锁董事、社会关系等方式，在有着更强的横向连接的企业集团中，这些子公司紧密地相互联系在一起，一家子公司的战略管理可能依据其他子公司的行动或反应而定。另一个侧重于母公司和其子公司（垂直连接）之间的耦合和秩序。在存在掌握所有权股份和控制子公司的权利的母公司或核心公司的集团，垂直控制更紧凑一些。基于这两个维度，四种类型的企业组织形成了网络型（N 型）、俱乐部型（C 型）、持有型（H 型）和多部门型（M 型），如图 8-3 所示。

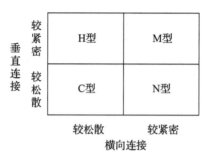

图 8-3 企业集团的类型

资料来源：YIU D W, LU Y, BRUTON G D, et al. Business groups: an integrated model to focus future research[J]. Journal of Management Studies, 2007, 44(8): 1551-1579.

1. N 型企业集团

N 型企业集团即网络型企业集团，这种类型的企业集团看起来就像一个网络。在这个网络中，母公司充当着领导者的角色，致力于某个行业，同时很多公司充当专门为其提供技术支持、中间产品及其他功能的合作伙伴。在这个结构安排中，处于领导地位的公司通过公司间交易和资源共享而非垂直的所有权结构来控制其他为之服务的公司群，即使它们之间可能会有交叉持股或连锁董事。同时，不同公司执行者之间的社会关系对它们之间的经营活动协调而言是较为重要的。N 型企业集团一个典型的例子就是台湾的关系企业，在这些集团中，很多企业都是围绕一个高科技产业或致力于出口的行业中的一个大型公司而组建的。

2. C 型企业集团

C 型企业集团即俱乐部型企业集团，这个类别的企业集团与正式的总裁俱乐部或以品牌命名的商业协会有更紧密的联系，这样就建立了一个比 N 型企业集团更为复杂的结构。在这个结构里，成员企业可能是一个包括了大量子公司和单家公司的大公司。C 型企业集团会提供一个平台或基础设施，让成员公司能够共享战略资源，比如信息和融资，以及互相协调来获取共同的利益，比如获得公共关系或为了具体的产业政策去游说各国政府。这样的现象可以在日本跨市场的行业集团里看到，比如三菱商事株式会社就是通过一个总裁俱乐部来协调特定的如公共关系等活动。此外，这种类型的企业集团的子公司之间可能会有交叉持股、连锁董事和社会关系来增加连接和协调。这种形式的企业集团常常会受到一个金融机构的支持，比如说它们会与主银行存在联系。典型的例子就是日本的横向企业集团和俄罗斯的金融－工业企业集团。

3. H 型企业集团

H 型企业集团即持有型企业集团,这种企业集团和综合性大型企业有相似的结构安排。在这种企业集团里,控股公司拥有部分或全部处于不同市场或行业的个体公司的所有权。结果就是,H 型企业集团常常都是高度多元化的。在一个 H 型企业集团里,被核心拥有者控制的控股公司或母公司通过投资来控制单家的集团子公司,从而充当公司总部的角色。这些在典型的 H 型企业集团里的单家公司就像附属公司,但是它们通常在法律上都是独立的下属公司。在一家特定的子公司里,控股公司或母公司是否占据主导地位或控制大部分股份,很大程度上取决于子公司对其战略目标的实现的重要程度。作为核心业务,这些子公司给控股公司创造了大部分的收入,因此总部通过所有权的优势地位来对其管理进行更多的直接控制。政府所有权通常会与 H 型企业集团产生关联。政府可能在某段时间将投资重点放在一个特定的领域,但是随着时间的推移,这个行业就变成机会主义的,随着政府所强调的新的机会或需要产生。新加坡淡马锡控股就是 H 型企业集团,它在包括新加坡的航空、电讯、新加坡最大的银行 DBS 银行和一个度假公司 Raffles 的新加坡战略行业控股。它扮演着政府控股的角色,投资并且经营国有和政府控制的战略性资产。很多企业集团在战略性资产的经营上采用 H 型结构,比如能源(中石油)、银行(中国银行)、公用事业(华能国际电力股份有限公司)、化工(中石化)、重工业(宝山钢铁)、电讯(中国电信)和交通(中航)。

此外,控股公司能够通过垂直所有制结构或企业金字塔来实现对公司各层的控制,不过单家的公司可能会存在交叉持股或连锁董事,甚至两者皆有。内部交易机制更有可能涉及受控股公司调配的资本和财务资源。子公司可能会涉及多个关系,包括交叉持股、连锁董事和社会关系。这种类型的企业集团的例子可以在中国香港的大型企业集团和法国的企业集团中看到。

4. M 型企业集团

M 型企业集团即多部门型企业集团。在一个 M 型企业集团里,母公司或核心企业通过对单家子公司部分或全部的投资来充当公司总部的角色,这些子公司都是根据母公司或核心企业的战略目标组建的,或是根据垂直的各个生产阶段,从原材料供应、制造到分配。通过这个方法,这些集团子公司就与那些 M 型企业集团的分部门很类似了。另外,分部门或子公司都在相关的行业运行,这样它们就能够共享资源或核心竞争力。这样,内部交易机制不仅转移一般性资源,例如金融资本,还有行业特定资产,如技术、资本设备等。因此,这样的企业集团就拥有更紧密的垂直连接。同样,横向的社会关系对于领导其他企业的核心企业之间的联系很重要,交叉持股和连锁董事对于抵御外部威胁(比如敌意接管和收购)也是非常重要的。包括 LG 和三星在内的许多韩国财团,以及拉美的佩雷斯集团、比利时的工业企业集团、意大利的家族企业都采用此类结构。

表 8-2 详细地概括了企业集团的组织形式和结构要素。

表 8-2 企业集团组织形式和结构要素

结构要素	N 型企业集团	C 型企业集团	H 型企业集团	M 型企业集团
横向连接				
1. 内部交易机制				
内部交易程度	中高	低	中低	高

（续）

结构要素	N 型企业集团	C 型企业集团	H 型企业集团	M 型企业集团
内部交易产品或资源的专门性	中高	低	中低	高
交叉补贴	低	低	中低	高
2. 交叉持股	中低	中	中高	中高
3. 连锁董事	中高	中	从低到高	从低到高
4. 社会关系	中高	中低	中	从低到高
垂直连接				
1. 管理中主导所有者的角色	对个体公司的控制，领导集团	对个体公司的控制，适应于集团	通过母公司对集团实施控制	通过战略公司对集团实施控制
2. 所有权组合作为控制机制	弱	弱	中强	高强度
3. 垂直所有权结构和控制	弱	中弱	中强	高强度

资料来源：YIU D W, LU Y, BRUTON G D, et al. Business groups: an integrated model to focus future research[J]. Journal of Management Studies, 2007, 44(8): 1551-1579.

第四节　数字化平台

随着数字技术与互联网在现代经济社会中的广泛应用，商业竞争的重心逐渐从组织间的竞争转向了基于平台的生态系统之间的竞争。各种产品（如视频游戏、企业软件和在线社交网络等）都围绕着平台组织展开，这些平台促进了组织或个人之间的交易。例如，微软的 Xbox 和索尼的 PlayStation 等视频游戏机就是由第三方开发者开发，并提供给终端用户使用的互补性游戏的平台；SAP 为软件开发人员提供了一个与企业业务客户连接的平台。

| 视野拓展 8-5 |

希腊的数字博物馆

在数字技术不断更新和发展的过程中，网上博物馆成为很多游客的兴趣所在。网上博物馆通过新媒体创造展示空间，为参观者开放了增强现实技术的数字体验，保证了文化信息传播的质量和广度。

希腊是早期西方人类文明的发祥地，作为一种地域文化，它的文学、艺术和哲学对地中海周边地区乃至整个欧洲文明的孕育做出了贡献。然而，希腊某些地区的博物馆由于空间封闭或受到的关注减少等无法正常运作，加剧了希腊文化凝聚力的丧失。对此，希腊的数字博物馆应运而生。通过建立网站作为博物馆与公众沟通的核心，让公众可以平等和免费地参观博物馆的藏品和展品，并加深对博物馆的了解和学习。

以雅典卫城博物馆的数字化平台为例，该平台以现代的方式捕捉了博物馆的功能和活动，提供了多维度的方向和娱乐，使所有藏品向国际社会开放。通过充分利用多媒体技术提供的所有潜力，促进博物馆面向游客提供众多服务。例如，通过数字化材料的多维度使用，提高在线访客的感官体验和享受；通过记录和数字化考古材料，对文物进行长期的数字化保存，提高考古资料的可得性、可及性和直接管理；利用文化、教育和旅游内容的数字应用，为博物馆的数字展览创建一个互动区域。

目前，通过对大部分馆藏档案记录的扫描，极大地丰富了博物馆的数字资源库，确保了这些宝贵资料的长期保存和有效利用。更重要的是，已经完成了 496 份手写日志、11 万张照片、18 410 张索引卡和 7 500 份便携式文物保存报告的数字化工作。在雅典卫城博物馆的数字化平台建设过程中，博物馆从各个角度拍摄了 500 件博物馆展品（见图 8-4），产生的三维模型有助于理解古代作品的表面复杂性和几何形状，形成了多媒体应用程序的生成基础。

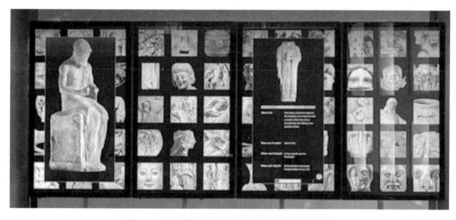

图 8-4　雅典卫城博物馆的部分线上展品

多媒体应用系统的发展极大地提升了博物馆馆内及网站的教育和娱乐双重功能。这些应用程序是在博物馆的总体理念和博物馆学方法的框架内创建的，与展品相辅相成。它们不仅提高了游客对展品的理解，吸引了不同年龄段的游客，也促进了参观者之间的交流和互动。此外，雅典卫城博物馆的数字化平台还积极提供面向游客的服务，动态地开辟了与公众交流的新渠道。在"创建数字卫城博物馆"项目下开发的大量应用程序展示了展品的多个方面，其中，在其画廊中提供独特的体验，为儿童和成年人创造了一个全新的世界。特别是在"卫城博物馆的孩子们"栏目中，针对来自世界各地的 6～12 岁的孩子们设计的相关内容。该栏目邀请他们在娱乐的同时了解博物馆的迷人世界。通过寓教于乐的游戏、有趣的视频以及一系列的创意活动，促使孩子们思考、发现、玩耍、实验和创造自己的作品。

资料来源：雅典卫城数字博物馆，2023 年。改编人：李思嘉。

一、数字化平台概念

1. 平台

平台是促进相互依存的经济参与者之间交易和交流的场所，平台具有多种组织形式，既包括物理形态的平台，如用户生成内容平台、电商平台，也可以是虚拟平台。[①]通过提供产品和服务将双边市场里不同用户群连接起来，通过一定的价格策略促成不同用户群之间的交易，并从中获取收益。

从信息管理的角度来看，平台可以被概念化为体现在产品、服务或技术中的"接口"，用于促进双方或多方之间的交易；而技术管理学者通过强调平台作为构建块的附加功能扩展了这一概念，这些构建块是其他公司可以构建相关产品或服务的基础。综合这两方面，数字平台可以被定义为"一个基于软件的系统，通过运用其进行操作的应用程序及其互操作接口来共享核心功能"，其中，接口被用来描述平台和应用程序如何交互和交换信息的规格参数，如API/协议。根据其提供产品和服务的内容，平台可以分为不同类型：社交媒体平台（如 Meta、Twitter、微信、抖音等）；市场平台（如 eBay、京东、淘宝等）；游戏平台（如 Xbox、苹果公司的 Touch、索尼 Playstation）；智能手机操作系统（如 iPhone、安卓）；Web 服务（如谷歌、百度、亚马逊弹性云）；浏览器（如火狐、Chrome、Opera）。

平台化意味着从产品竞争转向平台竞争，在这一进程中，软件被嵌入更多的产品（如冰箱、汽车、鞋子等）和服务行业的业务流程（如零工、打车、市场营销、会计等），俗称"上线"。在平台生态系统中，平台所有者和互补品提供者形成了命运共同体。基于平台形成的生态系统与传统组织生态最大的不同在于实现产业价值链从单边到多边的重组。以出版业为例，传统出版业是线性的产业链，在这种单向配置的过程中，成本与利润在各环节中层层加码，最后由读者买单（见图 8-5）。

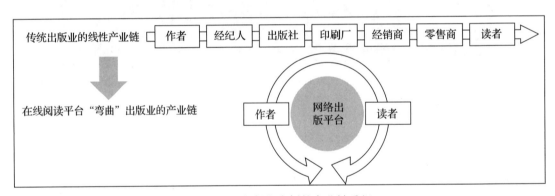

图 8-5　以出版业为例的产业链重组

资料来源：陈威如，余卓轩. 平台战略：正在席卷全球的商业模式革命 [M]. 北京：中信出版社，2013: 3-5.

而在线阅读平台的出现打破了传统出版行业单向的、直线式的产业链组合。以专攻小说市场的起点中文网为例，它在互联网提供一个虚拟平台，让热衷于写作的人直接刊登各式各样的故事，而读者能够立即选择自己感兴趣的格式进行阅读，如图 8-5 所示，在线阅读平台"弯曲"了传统产业链，原本处于传统产业链两端的作者与读者直接与对方接触。源源不断的创意源头与广大的读者市场直接互动，多样化的供给与多元化的需求得以匹配。在这种情况下，传统出版业所扮演的把关角色被削弱，数以万计的作者流进小说市场，发表风格各异的文章，数十倍的读者也蜂拥而至，根据自己的喜好选择想读的作品。作者在创作过程中也可以直接与读者交

---

① GAWER A. Platform, markets and innovation[M]. Gheltenham: Edward Elgar, 2009.

流。读者可以影响创作内容的走向,也可以与彼此分享阅读的体验与感想。平台连接了生产者与消费者,"弯曲"了原本垂直的产业链,而每一方都可能同时代表着收入与成本,都可能在等待着另一方先来报到。因此,平台要制定能够纳入多边群体的策略,壮大市场规模。

> **知识栏**

多边模式

1. 双边模式

双边模式构成了平台的基本结构,如图8-6所示,双边群体通过平台建立起联系,构建平台的第一步是确定这些不同的用户群体是谁,以及他们的原始需求。例如,有人想收购或抛售古董级二手产品,却找不到渠道,eBay发现了这个潜在的商机,建立起电子商务交易平台,通过市场机制让买卖双方直接在网上进行交易。eBay还开发了种种功能机制,包括信息框架、信誉评级等,进一步确保买方和卖方之间能够顺利交易。eBay改变了人们的消费行为,连接了以往缺乏完善渠道的两方群体,经过不断演变,成为当今全球最大的C2C电子商务平台。

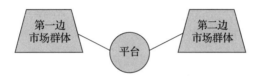

图 8-6 双边模式基本架构

2. 三边模式

三边模式的核心是基于双边模式构建单位,将多方不同的群体连接起来的。以媒体和其他内容产业平台为例,报纸以时事为内容,吸引读者,再以读者吸引广告商;电视台以节目吸引观众,再以观众的收视率吸引广告商;其他包括广播电台、视频网站等媒体,都是依据"内容—使用者—广告商"的三边模式打造而成的平台生态圈。如图8-7所示,存在三个群体之间单项跨边网络效应,即以内容吸引使用者、以使用者吸引广告商,就内容产业平台而言,这三边群体间的核心吸引力依然是单向的,否则一旦该平台中某两方群体产生跨边网络效应,第三边群体就可能被剔除,整个生态圈就会简化为双边模式。

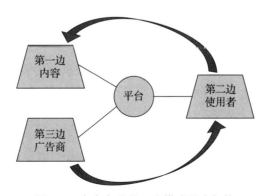

图 8-7 内容产业的三边模式基本架构

搜索引擎以信息整合为价值主张,连接了"网站—网民—广告商"三方群体,是三边模式的典型代表。除了以内容信息为主的平台生态圈以外，还有许多相当特殊的三边模式，比如某某传媒平台，连接了"大众—写字楼—广告商"三边群体；某某支付平台，连接了"使用者—便利店—收账机构"三边群体。

资料来源：陈威如，余卓轩．平台战略：正在席卷全球的商业模式革命[M]．北京：中信出版社，2013：17-21．改编人：晋禾。

平台作为以双边或多边网络效应为特征的经济组织，其网络效应包括同边网络效应和跨边网络效应。同边网络效应是指当某一边群体的数量增长时将会影响同一边群体内的其他用户所得到的效用；而跨边网络效应是指一边用户的增长将影响另一边群体使用该平台所得到的效用。可见，平台的网络效应不仅取决于相同用户的消费状况，也取决于相异但又相容、处于市场另一方的用户群体的消费状况，即市场中一方用户的消费决策会影响市场中另一方用户的消费决策。简言之，用户消费决策是双方（或多方）在一个平台上的互动而受到网络效应的影响：平台上卖方越多，对买方的吸引力就越大；同样，卖方在考虑是否使用这个平台时，平台上买方越多，对卖方的吸引力就越大。因此，平台面临着首先培养和建设哪一边用户的问题，也就是平台如何来平衡两边用户的需求以保证交易量最大。

2. 数字平台及平台社会技术系统

数字平台提供了对在线市场的访问，从而提高了用户买卖各种产品的便利性（例如通过发布价格和声誉比较数据）。数据平台运营商（及平台领导者）是指开发、维护和运营此类在线技术社会系统的组织，旨在将人们和企业聚集在一起来促成交易（例如亚马逊公司运营 Amazon.com 和 Amazon AppStore 等平台）。数据平台运营商通常为营利性公司所承担，又被称为平台公司，保持对市场的集中访问，并通过销售利用平台参与者数据得出的机器学习预测来产生收入。平台社会技术系统是指基于平台形成社会群组，建立在平台领导（Platform Leadership）、互补品提供者（Complementors）、终端用户（End-users）等[1]各参与者之间互利合作的基础上。平台公司充当平台领导者，为参与交易的买卖双方提供必不可少的设施和条件，如开放子端口，供众多的参与方连接其中；制定统一的标准；提供产品与服务促进双边用户交易，满足双边（及多边）不同类型市场的需求，形成平台商业生态圈，并不断开发新的业务功能领域，扩大规模，以求实现永续发展。平台领导者构筑了包括市场体系和平台架构的社会技术系统，通过技术系统及相关治理机制、协调机制和界面规则来支持和协调平台运行。

3. 数字化平台的多边性和网络效应

（1）多边性（Multi-sidedess）。"边"指的是平台集聚的不同利益相关者，例如，iOS 平台汇集了应用程序开发者（一边）和终端用户（另一边），平台通过促进一边参与者与另一边参与者的互动，降低了双方之间交易所产生的高额交易成本，并创造新的价值。大多数多边平台是双边平台，例如，应用程序开发者和终端用户就构成了 iOS 的 AppStore 平台的两边，第三方销售商和客户直接在亚马逊上交互。也存在三边平台，例如，苹果在 iOS 应用商店里提供连接三种不同类型群体（终端用户、应用程序开发者和广告商）的免费应用程序。

---

[1] GAWER A. Platform, markets and innovation[M]. Gheltenham: Edward Elgar, 2009.

（2）网络效应（Network Effects）。网络效应是指平台或互补品提供者一边的用户使得它对于另一边的用户更有价值。经济学家称之为网络外部性或梅特卡夫定律。平台每增加一个用户会显著增加其他用户的价值，因为增加了用户间的交互机会。例如，Meta 的十亿用户使它对之后的加入者更有吸引力（见图 8-8）。该系统价值呈指数增长而不是线性增长，每增加一位用户而带来数倍的潜在联系，从而大幅度提高系统的价值。一旦这种网络效应被触发，该平台就可以进入自增强周期，尽管网络效应对企业形成了较高的进入门槛，但同时也为平台企业创造了壁垒。

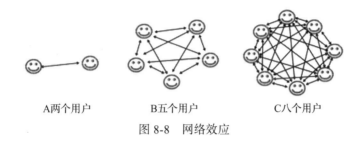

图 8-8　网络效应

网络效应一般是指正网络效应，当然也存在负网络效应，负网络效应是指系统每增加一个用户却不能增加其他用户的价值。而增加一个额外的参与者时，会出现同侧网络效应（如终端用户），即增加平台同侧用户的价值（见图 8-9）。例如，增加一个额外的 Skype 用户，会增加 Skype 对其他用户的价值（正同侧网络效应）；而一条繁忙的高速公路，增加一个司机便降低了其对其他用户的吸引力（负同侧网络效应）。增加一个额外的参加者时，也会出现交叉网络效应（如终端用户），即增加平台对另一边用户的价值。例如，随着越来越多的人购买 iPad，更多的开发商想要写 iPad 应用程序，这是积极的正交叉网络效应。

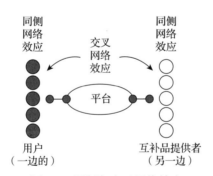

图 8-9　同侧与交叉网络效应

网络效应可以精心设计成一个平台，并且成为平台发展策略。强大的网络效应增加企业对平台本身的需求，互补品需要依靠平台获得这种强大的同侧或交叉的正网络效应。例如，一个流行应用程序的平台（如 Skype 公司）上存在强大的网络效应，增加了自身对平台的需求（iOS 设备）。

二、平台业务与平台价值

1. 平台业务的独特性

与传统工业组织的两个主导模式（产品和服务）的业务不同，平台企业可以以成本效益为目标进行市场细分，潜在地创造持久的收入来源，并在竞争激烈的市场中提供比产品和服务行业更高的利润，其独特成本结构允许不同边的高度不对称定价，分散创新的场所以及围绕平台创新产生的成本与风险，同时平台领导者的成功与平台互补品提供者的成功是密不可分的，这些决定了平台业务及管理所具有的独特性，表8-3列举了平台业务与产品和服务业务的差异。

表8-3 平台业务与产品和服务业务的差异

	属性	产品	服务	平台
市场潜在差异	规模经济的潜力	高	低	非常高
	终端用户专业化	有限的	潜在的、广泛的	广泛的
	市场	部分	部分	微区段
	长尾潜力	低	高	非常高
	网络影响力	低	高	非常高
	收入模式	一次性出售	收入流	收入流
	竞争市场的利率	低	低	可能高
结构差异	网络节点	组织的小网络	组织的小网络	生态系统，潜在的成千上万的合作伙伴
	显性成本	固定成本	可变成本	平台所有者的高固定成本，互补者的低固定成本，下降的可变成本
	多边	很少	偶尔	经常
	定价	成本加利润	价值驱动	双边不对称
	终端用户价值创造轨迹	组织	组织	生态系统
	控制轨迹	组织	组织	分散在各组织
	所有权	组织	组织	分散在各生态系统
	主要创新者	组织	组织或产业链	大部分是互补品提供者
	主要风险承担者	组织	组织	大部分是互补品提供者
管理差异	创新模式	计划	计划	自然发生
	管理模式	需求与控制	客户一起生产	编配
	关键的成功因素	好的管理	过程的严谨性	编配
	关键张力	预测消费者偏好	个性化客户定制	生态系统合作伙伴的自治权或生态系统普遍的整合
	启动瓶颈	吸引顾客	吸引顾客	吸引双边

资料来源：蒂瓦纳. 平台生态系统：架构策划、治理与策略[M]. 侯赟慧，赵驰，译. 北京：北京大学出版社，2018：50-52.

2. 平台参与者的价值主张

平台社会系统的参与者包括平台领导者、平台互补品提供者以及终端用户，每个群体都有其独特的价值主张（见表8-4），一个平台的商业模式必须满足每个群体对于产品或服务的需求。

表 8-4　平台参与者的价值主张

参与者	价值主张
平台领导者	大规模分布式创新 风险转移 捕捉长尾需求 竞争的可持续性
平台互补品提供者	技术基础——产品与服务创新 市场准入
终端用户	完美定制 较低的搜索和交易成本

资料来源：蒂瓦纳. 平台生态系统：架构策划、治理与策略 [M]. 侯赞慧, 赵驰, 译. 北京：北京大学出版社, 2018: 62-68.

（1）平台领导者的价值主张。平台领导者首要的价值主张是进行大规模的分布式创新，作为生态系统的基础，平台具有潜在的能力来区分和整合各个部分的创新活动，在一个平台上，平台领导者可以协调不同的互补品提供者，整合它们各种各样的方法、设计和解决方案，以满足市场上客户的不同需求。这种并行创新和优胜劣汰的解决方案是一个单一组织无法比拟的。平台互补品提供者在平台上实现自身想法的时候承担了大部分的财务风险，平台领导者的平台开发成本与维护成本可以由平台互补品提供者、终端用户共同承担，平台生态系统能够满足小众客户群体的独特需求，从而聚沙成塔，实现市场规模。一个亚马逊公司员工精辟地概述了公司捕捉长尾需求的本领："现在我们所卖的那些过去根本卖不动的书比我们现在所卖的那些过去可以卖得动的书多得多。"诸如维基百科、Netflix 等平台可以通过利用多种互补的资源和专业知识来解决平台市场的长尾问题，而平台领导者可以穿透许多利基市场而不涉足直接成本或风险，专注公司在大众市场的核心活动，实现大规模定制。平台生态系统具有正反馈功能的网络效应，提高了竞争的可持续性。

（2）平台互补品提供者的价值主张。平台互补品提供者的价值主张就是利用平台生态系统的基准能力作为自己工作的基础。平台互补品提供者凭借专业化能力创造独特价值，而平台则提供通用功能，使得平台互补品提供者可以实现大规模共享并降低开发成本。同时，平台为互补品提供者提供了接入现有市场的机会。

（3）终端用户的价值主张。终端用户的价值主张就是定制自己的独特需求，降低成本。平台生态系统的多形性与专业性的混合与匹配形成了大规模定制，可以满足终端用户的独特的定制化需求。平台通过聚集过去购买者的评论、筛选和认证的商品，建立一个值得信赖的中介，从而降低了终端用户的搜索与交易成本。

知识栏

中国平台企业的典型类型

近年来，交易平台、媒体平台、软件平台、支付平台等数字化平台企业得到蓬勃发展，作为一种新兴的组织形态成为经济社会发展的重要力量，下面将介绍平台企业的四种典型类型。

1. 新兴交易平台企业

平台型电子商务企业是新兴交易平台企业的主要代表，具有连接双边市场的显著特征。目前，我国在综合类 B2B、B2C 市场中具有国际竞争力的平台企业有阿里巴巴、淘宝网、京东商城等。交易平台企业可以分为连接型和众创型两种类型其中连接型交易平台企业主要连接生产者（商品提供者）与消费者；而众创型交易平台又称为产销合一型交易平台，即交易型平台企业促成用户在两种角色之间快速切换，生产者即消费者，共同创造、共同消费（见图 8-10）。

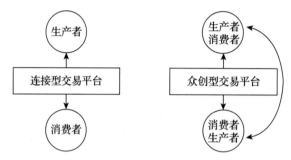

图 8-10 连接型交易平台与众创型交易平台

资料来源：方军，程明霞，徐思彦．平台时代 [M]．北京：机械工业出版社，2018：12-13．

2. 新兴媒体平台企业

新兴媒体平台带有受众制造者性质，至少连接着三边用户，即内容提供商、广告商和消费者（见图 8-11）。以数字技术为主要载体的新兴媒体平台包括商业网站（新浪、搜狐、网易等）、搜索引擎（百度等）、视频网站（哔哩哔哩、优酷、爱奇艺等）。媒体平台向消费者提供"联合性"产品，包括内容产品和广告。广告收入是新兴媒体平台的主要收入来源，媒体平台的访问量、用户构成等因素决定着广告商在媒体平台上的广告投入量。因此，新兴媒体平台通常采用免费方式提供良好的内容与快捷信息来吸引留住消费者，通过培育用户一边的市场来吸引另一边市场中的广告商。

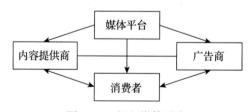

图 8-11 新兴媒体平台

资料来源：季成，徐福缘．平台企业管理：打造最具魅力的企业 [M]．上海：上海交通大学出版社，2014：26-38．

3. 新兴支付平台企业

新兴支付平台是带有需求协调者性质的平台，通过两组或多组间产生间接网络效应来提供产品或服务。新兴支付平台是融合银行卡支付与电子支付的第三方电子支付机构，通过联结各大商业银行、受理各家银行卡，提供全方位、专业化的支付服务，将买卖双方聚集到平台之上促使实现它们之间的相互需求（见图 8-12）。根据央行公布的数据，截至 2023 年年底，共有 297 家第三方支付平台获得了支付牌照。其中，包括支付宝、微信支付、银联支付等大型支付平台，也有一些小型的支付平台。

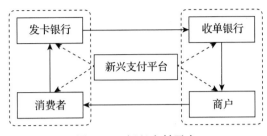

图 8-12　新兴支付平台

资料来源：根据季成等（2014）整理。

4. 新兴软件平台企业

新兴软件平台是一个基于软件的可扩展系统，通过交互的"应用程序"共享核心功能，并提供交互接口。软件平台包括操作系统、数据库、办公套装、社交网络等（见表 8-5）。

表 8-5　新兴软件平台

行业	平台	应用程序
移动计算	黑莓的 OS	应用程序
	苹果的 iOS	
	谷歌的安卓	
	掌上操作系统 / 惠普 TouchOS（解散）	
社交网络	Dropbox	应用程序
	Twitter	
	Facebook	
专业软件工具	R（专业分析平台）	模块
操作系统	Ubuntu Linux	应用程序
电脑游戏	玩家	游戏开发商

资料来源：平台企业管理：打造最具魅力的企业，2014 年。改编人：李思嘉。

三、平台公司与平台：社会行动空间

1. 作为组织核心的平台公司

平台公司往往是一家运营数字化平台的公司，是平台社会系统的组织核心。平台公司并不等同于它们的平台，而是对平台进行战略决策与管理的有组织的场所，有明确的内部组织、决策和控制结构，公司规模与公司文化决定了结构的分工与层级。公司通过正式的雇用关系拥有固定的核心员工承担公司与平台的运营工作，其工作范围从财务、销售和市场营销等方面的基本活动，到战略管理、运营控制、研究、软件设计与开发或 IT 基础设施维护更新和改进等领域的高质量活动。在亚马逊或 Zalando 等零售公司中，还有来自公司自由仓库和物流的员工。

规模较小的数字化平台公司往往追求轻资产的商业模式，将重要的生产手段（固定资产）

和构成要素都外包出去，通过合作策略而非制造或购买来利用实物资产、研发、劳动力、销售队伍、市场研究和客户的创造力。然而，迄今为止，全球最重要、处于领先地位的平台公司通常采用明显的重资产方式运营，表8-6列示了2021年选定的平台公司的核心经济数据。它们不仅拥有规模庞大的公司总部和内部研发中心，还拥有自己的数据中心、服务器场和网络基础设施。例如，亚马逊拥有数量众多的仓库和物流中心，公司的大多数员工都在那里工作。所有领先的平台公司都通过参与发展联盟、开源社区大规模内购技术、专利和专有技术、研究、生产、物流和平台能力，也通过实施庞大的收购策略来拥有对其业务至关重要的所有资产，包括所有相关的无形资产，如专利、版权和商标权。此外，它们的业务主要基于内部员工的工作，而不是基于灵活雇用员工的贡献，当然灵活雇用员工也存在。

表 8-6 2021 年选定的平台公司的核心经济数据

平台公司	收入（十亿美元）	净收益（十亿美元）	员工人数	2022年《财富》世界500强①	2022年《福布斯》全球2000强②	核心业务
亚马逊	469.82	24.88	1 608 000	2	6	电子商务（>85%），云业务（13%）
苹果	365.82	94.68	154 000	7	7	硬件（>75%），服务（23%）
Alphabet	257.60	76.00	156 500	17	11	广告业务（>75%），云业务（>15%）
微软	198.30	72.70	221 000	33	12	软件（55%），云业务（45%）
Meta Platforms	117.93	39.37	85 553	27	34	广告业务（>95%）
Netflix	29.70	5.12	12 135	115	241	订阅（视频）
Uber	17.46	-0.50	29 300	210	712	出行服务
Zalando	10.35	0.23	17 000	—	1706	电子商务
Spotify	9.67	-0.34	9 058	—	1394	订阅（音频），广告业务
Airbnb	5.99	-0.35	6 132	—	1419	住宿服务
Delivery Hero	5.86	-0.57	45 445	—	—	派送服务/佣金
Twitter	5.08	-0.22	7 500	—	1668	广告业务
Just Eat Takeaway	4.49	1.04	NA	—	—	派送服务/佣金
Snap	4.12	-0.48	5 661	—	1662	广告业务

① 排名基于公司的年收入。
② 排名基于收入、资产、市值和净收入四个加权指标。
资料来源：年度报告，《财富》世界500强，《福布斯》全球2000强，新闻报道（自行汇编）。

对更专门定制的小型平台公司来说，情况有所不同，但并非完全不同。这些企业确实从企业环境中外包了劳动力和生产资料，有时甚至是大规模外包。如劳动力方面，存在大量灵活雇用的工人，他们担任Uber等移动服务的司机或送货服务的可互换快递员。此外，一些房地产（Airbnb）、车辆（Uber）或大多数平台业务所依托的服务器和云计算基础设施也可以外包，例如，Airbnb 的预订或 Netflix 的流媒体服务完全在 Amazon Web Services（AWS）上运行。但即使更小、更专业的平台公司，如果没有自有的核心团队和内部劳动力服务（这对支持它们的业务至关重要），或者没有自己的或长期租赁的资产（不能根据情况从其他平台中选择），也难以顺利运营平台业务。

基于上述组织基础，平台公司承担着开发、构建、监管和控制平台运营的重任。平台公司制定并维护着平台运营的制度与规则，并将这些写入技术基础设施，为平台互补品提供者和终端用户的活动与互动提供总体框架。平台公司不仅是规则制定和规则执行的参与者，还通过无缝观察平台上的用户行为来收集作为原材料出现的所有交互和交易数据，并将数据处理为可商品化的形式。协调、规则制定、监测和利用数据以及快速灵活地调整其建立的社会与技术规则来适应不断变化的环境条件和业务前景，是平台公司工作及平台管理的核心职能。

2. 作为社会行动空间的平台

平台是一个具有强大的技术基础和可靠的制度基础的社会行动空间，其中嵌入了各类互补品提供者、终端用户等参与者的行动。所有数字化平台都可以被理解为基于硬件和软件、可编程和算法结构的技术基础设施，同时拥有以行动为导向的制度基础，这种制度基础是由平台公司定义和提供的社会规则塑造的，这些规则既可以作为条款和条件，也可以作为社区标准。这些社会规则尽可能全面地体现在平台的技术基础中，例如默认设置、标准功能等选择形式，以及最重要的算法结构、评级和排名、收入分配、安全支付等控制与激励系统等。作为平台互补品提供者的单家公司或个人在既定的技术与制度空间中承担着执行商业活动的任务。终端用户在完成交易活动的同时，积极参与平台的评级和控制结构。而平台公司也将用户留下的行为痕迹作为原始数据进行评估和处理，用来开发广告收入等多种商业形式（见图 8-13）。

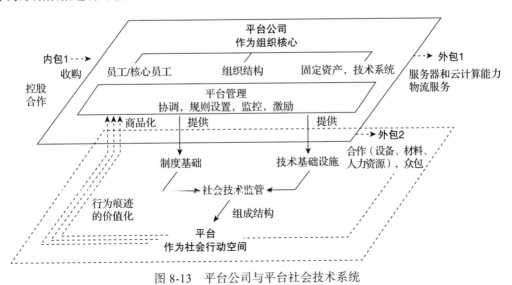

图 8-13 平台公司与平台社会技术系统

资料来源：DOLATA U, SCHRAPE J F. Platform companies on the internet as a new organizational form. A sociological perspective[J]. Innovation: The European Journal of Social Science Research, 2023, 5: 1-20.

3. 平台管理：决策、控制与激励

平台管理主要包括三方面：一是平台领导者与互补品提供者之间权力和职责分配；二是

平台领导者如何对互补品提供者进行控制；三是收益如何在平台领导者和互补品提供者之间进行分配。这三方面是相互关联的，需要与平台架构、平台的生命周期和商业模式协调一致。

（1）决策权分配。平台领导者既要保留足够的控制权以确保平台的完整性，同时又要放弃一些控制权以鼓励互补品提供者创新，平台管理面临的首要问题就是谁来对平台做出什么样的决策负责。平台社会系统独特的一对多结构蕴含着不对称的资源依赖性，使得平台所有参与者都需要拥有一定的决策权力。例如，平台领导者进行平台生态系统的投资决策，为许多互补品提供者创造和维护有价值的资源，而互补品提供者进行平台特定的投资决策，提供平台领导者之外的更有价值的资源来创建和维护其与平台领导者的伙伴关系。已有研究表明决策权力划分存在两个极端：一端是平台领导者拥有决策权的集中模式，另一端是互补品提供者拥有决策权的分布式模式，在二者之间存在广泛的共享区域。

平台决策权可以分为战略决策权（设定方向、规定标准的决策权）和实施决策权（执行层面的决策权力），并分别体现为平台层面和互补品提供者层面的四种类型。影响决策权划分的情境因素包括知识基础、平台架构与生命周期。知识基础确定了每一类型决策的权威，决策权划分需要实现每一类决策与所需要的专业知识相匹配。平台层面的实施决策权，例如对平台特性、功能和设计的选择等，需要对平台技术有深入理解的核心知识，当这些知识掌握在平台领导者手中时，就需要决策权的集中化。而决策权的定位还要和平台架构相一致，平台架构模块化程度与决策权分散化正相关，决策权模块化可以降低平台领导者和互补品提供者之间的协调成本，反之，平台架构越整体化，决策权分配就越集中。最后，决策权划分还要随着平台生命周期的演进而动态调整，当平台系统处于采取不对称定价策略的成长期阶段时应采取集权化模式，大平台突破引爆点进入细分市场精耕细作时，宜采取分权模式，图 8-14 是决策权划分原则。

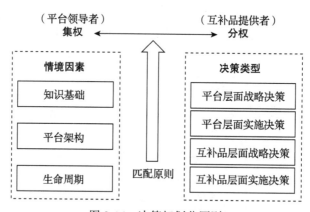

图 8-14　决策权划分原则

（2）控制机制。控制机制是平台领导者确保互补品提供者的工作与平台最佳利益相一致的手段，可以分为把关控制、过程控制、指标控制以及关联控制。把关控制主要解决平台领导者如何设定评判互补品提供者能否加入平台社会系统的标准问题，平台领导者对那些可能加入平台社会系统的互补品提供者的准入权力进行把关，如苹果对 iOS 平台的把关控制机制。把关控制的有效实施取决于三方面：一是平台领导者有足够的能力判断互补品提供者是否服从；二是平台领导者必须是公正而敏捷的；三是互补品提供者必须愿意服从这种把关。

过程控制是指平台领导者根据遵循开发方法、规则和过程的程度对参与者进行奖惩来实现产品与平台的互补，过程控制在软件、媒体等类型平台中更为突出。在许多软件平台中，由平台领导者提供给应用程序开发者平台的开发和测试工具、仿真环境以及开发者工具包，这都是平台领导者实现过程控制的设置。过程控制的有效性取决于两方面：一是平台领导者能够观察和检测应用程序开发者的行为，行为观察也可以通过电子审计跟踪和开发者日志等间接方式实现；二是平台领导者要充分了解应用程序开发者的工作，以便制定能够确实提高其工作成功率的流程。

指标控制是指平台领导者根据互补品提供者的工作结果实现预定绩效指标的程度来奖惩互补品提供者，指标由平台领导者预先设定并能够客观测量。

关联控制作为一种非正式控制机制，依托于平台领导者与互补品提供者之间共享的行为准则和价值观。平台领导者为平台社会系统制定一个总体的集体目标，通过协调自身目标与平台目标来定义平台社会系统的特性和使应用程序开发者围聚的共享身份。共同的文化、相似的价值观以及共同的规范可以协调互补品提供者行为与平台目标保持一致。

如图 8-15 所示，平台这四种控制机制往往形成一个控制组合来综合发挥作用，在实例中描述了三种不同的平台使用的控制组合：iOS、Android 和 Ubuntu 控制组合。一些平台依靠不同控制机制某种程度的组合，而其他一些平台倾向于在其设计的控制组合中广泛使用一个主要控制机制。

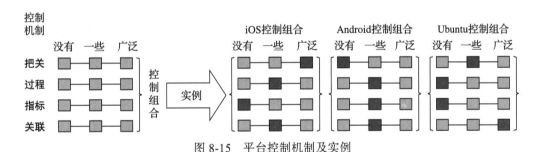

图 8-15 平台控制机制及实例

资料来源：蒂瓦纳. 平台生态系统：架构策划、治理与策略[M]. 候赞慧，赵驰，译. 北京：北京大学出版社，2018: 50-52.

（3）激励机制。平台激励机制设计的核心是定价策略，定价策略的目标是鼓励互补品提供者进行个人投资，以确保互补品的繁荣，从而提高平台社会系统的整体活力。由于平台存在"双边网络效应"和"收益递增"的规律，平台领导者往往采取不对称的定价策略，即通常把互补品提供者和终端用户分为"补贴方"和"赚钱方"，其中平台领导者给前者提供补贴，而靠后者赚钱。不对称的定价策略可以创造"跨边网络效应"，即如果平台领导者吸引足够多的补贴方用户，那么赚钱方就会愿意为接触这些用户支付费用；反之亦然，赚钱方的存在增加了平台对补贴方的吸引力，从而提高了平台的参与率（见图 8-16）。

图 8-16 平台定价策略

四、组织设计：去中心化与分布式

1. 作为协调通信系统的平台组织

在大数据和机器学习时代，组织的管理者不再需要提前识别哪些数据可能与决策有关，对平台组织而言收集尽可能多的数据已经成为指导原则。平台组织通过人力和技术资源从环境中收集非结构化数据；通过使这些数据可读和可理解来构建这些数据；通过添加意义和视角将它们转化为信息；随着时间的推移，通过使信息变得有用和有价值来产生知识。该过程涉及协调组织的人类代理（例如，管理成员、员工、用户）和人工代理（例如，传感器、算法、软件）之间的通信。平台组织将非结构化数据逐步转化为知识，作为通信系统的一部分来支持决策（见图8-17）。

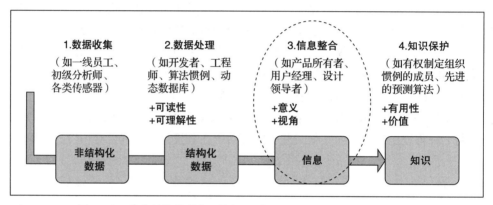

图 8-17 从非结构化数据到知识：作为协调通信系统的平台组织

资料来源：VERGNE J P. Decentralized vs. distributed organization: Blockchain, machine learning and the future of the digital platform[J]. Organization Theory, 2020, 1(4): 1-26.

2. 去中心化与分布式

在平台组织内部，沟通和决策作为两个不同的系统而存在，在组织文献中将"去中心化"定义为组织内部协调沟通的分权化，将"分布式"定义为组织决策的分散化。平台利用的不同核心技术塑造平台构建数据并将其转化为信息并最终转化为知识，这一过程决定了组织内可信的沟通和决策来源以及平台如何实现增长，可见平台利用的核心技术决定着平台的组织设计（是否去中心化、是否分布式）。数字平台核心处理技术主要包括区块链、机器学习等，强化了平台公司之间的去中心化与分布式之间的差异。区块链使平台能够实现去中心化和分布式（例如，比特币和MakerDAO），而机器学习则有利于集中通信和集中决策（例如，亚马逊公司和腾讯公司）。

可以从协调沟通的去中心化程度和决策权力的分布式程度两个维度来刻画平台组织的特征（见图8-18）。

（1）中心化—集中式组织。在中心化—集中式组织中，成员独立工作，构建从环境中收集的数据并将其传递给处理数据的决策者，决策者将其整合为信息并利用知识做出决策。这种组织设置只有一名决策者同时也是唯一的信息集成者，通过层级渠道独立地与其他成员联系。

（2）去中心化—集中式组织。去中心化—集中式组织不同于中心化—集中式组织的地方在于一线成员还负责信息整合工作，虽然决策仍然集中给决策者负责，但一线成员的任务是达成共识并推荐行动方案，决策者可以根据现有知识接受或拒绝。咨询渠道和信息集成者数量增加，但每个信息集成者所需的渠道数量减少了，去中心化提高了组织的信息处理效率。

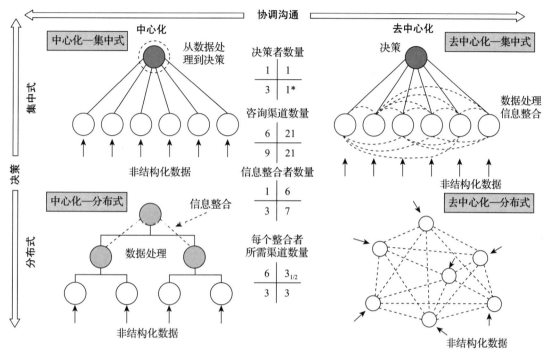

图 8-18　平台组织的去中心化与分布式

注：四种组织理想类型都有 7 个由圆圈表示的成员。圆圈颜色越深，表示某个成员的决策权就越集中。实线表示分层报告，虚线表示谁是"信息集成者"。实线和虚线都代表用于实现协调沟通的协商渠道。中间列的 2×2 矩阵为四种理想类型中的每一种提供了汇总统计数据（例如，每个矩阵中左上角的数字指的是"中心化—集中式"组织）。

资料来源：VERGNE J P. Decentralized vs. distributed organization: Blockchain, machine learning and the future of the digital platform[J]. Organization Theory, 2020, 1(4): 1-26.

（3）中心化—分布式组织。中心化—分布式组织将决策的各方面委托给多重管理层级的下属，与前两种集中决策场景相比，分布式决策需要每个信息集成者的咨询通道更少，从而提高了决策效率。信任在多个决策者之间分布，较低级别的决策者有权在一定级别和划定的区域内分配资源，分布式管理层级结构使平台组织能够在产品线和地域上稳定发展，同时保持对复杂性的可控性。在中心化—分布式组织中，沟通和组织战略仍然集中化，但决策和信任是分散的，以更好地管理复杂性。

（4）去中心化—分布式组织。去中心化—分布式组织最大限度地增加了可用信息集成者的数量，同时将每个集成者所需的通道数量保持在最低限度。为了能够在对高级别成员非正式授予决策权的状态下决策，去中心化—分布式组织必须定义一个非等级协议以便其成员达成共识。去中心化—分布式组织允许任何成员加入组织、访问数据，并在需要时为决策做出贡献，还可以防止特定成员干预、操纵交易，因为没有人拥有这样做的权力。在去中心化—分布式组织中，信任是分布式的（即任何成员都可以是决策者）和去中心化的（即每个成员都可以平等地访问数据和信息），对于运营无边界、包容性和弹性的数字平台具有吸引力。

本章小结

企业生态系统是由相互作用的企业组织与个人所形成的经济群体，包含经济生态因子、社会生态因子和自然生态因子，具有整体性、层次性和不确定性的特征。

企业集群是在地理上相邻、同处特定产业领域的公司与机构共同组成的，具有共性与互补性的紧密相连的企业集合体。这些企业一般具有中小企业主导的网络组织、分工高度发达、竞争与合作并存、文化规范的信任关系等特征，并能够从不同的形成方式分为三个类别。

战略联盟是两个或两个以上的企业，在保持各自独立性的基础上，建立的以资源与能力共享为基础、以实施项目或活动为表征的合作关系。按照伙伴企业之间是否存在竞争关系，可以把战略联盟分为非竞争者联盟和竞争者联盟，不同类型的联盟需要采用不同的策略进行管理。

企业集团是法律上独立的公司的集合，这些公司由多种纽带联结在一起以合作完成双方的目标，包括所有权、经济手段以及社会关系。企业集团的成员公司之间通过横向连接和垂直连接两种机制进行联系，根据这两种机制，可以将企业集团分为H型、M型、C型和N型四种类型。

平台是促进相互依存的经济参与者之间交易和交流的场所，以双边或多边网络效应为特征。平台社会系统是指基于平台形成的社会群组，建立在平台领导者、互补品提供者、终端用户等各参与者之间互利合作的基础上。

平台管理主要包括三方面：一是平台领导者与互补品提供者之间权力和职责分配；二是平台领导者如何对互补品提供者进行控制；三是收益如何在平台领导者和互补品提供者之间进行分配。

复习思考题

1. 什么是企业生态系统？企业的生态系统由什么构成，具有什么特征？
2. 企业集群具有什么特征？有哪几种形成方式？
3. 战略联盟有哪些类型？不同的类型对应何种管理策略？
4. 企业集团的内部机制是什么？企业集团具有哪些类型？
5. 什么是平台？平台管理包括哪些部分？

进一步阅读

1. 李维安等. 网络组织：组织发展新趋势 [M]. 北京：经济科学出版社，2003.
2. GULATI R. Alliances and networks[J]. Strategic Management Journal，1998，19(4): 293-317.
3. GULATI R，PURANAM P，TUSHMAN M. Meta-organization design: Rethinking design in interorganizational and community contexts[J]. Strategic Management Journal，2012，33(6): 571-586.

综合案例

北人集团公司与日本东京出版机械株式会社（TSK）的战略联盟

北人集团公司（以下简称"北人"）是中国著名的印刷机械制造企业，于1952年建厂，是国家重点扶植的520家企业之一，也是首批在香港上市的九家企业之一。在国内同行业竞争中以品种、质量、市场、规模、效益五大优势成为行业的"龙头企业"。近十几年来，北人各项主要经济指标持续增长，一直保持良好的发展势头。

印刷业在一个国家的政治经济生活中占有重要的地位。随着全球经济的发展和科学技术的不断应用，印刷业越来越多地介入社会的各个领域，发挥着重要的作用。尽管互联网等新媒体迅速发展，对印刷业的影响在不断加大，但印刷业的发展仍然保持着旺盛的生命力。同时，电子计算机、互联网络等技术在印刷业的应用，也使印刷业产生了新的革命。从现实的发展可以确定，纸质媒体前景光明，印刷业未来乐观。而且，从中国人均印刷品的开支可以预测，中国印刷制造业市场需求将会逐年增高，与国际先进国家相比，可发展比重空间很大。

2001年，正值中国加入WTO之际。欧、美、日等世界一流印刷企业正以绝对控股新建独资生产企业和控股投资公司，或以兼并收购中国优势企业等方式加速在中国的发展。而此时也正是中国印刷行业技术改造的高潮，尤其是印后设备的技术改造正在如火如荼地进行。印刷技术的革新及一体化的发展趋势，给中国传统的印刷机制造业带来了巨大的冲击，企业的竞争已经转换为产业链的竞争，整合优化产业链成为当时中国印刷机制造企业提升竞争优势的重要战略举措。

在这样的行业背景下，作为印刷机制造业的龙头老大，为了适应市场竞争的需要，赶上国家技术改造的高潮，北人决定对其业务进行拓展以及整合。印刷的主要工作流程包括印前、印中和印后。北人多年来一直从事中间环节印刷机的制造，印前和印后环节设备制造并没有涉及。面对印后设备技术改造高潮的市场机遇与挑战，北人决定进入印后设备领域，确立做印刷行业的系统供应商，提高企业的综合竞争能力。

北人多年来的发展积累了较多优势，使它有实力进入印后设备领域。但是，北人严重缺乏印后设备技术人员，缺少专门的印后设备销售人员，并且在印后设备上的品牌优势低于专门生产印后设备机械的厂家。印后设备的产品开发周期比较长，一般需要3~5年，如果北人独立开发会错过市场机遇，而竞争对手相对来说比较成熟，有十几到二十年的发展历史，已经占据了印后设备市场的有利位置。但是国产设备相对于国外的产品来说性能和质量较低，价格也比较低。鉴于对以上因素的分析，北人管理层讨论决定采取合资这种对外合作的方式进入印后设备市场。于是，北人开始寻找适宜的合作伙伴。

在一次东京国际印刷展销会上，北人认识了日本东京出版机械株式会社（以下简称"TSK"）。TSK创立于1966年，是集开发、制造、销售及服务于一体的综合型企业。TSK拥有优秀的专业技术人员，拥有各类最先进的加工设备。TSK六年前就在中国的福州设立了工厂，但是出于种种原因，印后设备的销售非常困难，中国市场一直没有打开。TSK迫切希望能改变在中国举步维艰的困境。

北人与TSK的初步接洽，北人的真诚、诚信以及双赢的理念深深打动了TSK。于是2001年9月底，TSK管理层来到北人，就双方的合作展开了正式的谈判。双方在谈判之前先进行思想沟通，就合作的理念、价值观等方面达成一致，随后双方就对具体的合作方式进行了进一步的探讨。由于 TSK 已经在福州独资建立工厂，与北人采用合资的方式合作已经不具有可能性，所以双方经过协商之后于 2001 年 10 月 30 日在北京签署了以 OEM 方式（即日方设计的机器贴上"北人"牌商标上市销售）合作的意向书。

2001 年 11 月，北人和 TSK 在 TSK 福州的独资企业福州黄晶印刷机械公司就 OEM 的具体合作事宜进行谈判。谈判的过程异常艰难，由于要取消 TSK 的商标以及降低产品的价格，对方在感情上很难割舍也难以接受，导致谈判陷入僵局。北人坚持"真诚、诚信、双赢"的原则，为推动谈判顺利进行最终做出了让步，决定合作的第一年用北人商标以及坚持北人给出的产品价格，以后采用联合商标（北人－TSK）和提高产品价格的办法来加强合作。经过几个回合的艰苦谈判，双方最终达成共识，签署了 OEM 合作协议书。双方确认，北人与日本 TSK 合作的系列产品在中国市场销售实行四个统一，即统一商标、统一最低限价、统一使用北人公司销售网络、统一北人公司的营销策划工作。双方做出承诺："北人"自签订合同之日起，对该公司有竞争性的类似产品不再另寻合作伙伴；TSK 公司也不在中国另寻合作伙伴；双方联手奉献系列优质产品，满足市场需求，为用户真诚服务。

北人和 TSK 双方为了增加彼此的信任和更有效的合作，通过探索建立起了正常的沟通和交流机制，合作中出现的问题采取磨合和沟通的方式解决。而与 TSK 的合作迅速填补了北人高档印后装订设备生产的空白，经过不断的产品研发和改进，北人的技术水平和研发起点得到了提高，其竞争优势也有了明显的提升。公司生产的具备国际水平的新产品逐渐得到了国外用户的认可，创建了国际知名品牌。

资料来源：邹昭晞、刘英骥、杨健等，"北人集团公司与日本东京出版机械株式会社（TSK）的战略联盟"，中国管理案例共享中心案例库，2011 年。改编人：孙贵娟。

讨论题

1. 在与日本东京出版机械株会社合作之前，北人集团公司的企业生态因子具备什么特征？

2. 北人集团公司和日本东京出版机械株会社各具备什么特点与优势，使得两家企业的合作获得了成功？

3. 通过北人集团公司与日本东京出版机械株会社之间的合作，你认为企业形成战略联盟最重要的是什么？

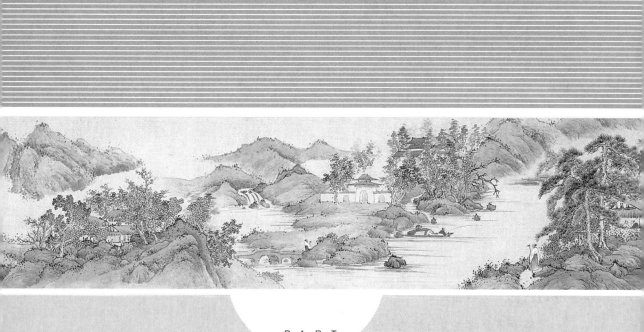

PART

领导与变革篇

第九章　董事会的组织设计
第十章　组织变革
第十一章　组织数字化转型与管理

第九章
CHAPTER 9

董事会的组织设计

§ 学习目标

- 了解董事会的类型与结构，理解董事会的职能
- 理解董事会履职的独立性和独立董事的设置与作用
- 掌握董事会专业委员会设立的原因、职责和设计

§ 核心概念

董事会　独立性　独立董事　专业委员会

§ 引例

OpenAI 董事会之争

2023年11月17日，美国人工智能领域创业公司 OpenAI 发布声明称，山姆·奥特曼（Sam Atlman）将辞去首席执行官（CEO）职务并离开董事会，该公司首席技术官米拉·穆拉蒂（Mira Murati）将担任临时首席执行官。声明称，奥特曼离职之前，董事会进行了审慎审查，得出的结论是，他在与董事会的沟通中没有始终保持坦诚，妨碍了董事会履行职责的权力，董事会对他继续领导 OpenAI 的能力不再有信心。同时，另一位核心创始人兼总裁格雷格·布洛克曼（Greg Brockman）将辞去董事会主席职务，并继续担任公司职务，向首席执行官汇报。声明发布后立即引发广泛关注。虽然宣布奥特曼离职的声明中并未提到他"不坦诚"的原因，但从 OpenAI 的股权架构、董事会构成以及创始人之间的博弈冲突中折射出企业治理的典型问题。

董事会治理目标

奥特曼作为 OpenAI 的核心创始人，被媒体称为"ChatGPT之父"，为何会在 OpenAI 成功发布 ChatGPT 等产品不到一年突然被罢免？更令人难以置信的是，当事人奥特曼和董事长布洛克曼此前却并未收到董事会的任何通知，奥特曼在被解雇的前一天还代表

OpenAI 在亚太经济合作组织会议上发表了讲话。OpenAI 发布的声明称是经过"审慎审查"做出的决定,那么这个过程到底是如何进行的?在既没有股东会也没有通知董事长和 CEO 的情况下,由一位联合创始人伊尔亚·苏茨克维(Ilya Sutskever,首席科学家)和三位外部董事以 4∶2 的投票做出了罢免决定,他们是否有权这样做?

这要从 OpenAI 的治理架构和董事会构成说起。

从 OpenAI 官网发布的治理架构来看,OpenAI Nonprofit 非营利组织通过全资持有和控制一个管理实体(OpenAI GP LLC)来控制和管理营利性子公司(OpenAI Global, LLC)。营利性子公司(OpenAI LP)是一家有限合伙企业,在组织形态上采用的是有限合伙制,其中包括一些投资者作为有权获得公司收益的合伙人,而 OpenAI Nonprofit 则担任有限合伙企业的普通合伙人(GP)。

OpenAI Nonprofit 通过董事会对 OpenAI LP 进行监督,对营利性子公司具有绝对的控制权。投资者作为合伙人拥有相应的权益,但不直接参与公司的日常运营。因此,OpenAI 没有股东会。目前共投资 OpenAI 130 亿美元的最大有限合伙人微软被定义为营利性子公司的少数股东,但没有该公司董事会席位。而对于 OpenAI Nonprofit 的董事会,则是无人持股,六名董事采取一人一票制。由于没有股东会,OpenAI Nonprofit 的董事会便拥有独立的权力,包括解聘 CEO 在内的最终裁决权,因此非营利组织董事会以 4∶2 的投票做出解雇奥特曼的决定并没有违反公司制度。

从 OpenAI 官方公布的股权架构中可以看出,目前非营利公益组织与营利性子公司由单一董事会控制。董事会成员除了布洛克曼(董事长兼总裁)、苏茨克维(首席科学家)和奥特曼(CEO)三位创始人以外,其他三位皆为外部董事且不持有 OpenAI 的股权。而非营利公益组织与营利性子公司的设立目标本身存在矛盾。

OpenAI 的目标是致力于通用人工智能(Artificial General Intelligence,简称 AGI)的研究机构,其目的是要确保这项技术被安全地开发出来,并造福全世界。为了减少利益冲突的影响,山姆等创始人通过非营利性组织 OpenAI Nonprofit 确保这一目标的实现。而有限合伙企业(OpenAI LP)的出发点是在达成公司目标的前提下,让投资者和员工获得有上限的回报。OpenAI LP 的利润超出这个上限的部分,将继续投入到 OpenAI Nonprofit 这个非营利实体中用于 AGI 的研究。因此非营利组织和营利性子公司的目标本身存在天然矛盾,这也为 OpenAI 董事会内部产生冲突埋下了伏笔。

治理理念冲突

OpenAI 对奥特曼的罢免声明中措辞十分严厉,从此前该公司的相关消息中可以看出 OpenAI 董事会内部产生冲突的根本原因在于治理理念冲突。

首先是激进发展与初始愿景之间的冲突。OpenAI 设立的初衷和使命是确保 AGI 造福人类,主要是通过试图建立安全的 AGI 并与世界分享利益。但是在发展过程中,OpenAI 似乎偏离了这一目标。例如发布最强"通用"NLP 模型 GPT-2 却不开源,依赖大量的计算资源投入迭代产品等种种事件表明,OpenAI 与创立之初所声明的那个"人工智能非营利组织"已然不同。在 ChatGPT 成型并开始进入大规模应用后,OpenAI 开始在商业化之路上一路狂奔,包括推出付费版产品、定制化企业版等。奥特曼提出 GPT 商店和收入共享计划,显然与非营利组织的使命背道而驰。由此,奥特曼与苏茨克维在盈利与建立安全的AGI问题上发生分歧。奥特曼和布洛克曼主张积极推进商业化应用，试图扩大OpenAI的业务范围，并且张罗下一轮融资；而苏茨克维等非营利派则坚持要研究安全和造福人类的通用人工智能，主张在盈利方面不能急于求成。因此，创始人的激进和野心与OpenAI董事会非营利和造福全世界的理念背道而驰，也引发了董事会内部激烈的冲突。

其次是商业化与安全的矛盾。非营利性和安全是OpenAI董事会的两大目标。但最近OpenAI却在用户安全问题上面临越来越多的指责和担忧。围绕OpenAI安全的担忧主要来自数据问题，不少人担心和ChatGPT对话的过程中会泄露数据。2023年年初，意大利数据保护局（GPDP）指控OpenAI违反了欧盟的数据保护法，目前该案件还在审理中。最近的一次关于OpenAI安全性的争议是11月9日，微软在内部网站上提到了"安全和数据问题"，因此切断了员工使用ChatGPT等AI工具，在一天后又恢复了使用。但只要OpenAI还在追求营收增长，就必然会面临数据安全的挑战。

OpenAI设立之初宣告试图建立安全的AGI并与世界分享利益，目前看来，OpenAI在奥特曼的带领下逐渐偏离了公司的使命。作为创始人的奥特曼对名誉和财富的追求超过了对人工智能安全和伦理的重视，这一系列问题导致了他与董事会其他成员产生分歧，与公司发展愿景和公众期待不符，成为他被罢免的原因。

最后，OpenAI董事会冲突的根源在于AI向善与AI企业营利性之间的矛盾。OpenAI设计了一种独特的股权投资协议模式，未来盈利后的OpenAI的利润分配将按照四个阶段进行，在OpenAI利润达到1 500亿美元后，微软和其他投资者的股份将无偿转让给OpenAI的非营利组织。从这种设计来看，OpenAI将经历"创立—重组—发展—回归"的逐渐"向善"之路。

AI技术的发展通常受到商业竞争的驱动，AI企业需要获得利润以持续投资和创新。这意味着在追求经济利益的同时，AI企业可能会陷入经济和伦理取舍的困境。这正是处在发展阶段的OpenAI正在面临的问题，也是引发其董事会冲突的根本原因。

奥特曼作为CEO迫于支持研发投入和外部竞争的困难，需要在OpenAI中注入更多的商业元素，而对于利润的追求也是他作为CEO的职责所在，所以其被罢免不是存在渎职行为，更多的还是人工智能营利和非营利、公益性还是商业化的分歧。而上述两种治理理念的冲突始终困扰着奥特曼和他的创业伙伴，不仅导致马斯克2018年因理念分歧离开OpenAI董事会，也引发了一群员工在2020年出走与创立竞争对手Anthropic。

决策者的出发点是实现公益性美好愿景还是商业化目标，决定了人工智能是以安全和造福全人类为目标"向善"前进还是以盈利为目标"向利"发展，不管是谁出任CEO都将面临这一问题，解决问题的关键是AI企业治理结构和机制的设计。

AI企业治理

奥特曼被罢免后，共同创办人董事长兼总裁布洛克曼也随即宣布辞职。此后一天，据称包括微软在内的OpenAI主要投资方向董事会施压，要求奥特曼复职。11月19日，微软首席执行官纳德拉突然宣布，奥特曼和布洛克曼及其同事将加盟微软，领导一个新的人工智能研究团队。OpenAI的员工们也在社交平台上力挺奥特曼回归，数百名OpenAI员工开始签署联名信，要求所有现任董事会成员辞职、恢复奥特曼的职位，包括临时CEO穆拉蒂也支持奥特曼回归。但很快，OpenAI董事会直接把穆拉蒂的临时CEO身份也"罢免"了，并找来了亚马逊旗下游戏流媒体平台 Twitch 联合创始人埃米特·谢尔（Emmett Shear）担任 OpenAI 的临时 CEO。令人意想不到的是，11月20日晚苏茨克维发文称自己对参与董事会行动"非常后悔"。到目前为止，OpenAI 的人事变动风波仍在继续，但可以肯定的是，企业内部的动荡显然不利于 OpenAI 价值的提升和未来发展，不仅造成关键人才的流失，还会影响投资者关系和信心，面临财务和技术上的双重困境。

技术研发需要不断的资本投入，坚持纯粹的非营利属性显然比较理想化，微软等投资人也同样重视投资回报。但大规模激进的商业化行为将导致人工智能大模型的安全问题，忽视人工智能安全和伦理问题将会给人类社会带来无法预知的后果。从 OpenAI 的这场罢免风波来看，良好的治理结构和治理机制设计是 AI 企业良性运作、持续发展的基石。当前，AI 企业急需建立内外部治理体系。

一是推动企业董事会建设，完善治理架构和治理机制。OpenAI 应尽快解决单一董事会控制的局面，对于非营利组织和营利性子公司应组建不同的董事会，同时完善治理机制，明确董事会职责，充分发挥非营利组织董事会对营利性子公司决策监督和规范作用，同时协调安全和商业化等方面的目标。

二是将风险治理、人工智能伦理问题嵌入决策。AI 企业应在董事会设立专门的伦理委员会，并在公司章程中对 AI 伦理委员会的构成及其运作进行明确规定，判断和把握技术应用的方向。设置首席人工智能官（CAIO）或首席伦理官（CMO），以牵头制定专门的人工智能发展战略。

三是建立内部数据合规审查机制和内控机制，确保在研发和数据使用中安全合规。设置合规部门，建立对数据安全问题的风险评估和防范机制。

四是实施全面的人才培训计划，使管理人才和研发人员了解人工智能技术的伦理和社会责任，增强他们对"向善"的公司价值观的理解，培育出能够在技术和伦理之间取得平衡的企业文化。

五是全面升级治理体系，强化绿色治理和应急治理。AI 企业治理应突破作为单纯追求经济效益最大化的传统企业的治理边界，更多地承担作为社会资源配置平台的社会责任，树立推动社会可持续发展的社会化目标。

资料来源：李维安、唐梦兰，OpenAI 董事会之争 根源在于 AI 企业的治理理念冲突，新华网客户端，2023年。

改编人：李思嘉。

第一节　董事会的基本属性

董事会是现代企业制度发展到一定阶段的产物。企业制度经历了从业主制到合伙制再到公司制的演变过程，随之发生的就是公司规模的不断扩大、业务日益复杂、股权逐渐分散。在股东越来越多、股权日益分散的情况下，限于管理能力、管理经验与时间、精力等种种客观条件，所有股东共同参与公司的日常管理显然是不现实的。同时，随着市场的扩大和生产、经营技术的复杂化，在企业大规模从事多方面经营活动的情况下，企业的经营管理只能由职业管理人员（经理层）来完成，从而导致所有权与经营权的高度分离，即企业所有权归全体股东所有，经营权则归经理层所有。两种权力的分离产生了一系列问题，股东能放心将企业交给经理层经营吗？经理层是否会因为私利而损害股东利益？由于股东人数众多，受管理成本的限制，只能每年举行为数不多的几次股东（大）会，而无法对企业的日常经营做出决策。因此公司需要一个常设机构来执行股东会的决议，并在股东大会休会期间代表股东对公司的重要经营做出决策，这个机构就是董事会。⊖

从委托—代理的角度来看，在股东与董事的关系中，股东是委托人，董事是代理人；在董事与经理的关系中，董事是委托人，经理是代理人。这样，就形成了股东—董事会—经理的双重委托代理链条。在公司的治理结构中，董事会处于公司委托代理链条的中心环节。因此，可以说董事会是公司治理的核心。

一、董事会的类型与结构

（一）董事会的类型

（1）全美董事联合会咨询委员会（NACD）将公司治理的目标定义如下⊜：公司治理要确保公司的长期战略目标和计划被确立，以及为实现这些目标而建立适当的管理结构（组织、系统、人员），同时要确保这些管理结构有效运作以保证公司的完整、声誉并为它的各个组成部分负责任。

NACD的这个定义实际上是将公司的董事会看作治理结构的核心，并根据其功能将董事会分成四种类型。

一是底限董事会：仅仅为了满足法律上的程序要求而存在。

二是形式董事会：仅具有象征性或名义上的作用，是比较典型的橡皮图章机构。

三是监督董事会：检查计划、政策、战略的制定、执行情况，评价经理人员的业绩。

四是决策董事会：参与公司战略目标、计划的制订，并在授权经理人员实施公司战略的时候按照自身的偏好进行干预。

（2）从公司演化的角度来看，董事会也可以分为以下四种类型。

一是立宪董事会。立宪董事会强调董事会是依照一定的法律程序，在某个权力主体的批准下成立的。政府颁布的公司法对公司而言就是一部宪法，董事会遵照法律规定成立，仅具有形式上的意义。公司要么由创始人控制，要么由CEO控制。在规模小、技术水平低的私有公司中，这类董事会比较多。

二是咨询董事会。随着公司规模的扩大和经营复杂程度的提高，CEO需要更多的专业人员的帮助。通过招募财务顾问、法律顾问等进入董事会，CEO将从他们身上得到帮助。在这个过程中，董事变得越来越高素质，越来越称职，越来越独立。当前绝大部分美国公司的董事会属于这一类型。

三是社团董事会。随着股权分散化、公众化程度的提高，董事会内部将形成不同的利益集团，意见差别通过少数服从多数的投票机制决定。这样的董事会需要经常召开会议，且董事们必须尽量出席会议，否则董事会可能通过不利于某一集团（或董事）的决议，决策过程往往由

⊖ 上海国家会计学院.公司治理[M].北京：经济科学出版社，2011：80-133.
⊜ 李维安.公司治理[M].天津：南开大学出版社，2001：64-65.

于会议的拖延而不得不发生中断。一些大型的上市公司中存在这样的董事会。

四是公共董事会。董事会成员包括政治利益集团代表，仅在公有制或混合所有制的公司中存在这种董事会。

表 9-1 从四个方面对四种董事会类型进行了对比，这四个方面是董事会起因、授权形式、决策者和董事会的决策参与程度。

表 9-1 四种董事会类型及特征

特征	类型			
	立宪董事会	咨询董事会	社团董事会	公共董事会
董事会起因	法律	经济	社会、经济	政治
授权形式	自动	顾问	技术官僚	行政官员
决策者	CEO	CEO 或董事会	董事会	中央计划当局
董事会决策参与程度	接受	咨询	限定	适应

（二）董事会的结构

1. 董事会的规模

不同公司中的董事会规模是有一定差别的，有些国家的法律法规对此有严格的标准，有的则没有严格限定。在公司章程中关于董事会规模的规定，不同的公司之间也不尽相同。但毫无疑问的是，由于董事会履行职能在很大程度上依赖于集体决策的科学性与有效性，因此适当的董事会规模对其有效性的影响甚大。如果董事会规模过小，则较少的人员可能会导致缺乏必要的业务知识和阅历，从而难以做出全面的较优决策；而人数过多，又会增加决策制定的时间和成本，缺乏实用性。

通常认为，董事会的规模取决于公司规模、所在行业、公司财务状况和所有权等因素。例如，新成立的公司或规模较小的公司，由于业务较少、涉及决策范围较为集中，可能只会设立较小规模的董事会。随着公司的发展壮大，小型董事会面临更多的、更复杂的决策时就显得捉襟见肘，需要聘任新的具有不同专业知识与背景的董事。一般而言，以下因素通常会影响公司的董事会规模。

（1）管理层的控制意愿。管理层尤其是 CEO 可能会根据自身情况采用增加或减少董事人数的办法加强对董事会的控制。

（2）行业性质。根据中国上市公司董事会治理报告（2023）年的统计，金融保险业的董事会平均规模仍然较大，为 15 人左右。批发零售贸易行业的董事会规模稍小，约为 8 人。制造业的董事会规模依旧处于中等水平，大约为 10 人。

（3）业务模式的差异。业务复杂的公司由于要面临更多、更复杂的决策，一般会较业务简单的公司有着更大的董事会规模。

（4）公司兼并。刚进行兼并的公司一般不会大规模解雇董事，从而会形成较大规模的董事会，而随着一方逐渐控制了公司，另一方就可能离开董事会，董事会规模趋于缩小。

（5）内部结构设置。董事会一般会设立不同的下属专业委员会，由于每一个下属专业委员会行使职能都需要有一定的法定人数要求，因此，设置较多下属专业委员会的董事会人数比较多。

（6）外部压力。随着要求增加外部董事、少数民族董事、女性董事的社会呼声日渐提高，董事会规模也呈扩展之势。

目前，《中华人民共和国公司法》(以下简称《公司法》）对董事会规模有着明确的规定：有限责任公司董事会成员为三人以上；股份有限公司设董事会，其成员人数最少可以为五人。具体设立多少董事，由公司自行决定。但是，并非所有的公司都必须设立董事会，《公司法》规定规模较小或股东人数较少的股份有限公司，可以设一名董事，不设董事会。根据南开大学中国公司治理研究院自2003年以来进行的中国上市公司治理指数评价，对931家上市公司所做的调查研究发现董事会的平均规模为11人。

2. 董事会的人员组成

公司设立董事会，还需要具有相当能力和权威的人代表公司进行管理，这些人就是"董事"。董事是公司内部治理的主要力量，由股东（大）会选举产生，对内管理公司事务、进行战略决策，对外代表公司进行各种经济或社会性活动。公司董事可以由自然人担任，也可由法人担任，但法人担任董事时应指定一名符合条件的自然人作为法定代表人。

董事会中一般设董事长一名（也可设立副董事长），具体选举或产生办法则由公司章程规定（国有独资公司则由国有资产监督管理机构从董事会成员中指定）。在我国，董事长对内履行召集和主持董事会会议等职责，对外则作为公司的法定代表人。

按照与公司的关系，董事可以划分为执行董事和非执行董事。执行董事是指作为一个董事并且参与到企业的日常经营中，因此也被称为"内部董事"。他们往往对自身的业务和行业背景非常熟悉，能够对董事会决策做出较多的贡献，但是也容易受到经验以及个人认知差异的影响，为了自身利益而忽视公司长远发展。

非执行董事一般由前董事或其他公司的执行董事担任，具有丰富的专业知识和经验，最关键的是相对于执行董事而言，往往具有更强的独立判断能力，不受既往经验的干扰，从而促使公司从整体和更加长远的角度考虑问题。独立董事是非执行董事的一种特殊形式，一般对独立董事的要求是：具有超然独立的地位、独立的态度和判断。考虑到约束公司董事会中"内部人"即执行董事的行为，提高董事会绩效，一般都会在董事会中设置适当比例的非执行董事，如果比例较低，则会起不到应有的监督和制衡作用。由于所履行的职责与所处的独立地位，非执行董事又被称为"外部董事"。[一]

董事会受股东的委托，应该积极履行其职能，负责公司或企业业务经营活动的指挥与管理，对公司股东会或职工大会负责并报告工作，因此担任公司董事的人应当具有一定的资格。一般而言，担任公司董事的人应该符合如下条件：有参与精神（不能仅是名义上的参与，而是能切实履行职责），谨慎（履行职责时认真细心，在已有的信息基础上进行详细的分析，行动时能尽可能合理合法地完成工作），有能力（具有一定的专业知识、经验背景），忠诚（对公司忠诚，能保守公司秘密；对股东忠诚，能维护股东利益），责任感（能承担错误决策导致的责任），诚实廉洁等。

[一] 李维安. 公司治理学 [M]. 北京：高等教育出版社，2009: 90-91.

法律关于董事的任职资格，一般分为积极资格和消极资格，积极资格是担任董事必须具备的条件，消极资格是担任董事不得具备的情形。我国《公司法》对董事的消极资格有着详细规定，即出现以下任何一种情形均不得担任公司董事。

（1）无民事行为能力或者限制民事行为能力。

（2）因贪污、贿赂、侵占财产、挪用财产或者破坏社会主义市场经济秩序，被判处刑罚，或者因犯罪被剥夺政治权利，执行期满未逾五年，被宣告缓刑的，自缓刑考验期满之日起未逾二年。

（3）担任破产清算的公司、企业的董事或者厂长、经理，对该公司、企业的破产负有个人责任的，自该公司、企业破产清算完结之日起未逾三年。

（4）担任因违法被吊销营业执照、责令关闭的公司、企业的法定代表人，并负有个人责任的，自该公司、企业被吊销营业执照、责令关闭之日起未逾三年。

（5）个人因所负数额较大债务到期未清偿被人民法院列为失信被执行人。

3. 董事会的专业委员会

董事会是由股东（大）会选举的董事所组成的公司经营决策机关，是通过董事会会议集体决定公司业务执行的机构。但由于董事会会议并非经常召开，且会议时间有限，因此董事会设立了下属的专业委员会，以完成董事会的大量工作。

一般而言，常见的专业委员会包括审计委员会、薪酬委员会、提名委员会、执行委员会、公司治理委员会、公共政策委员会。公司的董事会一般会设立以上一种或几种专业委员会。关于专业委员会的职责与设计，将在本章第三节详细阐述。

二、董事会职能

（一）英国董事协会对董事会职能的界定

英国董事协会认为董事会应承担四个关键任务，其中每个关键任务又包含四个具体任务（见表9-2）。

表9-2 英国董事协会对董事会职能的界定

关键任务	具体任务
确定公司愿景、使命和价值观念	确定公司的愿景和使命，从而为公司目前的经营和未来发展提供指导和规划
	确定在全公司发扬的价值观念
	确定并检查公司目标
	确定公司政策
制定战略和结构	检查和评价公司目前和将来的来自外部环境的发展机会、威胁和风险，以及与公司有关的现在和将来的优势、不足和风险
	提供可供选择的战略方案，并且确定公司的采纳方案以及支持这些战略方案的具体措施
	制定商业战略和计划，支持公司的战略
	确保公司的组织结构和实际能力适合执行既定的战略

(续)

关键任务	具体任务
向经理层授权	向经理层授权,并监督、评价公司政策、战略和商业计划的执行情况
	制定监控标准
	确保内部控制的有效性
	与高层管理人员沟通
履行对股东和利益相关者的责任	确保公司与股东和利益相关者之间双向沟通的有效性
	理解并考虑股东和利益相关者的利益
	通过收集和评估适当的信息,监督公司与股东和利益相关者的关系
	促进股东和利益相关者对公司的友善态度,获得他们对公司的支持

资料来源:李维安.公司治理学[M].北京:高等教育出版社,2009:92.

(二)美国商业圆桌会议与法律研究所对董事会职能的界定

1. 美国商业圆桌会议对董事会职能的界定

美国商业圆桌会议对董事会职责的描述如下。

(1)挑选、定期评估、更换首席执行官(如果需要的话),决定管理层的报酬,评价权力交接计划。建立科学、公正、合理的人才选聘机制,为公司选择经理等高级管理人员,是董事会的一项重要职责。董事会还对高级管理人员的工作做出评估,以决定其报酬及奖惩。

(2)审查、审批财务目标、公司的主要战略以及发展规划。董事会掌握着公司战略决策与控制的实际权力,并且要审查公司财务状况,审批公司财务目标。

(3)为高层管理者提供建议与咨询。董事会的职能就是进行公司的战略决策与监督管理。它通过向公司高层管理者提供建议来影响公司的具体经营业务。董事会决定公司高层管理者的任免、报酬与奖惩。公司高层管理者对董事会负责。

(4)挑选董事候选人并向股东会推荐候选人名单,评估董事会的工作绩效。董事会负责召集股东会,向股东会报告工作。如果董事会人员需要增减,要向股东会报告增减董事名单,由股东会决定。

(5)评估公司制度与法律、法规的适应性。董事会要确保公司章程与制度符合国家的法律、法规;监督公司的活动,确保其遵守国家的法律、法规。同时,要不断熟悉国家新的法律、法规,以法律手段回避不利于本公司的法律、法规,使用有利于本公司的法律、法规。

2. 美国法律研究所对董事会职能的界定

美国法律研究所指出,董事会应该履行以下职能。

(1)遴选、评估以及在恰当的时候解雇重要的资深高级管理人员。

(2)以发展的观点监督公司的商业行为、公司资源管理是否始终如一(在法律和道德允许的情况下增加股东收益,同时又为公众利益和人道主义事业做出贡献)。

(3)审查与批准董事会和主要高层管理者提出的公司发展计划及行动。在董事会注重的公司准则中,这些计划及行动是董事会与主要高层管理者要考虑的大前提。

(4)执行其他一些职能,如法律规定的职能或根据公司准则制定的职能。

(三）我国《公司法》对董事会职能的界定

我国《公司法》规定，公司设立董事会，董事会对股东（大）会负责，行使下列职权。

（1）召集股东会会议，并向股东会报告工作。

（2）执行股东会的决议。

（3）决定公司的经营计划和投资方案。

（4）制订公司的利润分配方案和弥补亏损方案。

（5）制订公司增加或者减少注册资本以及发行公司债券的方案。

（6）制订公司合并、分立、解散或者变更公司形式的方案。

（7）决定公司内部管理机构的设置。

（8）决定聘任或者解聘公司经理及其报酬事项，并根据经理的提名决定聘任或者解聘公司副经理、财务负责人及其报酬事项。

（9）制定公司的基本管理制度。

（10）公司章程规定或者股东会授予的其他职权。

在以上国内外对董事会职能的界定中，尽管各有侧重，但是总体而言已经涵盖了董事会的基本职责，以及董事会所要关注的一些细节问题，包括战略决策的制定、公司财务目标、薪酬及聘任制度、经营计划和投资方案、资源分配等。虽然董事会的职能很多，但我们可以大致将其分为监督和战略决策两大职能。

从监督职能来看，董事会主要是对高级管理人员进行监督。在企业经营过程中，为了提高效率，公司高级管理人员被授予日常经营管理和决策的权力。但是董事会要最终对股东负责，因此，需要对高级管理人员的经营过程进行监督，以保证他们按照董事会的决策行事，不因个人私利而侵犯股东利益。

从战略决策职能来看，尤其是对大型公众公司而言，限于管理范围，董事会通常将公司日常的经营管理交由公司的高级管理人员负责。董事会更加关注那些影响公司发展的重大方面，关心更广范围内的公司战略目标。这意味着董事会对公司应该有着整体的领导、判断和计划，并且能够制定公司的核心决策。

| 视野拓展 9-1 |

公司控制权之争几时休？——世龙实业的漫漫夺权路

2021年9月1日上午，江西世龙实业股份有限公司（以下简称"世龙实业"）收到了由乐平市法院出具的通知书和民事裁定书，这意味着世龙实业内部持续已久的控制权斗争僵局形势将被打破。

经历了近一年的"你争我抢"，己方终于取得了上风，但是此刻的刘宜云却也忍不住回想，究竟世龙实业这场持续已久的控制权斗争是如何从一开始就不可避免地发生了……

世龙实业2020年度半年报显示，截止到2020年6月30日，公司董事会有9名成员，监事会有 3 名成员，具体成员构成如表 9-3 所示。

表 9-3　2020 年 6 月 30 日董事会监事会成员

董事会	董事长	刘宜云
	董事	曾道龙、刘林生、汪国清、唐文勇、王世团
	独立董事	陆豫、汪利民、蔡启孝
监事会	监事	冯汉华、罗锦灿、潘英曙

世龙实业的控制权斗争于 2020 年 12 月正式爆发并产生了广泛的社会影响，斗争爆发后，公司董事王世团、唐文勇相继于 2020 年 12 月 8 日和 2020 年 12 月 30 日辞职，并且均保证辞职后不再担任公司任何职务。

在王世团和唐文勇辞职后，世龙实业的董事会成员仅剩 7 人。从世龙实业后续的董事会和监事会决议结果来看，公司的董事、独立董事、监事在各项会议表决中均表现出极其明显的倾向性，最终形成了分别以曾道龙和汪国清为首的"曾系"与"汪系"两个派系。其中"曾系"在董事会中共有 4 位支持者，高于"汪系"的 3 位，占据了人数优势，故公司后续的董事会多项决议均是利于"曾系"，而"汪系"则是在监事会中占据了人数优势，故公司后续的监事会多项决议均是利于"汪系"。

双方派系各有核心人物，其中"曾系"的核心人物是刘林生。刘林生曾任江西电化厂厂长，而江西电化厂又是世龙实业的前身，故"曾系"代表的其实是世龙实业本地派系的核心利益。而"汪系"的核心人物则是刘宜云，他是在世龙实业历次的招商引资和股权变更中新进入公司的外来股东，故"汪系"代表的是世龙实业外来派系的核心利益。"曾系"与"汪系"对公司控制权的争夺，本质上反映了上市公司中本地派系与外来派系之间发生的矛盾纠纷与利益争夺现象。双方派系的主要支持者构成如表 9-4 所示。

表 9-4　双方派系主要支持者

派系	董事	独立董事	监事
"曾系"	曾道龙、刘林生	陆豫、汪利民	潘英曙
"汪系"	汪国清、刘宜云	蔡启孝	冯汉华、罗锦灿

两会换届，矛盾爆发

据公开资料显示，世龙实业第四届董事会和监事会的任职期限为 2017 年 5 月 11 日至 2020 年 5 月 11 日，但由于公司一直没有完成新一届候选人的提名工作，故公司于 2020 年 5 月 7 日对外公告，宣布延期换届。

令人奇怪的是，世龙实业虽然发布了延期换届公告，但却始终没有公布延期换届的具体时间。直到 2020 年 11 月 25 日，公司突然通知全体董事，宣布将于 2020 年 11 月 30 日召开董事会会议，审议关于召开临时股东大会进行换届选举的议案，最终该议案被董事会否决。

对于本次会议，公司独立董事陆豫曾明确表达反对意见，因为本次会议材料中仍然没有公司新一届董事会和监事会的候选人名单，公司在缺少必要材料的情况下强行推进换届选举工作，不仅违反了董事会的工作原则，还违反了公司章程的相关规定。另外，陆豫还表示自己曾专门向公司董事长刘宜云发送邮件，要求其严格按照公司规定补充相关材料，但董事长刘宜云却一直没有回应。

由于公司董事会的会议议案被否决，导致了原本势均力敌的双方在针对换届选举工作的斗争中，"汪系"暂时落于下风。因此，在世龙实业董事会否决换届选举议案的2天后，世龙实业监事会迅速召开会议，并审议通过关于换届选举的议案。根据公告内容可以发现，此次监事会表决结果是同意监事会提请公司董事会召开临时股东大会进行董事会、监事会换届选举，若董事会未能召开临时股东大会，监事会需召开另一次监事会会议以表决是否自行召开临时股东大会，且明确注明该股东大会的召开必须按照《公司法》、公司章程及相关法规的规定实施。

很显然，世龙实业董事会的决议结果与监事会的决议结果完全相悖，董事会议案被否决，"曾系"取得上风，监事会议案则是获得了通过，"汪系"取得了上风。需要说明的是，本次投票是世龙实业董事会、监事会关于换届选举议案的表决结果。此时，世龙实业的控制权斗争尚处于第一阶段，即矛盾爆发初期，此时汪国清和刘宜云还没有结为一派，董事王世团和唐文勇也还没有辞职，且董事长刘宜云的确没有按照规定提供公司新一届董事会和监事会的候选人名单，该行为违反了世龙实业董事会的工作原则，故汪国清投反对票属于正常行为，其他董事根据各自的权利和站位，按照自身意愿进行投票。

董事互掐，矛盾升级

2021年8月13日，世龙实业公告，公司董事会决定免去汪大中的副总经理职务及胡敦国的财务总监职务。对此，"曾系"一方表示，江西世龙供应链管理有限公司（以下简称"世龙供应链"）作为公司的全资子公司，有一笔约2亿元的应收账款存在极大的财务风险问题，而汪大中作为公司负责供应业务的副总经理，未采取有效的措施和手段对子公司的欠款进行催收，这将给公司和股东带来重大的经济损失。因此，公司董事会决定免去汪大中的副总经理职务。

同时，"曾系"一方还表示，由于公司近两年一直亏损，且应收账款在快速增加，公司超过半数的董事就要求对公司前任总经理张海清进行离职审计，并聘请了专业的审计机构。然而因为公司的财务总监胡敦国一直在阻挠专业的审计机构进入财务部门开展审计工作，导致公司无法对已计提的大额减值准备等事项进行详细深入的核查。鉴于胡敦国的行为将给公司带来较大风险，所以公司董事会才决定免去胡敦国的财务总监职务。

与之相反，"汪系"一方坚决反对上述决定，他们认为，虽然子公司的应收账款存在很高的回收风险，但公司董事、监事及相关管理人员最应该做的是要认真开会分析事件缘由，从董事会的决策层面及管理层的执行层面查找原因，分清责任，严肃谴责。在子公司世龙供应链的欠款原因都没有理清楚的情况下粗暴罢免汪大中的副总经理职务，这对公司和全体股东都是不负责任的。

同时，"汪系"一方认为免去胡敦国财务总监的理由也不成立。因为本次对于公司前任总经理张海清的离职审计事项，公司不仅没有召开专门的董事会会议进行讨论，而且还没有形成任何决议，这严重违反了世龙实业公司章程的相关规定，所以胡敦国不存在阻碍审计事项的行为。

虽然"曾系"和"汪系"对于罢免公司高管的事项意见不一，但由于"曾系"一方目前在董事会占据优势地位，最终结果就是"曾系"一方取得了胜利，上述两人均被罢免。

尾声

截至 2021 年 10 月 8 日，世龙实业的控制权斗争尚未真正尘埃落定，目前电化高科和大龙实业合计持有世龙实业 45.22% 的股份，对公司具有重要影响，而刘宜云作为电化高科的董事长，冯汉华等人作为大龙实业的实控人，无疑已经占据极大优势。个人持股方面，汪国清、刘宜云、张海清三人共计持股 30.14%，而曾道龙、刘林生二人合计持股仅为 1.5%，双方差距也是极其明显。同时就 2021 年 9 月 1 日召开的董事会会议结果来看，"汪系"已然在董事会席位中占据明显上风。事到如今留给"曾系"的时间已经不多了，世龙实业的控制权之争究竟何时才能真正落下帷幕，我们只能继续等待。

2022 年 1 月 4 日，世龙实业召开了新年第一次临时股东大会并顺利完成公司新任董事会的换届选举工作。本次董事会换届选举共有 7 位候选人，最终 5 人当选公司新任董事会成员。随后在当天召开的第一次董事会会议中，汪国清成功当选公司董事长，刘宜云当选公司副董事长，世龙实业的控制权斗争以这样的结果暂时告一段落。但世龙实业的未来发展将同样引人关注，由于公司董事长汪国清、副董事长刘宜云和前任董事张海清三方曾签署了一致行动人协议，在协议到期后，如果"汪系"内部在企业的经营战略等方面产生分歧，那么世龙实业是否会爆发新的矛盾或者再一次的控制权斗争呢？这将是世龙实业今后必须面对的问题。

世龙实业的股东成员、董事会成员和监事会成员由起初的分出派系，继而不同派系之间又不断产生矛盾，直至最后演变成了派系之间大打出手，激烈抢夺公司控制权并以"汪系"取得最终胜利而结尾，这都说明了世龙实业在其内部控制和公司治理上存在一定的缺陷。而双方跌宕起伏的争斗背后，其实质就是一场资本的博弈。从双方的争斗过程及最后的争斗结果来看，无疑显示了资本力量之强大，同时也向我们说明了一个道理：资本市场的一切，最终还是资本说了算！

资料来源：张宏、陈诗雨、徐乐、万华玲，公司控制权之争几时休？——世龙实业的漫漫夺权路，中国管理案例共享中心，2022 年。改编人：王钟谊。

第二节　董事会的独立性

一、董事会履职的独立性

一些学者认为，董事会能否真正有效，取决于董事会履职是否具有独立性。这种独立性不仅体现在董事会相对于经理层的独立，还体现在对股东个体的独立（对全体股东而不是某一股东负责）。也就是董事会作为一个独立的决策机构，在其决策中应该公正、不偏向于任何一方的利益，既独立于股东个体又独立于经理人，宗旨是实现全体股东价值增值，保护全体股东利益。

为了增强董事会的独立性，大部分公司的做法是引入独立董事。但是判断董事会的独立性程度，不应只局限于形式上的独立性，而应更多考虑集体决策的价值取向和独立运作实质。因此，可以从以下几个方面进行评价。

1. 独立的受托责任主体

董事会作为一个集合概念，由全体股东选举产生但独立于股东大会，并在法律意义上承担独立的民事责任。董事会在进行决策时应当考虑到全体股东的利益，而不能只顾及一小部分股东的利益。作为独立的受托责任主体，董事会如果为了某一单方利益而损害全体股东利益，那么董事会应当承担一定的民事赔偿责任。

2. 公正的价值取向

事实上，董事会成员是经股东大会选举产生的，但有可能代表不同股东的利益，这时就要求董事在涉及其他股东的利益的问题上保持公正的价值取向。公正、独立的价值取向包括：第一，平等对待所有股东。决策中立、公正平等对待所有股东，是对股东权益的最大保护，也是对董事自身法律风险的最大化解；第二，以股东财富最大化为价值决策依据，这一价值取向既要考虑投资者的短期回报，又要考虑公司的长期价值和持续增长能力。

3. **董事个人的独立判断和决策能力**

董事不仅要能在主观上保持自身的独立性，还应该具有相应的独立判断和决策能力，如果没有这种能力，就意味着在决策时只能附和其他董事的意见，从而形成董事会内部的权力核心化、集中化。因此，在对董事进行聘任时，不能只考虑其消极资格，还应该考察董事个人的专业知识、能力、经验（尤其是行业经验）及个性等方面的积极资格。

4. **董事个人独立的行权能力**

董事具有主观的独立性意识，也具有一定的独立判断和决策能力，但是还要在制度上保证董事能够独立地行使权力。因为有能力参与董事会，并不等于有能力做出合理的决策，保持董事个人的行权能力，是保护董事会决策独立性的重要方面，它要求：必须严格恪守"一人一票"制，董事们在投票时不受干扰；明晰投票权行使后的信息披露制度（向股东报告）及责任追究制度；提倡董事间的争论，不得以任何方式破坏董事会的和谐性；当出现重大关联交易事项时，关联董事不得行使相应的投票权；为加强董事间的正常沟通，特别是内外董事间、外部董事间的沟通，主张设立外部"主董事制"，以避免外部董事被内部董事个个分化；从制度上强化对董事会业绩的整体评价。良好的董事会运作机制，可以看成是一个对偏离决策价值取向的纠错机制。董事会的最终决策是一个观点碰撞、筛选、整合的过程，一套好的运作机制可以提升决策效率，同时有效纠正董事会成员的独立性缺陷等。

二、独立董事的设置与作用

大部分学者认为独立董事的引入将会提高董事会的独立性。我们可以想象，董事会的成员如果与公司的管理层存在私人或是经济关系，以至于能受其影响，那么董事会将不能有效地监督公司的管理活动。通过引入独立董事，就会降低董事会和经营者们合谋的可能性，使董事会所做出的决策不会因为管理层的介入而受到影响。

对于"独立"有多种定义，大多数都认同独立董事应与公司没有关联关系，区别于其他董事成员，这是其独立性的首要标准。中国证监会在《关于在上市公司建立独立董事制度的指导意见》（以下简称《指导意见》）中认为，上市公司独立董事是指不在公司担任除董事外的其他职务，并与其所受聘的上市公司及其主要股东不存在可能妨碍其进行独立客观判断关系的董事。

(一)独立董事的任职资格、权力与职责

1. 独立董事的任职资格

《关于在上市公司建立独立董事制度的指导意见》强调独立董事必须具有独立性。下列人员不得担任独立董事。

（1）在上市公司或者其附属企业任职的人员及其直系亲属、主要社会关系（直系亲属是指配偶、父母、子女等；主要社会关系是指兄弟姐妹、岳父母、儿媳女婿、兄弟姐妹的配偶、配偶的兄弟姐妹等）。

（2）直接或间接持有上市公司已发行股份1%以上或者是上市公司前十名股东中的自然人股东及其直系亲属。

（3）在直接或间接持有上市公司已发行股份5%以上的股东单位或者在上市公司前五名股东单位任职的人员及其直系亲属。

（4）最近一年内曾经具有前三项所列举情形的人员。

（5）为上市公司或其附属企业提供财务、法律、咨询等服务的人员。

（6）公司章程规定的其他人员。

（7）中国证监会认定的其他人员。

担任独立董事应当符合下列基本条件。

（1）根据法律、行政法规及其他有关规定，具备担任上市公司董事的资格。

（2）具有本《指导意见》所要求的独立性。

（3）具备上市公司运作的基本知识，熟悉相关法律、行政法规、规章及规则。

（4）具有五年以上法律、经济或者其他履行独立董事职责所必需的工作经验。

（5）公司章程规定的其他条件。

2. 独立董事的权力

独立董事除享有董事的一般权力，如表决权、临时会议的召集提议权等，还享有其特有的权力。

2001年，证监会颁布的《指导意见》明确规定为了充分发挥独立董事的作用，独立董事除应当具有公司法和其他相关法律、法规赋予董事的职权外，上市公司还应当赋予独立董事以下特别职权。

第一，重大关联交易（指上市公司拟与关联人达成的总额高于300万元或高于上市公司最近经审计净资产值的5%的关联交易）应由独立董事认可后，提交董事会讨论；独立董事做出判断前，可以聘请中介机构出具独立财务顾问报告，作为其判断的依据。

第二，向董事会提议聘用或解聘会计师事务所。

第三，向董事会提请召开临时股东大会。

第四，提议召开董事会。

第五，独立聘请外部审计机构和咨询机构。

第六，可以在股东大会召开前公开向股东征集投票权。

独立董事行使上述职权应当取得全体独立董事的二分之一以上同意。如上述提议未被采纳

或上述职权不能正常行使，上市公司应将有关情况予以披露。

3. 独立董事的职责

除了必须履行董事的一般职责外，独立董事还兼有以下职责。
（1）协助确保董事会考虑的是所有股东的利益，而非某一特定部分或团体的利益。
（2）就公司战略、业绩、资源等问题做出独立判断，包括主要人员任命和操守标准。
（3）考核董事会和内部董事的表现。
（4）在内部董事可能存在利益冲突时介入。
（5）促进信息公开。

（二）独立董事的作用

独立董事的作用概括起来主要包括参与决策和监督两个方面。在决策方面，独立董事所具备的独立性，往往能派生出其公正性。他们拥有丰富的管理知识或是对某些领域具备深厚的经验或知识基础，加上其自身具有的独立性与公正性，使得公司的决策更符合公司整体的利益。在监督方面，独立董事可以独立公正地考察与监督公司的管理层，在一定程度上能约束控股股东的行为，使其行为模式符合公司的整体利益。具体来说，独立董事的作用主要表现在以下几个方面。

（1）独立董事能为公司带来新的资源。这些资源主要是指知识和经验及他们所带来的外部关系。对董事会的整体建设而言，均衡的知识与经验分布对于企业的有效决策起着至关重要的作用。独立董事拥有的知识与资源更能加强董事会的执行能力与决策能力，使董事会的决策考虑更为周全。至于带来的外部关系方面，西方国家，尤其是美国，经常会聘请退休的政府人员或是知名大学教授担任公司的独立董事。前者为公司带来了新的政治资源，使得公司有关劳动安全、环境保护等方面更能满足国家的要求，或是更能提前捕获到政策信息。后者则为企业带来了更多的知识资源。

（2）独立董事能将其独立性与公正性融入董事会之中。首先，公司与经理人员在目标函数上存在差异性，使得公司与经理人员有时会存在利益冲突，然而独立董事的出现会帮助企业协调这样的矛盾。其次，公司在运行了一段时间后，董事或是经理人员容易对企业的运行状况形成错误的认识。而独立董事则会从不同于董事或是经理人员的视角为公司提供不同的见解，丰富公司的决策，或是能够提前识别市场上的风险，降低企业的风险。最后，独立董事会对公司董事与高级管理人员的任免、考核评价、关联交易的限制与披露等这些争议较大的问题提供更多的客观性，平衡各方利益，使公司更健康地发展。

（3）帮助企业渡过特殊时期。独立董事在公司处于上市、退市、并购、CEO继任等重要时段，能帮助企业渡过难关。公司的非独立董事，尤其是执行董事往往都成长于公司内部，对上述危机的经验相对较少，而有的独立董事在管理大型项目或是渡过特殊时期方面具有相对丰富的经验。再者，独立董事与企业家往往能在特殊时期具有不同的作用，例如在并购中，一个有效的方法就是任命一名具有出售企业经验的独立董事负责各方谈判，而企业家则处理好对内事物。

| 视野拓展 9-2 |

独立董事,"花瓶"还是"守护神"

独立董事由于其客观性和独立性,能够防止控制股东及管理层的内部控制对公司整体利益的损害,故而被称为上市公司的"守护神"。国内外许多学者的研究也表明,独立董事的设立对于公司业绩和中小股东权益保护有促进作用。然而,从实践情况来看,独立董事作为一种"舶来品",在中国却似乎遭遇了"水土不服"的现象。"花瓶董事""人情董事""不独立董事"等词汇形象地展现了当前 A 股上市公司中独立董事的尴尬境地。

2011 年沪市共有 3 081 名在任独立董事,报告期内,共有 26 家公司的 38 位独立董事对相关事项提出异议,分别占沪市上市公司总数的 2.77% 以及独立董事总人数的 1.23%。上交所就此进行了分析:从总体看,独立董事对董事会议案的异议率仍然较低,而其中一个重要的原因是独立董事的异议难以对公司董事会决策产生支配性影响。独立董事究竟是"花瓶"还是"守护神"?独立董事制度如何在中国发挥实际作用已成为理论界和实务界亟待解决的问题。

据不完全统计,2022 年 1 月共有 51 家次 A 股上市公司公告独立董事离职,对比 2021 年 1 月的 39 家次和 2020 年 1 月的 27 家次,2022 年 1 月独立董事的辞职数量明显增加。业内人士认为,独立董事离职增多与康美药业诉讼案不无关系。康美药业诉讼判决开立了独立董事承担连带责任的先河,巨额赔偿的惩罚和警示效应,让独立董事这一曾被视为"无风险收益"的"闲职""美差",面临权责对等的有力约束。

资料来源:独立董事沦为"花瓶",谁来做上市公司的守护人;连带赔偿上亿"花瓶"独董有了硬约束:独董"离职潮"观察,2022 年 2 月 22 日。改编人:曹琳君。

(三)独立董事行使职权的前提条件

独立董事对企业的作用巨大,但其在行使职权前,企业也需要为独立董事行使职权提供必要的条件。

(1)企业需及时提供独立董事履行职责所必需的办公条件,承担必要的办公费用。独立董事除了正常的办公条件外,为了更好地履行自身的义务与职责,可能会就某些问题征求专业中介机构的意见,企业应提供必要的费用支持。

(2)独立董事在行使职权时,有关人员需积极配合,不得干预其职权的行使。独立董事在公司中有时会充当监督者的角色,这样可能会侵犯某些利益集团的利益。这个时候,需要有关人员积极配合或通过行政办法约束来帮助独立董事更好地完成任务,使企业更健康地发展。

(3)企业可以为独立董事提供必要的责任保险。当独立董事决定要维护公司的整体利益时,往往会侵犯某些利益集团的利益,因此,在这种情况下,独立董事可能会受到排挤,严重时可能受到诉讼风险。抑或独立董事为了遵循谨慎原则对公司的决策过于谨慎,致使企业浪费了许多机会等。独立董事责任保险制度的建立,会降低独立董事为了维护企业的整体利益而可能引起的风险,提高独立董事的决策意愿。

(4)独立董事需要享有充分的信息。独立董事的工作时间等原因,使得独立董事的信息来源主要依靠公司内部向他提供的信息。企业对独立董事提供的信息越及时、越充分、越准确，就越有利于独立董事做出符合公司整体利益的决策。这一条是独立董事有效行使职权最重要的条件。

（四）独立董事作用评价

独立董事的出现会提升董事会的独立性和公正性，但是仅仅通过增加董事会的独立董事人数也不一定能为企业带来竞争优势。例如，安然公司有多名独立董事，其中也有多名财务领域的专家，然而这些人在安然事件中并没有起到积极的作用，反而对公司的弄虚作假起到了推波助澜的作用。而且，大量的实证研究结论也表明，董事会规模与公司财务业绩、信息披露质量之间并不存在明显的正相关关系。

所以，评价独立董事的作用往往要从多方面来深入考察。从现在的研究状况来看，比较流行的评价独立董事"独立性"的方法主要包括独立董事提名、独立董事来源、独立董事数量、独立董事兼职、独立董事信息获取能力、独立董事时间投入、独立董事报酬、独立董事工作内容与内部人评价9个方面。

1. 独立董事提名

独立董事的提名在一定程度上反映了不同公司治理主体之间争夺董事会代表权的斗争。控股股东希望完全控制独立董事提名以减少来自其他公司治理主体（尤其是中小股东）的监督。中小股东和公司其他利益相关者则认为控股股东提名的独立董事具有"利益关联"而失去独立性。通过考察独立董事提名可以间接判断独立董事与控股股东之间的"利益关联"程度。

2. 独立董事来源

"独立性"并不是独立董事在董事会决策中发挥作用的唯一条件。一方面，就监督作用而言，如果独立董事对董事会所要做出的重要决策的性质和内容一无所知，则难以实现有效监督。另一方面，独立董事的作用不仅仅在于监督，他们还需要利用其具有的专业知识为董事会决策提供咨询和参考。通过考察独立董事的来源可以判断独立董事的专业素质及可能起到的决策咨询作用。

3. 独立董事数量

如果独立董事人数过少，受董事会集体决策机制的限制，独立董事很难对董事会决策过程施加影响。通过考察独立董事的人数可以判断独立董事对董事会决策过程的影响力。

4. 独立董事兼职情况

独立董事兼职多家上市公司存在两个方面的效应。一方面，如果兼职多家公司，限于时间，独立董事很难专注于一家公司的事务，工作努力程度可能不足。另一方面，独立董事可能由于具有特殊的专业才能而受到多家公司的邀请，这些专业才能很可能对提高董事会决策效果具有显著影响。

5. 独立董事信息获取能力

任何决策活动都需要信息的支撑。如果对于公司环境、运营情况等不甚了解，那么独立董事很难在董事会决策中提供有价值的建议。通过考察独立董事获取信息的渠道可以了解独立董事相应的决策参与程度。

6. 独立董事的时间投入

独立董事的时间投入往往具有两面性。一方面，投入的时间过少，使得独立董事没有办法完成勤勉义务，了解公司的信息偏少，难以有效地做出决策。另一方面，投入的时间过多，独立董事会更加了解企业，甚至是融入企业，但也失去了"独立性"，这样也容易导致公司决策偏离使企业利益最大化的目标。

7. 独立董事报酬

毫无疑问，独立董事的报酬是一个非常敏感的问题。报酬过高，独立董事的独立性将会受到质疑。报酬过低，独立董事的积极性将会受挫。大量事实证明，既存在以获取报酬为目的的独立董事，也存在不取分文的"义工"。从成熟的国外市场来看，大部分国外上市公司是以津贴的方式支付独立董事的报酬，但具体的数额和范围并没有统一的规定。

8. 独立董事工作内容

独立董事的作用主要体现在监督和决策两个方面，通过考察独立董事的工作内容可以了解独立董事在董事会决策过程中的地位和影响力。

9. 内部人评价

由于工作努力程度不够、报酬激励不足等，独立董事的作用常常受到公司外部的质疑。然而，外部人得到的信息往往有限，内部人更加了解董事会的决策环境和决策程序以及独立董事的参与程度。从这个方面来看，内部人评价独立董事具有更大的价值。

（五）独立董事决策参与机制的设计

在我国的上市公司中，存在的主要问题是"内部人控制"以及"大股东剥削小股东"。而独立董事制度在解决这两个问题方面有得天独厚的优势。然而，没有有效的机制设置也无法保证独立董事作用的有效发挥。

1. 强化董事会

强化董事会是指独立董事在监督与决策方面发挥更大的作用。强化董事会的主要路径有以下几个方面。

- 增加独立董事，使其在董事会中占有数量优势。
- 董事会中的重要专业委员会，如审计委员会、报酬委员会等，应该主要或全部由独立董事构成，委员会主席由独立董事担任。
- 企业能为独立董事提供全面的公司财务和经营状况信息。
- 在董事会人员的选择上，优先考虑具有丰富的知识和经验的人选。
- 独立董事可以推举一个能与董事长共同计划董事会行动的召集人。
- 董事会成员能够明白团队的目标，并且能在会议上自由交流信息。

2. 提高独立董事的战略参与程度

前文已经提到，独立董事的重要作用之一就是参与决策。然而，由于独立董事时间参与的限制，独立董事往往在战略实施过程中所起到的作用不比全职的经理人员强。随着市场竞争的日益激烈，外部环境的不确定性增加，公司董事会的规模也在不断扩大，独立董事的人数也在增加。这种变化也就意味着独立董事需要更多地参与到公司的战略上来。因为上述独立董事参与时间的限制，所以本书认为独立董事战略参与的有效具体措施为战略审计⊖。具体的做法为在董事会中设置战略审计机制，由独立董事对它的设立和运作负主要责任。

独立董事的基本职责之一就是监督公司的管理和业绩，而不是直接地管理公司。独立董事并没有足够的时间参与到公司的整个战略实施过程中去。战略审计是公司战略控制与评估的重要工具，可以用于评估公司的管理绩效。简而言之，独立董事在战略方面的责任不是参与到战略的运营当中，而是评价战略，确保公司战略符合股东的利益。

知识栏

国企改革："国资监管"和"董事会建设"

党的二十大报告指出，"深化国资国企改革，加快国有经济布局优化和结构调整，推动国有资本和国有企业做强做优做大，提升企业核心竞争力"。国企改革的主界面集中在"国资监管"和"董事会建设"两个层面，以管资本为主加快推进国有资产监管。

一是改革国有资本授权经营体制，持续推进国有企业混合所有制改革。建立完善国有资本投资公司、运营公司，特别是混合所有制改革，要以建立完善现代企业制度为根本目标，积极引入非公有制资本发挥"鲶鱼效应"，不仅是资本上的做大、产业链上的做强，更是要让积极股东参与到企业生产经营中，让董事会不能"一团和气"，而是要充满市场化竞争的"火药味"，让不同的利益代表在公司法框架下、在公司章程规则下展开多方博弈和力量角逐，通过市场化语境下的较量，让企业真正感受市场化的"硝烟炮火"，倒逼企业进一步优化完善制度机制设计，推动企业建立健全现代企业制度，完善市场化经营机制，更加适应市场化运行规则，对市场的感知也更加精准高效，提升企业活力和市场核心竞争力。

二是厘清企业各治理主体边界，规范和加强企业董事会建设。董事会作为企业的决策机构，上接股东会（出资人），下达经营层，发挥着定战略、做决策、防风险的作用。董事会的强弱直接决定公司的发展好坏，推进董事会建设从"有形"到"有为"，从"管理"到"治理"，进一步明确党委前置研究清单、董事会议事规则、总经理办公会议事规则等，要进一步明确企业重大经营管理事项的决策、执行和监督主要内容与职责划分，特别是要充分发挥董事会专门委员会的作用，进一步优化和完善董事会专门委员会在制度牵引、机制保障、人才优先、评建结合以及信息赋能等方面的建设，督促经理层谋经营、抓落实、强管理，实现党的领导有方、出资人监管到位、董事会科学决策、管理层执行有力、市场化激励充分、企业核心竞争力全面提升，构建权责法定、权责透明、协调运转、有效制衡的公司治理机制。

三是充分发挥"外脑""智库"作用，进一步强化外部董事高质量履职质效。外部董事制度是国资监管机构作为出资人的一项权利，外部董事从保护出资人和公司合法权益的角度，综合运用自身专业和实践优势，提出决策意见并实施事中监督，国企改革三年行动要求董事会外部董事占多数，这样在"一人一票"机制下的董事会中，外部董事的力量就占到绝对多数，能有

⊖ 战略审计的实施与运用相对复杂，本书限于篇幅所限，只提出有关想法，具体内容请参照相关书目。

效降低企业内部人控制风险,进一步完善现代企业制度。建立和完善董事会现场会旁听制度,出资人派员参加董事会现场会,重点了解企业董事会规范化运作和外部董事履职情况,并作为企业董事会和外部董事日常管理的重要内容。同时,要动态优化外部董事人才库,定期梳理,及时调整,建立以专职外部董事为召集人的外部董事小组,引入社会第三方机构客观全面评价外部董事履职情况,考评结果直接与绩效挂钩并与选聘关联。

资料来源:郝耀鸿,覃海宁.党的二十大精神如何引领国资国企高质量发展,2022年11月30日。改编人:李思嘉。

| 视野拓展 9-3 |

华东数控增加独立董事比例

威海华东数控股份有限公司于 2008 年 5 月 26 日公布了《首次公开发行股票招股意向书》,其中,"风险因素"部分披露了"股东及内部人控制风险":

汤世贤先生、高鹤鸣先生、李壮先生、刘传金先生作为"一致行动人",合计持有公司发行前 53.80% 的股份,是发行人的控股股东、实际控制人。同时汤世贤先生为发行人董事长兼总经理,高鹤鸣先生为发行人董事兼副总经理,李壮先生为发行人副总经理,刘传金先生为发行人监事会主席。按照《公司法》《证券法》《上市公司章程指引》等法律法规和规范性文件的要求,公司已经建立了比较完善规范的法人治理结构,并在董事会 9 名成员中设 5 名独立董事,超过董事会人数的二分之一。这一董事会制度安排将进一步确保董事会相对独立于控股股东、实际控制人和高级管理层,从而进一步确保董事会对公司相关事务做出客观决策,维护公司全体股东的共同利益。发行人的独立董事制度有利于提高公司决策的科学性、效益性,并将在维护中小股东利益等方面发挥积极作用。但如果上述人员利用其股东、董事、高级管理人员身份,对发行人发展战略、生产经营决策、人事安排和利润分配等重大事宜实施不当影响,则存在可能损害发行人及中小股东利益的风险。

在招股意向书的"公司治理"部分披露"独立董事情况"如下。

发行人于 2006 年 4 月 11 日召开 2005 年度股东大会,选举于成廷先生、王玉中先生、任辉先生为发行人独立董事。独立董事人数占董事会 9 名成员的三分之一,符合《关于在上市公司建立独立董事制度的指导意见》(证监发〔2001〕102 号)的规定。

为进一步完善公司治理结构,发行人于 2007 年 8 月 30 日召开 2007 年第二次临时股东大会,审议通过了调整董事会结构的议案,将原董事会 9 名董事中设 3 名独立董事调整为 9 名董事中设 5 名独立董事,并选举杨晨辉先生、刘庆林先生为新增独立董事。本次增选后,独立董事人数占董事会成员的二分之一以上。发行人本次建立的独立董事制度将进一步确保董事会相对独立于控股股东、实际控制人和公司高级管理层,从而进一步确保董事会对公司各项事物做出客观决策,维护公司全体股东的共同利益。发行人独立董事制度有利于提高公司决策科学性、效益性,并将在维护中小股东利益等方面发挥积极作用。

至 2022 年,华东数控独立董事发布了 2021 年度的述职报告,声称其勤勉尽责,忠实地履行了独立董事应尽的义务。任职期间将继续认真履职,本着谨慎、勤勉、忠实的原则,不断加强学习，提高专业水平，加强沟通，提高董事会的决策能力，积极有效地履行独立董事的职责，更好地维护公司和股东的合法权益，为促进公司稳健发展，树立公司诚实、守信的良好形象，发挥积极作用。

资料来源：威海华东数控股份有限公司首次公开发行股票招股意向书摘要，《证券日报》，2008年5月26日；华东数控：独立董事2021年度述职报告，2022年4月28日。改编人：李思嘉。

第三节 董事会的专业委员会

在公司治理结构中，董事会处于公司委托代理链条的中心环节，因此，董事会治理往往成为公司治理的核心。在董事会的结构中，专业委员会的出现将帮助董事会进行有效的日常决策与监督。

一、专业委员会的设立原因

专业委员会对于克服董事会的缺陷，增强董事会的独立性具有巨大的作用，专业委员会的设立实际上是在一定程度上弥补董事会自身的不足，具体表现在以下几个方面。

1. 董事会内部需要合理分工

董事会的战略决策、审计、监督评价等工作事项往往具有高度专业性与复杂性。董事往往在其中一个方面或几个方面具有相关的知识和经验。将拥有某一方面才能并且对公司有益的董事聚集在一起，形成专业委员会，使董事之间形成有效的分工，能充分利用董事的专业素质与经验，明确其在董事会中具体的义务与责任，也能提高董事会内部的运作效率。

2. 董事中存在角色重叠

董事会具有两大职责，一是战略决策，二是监督制衡。企业出于战略决策的需要，掌握企业最详尽信息的经理层在董事会中担任董事的现象非常普遍。所以，经理层也成了公司监督主体中的一部分。这样来看，企业内部的经理层就充当了运动员与裁判员的双重角色。很多董事会的决议事项，尤其是在涉及高层管理者薪酬这样的敏感问题时，如果经理层在场，那么董事会对于此类事项的相关决议便失去了独立性与公正性。将这些事项交给全部由独立董事组成的委员会决定更能保证董事会的独立判断。

3. 董事会存在的内部缺陷

董事会作为会议体的局限十分明显。例如，在美国，大公司的董事会都是兼职的，董事会每年平均召开10～12次会议，每次的会议时间平均大约只有四个小时。这样，公司的许多事项无法在董事会中得到一一解决。另外，诸如监督高层管理者等事项，需要在日常运营中加以考察，而仅仅依靠数小时的董事会讨论是远远不够的。这样下来，董事会的讨论便流于形式，无法对企业的运营决策等起到实质性的帮助。董事会专业委员会的设立和运营可以有效地帮助董事会，在闭会期间发挥董事会的作用，克服董事会作为会议体的缺陷。[1]

---

[1] 谢增毅. 董事会委员会与公司治理 [J]. 法学研究，2005, (5): 60-69.

二、专业委员会的职责

专业委员会的规模因公司的规模、所处环境及性质不同而有所差异。一般来说，审计委员会、薪酬委员会、提名委员会、公共政策委员会等是经常设立的。

（一）审计委员会

从美国等成熟市场经济国家上市公司治理实践来看，审计委员会的设置保证了注册会计师的独立性，进而成为提高会计信息质量的一项重要制度安排。尤其是在进入21世纪之后，美国证券市场爆发了安然、世界通讯等一系列大公司的会计丑闻。为了严惩经济犯罪，美国政府和国会加强了对会计行业的监督，并于2002年颁行了《萨班斯—奥克斯利法案》，对包括审计委员会制度在内的公司治理制度进行了重新规范，强调和提高了审计委员会在公司治理中的地位。而美国证券交易委员会也于2003年通过一项新规定，要求美国的全国性交易所和证券商协会制定相关的管理制度。该规定要求交易所和证券商协会修订《企业上市审查准则》，明确规定上市（包括拟上市）公司必须成立审计委员会，以保持和《萨班斯—奥克斯利法案》相适应。该项法案的主要内容包括对公司财务欺诈人员实行刑事惩罚和设立一个独立委员会来监督会计公司。

20世纪90年代后期以来，我国证券市场频繁发生上市公司会计信息严重失真的事件，诸如银广夏、东方电子等，严重损害了广大投资者的利益及他们对上市公司会计信息和注册会计师的信任，进而严重损害了我国证券市场的基础。随着我国经济的发展，以及对国外先进经验的借鉴，审计委员会制度逐步受到重视并被逐渐引入。中国证监会发布的《上市公司治理准则》（第29号公告）第三十八条规定："上市公司董事会应当设立审计委员会，并可以根据需要设立战略、提名、薪酬与考核等相关专门委员会。专门委员会对董事会负责，依照公司章程和董事会授权履行职责，专门委员会的提案应当提交董事会审议决定。专门委员会成员全部由董事组成，其中审计委员会、提名委员会、薪酬与考核委员会中独立董事应当占多数并担任召集人，审计委员会的召集人应当为会计专业人士。"第三十九条规定："审计委员会的主要职责包括：（一）监督及评估外部审计工作，提议聘请或者更换外部审计机构；（二）监督及评估内部审计工作，负责内部审计与外部审计的协调；（三）审核公司的财务信息及其披露；（四）监督及评估公司的内部控制；（五）负责法律法规、公司章程和董事会授权的其他事项"。这表明审计委员会制度在我国已经得到了相关机构的高度关注。

审计委员会设立的目的是监督公司的会计、财务报告以及公司会计报表的审计。审计委员会的作用可以从内外两个方面得以体现。从公司内部的角度来讲，审计委员会的设立保证了会计、财务报告以及公司会计报表等的真实性，而且使得董事会从烦琐的审计问题中脱离出来，使其集中力量完成关键审计和解决关键问题。从公司外部的角度来看，审计委员会的审理成为外部审计与企业之间关系的纽带，而且对外部尤其是投资者传达了一个积极的信号，即公司重视所披露信息的真实性。同时，当外部审计人员与公司管理人员发生争执时，为外部审计人员提供一个保持独立性的体制。

综合国内外关于审计委员会职责的界定，可以看出其主要责任是在公司内部控制系统及确保财务报告过程的有效性方面协助公司董事会规范运作。审计委员会的具体职责主要包括以下内容。

（1）领导内部审计部门的工作，监督内部审计机构。审查会计政策和会计估算选择的合理性、财务报表的一致性、可能被认作异常的重要事项等，建立程序解决有关会计或审计事项的投诉和建议。

（2）监督外部审计机构的聘用。选择评估外部审计人员；在职权范围内，直接负责公共会计公司的选拔，决定其报酬，决定公司和会计公司聘任关系的维持并且监督会计公司的工作。

（3）检查财务报告。对财务报告进行审核，检验其是否符合会计原则和披露规则；检查内部财务控制的有效性；保证公司按照会计原则和披露规则编制真实、合法的财务报告。

（4）检查内部调研的主要发现和经理层的反应。

（二）薪酬委员会

薪酬方案尤其是针对高管、董事的薪酬方案包含的内容越来越多，包括公司的业绩、公司的股价、成长力等。这使得薪酬方案的建立不仅需要花费大量的时间和精力，而且还不一定能得到各方的认同。此外，近年来，高管高薪的情况也日益得到关注，并且成为公司治理领域一个重要的议题。在很多国家和地区，不合理的董事和经理人薪酬已经成为投资者和各种组织批评的焦点问题。究其原因，在于长期以来董事和经理人员的报酬由自己决定，而非由独立的第三方决定。因此，解决问题的关键就是不让高管人员自己决定他们自己的薪酬水平。

薪酬委员会的出现正是为了解决这个问题。薪酬委员会的历史可能比审计委员会还要久远，不过国际上较近期和较有影响的有关薪酬委员会的呼吁是英国有关公司治理的系列委员会报告中的第二份报告（专注于董事薪酬问题的格林伯瑞报告），建议普遍设立一个独立董事委员会，即薪酬委员会。薪酬委员会主要负责设计高管人员的薪酬计划，对公司高管人员的经营业绩制定考核标准并进行考核。

虽然制定薪酬是整个董事会的责任，但是如果每一个董事都参与进来无疑是对公司资源的浪费，而且董事会中往往就有被制定薪酬的目标，这就使得薪酬的制定缺乏一定的公正性。因此，薪酬委员会（一般都是由独立董事构成）的建立，主要就是从第三方的角度，评价审核公司与高管的业绩，为高管支付相对公平的薪酬。

从功能上看，国外尤其是资本市场发达的国家，薪酬委员会的职权除了评估经理绩效外，还有制定员工退休金、利润分享计划等。针对国内而言，薪酬委员的职权主要体现在以下几个方面：

（1）薪酬委员会根据董事和高管的职业、重要性以及相关企业相关岗位的薪酬水平等要素制定适合本公司的薪酬方案。

（2）审查公司董事与高管人员履行职责的情况。

（3）除董事会赋予的其他职责外，薪酬委员会还可就薪酬计划的执行情况进行监督。

需要注意的是，现阶段我国的独立董事专业化程度不高，而且也仅仅只是满足了形式上的独立。更多的情况是，薪酬委员会的董事受到来自高管方面的压力，并不能做出公正的薪酬计划。

| 视野拓展 9-4 |

上市公司独立董事制度的反思和重构

独立董事（以下简称"独董"）制度是我国资本市场改革开放的产物，也是上市公司治理市场化、法治化、国际化、科学化、民主化和现代化的重要标志。总体来看，我国上市公司的大部分独董德才兼备、诚信勤勉、临渊履薄、勇于担当，在保护中小股东权益、制衡控制权人（包括控制股东、实际控制人和董监高等内部控制人）、弘扬企业家精神、推进公司治理现代化、改善上市公司盈利能力、增强公司核心竞争力、推动公司可持续健康发展、服务国企公司制改革、转变民营上市公司的家族人治模式、吸引国际资本、促进中概股公司海外融资、优化资本市场生态环境、加速中国资本市场全球化、助推实体经济高质量发展等方面功不可没。但独董制度毕竟系舶来品，与中国特色市场经济土壤的无缝对接尚需时日。目前，由于独董制度不健全，独董自律规范缺失，独董应有作用尚未充分显现，监管者、裁判者和公众对独董的认知度和信赖度也有待深化。

作为坐在火山口上的"高危"职业新贵，独董虽津贴微薄，却一直处于信息披露制度的镁光灯之下，随时面临着巨大的声誉和法律风险。在未得到监管者、控制权人、中小股东和全社会的理解、同情、信任、尊重和支持的情况下，上市公司一旦股价表现不佳或出现违法违规情形，独董就有可能成为千夫所指的"替罪羊"，陷入流汗流血又流泪的尴尬境地。刘俊海曾在 2001 年警示独董的"高危"职业风险，在 2002 年主张独董不能"花瓶化"。这些挑战和隐忧至今仍未消失。

一石激起千层浪。2021 年 11 月 12 日，广州市中级人民法院在 55 326 名投资者诉康美药业股份公司及其董监高证券虚假陈述责任纠纷案中判令三名独董（江某、李某和张某）在康美药业债务 24.59 亿元人民币的 10% 范围内承担连带清偿责任，判令两名独董（郭某和张某）在康美药业债务的 5% 范围内承担连带清偿责任。因两造均未上诉，该判决现已生效。判决的巨大冲击波迅速聚拢了舆情关注，触发了数十名独董的应声辞职潮，激发了立法者、监管者、裁判者、上市公司、控制股东、实控人、公众投资者和学术界对独董制度变革的理性思考。

作为回应，全国人大常委会 2021 年 12 月 20 日一读审议的《中华人民共和国公司法（修订草案）》第 140 条重申现行《公司法》第 122 条有关上市公司独董的原则性规定，强调其独立性。中国证监会 2022 年 1 月 7 日发布的《上市公司独立董事规则》全面梳理整合了独董规范。最高人民法院 2022 年 1 月 21 日发布的《关于审理证券市场虚假陈述侵权民事赔偿案件的若干规定》也增加了独董责任减免条款。

目前，我国独董制度变革正处于历史的十字路口。好制度、好文化和好人是公司善治的三大要素，好制度更为根本。良法是善治的前提。为兴利除弊、激活独董功能、确保独董好人好当、培育独董职业共同体、预防独董失灵、落实股东中心主义价值观、维护中小股东权益、促进公司治理现代化、提升公司质量、提振投资信心，既从立法论和解释论双重维度建立健全既与国际惯例接轨，又符合中国国情的现代独董制度具有必要性、正当性与紧迫性。

资料来源：刘俊海. 上市公司独立董事制度的反思和重构：康美药业案中独董巨额连带赔偿责任的法律思考 [J]. 法学杂志, 2022, 43(3): 1-27. 改编人：田晓煜。

（三）提名委员会

就理论而言，公司董事应由股东大会选举产生。但现实中，尤其是大企业的股东人数众多且遍布全国甚至是世界各地，进行选举的成本太高。股东中存在的不同利益集团也可能对董事人选存在冲突，协调起来费时费力，并且提名的董事也并不一定完全称职。因此，一种方法就是由现任董事会提名下任董事会人选，然后交由股东大会表决通过。但这又为董事会连选连任或培养"自己人"留下了机会，董事会成了一个自我永续的组织。提名委员会的设立就是为了解决这一问题。

目前，发达国家上市公司普遍设立了提名委员会，其主要职责可以概括为两方面：一是提名合适的董事和高级管理人员；二是对现有董事会的组成、结构、成员资格进行考察，并评价董事会的表现。

美国商业圆桌会议对提名委员会职责的界定包括在整体上向董事会就公司治理事务提出建议，提出完善董事会规模及构成的政策，审核董事会的可能人选，进行董事会评估，推荐提名名单等。

中国证监会《上市公司治理准则》第41条规定提名委员会的主要职责是：研究董事、高级管理人员的选择标准和程序并提出建议；遴选合格的董事人选和高级管理人员人选；对董事人选和高级管理人员人选进行审核并提出建议。

总的来说，提名董事会的职责是向董事会提出有能力担任董事的人选，评价现任董事会的工作绩效，其具体的职责包括：①对担任董事的资格条件进行说明；②对董事会下属各次级委员会的组成人员提出选择方案；③对空缺的董事职位提出候选人名单；④评价董事会业绩，包括评价CEO、董事个人及董事会；⑤对执行董事与外部董事的人选提出方案；⑥处理出资人提出的董事人选提案；⑦提出高管人选。[一]

（四）公共政策委员会

公共政策委员会的职责一般是监督公司在公共事务方面的责任，提出相应的指导和建议。例如，为公司管理人员提供社会政治环境变动的趋势分析报告，策划教育捐赠、社会公益捐款等事务。

董事会公共政策委员会的产生要晚于其他专业委员会，但发展却非常迅速。1976年，《财富》500强大公司中仅有48家公司在董事会中设立公共政策委员会，而1985年则上升到了150家。例如，通用电气、克莱斯勒、海湾石油等著名公司都设立了公共政策委员会。公共政策委员会之所以发展这么快，是因为大公司跨国经营需要公共政策方面的帮助，一是本国公共

[一] 本部分内容参考自上海国家会计学院. 公司治理 [M]. 北京：经济科学出版社，2011: 106.

政策的支持，二是对投资国公共政策的了解。政府公共政策的变化可能为大公司提供不可多得的商机，而对这一商机的把握是建立在周密的调研和详尽的准备基础之上的。政府公共政策的变化可能对宏观经济环境的运行产生影响，进而影响到企业。因此董事会需要对此变化趋势做出预测分析，以调整公司长期发展战略。

对中国企业而言，政府公共政策更具有特殊的意义。一是中国以前是计划经济，现在虽然是市场经济，但计划的作用仍被许多高层政府官员所笃信，公共政策对经济的直接调节对经济环境的影响仍十分巨大；二是政府运用公共政策间接调控经济的手段、方式运用得不是很灵活娴熟，不确定性十分明显；三是政府是国有企业的股东，而国有企业又构成了整个国民经济的支柱，所以政府公共政策对国民经济的影响是十分巨大的；四是在市场经济下，企业仍需要政府在公共政策上予以扶持帮助，同进入中国市场的外国公司竞争。

三、专业委员会的设计

（一）结构设计

公司在设计董事会内部结构时，首先应该遵守监管法规的规定，然后根据公司的实际情况决定是否设立某一专业委员会。总体而言，设立一个专业委员会的优势可能包括：可以弥补董事会专业性的不足，可以利用董事的不同专业知识和能力；减轻董事会的负担，使其能有时间和精力集中于公司的核心问题；更为专业地讨论某个领域的问题，从而提出对策建议。但是设立专业委员会也会有一些弊端，包括：专业委员会需要一定的运营成本；某些董事必须投入更多的时间，因为他们不仅要出席董事会会议，还要出席专业委员会的会议；增加了相互合作和沟通的任务等。

公司选择设立何种职能的专业委员会应该结合自身情况深入考察其利弊。如果建立某个专业委员会无法提高董事会整体的有效性，或者公司业务较少，董事会完全可以独立完成，那么就没有必要设立专业委员会。例如，相对于大型公司而言，小型公司面临较少的决策和较简单的内部结构，一般不需要设立专业委员会，但在某些情况下，可以让董事会的单个成员专门负责某一领域的具体问题。总之，公司不能单纯追求职能齐全，而是要保证设计一个能够对公司经营产生促进作用的董事会结构。

（二）人员选择

公司治理的核心是董事会治理，董事会的有效性在于它的独立性，而专业委员会的设立和构成则是董事会独立性的重要标志。在目前的实践中，为了保证较高的独立性，专业委员会的成员多数是独立董事。中国证监会《上市公司治理准则》第38条规定："专门委员会成员全部由董事组成，其中审计委员会、提名委员会、薪酬与考核委员会中独立董事应占多数并担任召集人，审计委员会的召集人应当为会计专业人士。"

对担任专业委员会成员的董事还要有学历、专业知识和工作背景等个人条件的要求，例如，要具备较高的知识水平，特别是在经济、管理、财会、法律等领域有较多的涉猎，以应对公司复杂的决策；为保证独立性，独立董事应该与公司不存在任何利益关系；由于独立董事的工作多为兼职,应该保证健康的身体条件及足够的时间。1999年的纳斯达克要求审计委员会至少有3名成员并且只能由独立董事组成,所有独立董事必须能够看懂财务报表,并有相应的任职经历。

| 视野拓展 9-5 |

内外兼修,循次而进:五年改革中龙源环保如何实现董事会改革

龙源环保诞生于1993年,是由原电力工业部出资成立的我国第一家电力环保企业。2018年8月,"双百行动"启动,龙源环保被列为全国398家"双百行动"综合改革企业之一。

龙源环保从矛盾最突出的治理结构入手,将大胆创新的治理结构改革方案予以实施落地,打造了"双向进入,交叉任职"的党委会"内嵌"于董事会的模式,大大改善了以往企业中党委会与董事会"各自为政"的局面,实现了党委会与董事会决策的高度统一,实现了党的领导与公司治理相融合,为龙源环保的高效协调运转打下坚实基础。

此外,为确保董事会深入参与重大决策和重要经营管控,龙源环保重新对董事会结构与职能进一步深度优化。根据企业现阶段情况,暂不设外部董事,全部董事均为内部专职董事,确保董事会全面了解企业的日常经营工作;将董事职能明确为"大决策、大改革、大监督、大核查、大公关、大风控、大后方"七项内容,确保董事会能够深入参与重大决策和重要经营管控,充分发挥"定战略"作用。

为进一步提高董事会决策的专业性,巩固董事会地位,龙源环保在4个常规董事会专门委员会(审计委员会、提名委员会、绩效薪酬委员会、战略与投资委员会)的基础上,创新增设立改革委员会、技术委员会、公共关系委员会和预算委员会。各委员会主任均由董事担任,成员是在公司内外部选配专业人员,形成"董事领衔、专家为主"的综合人员配置,为董事会决策提供有力支持。

"双百"期间,龙源环保在治理结构优化、内外机制全面构建的作用下,内部运转愈发良好,企业在生产经营、市场开拓、科技创新等方面取得了丰硕的成果。2020年6月,按照国务院改革领导小组要求,"双百行动"企业要深化完善新的改革目标和举措,进一步推进综合性改革,在国企改革中发挥示范作用,龙源环保的"国企改革三年行动"之路就此展开。

国企改革三年行动期间,龙源环保进一步强化党的领导。将"第一议题制度"融入顶层设计,将党的领导置于顶层设计各层级之中。2021—2022年期间,龙源环保进一步配齐、配强、配专董事会队伍。董事会专门委员会也根据企业情况进行了调整优化,目前为5个(战略与投资、审计与风险控制、提名、薪酬与考核、技术创新委员会),并出台"4+4"专家委员会工作细则,推动专家委员会规范化运行,加快专家库建设,形成高素质专家队伍。与此同时,为了更好地对逐渐壮大的党委会、董事会、经理层进行监督,确保国有资产不流失、重大决策不失误,龙源环保设立了监事会。

5年中,龙源环保在锐意进取的精神激励下企业的治理机制愈发健全,龙源环保经营业绩也实现了跨越式发展。"国家能源集团管理提升标杆单位""党建创新工程示范单位""企业文化示范单位""中长期激励示范单位""双百行动标杆企业"和"中国工业大奖提名奖企业"等各种称号不断被龙源环保收入囊中。

资料来源：孙梅、李健源、于晨，内外兼修，循次而进：五年改革中龙源环保如何实现治理机制的全面构建，大连：中国管理案例共享中心案例库，2023 年。改编人：古丽妮嘎尔·艾克拜尔。

本章小结

董事会是现代企业制度发展到一定阶段的产物，是公司治理的核心。从公司演化的角度，可以将董事会分为立宪董事会、咨询董事会、社团董事会、公共董事会四种类型。总体来看，董事会职能可以分为监督和战略决策两个方面。

董事会履职的独立性不仅体现在相对于经理层的独立，还体现在相对于股东个体的独立。董事会独立性的提高可以依靠独立董事的引入，除此之外，独立董事还能为公司带来资源，帮助企业渡过特殊时期。

由于董事会内部的分工需要等问题，董事会设立专业委员会，主要的专业委员会包括审计委员会、薪酬委员会、提名委员会、公共政策委员会等。为提高董事会的有效性，专业委员会的设立还需注重结构设计和人员选择问题。

复习思考题

1. 阐述董事会在公司治理中的地位及作用。
2. 董事会有哪些类型？董事会的职能是什么？
3. 董事会独立性的含义是什么？如何能够发挥独立董事的作用？
4. 董事会中可以设立哪些专业委员会？设立这些专业委员会的原因是什么？专业委员会设立过程中需要注意哪些问题？

进一步阅读

1. 武立东，薛坤坤，王凯. 非正式层级对董事会决策过程的影响：政治行为还是程序理性 [J]. 管理世界，2018, 34(11): 80-92.
2. HAYNES K T, HILLMAN A. The effect of board capital and CEO power on strategic change [J]. Strategic Management Journal, 2010, 31(11): 1145-1163.
3. HE J, HUANG Z. Board informal hierarchy and firm financial performance: Exploring a tacit structure guiding boardroom interactions[J]. Academy of Management Journal, 2011, 54(6): 1119-1139.

综合案例

民生银行董事会治理的创新

作为中国首家以民营资本为主体发起设立的全国性股份制商业银行，中国民生银行以良好的公司治理称著于世。从最早建立产权清晰的基础以避免出现内部人控制到董事会的不断革新，民生银行真正成为银行发展和公司治理的核心，民生银行的公司治理革新探索为业界提供了丰富的经验。

避免"橡皮图章"和"一言堂"

每当媒体和业内人士看到民生银行董事会公告中有董事对某项议案投反对票，都会当作一件大事来关注，并进而得出"民生银行董事会斗争"之类的结论。其实，每年民生银行董事会都要召开多次会议，审议几十个议案，每年总会有股权董事或独立董事对有关议案提出异议，从而投反对票或弃权。

"难道每个议案都全票通过就是正常的？难道董事会一团和气没有争议就是正常的？"面对外界的质疑，民生银行董事长董文标反问。

在董文标看来，存在争议和反对票恰恰表明了民生银行公司治理的优点：董事会真正能够发挥核心作用，董事会既不是"橡皮图章"也不是"一言堂"。如果是"橡皮图章"的话，所有的议案都是走走形式，是否同意无关紧要；如果是"一言堂"，只要董事长一说话，没有董事提出异议，所有议案都全票通过。

这一状况很大程度上是由民生银行的股权结构所决定的。民生银行已经实现了股票全流通，前十大股东之中，民营企业占了7家，机构投资者占了2家，9名股权董事有7名来自这7家民营企业。在董事会上，他们会从自身的利益出发对议案投票表决，如果他们对民生银行管理层提出的议案不满意，投反对票就很正常。这些股权董事把自己的真金白银投入到民生银行，涉及自身利益，自然会慎重考量。

同时，民生银行从成立之初股权就很分散，单一股东的持股数量从不超过10%，没有一个相对控股的股东，不存在一股独大的问题，在股东之间实现了有效的制衡。最大的单一股东在董事会也只有一个席位，不可能形成"一言堂"的局面。正如哈尔滨岁宝热电公司董事长、民生银行监事会副主席邢继军所指出的，民生银行股权分散程度高，比较接近西方国家企业，这是一种很好的股权结构，能有效克服一股独大带来的重大决策失误，也有利于保护中小股东的利益。

董事会负责战略

"银监会（现已撤销，改为国家金融监督管理总局）要求董事会承担商业银行经营和管理的最终责任，因此我们必须真正发挥董事会在银行发展和公司治理中的核心作用，必须做强做大董事会。"董文标向笔者表示。

强大的董事会的首要体现就是：董事会管战略。

最近一段时间，民生银行的一项重要工作就是修订《中国民生银行五年发展纲要》（以下简称《纲要》）。"现在看来原来的纲要还是稍显单薄，内涵不足。五年发展纲要的修订要把内涵显现出来。我们必须认真考虑中小银行的发展问题，如何做强做大。我们的最终目的不是再做一家国有控股银行，而是要走有自己特色的发展之路。"董文标在中国民生银行中长期发展战略核心问题和重点问题研讨会上讲话指出。

《股份制商业银行董事会尽职指引（试行）》规定，董事会承担商业银行经营和管理的最终责任，其依法履行的首要职责就是确定银行的经营发展战略。民生银行相关人士告诉笔者，《纲要》就是民生银行第四届董事会确定的五年经营发展战略。

2006年7月，民生银行第四届董事会成立之后，对于前十年的发展历程进行了认真回顾，研究分析了国内国际金融发展趋势，并设立专门工作小组研究拟定了《纲要》，作为新一届董事会的决策和行动指南。

民生银行董事会办公室总经理万青元向

笔者介绍，为了让《纲要》真正成为经营发展战略的指导文件，落在实处，《纲要》编制完成后，民生银行董事会组织开展了一系列宣传与推广活动。这些活动促进了基层员工对《纲要》的深入理解，得到了全行各级员工的广泛认同，使之成为全行上下一致的行动指南，统一了思想认识。

同时，民生银行通过媒体见面会、投资者交流会等多种形式对外宣传《纲要》的精神及民生银行未来的发展蓝图。在宣传推广的基础上，民生银行制定了《五年发展纲要实施方案》，对《纲要》的后续推广和实施工作做了具体安排，并根据《五年发展纲要重点工作任务分解表》，推动总行和相关责任部门制订初步实施方案。对于《纲要》的实施进展情况和行内重大改革情况，全面启动监测评估工作，以保障《纲要》的顺利实施及董事会决议的全面贯彻落实。

2008年，民生银行董事会围绕《纲要》，提出了九个研究课题，董事们都积极参与做牵头人，到2009年年初，这九个课题全部完成且质量非常高。这些课题被送到银监会和证监会，银监会和证监会的领导们都给予了高度评价。

2009年3月，民生银行董事会换届完成后，以洪崎为行长的新一届经营管理层迅速制定了《经营管理三年规划》，以全面实现《纲要》提出的发展目标。这时，根据新的形势变化对《纲要》进行修订就显得尤为迫切。因此，民生银行董事会加快了《纲要》的修订完善工作，从而使《经营管理三年规划》能够完成修订后的《纲要》提出的目标。

董事会负责风险

2009年7月中旬，民生银行董事会下发了《关于对〈中国民生银行董事会风险报告制度〉征求意见的函》的要求，民生银行风险管理委员会迅速要求各相关部门对此进行反馈。在充分考虑了反馈的意见和建议之后，8月初民生银行董事会正式发布了《中国民生银行董事会风险报告制度》（以下简称《风险报告制度》），随后民生银行风险管理委员会据此制定了《〈中国民生银行董事会风险报告制度〉实施细则（试行）》。

"这是民生银行董事会负责风险的表现。"民生银行董事会风险管理委员会办公室的负责人表示。

巴塞尔委员会发布的《加强银行公司治理》强调，董事会应设立风险管理委员会，对高级管理层在管理银行的信用风险、市场风险、流动性风险、操作风险、合规风险、声誉风险和其他风险方面的活动实施监督。《风险报告制度》制定的目的就是进一步完善全面风险管理体系，确保董事会及其风险管理委员会有效获取风险信息，切实履行风险管理的指导与评估职责。

《风险报告制度》规定，风险管理报告分为定期和不定期两种，定期报告由相关主责部门负责人审核签字，经行长（或其授权人）审批并加盖行章后报送董事会，按照月度、季度和年度进行报告。非定期报告分为重大风险事件报告和临时约请报告，后者是指董事会风险管理委员会视工作需要，可临时约请总行及其有关部门就某一专项风险问题提交书面报告并/或做现场汇报。

除了建立风险报告制度之外，董事会风险管理委员会每年两次听取经营管理层关于风险状况的汇报。"董事会能够及时、准确、全面掌握全行的风险状况，从而制定风险政策，体现出对风险的最终负责。"万青元向笔者表示。

做实做强专业委员会

日前，民生银行发布董事会公告，重新选举产生了新的专门委员会成员，与此前相同，"除战略发展委员会主席由董事长兼任外,其他5个委员会均由独立董事担任主席,而各专门委员会中亦包括独立董事的参与,保证该委员会的运作独立性。同时,委员会工作细则借鉴国内外的相关经验,明确及细化委员会的职责权限,提高工作程序的可操作性。"民生银行独立董事、曾经担任香港恒生银行总行大中华业务总裁的王联章向笔者表示。

《纲要》特别提出,要进一步明晰"三会一层"的职责边界,强化董事会在银行发展和公司治理中的核心作用,努力打造高效董事会,并通过做实做强董事会各专门委员会,提高专门委员会的专业水平,真正实现董事会在银行经营发展中的决策权和监督权,提高董事会的决策水平和决策效率。

"我们认为,作为董事会内设机构,专门委员会的设立及其规范有效运作,有利于充分发挥独立董事的作用,有利于提高董事会的整体工作效率和董事会决策的科学性,是现代商业银行公司治理机制的重要环节。"董文标向笔者指出。因此,民生银行董事会十分重视专门委员会的制度建设,采取一系列措施保障董事会专门委员会和独立董事职能作用的充分发挥。

"听取邵平副行长关于全行风险管理情况的报告;听取王松奇董事关于风险管理调研情况的报告……关联交易管理委员会主席张克董事做关联交易管理的培训;银监会法规部王科进副主任讲解'关联交易与银行的安全运行';上海证券交易所上市部总监讲解'上市公司关联交易的影响与信息披露'……"这是2007年12月17日民生银行在深圳召开的董事会会议内容。通常来说,董事会会议就是为了决策和投票而召开的,怎么会听取这些不涉及投票和决策的报告呢?这就是民生银行"非决策性会议"的内容。从2007年8月28日到2008年年底,民生银行董事会已经召开了6次这样的"非决策性会议"。

"董事会通过非决策性会议开展了一系列培训活动和经营管理信息的讲座,这是董事会面对新的宏观经济形势,致力于完善公司治理结构,增强公司治理机制有效性,提高董事会决策科学性的一条重要措施,现在总结起来,这项工作对于董事会成员及时、系统把握宏观经济形势,了解行业发展动态和民生银行发展过程中的经营管理信息,推进董事会决策的科学化起到重要作用。"民生银行副董事长卢志强如是评价"非决策性会议"。

民生银行董事会共有18名成员,其中股权董事9名、执行董事3名和独立董事6名,他们也在董事会的6个专门委员会任职。

董事如何开会?议事规则是什么?决策程序是什么?明确这些问题对于做强做大董事会至关重要。2007年2月,民生银行董事会四届一次临时会议重新修订了《董事会议事规则》,并经2006年度股东大会审议批准。

修订后的《董事会议事规则》进一步明确了董事会议事方式,规范了议事程序,提高了董事会决策效率,还将董事会会议分为决策性会议和非决策性会议,即增加了"非决策性会议"制度。明确规定要正确处理董事会专门委员会、董事会非决策性会议与董事会决策会议之间的关系。决策性会议严格按照监管的法规要求召开,而把非决策性会议办成全体董事学习研讨、信息交流、沟通协调、达成共识的平台。为强化专门委员会的作用,修订后的议事规则规定:决策性会议提案原则上由董事会专门委员会提出;其他有权提案人提出提案的,应先由相应的董事会专门委员会研究讨论。

民生银行的董事会非决策性会议制度和以制度形式强化专门委员会在董事会决策中的重要作用,为中国上市公司首创。

为使董事会专门委员会的职责范围更加明晰,工作程序更具可操作性,民生银行董事会四届一次临时会议审议通过了新修订的

6个专门委员会的工作细则。新的专门委员会工作细则借鉴国内外董事会专门委员会运作的经验，根据民生银行公司章程赋予的委员会职能范围，细化了各个董事会专门委员会的职责权限，进一步明确了董事会专门委员会的工作程序。比如工作程序分为提案工作程序、决策事项工作程序、报告工作程序、临时特殊提案处置程序及反馈。同时，根据不同委员会的职责范围，确定其授权决策事项。

独立董事梁金泉表示，对于公司很多问题，独立董事事实上无法逐一调查了解，因此，这就需要各专门委员会提供参考性意见。他说，自己目前对于需要表决的议题，涉及哪个业务部门，都要提前听听这个业务部门的说明。专门委员会如果每次都能就涉及各自领域内重大的、需要表决的问题提前开会，提出倾向性意见或做出分析论证，把这些意见在表决前提供给各位董事，那么不管是对独立董事还是股东董事，都是很有帮助的。

2008年，董事会6个专门委员会共召开36次会议，共审议提案100多项，其中经董事会审议通过了60项决议。这些议案都是先经过专门委员会讨论决定后，再报董事会审议决定的。各项程序遵循公开透明的原则，达到了高标准的公司治理要求。

民生董事会6个专门委员会中，5个专门委员会的主席由独立董事担任。依据国际经验，设立董事会专门委员会的一个重要目的在于发挥独立董事的作用，以强化董事会工作的有效性。但是，独立董事为兼职董事，多为社会名流或专家，工作繁忙，很难有时间和精力去履行董事义务，因此，独立董事以及以独立董事为主席的专门委员会就很难有效地开展工作。

为解决这一矛盾，民生银行自2007年3月开始实施了独立董事到行内上班制度，规定独立董事每月上班1~2天。民生银行为独立董事安排了专门办公室和办公设备，6名独立董事均能够按规定执行上班制度。截至2007年年末，6名独立董事累计上班50余个工作日，约见管理层及相关部室人员20余次，共提出建议50余项。独立董事上班制度将有利于推动专门委员会工作的开展。2008年，民生银行董事会6名独立董事累计到行内工作超过40个工作日，工作内容涵盖战略课题研究、主持委员会日常工作、听取业务部门汇报、提出专业性指导意见等，有力地促进了专门委员会和董事会的工作。

"在中国已完成股改的银行及非银行类公司中，民生银行实行的董事上班制度是一个创举，这有利于独立董事履行职责制度化，增强独立董事的责任心和参与意识，只要将上班形式与具体的工作内容紧密联系起来，这个制度的优点将会愈发明显。"民生银行独立董事、中国社科院金融所副所长王松奇称。

让董事履职尽责

要想让董事会真正成为经营和管理的决策机构，必须让董事做到履职尽责。

中国船东互保协会总经理王玉贵自民生银行成立以来，一直担任股东董事，对民生银行的情况十分熟悉。他认为，改进董事会工作还应该加强董事问责制。对于董事出席会议、参与决策、发表意见情况要进行通报，设定标准，没达到就是不合格。他的建议体现在《董事履职尽责自律条例》中。

建立独立董事上班制度仅仅是民生银行让独立董事有时间履职尽责的安排之一。民生银行董事会四届一次临时会议审议通过了中国银行业首个《董事履职尽责自律条例》。该条例明确了全体董事的义务，规定了基本职责、尽职要求、不当行为及失职问责，并对董事履职情况进行评价与通报。

民生银行董秘毛晓峰向笔者表示："董事会强大的前提在于董事长、副董事长、专业委员会主席以及全体董事具有高度的责任感，能够自觉地、忠实地履职尽责。"

为了避免独立董事成为"花瓶"，该条例要求，在年度股东大会上，每名独立董事应做述职报告，并且要求"独立董事应对董事会讨论事项发表客观、公正的独立意见，独立董事在发表意见时，应当尤其关注以下事项：本行整体经营管理状况，重大关联交易，利润分配方案，高级管理层成员的聘任和解聘，可能造成商业银行重大损失的事项，可能损害存款人或中小股东利益的事项"。

2007年6月4日，民生银行在昆明主办了"中国中小上市银行董事会及其专门委员会运作主题研讨会"。此次研讨会邀请银监会、北京证监局等有关领导，7家中小上市银行代表，国内外著名专家学者5名，围绕"董事会专门委员会运作与公司治理机制优化，当前中小上市银行董事会专门委员会运作的现状分析，改进商业银行董事会专门委员会运作的途径和方式"等主题，进行专家讲座和代表研讨。董文标等8名董事参加了会议。这既是一次理论研讨会和经验交流会，对民生银行的董事来说，也是一场关于公司治理的培训活动。

这是民生银行为董事提供的诸多培训之一。当前中国银行业竞争环境正在发生剧烈的变化，金融创新层出不穷。商业银行作为特殊的金融企业，其经营管理复杂性客观要求董事会成员具有较高的专业素质和良好的从业背景。如何在变化巨大的环境中发挥核心作用，对董事会成员，特别是对股权董事的素质提出了很高的要求。"作为民生银行的董事，在全球经济一体化的背景下，最需要具备对于宏观经济大势的分析研判能力，具有敏锐的市场竞争意识和开拓创新意识，同时需要熟悉国内外金融市场和资本市场的游戏规则。当然，金融、证券方面的知识也是必不可少的。"卢志强表示。在这个背景下，通过培训提高董事的专业素质就成为民生银行董事会加强自身建设的一项重要工作。

2007年，民生银行董事会制定了《2007年董事培训计划》，开展了专家讲座、同业研讨会、参加监管部门统一组织的培训等形式的活动。2007年度董事培训坚持法规培训和业务培训并重的原则，重点解决民生银行发展中的实际问题。2008年，民生银行董事会积极组织董事分三批参加证监会规定的本年度"上市公司董监事培训"，圆满达到了监管要求。此外，根据年度工作计划，董事会于2008年11月组织部分董事、监事对欧洲银行业的公司治理和风险管理实务进行了考察，取得了很好的交流和学习效果。

王松奇认为培训对于董事非常有帮助："一名合格的民生银行董事需要具备现代公司治理、监管当局的监管法规和政策、如何从公司整体利益和长远发展出发参与公司决策以及经济金融、商业银行管理等方面的知识。"这些正是民生银行董事会培训的目的。

关联交易规范透明

一提起关联交易，很多人大有洪水猛兽之感。其实，任何银行都会存在关联交易，关联交易并不可怕，重要的是要让关联交易规范透明。民生银行的关联交易一直规范透明。

民生银行不存在控制关系的关联方，关联交易的关联方主要是对该行有重大影响的公司董事、监事或其关联人控制及能施加重大影响的公司及其控股子公司以及对民生银行的经营管理有影响的主要股东，存在的关联交易主要是关联方借款。

民生银行所披露的2006年年报中，民生银行及审计师普华永道按照实质大于形式的原则，对过去发生的没有被严格界定为关联交易的授信贷款进行了披露。2007年以来，民生银行董事会不断加强对关联交易的管理力度，主要工作包括：一是加强关联交易培训，加深相关各方对关联关系的理解，使利益相关各方对关联交易达成共识，共同做好关联交易的管理工作；二是组织关联交易合规检查，保证关联交易的合规审核；三是完善流程，严格审批；四是加大披露范围，增强透明度。

民生银行董事会2007年2月通过的《关联交易控制委员会工作细则（修订稿）》强化了关联交易控制委员会的职责。该细则要求，关联交易控制委员会由不少于3名董事组成，其中独立董事占多数，至少应有一名独立董事为会计专业人士。设委员会主席一名，由独立董事担任。委员会的主要职责包括管理关联交易，并制定相应的关联交易管理制度。

"关联交易控制委员会有最终裁决权，被否就等于做了终审判决。"民生银行前独立董事、董事会关联交易控制委员会主席张克表示。张克是国内最大的会计师事务所——信永中和会计师事务所的董事长和首席合伙人。张克介绍，2007年就有3笔较大的关联交易被关联交易控制委员会否决。

2008年，民生银行董事会关联交易控制委员会共召开7次会议，审议了多项议案。除了推进一系列制度建设以外，一些股东企业和股东企业的关联企业等俨然在审核之列。

在民生银行第五届董事会成立后，继续在完善公司治理方面进行探索。5月15日，民生银行2008年度股东大会审议通过的《中国民生银行股份有限公司章程（修订案）》又对董事长、副董事长、监事会主席、监事会副主席和经营管理层的任期做了规定，自章程生效之日起，这些行领导每届任期三年，可以连选连任，连任一般不超过两届。但董事会（或监事会）认为确有必要时，允许连任三届。同时行长和其他高级管理人员的任职年龄要求为不超过60岁，原则上，董事会不聘任年龄58岁以上的人员担任行长和其他高级管理人员。这些规定表明了民生银行在通过打破高管终身任期来保持高管层的适度流动性和活力等方面做了新的探索。

截至2022年年末，民生银行董事会的18名成员中，3名为执行董事（董事长、行长及一名副行长，且3人皆有大行工作经历），9名非执行董事，6名为独立非执行董事。其中，5名股东董事来自前十大股东，各有1名来自新希望集团、泛海控股、东方集团，有2名来自大家保险集团。由此可见，单一民企股东在董事会的话语权较弱，且泛海控股由于贷款逾期表决权被限制。董事会成员多元化，经验丰富。董事会成员经历覆盖银行、银行业监管、资产管理公司、券商、交易所、律师事务所、会计师事务所、高校、人民法院、检察院、政协等多个领域，董事会成员较为多元，有助于民生银行的稳健经营。

资料来源：周鹏峰. 民生银行公司治理革新试验[N]. 上海证券报，2009-10-23；廖志明. 民生银行研究报告：存量不良基本化解，基本面迎拐点[R]. 招商证券，2023-5-28. 改编人：古丽妮嘎尔·艾克拜尔。

讨论题

1. 民生银行是利用怎样的方式来避免董事会成为"橡皮图章"的？

2. 在董事会专业委员会的设置上，民生银行采用了什么样的方式从而更好地发挥其作用？

3. 除了本案例中所使用的方法，还有什么方法可以促进独立董事履职尽责？

第十章
CHAPTER 10

组织变革

§学习目标

- 理解组织进行变革的原因
- 清楚组织变革的类型
- 了解组织的变革模型
- 清楚组织变革可能会面临的阻力
- 掌握进行组织变革的方法与技巧

§核心概念

组织变革　变革模型　变革阻力　变革的实施

§引例

海尔的网络化变革

在过去的近40年间,海尔集团(以下简称"海尔")经历了四个发展阶段:名牌战略(1984—1991年)、多元化战略(1991—1998年)、国际化战略(1998—2005年)、全球化品牌战略(2005—2012年),2013年海尔迎来了第五个发展阶段,海尔人称之为网络化战略阶段。

在这一新的战略阶段,海尔提出了两个目标,一个是创造全球家电领域交互用户的引领竞争力,另一个是创造虚实融合交互用户的引领竞争力。

与此同时,海尔也发布了网络化战略阶段的新品牌形象:海尔主色彩从红色变为蓝色,以体现科技创新与智慧洞察的视觉感受;"i"上的点由方点变为圆点,体现海尔创互联网时代的全球化品牌理想,也表现了海尔对网络平台中每一个个体的关注;辅助图形为网格状,象征海尔节点闭环的动态网状组织,网格没有边框,无限延伸,寓意网络化的海尔无边界。

早在2013年5月底，海尔就在互联网上发起了"海尔全球slogan征集"的大型网络互动，以"一句话的力量"为题，通过SNS、Facebook等社交媒体，在全球27个国家与网友展开互动，邀请全球网友参与海尔新战略时期的品牌口号制定。1个月的时间，700多万网友参与了互动，海尔收集到有效作品39万多条，平均每天收到10 000多条创意。

在"2013海尔商业模式创新全球论坛"上，海尔董事局主席、首席执行官张瑞敏就互联网时代的企业管理阐述了他的管理理念。

张瑞敏说，一个商业模式的可持续发展，关键在于建立互联网时代的企业文化。当今企业的商业模式都要变革，因为所有企业的商业模式都建立在分工理论上，但是互联网消除了用户距离，颠覆了企业和用户之间的信息不对称，在零距离的时代，原有商业模式都不好用了。

互联网时代的企业文化是什么？张瑞敏的个人体会：第一是网络化；第二是平台化。互联网带来的最大影响就是消除了距离。传统经济驱动的原动力是规模经济和范围经济，就是做大做广，但是互联网经济时代驱动前进的原动力是平台，平台即可以快速配置资源的框架。

目前，海尔探索的"人单合一双赢"商业模式（见图10-1），其核心是创造用户价值最大化或公司价值最大化，然后实现个人利益最大化。这个模式推进之后带来的，一是对组织的颠覆，二是对员工的颠覆。对组织的颠覆是把原来金字塔的形式颠覆成一个扁平化的平台。海尔有8万人，现在在变成2 000个经营体，原来很多中层的领导没有了，变成平台型的企业。这个平台由3部分人组成：第一部分人是原来被割裂的研发、销售、生产等各个部门，现在在平台上是相互协同的关系；第二部分是供应商，由原来相互博弈的关系变成合作的关系；第三部分是用户，原来用户只是购买者，现在可以成为设计者，与生产者融合在一起，变成利益共同体。企业原有的很多层级不存在了，都被扁平化了。

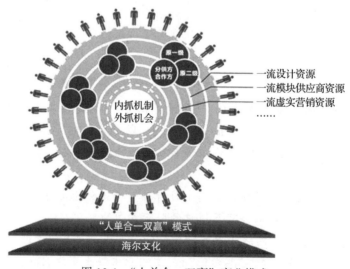

图10-1 "人单合一双赢"商业模式

张瑞敏认为战略和组织架构是企业的两个变量，战略是大脑，而组织架构是身体，战略的变化决定着组织架构的变化。互联网时代，随着大数据的应用，平台作用日益凸显。

用户可以主导企业的发展方向，平台理论颠覆了传统的分工理论，海尔要迎合这个变化，在调整战略的同时也在组织架构上进行了调整。

对于互联网时代的挑战，张瑞敏有清醒的认识，"这是最好的时代，也是最坏的时代"，他引用狄更斯的经典名句来阐述企业在互联网时代面临的机遇和挑战。"互联网，对每家企业，如果你能适应它、驾驭它、走到它的前面，互联网对于你就是最好的时代，如果你背离它，那么互联网对我们每家企业就是灾难，就是最坏。"

面对互联网时代，传统管理理论已经不适应时代发展，商业模式创新是全球企业面临的共同难题。而海尔在商业模式上的颠覆性创新——"人单合一双赢"模式因破解了互联网时代的管理难题，以其时代性和国际性吸引了国内外商学院、管理专家的关注，他们持续研究海尔"人单合一双赢"模式。

平台战略的提出者、麻省理工学院斯隆管理学院教授迈克尔·A.库斯玛诺（Michael A. Cusumano）在此次论坛上说，在传统产业里面，他从来没有看到过一家公司像海尔这么专注地推行平台战略，海尔已经不仅仅是把平台战略放在思考层面，而是付诸了实践。在他看来，互联网时代，海尔走在传统企业转型的最前面。

海尔重新建构了组织与人的关系，将员工视为组织的目的，而不是工具，彻底改变了工业文明时期组织与人在固有制度体系下雇用与被雇用的关系，并建立了以尊重人性、解放人性为基础的激活员工自我驱动下的意义感知的核心理念。海尔强调要通过将用户触点的体验链群与小微节点的创单链群统一于应用场景生态，建立了"高分享—高增值"的机制，实现了用户体验价值与员工创单价值合一，驱动增值分享和共赢进化。同时，海尔通过将强执行力文化转变为自驱动的创业文化，构建"每位创客与用户零距离""与增值零距离"的组织环境，带领员工围绕"创最佳用户体验迭代"连接重构组织价值驱动体系，创建利他共创的组织环境，真正将组织转化为以共创共赢为准则的利益共同体，营造万链同心圆文化，实现了从"人是工具"到"人是目的"的转变。

资料来源：傅勇.海尔发布新网络化品牌战略，经济参考报，2013年7月30日；魏巍，张碧航，陈劲等.海尔生物医疗：组织变革赋能指数增长，大连：中国管理案例共享中心案例库，2023年。改编人：曹琳君。

第一节　为什么要进行组织变革

组织之所以会发生变革，是因为内外部环境发生了变化，当前的组织设计无法很好地应对这些变化。伊恩·帕尔默（Ian Palmer）等通过分析管理者为什么会变革自己的组织，总结了组织在变革中面临的几种主要的环境压力以及组织内部压力，他们还分析了组织面对外部环境压力时没有明显反应的一些原因。[一]

一、变革的环境压力

1.管理理论与实践的变化

当最新的管理理论和管理实践出现时，许多组织为了能够成为专业的、先进的组织，有可

[一] 帕尔默等.组织变革管理[M].2版.金永红，奚玉芹，译.北京：中国人民大学出版社，2009：45-67.

能会发生变革。表 10-1 列出了每个时期流行的管理理论与管理实践，它们的出现对一些组织产生了影响，并采取了相应的变革。

表 10-1　管理理论与管理实践的变革

20 世纪 50 年代	20 世纪 60 年代	20 世纪 70 年代	20 世纪 80 年代	20 世纪 90 年代
目标管理（MBO） 计划评审技术（PERT） 员工帮助计划（EAPs）	敏感性训练 和 T- 小组训练	工作生活质量计划 质量圈	企业文化 全面质量管理 质量管理体系标准（ISO9000） 标杆管理	授予员工更多的权利 组织扁平化 设立愿景 重组敏捷战略 核心能力

2. 相关管制的压力

组织外部存在一些相关的监管机构和其他会对组织产生影响的团体，这些机构或团体对组织的影响可以分为两类。一类是正式的强制性压力，包括政府出台了一些法律和政策，组织为了满足这些要求就需要进行变革，例如自 2006 年新的《公司法》颁布实施以后，设立独立董事成为上市公司的法定义务，使上市公司董事会的格局发生了改变；正式的强制性压力还可能表现为子公司接受母公司制定的一系列的权责标准、绩效标准等。另一类是非正式的强制性压力，比如与组织有业务关系的其他组织采取某种变革时，组织为了得到这些组织的支持也有可能会产生变革的需要。

3. 地缘政治的压力

按照地缘政治学的观点，组织所处国家的地理因素（如地理位置、人口、资源、经济）会对该国家的政治产生影响[⊖]，而一个国家的政治环境变化会影响组织变革。2011 年 2 月，宁波华丰建设公司在利比亚的建设项目受到了利比亚战争的冲击，该建设公司在当地的建筑工地被抢，导致上千名中国工人被迫离开营地，公司不得不撤回了其在利比亚的大部分员工。中石化的子公司阿达克斯石油（Addax Petroleum）在加蓬的 Obangue 油田开采权被加蓬政府以公司存在违约行为为由剥夺，另外一座主要油田 Tsiengui 也面临着被政府收回开采权的危机。事实上，这是加蓬国家石油公司成立以后，政府试图加强对石油资源控制力度的结果。

4. 市场的压力

组织提供产品和服务的市场也会随着时间的推移而变化，消费者对某些产品和服务的兴趣降低，或者出现了新的产品和服务导致原来的市场空间压缩。国美电器、苏宁电器推出网上商城业务，中粮集团推出我买网食品购物网站，就是因为感受到了来自各种网络商家剧增所带来的压力，试图抢占网络购物的市场。

5. 高度竞争的压力

来自同行业的竞争压力迫使组织采取变革以维持自己的竞争优势。在竞争激烈的家电行业，格力电器通过建立和完善质量管理体系，不断变革和创新营销模式，它在空调市场的占有

⊖　拉祖瓦耶夫. 论"地缘政治学"概念 [J]. 赵思辛，黄德兴，译. 现代外国哲学社会科学文摘，1994（10）：17-19.

率一直稳居国内行业领先地位。中国加入 WTO 之后，面对全球同行业的竞争压力，格力电器也打出"争创世界第一"的口号，不断进行组织变革，引入六西格玛管理方法，推行卓越绩效管理模式。

6. 声誉和信誉的压力

组织的声誉和信誉是组织非常重要的无形资产，有研究证据表明，拥有相对较好声誉的公司更有可能在长时期内保持较好的收益[①]，但在声誉和信誉受到威胁的情况下，组织就有可能需要变革。

二、关于组织面对环境压力时不发生变革情形的几种观点

在面对环境压力时，有些组织会很快做出反应，有些组织反应就比较慢，而有些组织却完全没有意识到外部压力的威胁。为了解释在面对环境压力时没有导致组织变革的情形，帕尔默总结了四对关于这个问题的观点。[②]

1. 组织学习与威胁刚性

关于环境压力对适应性和创新性组织变革的作用是促进的还是阻碍的，并没有一个统一的观点。组织学习理论认为环境压力（如市场衰退）可以使管理者从问题中学习，为了弥补组织实际成绩同期望值之间的差距采取措施，促进创新的组织适应性变革。威胁刚性理论则认为当面对有威胁的环境压力时，管理者的认知和决策过程会受到限制，有可能会阻碍创新性的组织变革。

2. 环境的客观结构与认知结构

按照布莱恩·博伊德（Brian Boyd）等的观点，管理者的认知经常会发生以下两种错误[③]。

（1）环境是（客观）稳定的，然而管理者认为环境是紊乱的，并采取（不必要的）行动。

（2）环境是（客观）紊乱的，然而管理者认为环境是稳定的，没有采取措施从而使公司的生存受到威胁。

琳达·斯米西奇（Linda Smircich）和查尔斯·斯达巴特（Charles I. Stubbart）提出了第三种观点，即环境并不是完全独立于人的观念和感知之外的客观存在的实体。不同的管理者以不同的方式来理解变革行动以及自己组织之外发生的事情。威廉·C. 博格尼尔（William C. Bogner）和帕梅拉·S. 巴尔（Pamela S. Barr）则进行了进一步的深化。他们认为，管理者的认知结构会影响他们感知周围事物的方式、关注的事物的种类、对关注事物的理解及采取相应措施的方式。

3. 变革力与稳定力

马克·A. 莫纳（Mark A. Mone）认为环境压力与创新性变革之间的关系受以下三个因素的

---

① ROBERTS P W, DOWLING G R. Corporate reputation and sustained superior financial performance[J]. Strategic Management Journal. 2002, 23(12): 1077-1093.
② 帕尔默等. 组织变革管理 [M]. 2 版. 金永红, 奚玉芹, 译. 北京: 中国人民大学出版社, 2009: 57-61.
③ BOYD B K, DESS G G, Divergence between archival and perceptual measures of the environment: Causes and consequences[J]. The Academy of Management Review, 1993, 18(2): 204-226.

影响。

（1）组织使命在外部环境和股东方面制度化的程度：制度化程度越低，对创新性变革的反应将会越灵活。

（2）组织资源和权力的集中程度：组织的权力越集中，为实现变革而制定决策分配资源的能力就越大。

（3）管理者解释衰退的基本依据：衰退的原因越可控或越稳定，管理者就越能够引入创新性变革。

基于这些因素的影响，学者们意识到稳定力和变革力是同时存在的，并且要考虑到它们之间的关系。比如，认为激烈的竞争压力是组织变革前进的动力就意味着忽略了当前的稳定力。

4. 联结与缓冲（调整与屏蔽）

如何应对环境不确定性带来的压力是组织始终需要解决的问题，对环境不确定性的管理策略主要有两种：联结与缓冲。

联结策略是指调整组织的各部分，使其适应外部环境的变化，从而保持组织的活力。例如，在学校里，可能会通过鼓励学生家长的家庭监督和教育，协助教师共同提升成绩较差学生的成绩。

缓冲策略是指为组织的各部分屏蔽环境影响从而避免某种压力带来的变革，以保持组织效率。例如，在学校里，通过制定规章制度，坚持让外界商业团体、家长团体和社团与学校的校长联系而不是直接与教师联系，校长可以保护学校教师不受外部压力的直接影响。

三、组织内部压力

组织内部压力有以下 5 种方式。

1. 增长的压力

随着公司的不断发展，原有的组织设计变得不再有效，就会逐渐产生增长的压力。例如，随着组织规模的不断扩张，组织成员和组织层级越来越多，原有的组织结构无法适应现有的业务，这时就要增加或减少组织的一些部门，改变原有的组织结构。

2. 整合和协作的压力

为了能促进不同部门更好地整合和协作，也需要做出一些变革。例如，组织在并购其他组织之后，对不同的业务部门进行整合，为它们的某些相同业务制定统一的标准和规则，可以促进各部门相互之间信息交流与合作的一致性；当组织的规模较大、部门较多时，信息交流与部门合作就可能会受到时间和空间的限制，引进先进的信息管理系统可以很好地降低这种影响。

3. 认同的压力

切斯特·巴纳德（Chester I. Barnard）认为，信息的交流、做贡献的意愿、共同的目标是一个组织存在和发展的三个基本要素[⊖]，组织成员对组织的较强的认同感可以帮助增进他们对组织做贡献的意愿，使他们认可组织的共同目标，提高组织的凝聚力和向心力，从而促进组织的

⊖ 切斯特·巴纳德. 经理人员的职能 [M]. 王永贵, 译. 北京：机械工业出版社，2007.

生存与发展。当组织成员对组织缺乏认同感或认同感减弱时，组织就需要通过一定的手段来增强成员的认同感。2020年，腾讯通过实施员工持股计划和开展多样化的员工关怀项目，显著增强了员工的组织认同感，提升了员工的工作积极性和公司凝聚力，减少了员工流失率。

4."新官上任三把火"的压力

当新的领导者开始领导组织时，他们往往会按照自己的方式对组织进行变革，这就是"新官上任三把火"的现象。有时是因为组织之前的业绩较差，新的领导者需要采用新的经营方式改善组织绩效；有时是为了获得组织成员的支持，采取更有效的激励机制。但是，要注意到并非所有的新官上任所做的变革都是必须而且正确的，一旦新的领导者进行的变革并不能解决组织之前的问题，或者影响到组织成员的利益时，这种变革极有可能会失败。

5.权力和政治的压力

组织的权力关系和内部政治在一定的情况下会直接导致组织的变革。1995年5月，刘永好和刘永行正式在一份董事会文件上签字，标志着希望集团原本创业期间模糊的产权关系被划分得清清楚楚，在这之后，兄弟四人各自创立了新的公司，原有的希望集团也不再存在。

第二节 变革的类型与模型

一、变革类型

理查德·达夫特（Richard L. Daft）认为有四种类型的组织变革可以使组织获得战略优势，即技术变革、产品及服务变革、战略和结构变革、文化变革。[一]约翰·金伯利（John R. Kimberly）等将组织变革分为组织重组、重新定位与改造重生三类。[二]斯蒂芬·罗宾斯（Stephen P. Robbins）认为组织变革主要包括结构变革、技术变革和人员改革。[三]

总的来说，按照变革内容来划分，组织变革可以分为技术变革、结构变革、战略变革、文化变革和人员变革。

1.技术变革

技术是组织将投入转变为产出的能力，技术变革主要包括工艺程序的变革、操作流程的变革、设备更新以及信息系统更新等。一个组织必须不断地开发、获取和适应新的技术，否则就可能在竞争中落后甚至是失败。

2.结构变革

结构变革是对组织的整个结构或部分结构进行调整，比如增加或取消某个职能部门，改变部门与部门之间的关系，减少管理层次，下放决策权以及改变机械式结构，采取更容易促进生

[一] DAFT R L. Organization theory and design [M]. 9th edition. Chula Vista: South-Western, 2007: 402-405.
[二] KIMBERLY J R, QUINN R E. Managing organizational transitions[M]. Homewood: Richard D. Invin, Inc., 1984.
[三] ROBBINS S P. Organization theory: Structure, design and applications[M]. fifth edition, New Jersey: Englewood Cliffs, 1995: 381-409.

产工艺和新产品创新的有机式结构。不论组织结构发生怎样的变革,贯穿其中的始终是权力的重新分配。

| 视野拓展 10-1 |

百年蚌压梦变革创辉煌:蚌埠压缩机的组织变革

创新"5+1"业务模式

压缩机属于典型的传统装备制造业,广泛应用于油田、能源、国防、化工、医药、电力等领域,蚌压长期以 CNG(压缩天然气)、中高压等压缩机为核心产品,就其工艺用途而言,分类众多,这就造成了批量生产的困难,少批量多品种是长期以来的业务模式。整个压缩机行业的市场容量仅有 120 亿元/年左右,而全国从事压缩机制造的骨干企业有 27 家,非骨干企业 300 家左右,产能极其过剩,竞争异常激烈。杨威锋冥思苦想,想着必须拓展公司的业务,那么该走哪个方向呢?一想到自己曾经在环保行业积累的资源和经验,进军环保业似乎是个可取之道。因此出现了后续的以垃圾渗滤液处理、工业有机废水处理、固废处理为主的环保装备制造及运营服务业务。为了完善业务体系,通过对宏观政策和行业环境的分析,在传统市场资源优势的基础上,2018 年公司正式开始运营"5+1"业务模式,"1"是指传统压缩机业务,"5"是指环保、燃气、非常规天然气、节能装备和海外业务五方面新的业务。杨威锋的一个想法改变了几十年来传统压缩机业务个性化定制的经营模式,让公司真正实现了产品标准化。2018 年年底,在以环保装备为代表的新业务驱动下,蚌压就同比新增净利润近 1 958 万元,也终于走出了连年亏损的困境。2020 年年底,蚌压新业务销售占比甚至从 0 提升至 52%。

优化调整组织机构

产品问题解决了,人员问题成了当务之急,通过平时公司里的"巡逻",观察到蚌压员工年龄结构普遍老龄化,部分干部工作作风不端,甚至人浮于事、吃拿卡要。所谓"新官上任三把火",杨威锋首先采取的就是"先减、后加、再调"的方式,对组织结构进行优化调整。"先减"即一级部门减少两个、二级部门减少九个;"后加"即随着新业务的发展,增设环保、燃气、非常规天然气装备等五个新事业部;"再调"就是根据生产经营情况的需求,删、停、并、转,动态调整公司组织结构。其次就是定岗定编,优化人员配置。在对现有岗位及人员进行全面梳理识别的基础上,科学有序地推进定岗定编。坚持"能者上、庸者下,平者让"的原则,坚决清理无意愿、无能力、无业绩的"三无干部",为裁减没有能力的老员工,同时也为了不断鼓励新员工,杨威锋定期就会举行公开竞聘,让一批有潜质的"80 后""90 后"逐渐走进核心管理层。对冗员进行清退、内部分流,同时招聘一批新生力量,三年多来,蚌压员工人数从过去 566 人精简为 365 人,员工平均年龄由 46 岁降至 40 岁。最后,简化办事流程,提升执行力。各部门以"言必行,行必果""日事日毕,事不过夜"为原则,通过分级授权,确保政令通达,令行禁止,决不允许推诿扯皮现象的存在。例如,总装车间公开竞聘,当天出成绩,当天下聘书,当天上岗。对相关人员的"嘉奖令"也是当天决定,当天发文,当天兑现，决不推迟。

资料来源：蒋宁、苏家平、张薇薇，百年蚌压梦 变革创辉煌：蚌埠压缩机的组织变革，大连：中国管理案例共享中心案例库，2023年。改编人：李思嘉。

3. 战略变革

组织战略要跟随组织的不断发展和竞争地位的变化而改变，当组织规模扩大或缩小、竞争地位上升或下降时，就要相应地改变组织战略。此外组织战略还要适应其他一些因素，比如新技术的采用可能要求组织采用更积极的市场战略，扁平化的组织结构要求组织更倾向于自下而上的战略变革。

4. 文化变革

组织文化可以增强组织的凝聚力，促进组织认同，提高组织成员的积极性。文化变革的过程可能是潜移默化的，比如组织成员的技术水平提高、价值观念改变而影响组织文化不断变化；也有可能是激进的，比如新的领导者上任，可能因为与原来的领导者管理理念不同，而实施不同的组织文化。

5. 人员变革

组织成员的工作状态和人员的配置关系到组织发展的活力，直接影响组织的效率。人员变革是非常复杂也是最困难的变革，因为它涉及组织成员的态度、动机、行为以及成员之间人际关系和协作方式的改变。人员变革包括人事变动和员工培训，人事变动指的是人员的增减、岗位的调动，员工培训则是为了提高成员的工作能力，增强组织认同感，使成员的工作行为更好地满足组织目标。组织成员对组织做贡献的意愿是组织不断发展的动力，良好的人员变革可以保证组织的发展活力。

| 视野拓展 10-2 |

战略变革　组织重构：金恪集团贯彻二十大精神，"再创业"助力实现中国式现代化

党的二十大是在全党全国各族人民迈上全面建设社会主义现代化国家新征程、向第二个百年奋斗目标进军的关键时刻召开的一次十分重要的大会，是高举旗帜、凝聚力量、团结奋进的大会，为新时代新征程党和国家事业发展、实现第二个百年奋斗目标指明了前进方向，确立了行动指南。报告深刻指出，小康梦、强国梦、中国梦，归根到底是人民群众的"幸福梦"，科学回答了实现中国式现代化的重要一环，就是夯实民生基础、筑牢民生底线、增进民生福祉，不断实现人民对美好生活的向往。

金恪集团紧紧围绕党的二十大主题，深入学习党的二十大报告和党章等重要文件，深入领会蕴含其中的重要思想、重要观点、重大战略和重大举措，把金恪集团的思想和行动统一到党的二十大精神上来，全面实施创新驱动发展战略，不断推进技术创新、产品创新、管理创新和模式创新，以多产业协同联动的高质量发展，为增进民生福祉，实现中国式现代化贡献金恪力量。多年来，在党的领导下，金恪集团以实业惠及民生、以奋斗创造幸福，以产业融合为乡村振兴、共同富裕添砖加瓦，以多产业协同、绿色发展助力人们美好生活的实现。党的二十大报告坚定了企业发展信心，为企业发展指明了奋斗的方向，明确了重点，为民营经济高质量发展提供了动力。

金恪集团以此为契机启动新的变革，以创业式战略调整与组织再造，一步一个脚印将党的二十大做出的重大决策部署付诸行动，见之于成效。破而后立，晓喻新生。金恪集团以基业长青为目标，希望通过流程、制度、绩效、文化上的变革来实现"蜕变重生"。因此，为了革故鼎新，金恪集团进行了系统性调整，制订了详尽的改革计划，变革了集团战略和布局，重铸了组织架构。由此，2022年也正式成为金恪集团的"再创业元年"。

组织再创业

党的二十大报告对党和国家事业发展的宏伟目标和大政方针进行了高屋建瓴的擘画。报告明确强调："要加快建设现代化经济体系，着力提高全要素生产率，着力提升产业链供应链韧性和安全水平"，这是新时代经济社会高质量发展的战略指引。

基于这一精神，金恪集团立志践行实业报国的责任担当，将企业行动融入国家发展大局，着手进行再创业式战略调整与组织变革，以平台优势整合产业发展，聚焦产业运营能力与消费营销能力的打造，以品牌、资源、平台、流量、金融优势让金恪集团成为产业运营及资本化孵化器，为企业发展赋能。

由此，金恪集团聚焦民生幸福产业、消费零售、绿色发展、科技创新及资本运作领域，成立相对应的事业部作为集团新模式、新动能的基础与支撑，这些产业是过往十几年间中国经济经历高速发展和转型升级过程中吹沙见金的发展方向。

未来的金恪集团，将成为一家中国领先的产业运营及投资管理集团，致力于以"投资孵化+管理重构"的模式培养行业领军企业，以此提升公司的长期价值，并对被投企业及内部创业企业提供培训、咨询等增值服务，建立从运营、营销到内部管理及文化创建的"使能流程"，从而以共生共存共富的理念调整资源配置、优化资产组合，打造去中心化的崭新组织模式，构建开放式的创业生态圈，实现企业与员工、企业与商业伙伴价值的持续增长。

业务再创业

以组织再创业为基础和前提，金恪集团将实现业务的再创业，将企业行动融入国家发展蓝图。

党的二十大报告指出，要加快构建新发展格局，着力推动高质量发展。而高质量发展的背后，则是对全面推进乡村振兴、促进区域协调发展、实施科教兴国战略以及推进健康中国建设的本质要求，其中深入贯彻了以民为本的发展思想，即实现学有所教、病有所医、老有所养、住有所居、弱有所扶，人民生活全方位改善。因此，这些领域也成为金恪集团产业再创业聚焦的核心目标，通过重构产业体系和业务版图，金恪集团将为合作伙伴的发展赋能，为地方发展助力，为实现"共同富裕"贡献民企力量。

民生幸福产业涵盖医、食、住、行、养、娱六大领域，形成独特完整的幸福民生产业闭环，为满足人民生活需求提供整合式解决方案。

消费零售产业是金恪集团大幸福产业各业态的延伸与承接。消费零售产业通过对数十万高黏性客户群体的需求洞察，实现销售导向的产业链整合布局，以供需、产销高效动态匹配带动产业链高质量发展。

绿色发展产业将在金恪集团农林业产业优势基础上，继续加大绿色低碳技术及产品发展布局，形成绿色低碳核心竞争优势，为国家顺利实现碳中和目标做出积极贡献。

资本市场业务是金恪集团实施产融互动循环的支柱，也是集团价值增长的重要引擎。金恪集团通过资本撬动实现控股收购，以成本控制和投后管理再造提升产业价值，从而实现赋能式投资并购。

由此，通过对民生产业的深度布局和精耕细作，金恪集团为满足人民生活需求提供一站式整合解决方案，从而筑牢"幸福梦"，为增进民生福祉，实现中国式现代化贡献力量。

管理再创业

作为组织再创业和业务再创业的支撑，金恪集团还将实行管理再创业。首先，集团将制定科学的、完善的绩效考核制度，以丰厚的回报作为管理团队业绩的鼓励。以末位淘汰制度来优化管理团队，每年都要淘汰15%的不达标人员，从而以新鲜血液和力量来激活团队的能量，逐渐打造出一支讲良心、有狼性的管理层团队，构造金恪集团的百年辉煌。

同时，金恪集团还将健全集团内控机制，杜绝营私舞弊，提高风险防范能力，引导各岗位人员更加系统全面理解集团改革的内容和精神，确保新制度有效落地执行。

文化再创业

相比组织、业务与管理，决定企业未来的源动力，是看不见摸不着的文化与价值观。未来的金恪集团，将根据党的二十大精神指引，将企业发展与国家发展战略紧密结合，依据"创业者精神"重塑企业文化，打造开放共融平台，构建一个展现价值、兑现价值、成就人生价值的平台，成为受人尊敬的价值分享与价值增长创新型企业。

奋进新征程，建功新时代。凭借以文化革新为深层动力，分别在组织、业务、管理各方面深度开展的变革再造，金恪集团将深入践行党的二十大报告精神，不断用自我革新的勇气和行动，焕发蓬勃向上的生机，用新的奋斗创造新的成绩，为国人筑牢"幸福梦"。

资料来源：金恪集团．战略变革　组织重构：金恪集团贯彻二十大精神，"再创业"助力实现中国式现代化[EB/OL]．(2022-10-31)．改编人：田晓煜．

二、变革模型

组织变革应当是一个有计划的持续的过程，为了更好地对变革进行管理，就必须对它的基本过程有着全面的认识，下面介绍几个重要的组织变革模型：卢因的三阶段变革过程模型、沙因的组织变革模型、卡斯特的有计划变革的过程模型和科特的八阶段变革模型。

（一）卢因的三阶段变革过程模型

库尔特·卢因（Kurt Lewin）的三阶段变革过程模型是最有影响力的变革模型。卢因把组织的变革过程分为三个阶段：解冻、变革、再冻结（见图10-2），用这三个阶段解释组织发动、管理和稳定变革的过程。[一]

[一] 王重鸣．管理心理学[M]．北京：人民教育出版社，2001：384-385．

```
解冻 ⇒ 变革 ⇒ 再冻结
```

图 10-2　卢因的三阶段变革过程模型

资料来源：LEWIN G W. Resolving social conflict. London: Harper & Row, 1948.

1. 解冻阶段

解冻阶段是一个准备的阶段，重点在于创设变革的动机，使维持当前状态的力量减弱，并且让个体、群体或组织能够意识到并接受即将进行的变革。领导者的任务就是改变成员当前的观念和态度，明确组织变革的目标和方向，激励组织成员参与变革。要做好这一阶段，一方面需要弱化或否定旧的行为和态度，另一方面要使领导者认识到变革的紧迫性。

2. 变革阶段

变革阶段是一个学习的过程，是按照计划方案开展具体的变革运动或行动，使个体、群体和组织转变到一个新的状态。在这一阶段中，应当向成员不断传达新的理念、观点和行为方式，并为成员树立新的工作态度和行为榜样。

3. 再冻结阶段

由于变革的组织状态是在长期的环境影响中形成的，存在一定的惯性，组织变革行动发生之后，还有可能会出现反复的情形，因此在这一阶段，要对变革后的行为进行强化，使新的组织状态成为标准和规范。为了巩固组织变革，需要使组织成员有机会尝试和体验新的行为和态度，并及时给予正面的强化，同时还要加强群体变革行为的稳定性，促使稳定持久的群体行为规范的形成。

（二）沙因的组织变革模型

沙因在坚持卢因的三阶段变革过程模型的基础上，对其每一步进行了扩展和详述，并提出了一些具体的方法。[一]

1. 解冻

解冻阶段为变革创造动力和意愿，沙因认为至少有三种方法可以解冻组织。

（1）不确定或缺少证明：通过展现客户基础被腐蚀以及必须采取行动来阻止这种趋势来引出组织成员的不满，或是证明外部环境存在威胁组织生存的因素，以强调变革的必要性。

（2）罪恶感或焦虑感的引入：当组织成员意识到他们现在做得不够好的时候，他们有可能会产生罪恶感或焦虑感以及缩小与期望之间差距的动力，从而推动变革。

（3）心理安全的创造：仅有不确定的产生和罪恶感或焦虑感的引入还是不够的，还必须让成员相信变革不会引起窘迫或羞辱，要让组织成员感觉到变革是有意义的，并且感觉到心理上的安全，他们才会拥护变革。

[一] 伯克. 组织变革：理论和实践 [M]. 燕清联合，译. 北京：中国劳动社会保障出版社，2004: 133-134.

2. 变革

变革阶段包括"认知重组"，意味着组织成员需要看到与以往不同的事情，要采取与以往不同的行动，这个过程包括两部分。

（1）选择一个新的模型、指导者、领导，或者一个顾问，从其他人的观点去看问题。如果我们看到一个观点在我们所注意和尊重的人那里产生，我们能想象那个观点是为我们自己考虑的。

（2）扫描环境以发现新的、相关的信息。这种变革是否在其他组织中出现过？我们的组织是否处在危机之中？我们是否能得到别人的经验？这里的行动是要邀请外来的有经验的人分享他们的知识，或者选择组织成员去外部进行学习以获得变革的新的信息。

3. 再冻结

再冻结阶段也包括两个部分。

（1）个人的和个体的：帮助成员适应新的行为和观念，把新的行为和规则与个人的观念紧密结合起来。这个过程需要大量的实践，比如试验新的行为，获得反馈，在恰当的时候给予奖励。

（2）个人之间的：确保新的行为同组织中其他重要的人以及其他重要个体（一个紧密合作的组织成员）匹配良好，相互适应变化了的行为，即如果我变了，如果我们要在未来有效地合作，那么你也要改变。

（三）卡斯特的有计划变革的过程模型

弗里蒙特·卡斯特（Fremont E. Kast）和詹姆斯·罗森茨韦克（James E. Rosenzweig）从系统和权变的视角提出，一个良好的有计划的变革过程有助于不断地评价和确定应予以解决的适宜问题。[①]

在图10-3中说明了在一项有计划的变革过程中应当具有的步骤。

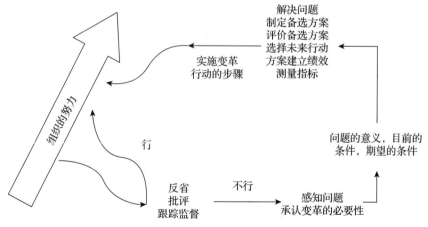

图 10-3 有计划变革的过程模型

资料来源：KAST F E, ROSENZWEIG J E. Management and accelerating technology[J]. California Management Review, 1963, 6(2): 39-48.

---

① 卡斯特等. 组织与管理：系统方法与权变方法 [M]. 傅严，李柱流，译. 北京：中国社会科学出版社，2000: 773-776.

（1）一个组织要想保持生存、具有活力并适应环境，就要进行具有更新努力的探索过程。问题的感知包括承认变革的必要性。对问题的了解和察觉可来源于不同的方面，其中最重要的来源是组织的反省、批评和跟踪监督的过程。

（2）要清楚目前存在问题的意义所在，并能确认目前的条件同组织所期望的条件之间在各方面的差距，将一个问题很好地讲述清楚就等于解决了一半。

（3）解决问题的阶段包含制定备选方案、评价备选方案和选择未来行动方案。要确定出试探性行动步骤，并对其可行性进行检测。同时要建立绩效的测量指标，可以对变革的成果进行评价。

（4）按照选择的行动方案实施变革行动。

（5）在变革实施以后，要对实际取得的成果进行评价。如果评价的结果是与原计划相符合，这一步骤就不会引起新的行动。如果发现问题，就会导致有计划变革的一个新的循环。"问题"（目前的条件和期望的条件间的差距）的内在含义很重要，因为即使变革的大多数部分都进行得比较满意，也有可能存在改进的余地。如果有计划的变革的总过程成为管理系统的一个组成部分，那么根据所确定出的问题，许多组织对改进的努力都可以包含于解决问题的过程之中。

（四）科特的八阶段变革模型

约翰·科特（John P. Kotter）认为组织变革的失败往往是由于领导者犯了以下八个错误：未建立足够的紧迫感；未建立起一个有力的领导团队；缺乏愿景；对愿景的沟通不足；没有为新的愿景移除障碍；没有系统地计划和获取短期成功；过早地宣布胜利；没有使变革嵌入组织文化之中。

科特认为成功的变革依赖于精心安排和设计的有序步骤，这些步骤可确知地表明变革需求，使人们从情感上承诺变革，然后消除变革的阻力，强化与变革一致的行为。[1]他针对以上的八个错误，逐一给出了解决方案。

（1）提高紧迫感。在重大变革中取得成功的组织，一开始人们受到了冲击，成员之间互相影响，内在的满足感减弱，而紧迫感逐渐增强，这种紧迫感有时可以通过创造性的方式形成，促使人们采取行动。

（2）创设领导团队。仅仅依靠单独的一个人或弱小的工作团队难以领导成功的变革。随着紧迫感的增强，具有领导能力的变革代理人走到一起，组成一个具有必要的能力、威望的团队来领导变革，并且鼓励更多的组织成员参与变革。紧迫感有助于促进领导团队的形成，当紧迫感存在时，更多的人希望帮助提供领导力，但变革是有风险的，因此领导变革的人员需要付出更多的努力。

（3）构建正确的愿景。领导团队应当能构建合理、清晰、简明和令人振奋的愿景以及一系列战略。一个优秀的领导团队应当能回答一些问题以产生明确的方向感，如组织需要什么样的变革？组织新的愿景是怎样的？改变什么和不改变什么？实现愿景的最佳途径是什么？对这些问题的合理解答可以帮助组织做好变革的定位。

---

[1] 奥斯兰等. 组织行为学经典文献[M]. 顾琴轩, 译. 北京：中国人民大学出版社，2010: 446-458.

（4）沟通变革愿景。利用各种手段，与组织成员就愿景和战略进行沟通，目的是获得成员的理解和内在层面的承诺，使尽可能多的人行动起来。在这个过程中，行动往往比语言更重要，而且要不断地重复。

（5）授权行动。来自个体的最大的障碍往往是组织的领导者，在下属看到了愿景并希望提供帮助时，领导者要给予他们一定的权力。

（6）取得短期成功。当被授权成员取得了短期的成功，这种胜利会坚定他们继续变革的决心，得到情感上的鼓励，也可以减少那些来自变革反对者的批评，增加变革的动力。如果没能获得显著的收益，那么成员的积极性会受到打击，变革动力不可避免地遇到危机。

（7）持续的努力。在获得短期的成功之后，变革的努力会具有目标和动力，在这种情形下，要持续保持紧迫感，不能过早地宣布成功，也不能轻易地放弃，努力制造一波又一波的变革，直到实现愿景。

（8）巩固变革。组织的传统力量很强，变革很容易会退回到起点。组织的领导者应当促进塑造一种新的、支持性的并且足够强大的组织文化，并以此来巩固变革。

第三节　组织变革的阻力

良好的变革会给组织带来更强的活力，更好地实现组织目标，然而不论什么样的组织变革都无法让所有组织成员都心甘情愿地接受，他们可能在心理和行为上无视甚至抵触将要发生的变革。在组织变革中，存在一定的阻力是很正常的。约翰·科特（John P. Kotter）和伦纳德·施莱辛格（Leonard A. Schlesinger）认为阻力出现的原因有：①只顾个人私利，无视整体利益；②不了解变革意义，对变革者缺乏信心；③对变革结果的估计与变革者不同；④担心自身的技能和知识不足。[一]罗宾斯认为变革阻力可以按照来源分为个体来源和组织来源，个体来源主要是个体的特征，如认知、人格和需求；组织来源主要包括组织结构本身、结构惯性、群体惯性等。[二]卡罗尔·贝蒂（Carol A. Beatty）认为人们反对变革是很正常的现象，无论在个体层面还是组织层面都会存在阻力，而这些阻力主要表现在：过于关注成本，意识不到变革的好处，缺乏协调与合作，不确定性规避倾向，担心利益受损。[三]帕尔默在提到人们为何会抵制变革时认为其原因有：不确定性带来的不良感觉，变革对利益的明显的负面影响，与当前组织文化有冲突，不相信变革是必需的，对"希望达到什么结果"缺乏正确认识，认为"计划中的某种变革"是不正确的，认为时机不对，对管理变革的方式的反对等。帕尔默还认为不仅一般的组织成员有可能会抵制变革，组织的管理人员也有可能抵制变革。[四]

按照这些学者对变革阻力的分类，组织变革的阻力一般可以按照来源分为三类：个体阻力、群体阻力、组织阻力。

[一] KOTTER J P, SCHLESINGER L A. Choosing Strategies for Change[J]. Harvard Business Review, 2008.
[二] 罗宾斯等. 组织行为学精要 [M]. 郑晓明，译. 北京：机械工业出版社，2011: 251.
[三] DAFT R L. Organization theory and design[M]. 9th edition. Chula Vista: South-Western, 2007: 426.
[四] 帕尔默. 组织变革管理 [M]. 金永红，奚玉芹，译. 北京：中国人民大学出版社，2009: 146-158.

一、个体阻力

由于担心失去已有的东西,以及对不确定性的规避,个体在面对变革时可能会极度不安,从而阻止组织变革。个体对组织变革的阻力主要来自以下几个方面。

(1)行为上的惯性。人们都习惯以熟悉的方式来工作,这是人类的天性,然而组织变革将意味着组织中的个体要改变其原有的工作方式,因此个体行为上的惯性或者说是惰性就会使组织成员对新的工作方式产生抵触行为。个体在组织中以一种工作方式工作的时间越久,这种行为上的惯性也就越难改变,在组织需要变革时产生的阻力也就越大。

(2)对不确定性的排斥。变革意味着要放弃原有的熟悉的传统,在未来的很长一段时间里局势很不明朗,要一直面对着模糊不确定的状态。对不愿承担风险的人来说,会对这种不确定性产生排斥,也不愿面对不确定性可能带来的损失,所以会拒绝变革。

(3)对既得利益的威胁。个体对组织变革最期望的目标是能够增加自己的利益,然而,任何的组织变革都不能保证增加所有成员的利益,当预期自己的利益并不会增加甚至有可能会减少时,这些个体就会成为阻力。此外,组织变革有时还会带来新的利益分配和权力分配,一些既得利益者为了保证自己的利益和权力不受损失,也会阻止变革,这种情况常见的就是组织的老员工比新员工更有可能会反对变革。

(4)对变革的了解不足。个体通常不会对变革的全部进行了解,对变革的目的、意义以及计划都没有系统详细的了解,而且通常都只用自己的认知方式去了解变革,并有意识地对信息进行选择性获取,一旦听到变革的不利就立刻产生抵触情绪。

二、群体阻力

组织内的各种群体也会对组织的变革产生阻力,作为组织的子系统,每个工作团队的工作效率和工作态度对组织绩效的影响要远远大于个体,在组织变革中产生的阻力也要比个体更严重,因此组织必须重视变革中的群体反应。群体阻力的来源主要是担心群体规范的改变和群体内聚力的降低。㊀

(1)对群体规范改变的担心。每个群体都认为自己在组织中的地位很重要,并且对自己群体中的规范极为看重,当组织需要变革时,群体可能要改变自己的工作方式和工作规范,这样他们就会觉得变革改变了他们的群体规范,这种改变可能会影响他们的工作绩效。

(2)对内聚力降低的担心。组织变革经常伴随着人员的变动,群体成员认为这种变革会使他们的团队成员分开,削减他们的内聚力和团结性,进而影响群体的权力和地位,因此会极力反对变革。

三、组织阻力

一些组织在面临内外部环境压力需要变革时表现得比较迟钝、缺乏灵活性,无法适应环境变化的需求,这是因为组织本身存在着一定的阻力。组织阻力的来源主要有以下几点。

㊀ 王重鸣.管理心理学[M].北京:人民教育出版社,2001:389.

（1）组织结构惯性。每个组织都有自己的运行结构和机制，比如组织的专业化分工、业务流程、决策机制、信息传递，它们的存在是为了保证组织的稳定，因此就其本质来说，是与变革相排斥的。当组织需要变革时，这种组织惯性就有可能成为阻碍变革的力量，只要在现有的组织结构和机制下组织的运行还可以被接受，那么组织就很可能会拒绝变革。

（2）过于保守的组织文化。组织文化是组织内所有成员所共享的价值观，一旦形成便会对组织产生重要的影响。如果一个组织的文化过于保守，并且这种文化被组织成员所坚守，组织成员就会排斥变革。这时，越是强势的组织文化，组织变革就越难以进行。

（3）经验和能力不足。组织变革意味着组织可能要采取新的技术、开展新的业务或新的市场、面对新的客户，这就要求组织具有相关的经验或很强的学习能力，当组织的经验和能力不足时，面临组织变革就会显得无所适从，甚至会导致组织的消亡。

│视野拓展 10-3│

组织变革的十大挑战

著名管理大师彼得·圣吉在《变革之舞》一书中总结了组织变革遇到的十大挑战。

（1）无暇顾及：变革者没有充分的时间对变革产生的重大问题进行思考并反复实践。

（2）缺乏帮助：变革没有得到上级与有关方面必要的支持与帮助，也缺乏必要的培训、辅导与协助。

（3）毫不相干：组织成员看不到变革计划能给企业、部门及个人带来的好处。

（4）言行不一：变革者所倡导的新价值观、新工作行为、新领导风格与他们的行动格格不入。

（5）焦虑恐惧：变革者担心提出的变革措施由于可能会触及方方面面的利益，而影响其前途及与他人的关系。

（6）此路不通：由于企业没能采取恰当的方法与程序测量变革所取得的进步，甚至对变革的结果做出负面评价，导致组织成员得出"变革之路不通"的结论。

（7）傲慢孤立：组织的其他成员对变革者心存抵触情绪，甚至拒绝配合，使变革者陷入孤立无援的境地。

（8）无人负责：变革者要求更多的自主权，但是上级担心权力失控而不愿分权，结果造成变革者不愿承担责任。

（9）原地踏步：组织没能及时沟通变革的信息，导致变革的经验无法推广，组织依然故我。

（10）走向何方：组织向何处发展？有哪些新目标不明确？由于企业的未来有许多不确定性，组织成员充满焦虑和不安。

资料来源：李剑锋.组织行为学[M].北京：首都经济贸易大学出版社，2012：337-338. 改编人：田晓煜。

第四节　组织变革的实施

一、角色定位

作为变革代理人的管理者，对组织变革的发起、支持和结果起着最直接的作用，而在组织中扮演的角色会影响他对变革的理解，并使他通过不同的方式影响变革。与一般的被动接受变革的代理人角色不同，有四种变革管理者的角色在面对组织变革时有着更积极的表现。[一]

1. 教练角色

变革的教练角色是指变革管理者能够以特定的方式，按照一定目的训练组织的能力。变革的重点是实施过程中的态度和行为，核心要素则是团队和小组。管理者知道他所希望的组织变革的最终结果会是怎样，他就像是体育教练，主要工作就是培养组织或团队的能力，使团队能够在竞争中获胜。在这种情况下，教练不是对成员的各项活动下达指令，而是对成员的价值观念、技能和"练习"进行适当的组合，使成员能够自主地完成预期目标，这里的"练习"就像是体育运动员所熟练掌握的各种运动技巧，是被组织成员掌握的。

2. 解释者角色

在这种角色中，变革管理者的工作是为组织成员创建意义，为他们解释组织中各种事件和活动的意思。组织内部存在不同的团体，当组织面临变革时，它们对同一事件或同一活动存在不同的理解和解释，但最终只有一种理解和解释可以实现。变革管理者要使自己推行的变革顺利进行，就必须提供合法的论点和原因，说明为什么活动符合这一情况以及为什么被认为是合法的。例如，在组织进行人员调动时，不同的成员对其理解往往不同，管理者就要尽力解释这种人员调动对组织以及成员的益处，使成员理解这种变动的意义。所以，较好的变革管理者应当是一个优秀的解释者，能够控制舆论，明确变革的含义。

3. 指挥者角色

指挥者角色是在变革成果可预见的情况下，对组织变革的活动进行指挥和控制。在变革中，变革管理者以特殊的方式指挥组织，变革的成功与否依赖于变革管理者能力的高低。前文所述的阶段变革模型尤其是科特的八阶段变革模型是指挥者角色的重要工具，科特主张，如果变革管理者能够按照这个模型的步骤进行，那么组织变革将会得到一个满意的结果。

4. 导航者角色

导航者角色面临着大量的外部因素，因此对组织来说或许只能实现一部分预期的成果，而其余的部分则超过了管理者的控制范围。一般地，随着时间的推移和组织环境的变化，组织变革会表现出不同的形式，导航者角色是要确保组织成员接受变革过程，使组织成员掌握必要的技能和拥有必要的动力，然而，变革管理者的工作核心依然是对组织活动的控制，只是相对于指挥者角色而言，控制有一些选择和机动的余地。

[一] 帕尔默. 组织变革管理 [M]. 金永红，奚玉芹，译. 北京：中国人民大学出版社，2009：172-224.

二、战略变革：将愿景与变革联系起来

一个针对中国 500 强企业的研究表明，企业愿景表达与企业成长性之间具有一定的关系，有愿景的企业的成长性要比无愿景的企业的成长性高，且有更广大愿景的企业比有一般愿景企业拥有更高的成长性。[①]愿景对变革的作用也十分重要，第二节描述的不同的变革模型向我们表明了这样的信息，即如果一个组织想要成功地进行组织变革，那么它就必须有正确的愿景以及目标。愿景是一个组织变革计划的基础，拥有战略性的愿景可以促进组织的竞争优势，提高组织绩效。一个清晰的愿景可以使组织识别出当前状态和组织目标的差距，帮助组织成员形成对当前组织地位的认知，激励组织成员实现个人目标和组织目标。相反，如果一个组织缺乏愿景，那么当组织面临变革时，就有可能会无所察觉，或者无法找到一个合适的方式将愿景转化为行动，从而导致组织变革的失败。

愿景更多的是一种方向而非具体目标，因此不可能对其进行详细的描述，但这并不代表组织无法利用愿景获得正确的指导。对愿景的描述应当尽量避免过于抽象或冠冕堂皇，那种描述根本无法阐明组织的未来应当是怎样的；但也不能只注意细节，过于关注短期目标，这也是不现实的。对于愿景的描述应当介于这两种情况之间，使得愿景既能提供关于组织未来的奋斗方向，又能明确成长过程中的一些必要任务，从而让组织成员将自身和组织的愿景与组织变革以一种有意义的方式联系起来。

当将愿景与变革联系起来时，它们之间的关联方式则取决于变革管理者的角色，不同角色所关注的问题和方法是不同的，也就决定了不同的联系。

（1）当变革管理者的角色为教练时，愿景是非常重要的，它经常是在变革管理者使用自己的技能与组织成员进行互动、确定组织成员在变革中的工作计划和想要达到的目标的过程中形成的。愿景是通过商谈和共同合作而形成的，如果成员的参与度不足，那么形成的愿景对变革将产生不了积极的影响。

（2）当变革管理者的角色为解释者时，愿景是组织中能够明确阐明内部人员对于哪些活动和行为是有意义的解释，什么是核心的意识形态和价值观，这些都是组织认同的基础。与教练角色不同，变革管理者作为解释者时，组织的愿景可能会从变革的过程中显现或表露出来，而不是推动变革。

（3）当变革管理者的角色为指挥者时，愿景对于组织变革的成功起着至关重要的作用，变革管理者在变革一开始的时候就明确地阐明愿景。在扮演这种角色的领导过程中，愿景是变革的重要推动力，因此组织应当形成与变革相一致的清晰愿景，并且自上而下地向组织成员描述组织的愿景是什么。

（4）当变革管理者的角色为导航者时，组织的不同团体和利益相关者一般会持有不同的观点，因此愿景虽然非常重要，但也不一定能获得成功。愿景一般是在变革的过程中，由不同团体和利益相关者的争论形成的。如果不能形成统一的组织愿景，那么变革管理者应当就各种不同的愿景来领导变革。

[①] 田志龙，蒋倩．中国 500 强企业的愿景：内涵、有效性与影响因素 [J]．管理世界，2009(07): 103-114, 187-188．

三、沟通策略与沟通技巧

在变革中非常重要的一点是要进行有效的沟通和讨论，变革管理者应该就组织变革的愿景和变革的实施与组织成员进行充分沟通，这将有助于增强反馈、提供社会支持以及调整组织变革。缺乏适当的变革沟通策略则有可能会带来不良的后果，因此在组织变革中应当注意沟通策略和沟通技巧。

变革中的沟通策略和沟通技巧都十分重要，如果缺乏理解和制定沟通策略的技巧，那么也就无法明确成功实施组织变革的沟通策略；反过来，如果没有一种经过深思熟虑而获得的、清晰的变革沟通策略，沟通技巧也就没有用武之地。

1. 沟通策略

变革管理者经常需要解决不同的沟通策略难题，在解决这些难题的过程中，也就形成了自己对变革进行沟通的策略。

（1）避免过度沟通。虽然在变革中变革管理者要与组织成员进行大量的、充分的沟通，然而他们必须持有一种认识，即不要过度沟通。过度沟通会使组织成员觉得信息过载，从而没有足够的时间和精力去思考变革。成功的变革管理者应当帮助组织成员过滤和提取那些对他们有用的信息，在这个意义上，变革管理者更像是变革信息的报告者。

（2）使成员真正接受。变革中的沟通应当是让组织成员能真正地接收变革信息，使他们积极地参与到变革当中来。变革管理者应当向组织成员表明变革中什么事情是重要的，解释变革中的成本和收益，使成员认识到变革是正确的，特别的是要指出他们将会如何从变革中获得好处。

（3）摆脱"喷洒与祈祷"。喷洒与祈祷指的是大量的信息包围住组织成员，假定更多的信息会带来更好的沟通，但是并没有对信息的重要性进行区分，变革管理者祈祷成员可以自己发现什么事情是需要做的，什么事情是不需要做的。这种策略当然可以让组织成员获得充足的信息，但是却使得他们只能理解当前在发生什么，而不能理解其中的原因和意义。

2. 沟通技巧

在明确了沟通策略之后，变革管理者还要具备熟练的沟通技巧。良好的沟通技巧可以保证沟通顺畅，避免对信息的意义产生分歧，准确传递信息的本质，并且使组织成员充分接收变革信息并采取行动。

（1）善于倾听。沟通不是简单的信息传递，只有信息被成员接收并且理解了，沟通才算是完整的。认真的倾听可以确定成员是否理解了变革的意义，还可以从成员那里获得对变革的看法或建议，更重要的是倾听可以使成员感觉到受重视以及互动所带来的归属感，从而可以提高成员参与变革的积极性。

（2）讲故事。这是一种较少被关注的沟通技巧，在组织变革遇到问题时，一些变革管理者过往的经历有时可以作为一个故事，或者可以激发组织成员的斗志，或者可以避免组织过去出现的错误，或者总结过去的成功经验为新的变革所用。

（3）向上级推销变革信息。变革管理者需要获得来自上级的支持，然而上级对于他们所提出的变革方案并不是"你卖什么，我就买什么"，因此变革管理者应当努力地向上级"推销"

自己的观点，引起更高级管理层的注意并接受变革方案，从而支持变革的实施。

（4）毒性处理者。组织变革经常会出现挫折，再加上组织内部的竞争，都有可能会对成员造成困扰，使成员变得迷惑、恐惧和苦恼，这些问题一旦产生便会不断蔓延，因此要及时予以解决。毒性处理者会主动地发现和处理这些"毒性"，降低变革的不良后果。通常，他们可以通过一些方法或技巧来处理这些问题，比如可以利用充满感情的倾听，使组织成员的愤怒或不满逐渐减少；还可以利用鼓励的方式，帮助组织成员重新建立信心，驱散内心的恐惧和苦恼。

| 视野拓展 10-4 |

变革中的沟通

你和几个人一起野餐，快要下雨了。有人说："快走，我们到那棵树下去。"你可能稍许犹豫一下。他接着说："快下雨了，我们到那棵树下去，这样就不会被淋湿。"这时，你大概就会毫不犹豫地跟着他走了。

作为管理者，你从中得到了什么启示？是的，愿景很重要，在愿景确立后，和员工有效地沟通愿景也很重要。在企业变革中，领导者必须把变革的愿景和策略广泛地传达给员工，让他们理解和接受，并且行动起来，才能实现变革的愿景。

变革中怎样沟通愿景和策略才更为有效呢？变革管理大师约翰·科特在《变革之心》一书中提出了几个沟通的原则。

（1）**回答员工关心的问题**。领导者在和员工交流变革时，要抓住他们关心的问题，接受他们的不安情绪，取得他们的信任，让他们对愿景建立起信心。员工会提出各式各样的问题，伟大的领导者可以毫不费力地回答这些问题，但是对普通的经理人来说，在回答之前，还是要下一些功夫的。比如，经理人要记住一些信息，要学会正确应对员工的情绪等。

（2）**准确、有效地传达重要信息**。员工不一定需要所有的信息，但是管理者一定要让他们接收到需要的信息。管理者可以把信息分类，过滤掉干扰信息，让员工只接收和自己工作有关系的信息，或是员工想要知道的信息。

（3）**诚实的沟通与交流**。员工喜欢坦诚的交流，这让他们感到安全。很多时候，即使真实的信息让他们感到不安，他们也希望管理层能真诚地对待他们。

（4）**使用新技术**。如企业内部网、通信卫星等，可以帮助人们看到未来的愿景。

资料来源：王坤，柳玉娟. 企业管理变革中的沟通阶段及途径分析[J]. 智库时代，2018, (32): 189-190. 改编人：古丽妮嘎尔·艾克拜尔。

四、实现持续变革

成功的组织变革可以帮助组织改善原有的不良状态，然而仅仅一次变革的作用是有限的，也不能保证组织在未来的道路上一帆风顺。变革管理人员面临的一个重大挑战是如何使变革的作用持续下去，并使变革与组织的日常活动紧密相连，成为组织新的常态。持续变革就是要使变革渗入到组织的日常活动中，不断地对日常活动进行改变。

在实现持续变革的逻辑下，我国的机构改革经历了持续发展演变的过程：党的十八大报告的表述是"稳步推进大部门制改革，健全部门职责体系。优化行政层级和行政区划设置，有条件的地方可探索省直接管理县（市）改革，深化乡镇行政体制改革"；党的十九大报告的表述是"统筹考虑各类机构设置，科学配置党政部门及内设机构权力、明确职责。统筹使用各类编制资源，形成科学合理的管理体制，完善国家机构组织法"；党的二十大报告提出"转变政府职能，优化政府职责体系和组织结构，推进机构、职能、权限、程序、责任法定化，提高行政效率和公信力"。演变过程展现了对机构改革的持续优化，以适应时代需求并提高治理效能。

接下来将介绍一些可以促进持续变革的活动。虽然没有任何方法能够保证变革成功并一直使其发挥作用，但如果变革管理人员能够对这些活动付出更多的努力，那么将会有助于变革的持续。变革管理人员需要在变革的过程中而不是仅在变革之后就积极地实施这些活动，因为变革能否持续，是与其过程中的累积效应相关的。

（1）角色的重新设计。组织变革的一个常见结果就是组织角色的改变，但角色变革不仅仅是组织变革的结果，它还可以是组织变革的一个重要组成部分。组织成员的行为和态度会受到自己认为的自己的角色的影响，将角色变革作为组织变革的一部分，可以直接促进成员态度和行为的改变。

（2）奖惩机制的重新设计。当组织成员的行为与变革的预期目标一致时，变革管理人员要对这种行为予以强化；当组织成员行为阻碍变革的进行时，应当采取措施予以规避。对组织的奖惩机制进行重新设计，可以巩固组织成员符合变革目标的新行为，控制不适当的行为。

（3）采取支持变革的实际行动。实际的行动胜过千言万语，变革管理人员应该采取与变革活动保持一致的行动，以表明对变革的重视。还可以对涉及变革的成员或团体分配更多的资源，传递出对变革行动高度支持的信号。

（4）鼓励自发的改变。对组织变革的设计不可能深入到每个成员的所有细节，组织基层的成员有可能对变革产生更为直接的促进作用。如果能鼓励组织成员自发地采取行动来帮助变革，让他们感受到来自上级的支持，那么变革便会真正地融入组织之中。

（5）"中途"的庆祝。组织变革并不是一朝一夕的事情，变革的结果也常常会需要一些时间才会显露出来。在变革过程中取得的胜利会坚定组织持续变革的决心，增加变革的动力。中途的成功还可以帮助组织识别变革的优先领域，那些效益上升比较快的业务或许应当给予更多的资源分配，从而给组织带来更多的变革收益。

（6）微调。组织经常需要进行细微的改变，如果寄希望于通过推迟变革，在最后利用一次变革解决所有问题显然不是正确的做法。一个明智的管理者会在问题出现时就采取相应的对策，在问题很小时就及时予以解决，避免问题累积导致难以处理。此外，由于组织环境的变动非常快，已经制订的变革计划可能无法按照理想的状态进行，所以也需要进行细微的调整。

（7）检视变革。在变革过程中，对变革的进度进行检视，可以保证变革按照事先的计划进行，及时发现需要调整的任务。在变革结束后，对变革的结果进行检视，可以帮助组织认识到变革的任务是怎样完成的，之前变革的努力会产生什么样的收获，总结出经验教训供组织在未来参考借鉴。

本章小结

现代组织面临着越来越复杂和高度不确定性的环境，生存与发展面临着越来越多的挑战，在这种情况下没有一种完美的组织设计可以保证组织不受影响。因此，就需要组织有能力、及时地进行组织变革。导致组织变革的压力有很多，可以分为环境压力和组织内部压力两种。但是在面对压力时并非所有的组织都会发生变革，这些组织或拥有一定的应变机制从而不需要变革，或者没有意识到变革的需要而没有采取措施。

对变革进行分类可以使变革管理者在面对变革时，清楚地知道自己需要在哪些方面做出更多努力。变革模型则可以作为分析和指导变革的重要工具，使变革管理者清楚变革每个阶段应该做些什么才能更好地实现变革目标。

识别并减少变革阻力是对变革管理人员的一项考验，来自个体、群体和组织的阻力始终存在于变革的过程之中，他们需要丰富的经验和技巧来解决这些问题。

组织变革的实施涉及多方面的问题，变革管理者所扮演的角色会影响到他将如何看待和领导变革。四种角色即教练、解释者、指挥者和导航者，可以在变革中发挥积极的推进作用，而不是被动地接受变革。愿景是一个组织变革计划的基础，拥有战略性的愿景可以促进组织的竞争优势，提高组织绩效。将愿景与变革联系起来，可以很好地促进变革的实施。组织想要实现长久的竞争优势，就要进行持续变革，使变革渗入到组织的日常活动中，不断地对日常活动进行改变。

复习思考题

1. 组织变革的压力有哪些？
2. 为什么有些组织在面临环境变化的压力下没有发生变革？
3. 举例说明组织变革的类型。你经历过哪些类型的变革？
4. 试着用科特的八阶段变革模型分析你经历过的一次变革。
5. 如何实现组织的持续变革？

进一步阅读

1. 帕尔默，邓福德，埃金. 组织变革管理 [M]. 金永红，奚玉芹，译. 北京：中国人民大学出版社，2009.
2. 伯克. 组织变革：理论和实践 [M]. 北京：中国劳动社会保障出版社，2005.
3. 金，安德森. 组织创新与变革 [M]. 冒光灿，关海峡，译. 北京：清华大学出版社—汤姆森学习出版集团，2002.

综合案例

海尔生物医疗：组织变革赋能指数增长

2023 年 3 月 19 日，海尔生物医疗（以下简称"海尔生物"）凭借"面向生物安全的高端装备关键核心技术产业化及应用创新示范项目"荣获了中国工业大奖，该项成就在生物安全领域高端装备行业尚属首次。上市三年有余，海尔生物乘组织变革之风为自己交出了最好的成绩单。在表彰大会上，总经理刘占杰请作为疫苗网开拓者的副总经理巩燚上台发言，回首过往，二人都不由得感慨万千。

2016 年，海尔生物累计提供 120 000 台太阳能疫苗冰箱，保障了"一带一路"、上海合作组织国家 2 亿儿童的健康成长，然而疫苗领域业务却止步于此。总经理刘占杰召开核心层会议，请大家集思广益帮助公司破局。彼时，已在海尔生物工作 12 年的巩燚正担任研发总监，接到"军令状"，他陷入了沉思……一边是核心业务难以取得新的突破，一边是新尝试收效甚微，到底应该如何突破瓶颈、焕发新生呢？

1. 开新局育先机

伴随物联网的快速发展，我们正进入一个全新的万物互联的时代。面对此情境，很多传统企业都在努力探索踏入物联网时代的合适路径，并试图利用物联网的发展机遇实现转型升级，海尔生物也不例外。

2005 年，海尔秉承"以用户价值为中心"的理念，提出了"人单合一"的管理模式，创造性地颠覆了科层制的组织结构，以动态的组织结构推动组织管理由程序化管控向灵活性赋能方向转变，充分激发了员工的主观能动性和创造性。

在过去的 18 年里，海尔的组织结构不断进化。时至今日，"人单合一"管理模式发展日趋完善，小微链群已逐渐演变成链群生态，链群合约组织管理新模式成为物联网时代全球引领的标杆。

（1）链群合约。伴随数字技术从互联网时代发展到物联网时代，数字技术与应用场景的交互性日趋增强，要求各市场主体围绕用户需求进行更深层次的交互。链群是小微升级之后的一种组织形式，是小微自发形成的利益共同体，具有敏捷性、分布式特征，可以满足与用户深层交互的需求，更好地服务用户。链群合约于 2019 年正式提出，是围绕用户价值创造的小微链群生态体系，是在"人单合一"的基础上提出的以人为本、数字赋能、动态寻优的内部创新、创造、创业机制。

链群合约通过以人为本实现自驱动、自管理，数字赋能托底开放生态，动态寻优标靶引领性链群目标。链群合约通过利益共享、风险共担的多方对赌契约模式，将链群各节点的风险与利益进行统一，形成"一荣俱荣，一损俱损"的链群关系，从而使得链群内部实现相互驱动、相互促进、相互监督，实现自我管理。

在链群合约的组织模式下，员工、客户以及各利益攸关方以节点形式存在于组织链群的链条上，作为责、权、利的中心形成一个个小微链群，组织通过打破小微之间的界限，整合各小微资源，促进链群内资源利用价值最大化，充分发挥各小微在组织中的作用，并将平台上的创客、小微、资源方等利益主体紧密结合，通过不同层次、不同主体之间的互动，形成多个价值链在多个环节上的网状联系和交换关系（见图 10-4）。

链群合约进一步颠覆了原有组织的科层制，以员工的自组织构建新的组织模式；从利润增长演变至价值创造，在此过程中，用户获得了不断升级的美好体验，链群通过为用户创造生态价值、构建生态品牌，形成自循环的新范式；通过驱动员工由自然人升华为自主人的创客，组织构建了"以人为中心的价值观"的新模式（见图 10-5）。新生态催生新范式，新范式引发新模式，新模式促进新生态，三者有机统一，体现了海尔生物

"链群合约"治理体系的迭代和共融,既推动了管理架构的统一,也推动了管理人员的更新换代,同时充分契合了物联网时代的体验经济、共享经济的要求。

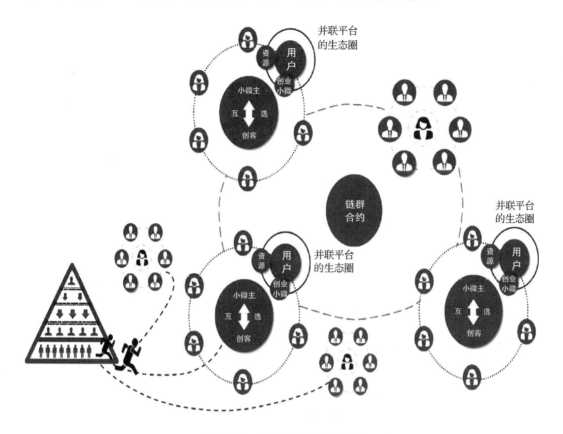

图 10-4　链群合约组织关系图

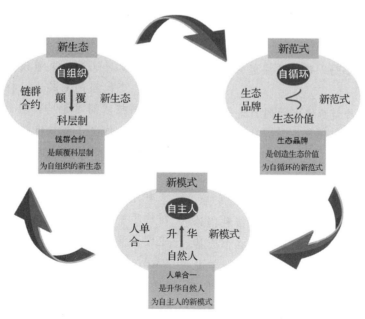

图 10-5　海尔生物新型领导结构模式图

（2）链群联合体。海尔生物的终极目标就是让每个人成为自主人，让每个人实现价值最大化。小微是创新的基本单元，链群是创造增值的基本单元，链群联合体是生态进化的基本单元。

链群联合体是链群发展的进阶形式，是各链群以用户为中心，以自驱动、自进化构建起的链群之间的协同关系，是链群的"命运共同体"。链群联合体进一步发展了链群合约的思想，以用户体验为核心，团结内部思想，整合内部资源，以此进一步提升价值创造能力，致力于共同为用户创造更好的体验。链群联合体不仅包括存在于组织内部的主链群和子链群，也包括存在于组织外部的链群，因此，当组织外部链群群体不断扩大时，将能构建起更具系统性、功能更加完备、产品和服务更加优质的链群联合体，从而促进链群涵盖的各企业乃至各行业的生态得到进化，推动实现物联网时代组织赋能最大化。在这一层次的生态系统中，更强调跨越组织边界，以跨组织协作连接不同组织，促发协同效应，推动实现倍增收益（见表10-2）。

表10-2　海尔生物不同阶段组织管理模式对比

阶段	经营主体	目标
人单合一	小微	增值分享
链群合约	小微链群	激发活力
链群联合体	内外部链群	共赢共生

2. 变革赋能增长：海尔生物构建多场景下的链群生态

伴随总部新的组织结构的提出，海尔生物也展开了行动。2017年，海尔生物启动全场景物联网转型。然而，具体该如何破局呢？

一天下班后，巩燚带孩子去打疫苗，无意之中听到了医护人员们的对话。

"哎，你听说了吗？疫苗非法经营那个案子判了！"

"就那个疫苗冷链存储有问题的案子吗？"

"对对对！天啊，终于判了，这事让人后怕，万一真出点什么事，后果不堪设想！"

……

此番对话引起了巩燚的好奇，回家后，他就此展开了初步调查，发现疫苗接种门诊的冷链设备难以满足用户需求，存在很大的疫苗安全隐患。而自己正是一直致力于智慧疫苗网的研究和实践，经过慎重考虑，巩燚决定辞去研发总监一职，顺应海尔集团组织变革的浪潮，成为"链群合约"的首批践行者——自己抢单成为小微主体。

（1）智慧疫苗场景方案。经过仔细调查研究，巩燚发现，虽然生产环节的信息追溯和流通环节的冷链监控建设已初见成效，但在疫苗终端存储上保障措施仍有漏洞，同时由于接种环节缺乏有效的信息化手段，受人为因素影响，存在重大用苗隐患。为此，巩燚亲自跑一线，带领团队夜以继日，研发方案、反复实验、突破技术瓶颈，在物联网科技生态战略的基础上，将低温存储技术与物联网技术深度融合，经过1 000多个不眠夜，终于推出了智慧疫苗接种全流程解决方案，开创了以智慧疫苗接种为核心的物联网一体化解决方案，为中国疫苗管理升级提供了有力支撑，引领了生物医疗产业变革发展，解决了中国疫苗在冷链运输温度控制、信息追溯迟滞等方面的难题，实现了疫苗安全的"最后一公里"。

在研发过程中，巩燚反复强调，"我们的疫苗网一定要以创造用户的最佳体验为中心，有问题的疫苗进不去我们的疫苗网，不是我们的疫苗也出不来"。在巩燚的带领下，团队力图构建人、机、苗互联互通的生态圈，创造性地打破了仅具备存储功能的传统疫苗冰箱瓶颈，创造性重组诞生了海乐苗智慧接种箱等物联网属性的网器，链接疫苗入口、疫苗出口等场景，打通疫苗安全接种"最后一公里"，保证了疫苗安全全程可追溯。

具体而言，疫苗网的信息化、数据化、系统化体现在疫苗取号、登记、接种、留观四个环节中，实现人苗透明可视。比如，首先接种之前，接种点的注册登记系统会提醒用户需要接种的疫苗信息，从源头避免疫苗注射错误。其次，护士会将用户的"预防接种手册"在物联网疫苗接种箱上扫描，接种箱屏幕页会再次显示注射疫苗的详细信息，并将疫苗自动弹出。如果出现疫苗已过期或不匹配情况，该疫苗会立即冻结，无法弹出。再次，护士拿到疫苗后，会在冰箱上再一次扫码，对信息进行二次核对，并确认用户的接种方式和接种部位。最后，接种完成后，儿童会在留观室留观30分钟，家长可以在屏幕上查看留观"剩余时间"。留观室中，海尔生物并联软件、家电，布置了海尔兄弟等深受儿童喜爱的文创资源，营造了安全、健康的儿童疫苗接种环境。此外，用户不仅可以通过手机端提前预约接种，还可以事后跟踪疫苗接种情况，真正打造了创用户最佳体验的智慧疫苗场景生态。

2019年，全国首个智慧城市疫苗网在深圳落地。2021年7月，巩燚成为海尔生物副总经理，实现了个人的职业发展规划。

（2）各生态攸关方的增值。海尔集团董事长张瑞敏曾说，未来产品会被场景替代，行业会被生态覆盖。链群合约形成的生态使海尔生物在外部环境高度不确定的条件下仍可以不断挖掘用户需求，为用户创造更高价值的同时实现员工价值分享，实现用户价值导向的场景生态。

疫苗网的创立和发展不仅帮助海尔生物成功破局，也让海尔生物借此稳步走在行业前列。2021年，海尔生物与辉瑞（中国）签署了战略合作备忘录，双方围绕"加强公众对传染病预防和疫苗接种的认知""改进疫苗接种关键决策者对体验旅程和服务途径，提升疫苗接种可及性"等主题展开合作讨论，并以数字化创新等手段助力中国医疗公共卫生服务发展。这一合作标志着海尔生物通过合作共创进一步实现了疫苗网生态圈各攸关方的价值增值。

面对物联网转型，海尔生物真正走向了物联网场景，从组织结构的顶层设计出发，致力于实现生态创新，并成功转型为生命科学与医疗创新数字场景生态品牌。智慧疫苗网目前已经覆盖广东省、青岛、舟山等全国28个省市，构建起了多场景下的链群生态，有5 000余个接种点投入使用，营造了家长放心、儿童开心、接种点省心、政府安心的接种环境，既保障了广大儿童接种安全，实现了各攸关方的增值，也帮助海尔生物从危机中成功"破局"。

3. 打造命运共同体

在疫苗网的创建过程中，我们不禁要问：巩燚为何辞去研发总监的岗位成为小微主？是什么力量支撑巩燚团队攻坚克难研发实现了疫苗接种全场景方案？

经济上的奖励在员工身上或许可以产生有效的激励效果，但真正能够激发员工创造力和创新动力的并不是金钱，而是内在的激励即主动去工作的动力，因为后者更有意义、更有刺激性、更能够让人获得满足感，同时也更具挑战性。

海尔生物结合集团战略，重新建构了组织与人的关系，将员工视为组织的目的，而不是工具，彻底改变了工业文明时期组织与人在固有制度体系下雇用与被雇用的关系，并建立了以尊重人性、解放人性为基础的激活员工自我驱动下的意义感知的核心理念。刘占杰强调要通过将用户触点的体验链群与小微节点的创单链群统一于应用场景生态，建立了"高分享－高增值"的机制，实现了用户体验价值与员工创单价值合一，驱动增值分享和共赢进化（见图10-6）。

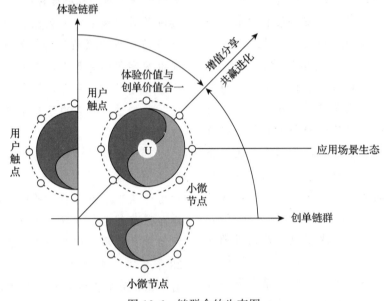

图10-6　链群合约生态图

同时，海尔生物通过将强执行力文化转变为自驱动的创业文化，构建"每位创客与用户零距离""与增值零距离"的组织环境，带领员工围绕"创最佳用户体验迭代"连接重构组织价值驱动体系，创建利他共创的组织环境，真正将组织转化为以共创共赢为准则的利益共同体，营造了万链同心圆文化（见图10-7），实现了从"人是工具"到"人是目的"的转变。

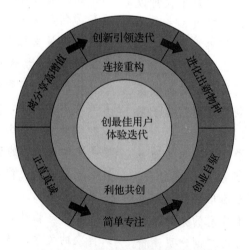

图10-7　海尔生物万链同心圆文化

（1）人单合一计分卡。张瑞敏提出"组织无边界，管理无领导，供应链无尺度"，并以"三无"促进去企业化，实现自创业、自组织、自驱动，打破传统雇佣关系，建立共生共赢的合作伙伴关系，从思想上实现从激活员工到员工自我激活的转变。为激发员工创造力和工作潜力，推动员工探寻工作中的意义感和价值感，贯彻落实"用户付薪"的理念，海尔创造性地开发了人单合一计分卡用于考核评价，这种考评链群绩效的方式体现了组织变革和生态成果的效用，体现了海尔引爆用户体验的战略，有效调动了员工的自驱力。

人单合一计分卡纵轴代表了传统组织转型为网络化组织的路径，各小微通过自组织联动合作满足用户需求，以用户付薪为激励，促进链群自驱动，并通过为用户创造尽可能多的价值，实现链群自我增值，不断创新，实现进化，驱动员工在实现自身意义感的同时充分关注利益共同体的感知，创造用户终生价值，实现链群生态。其横轴代表了生态成果，高端品牌指的是只需为用户提供高端产品服务，获取产品溢价，与用户关系并不紧密；场景品牌指的是与用户持续交互，根据用户需求提供与场景相匹配的产品；生态品牌是指构建起不同行业的联系，共同创造用户价值，通过与用户持续交互，持续满足用户需求，让其成为企业的终身用户。可以看出，横轴要求链群与用户的关系愈发紧密，对链群提供服务的要求也越来越高。

（2）共赢增值表。为促进链群自驱动，海尔开发了"共赢增值表"作为战略工具，将用户、利益相关方、员工的利益结合起来。共赢增值表由六要素组成，分别是用户资源、利益相关方、生态价值、收入、成本和边际收益。

共赢增值表突破了传统利润表的模式，将用户作为给付价值的主体，真正实现了用户付薪。共赢增值表通过引入用户资源和资源方，实现了一种动态平衡，一方面，小微能够清楚地看到用户和资源方的变动情况，看到用户在销售过程中对于价值增值的作用；另一方面，也能够较为直观地向员工展示其薪酬状况，即取决于员工为用户创造了多少价值、满足了多少用户需求。共赢增值表符合小微自组织、自驱动的生态模式，创造性地满足了以用户需求为中心的要求，在小微、链群与用户之间构建起直接桥梁，降低了信息在传递过程中的耗散和扭曲，帮助小微更好更快地发现用户、服务用户，为用户创造价值。

（3）员工契约。本质上讲，链群合约是一种新型契约关系，这种契约关系约定了作为不同利益主体的小微和利益相关方的权责关系，并在链群内形成利益各方的动态契约。链群合约颠覆了传统的企业家契约关系，签订主体由企业家转变为员工，以动态机制促进生态各方资源配置效率的提升，使组织边界模糊化，有效提升了员工的创业能力和创业意愿，激发了员工的自驱力，让员工化被动为主动，积极投入工作创造价值。而这种基于普通劳动者的动态契约，使得资产、人才、资本、创意通过动态寻优的机制进行实时有效的配置成为可能，更好地解决了传统企业家契约不完备和层级结构导致的信息不对称问题，模糊了传统企业的层级管理边界，并支撑链群合约这种更动态、更敏捷、更有生命力的组织形态（见图10-8）。不完全契约理论的奠基者奥利弗·哈特（Oliver Hart）认为企业的存在可以有效地降低信息不对称和不确定带来的成本和风险，新型契约要通过交互，不断协调双方的期望和利益，链群合约做到了这一点。链群合约挑战了传统企业理论中基于企业家契约的企业边界和交易成本理论，为新型企业理论的构建做出有意义的实践探索。未来，一家公司的想法和周围环境的想法之间的界限将更为模糊，公司越来越成为集体想法的实现者，将成果提供给个人用户,并且引导个人用户的力量,使之帮助改善产品,提高人类福祉。正是这种介于政府和市场之间的每个普通劳动者的智慧和力量将成为未来推动企业永续发展的源泉。

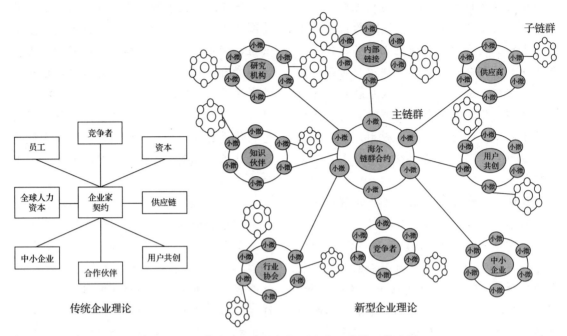

图 10-8　传统企业理论与新型企业理论管理模式图

"链群合约"重在强调链群的整体性、互补性、利他性和自主性,充分体现了"整体关联、动态平衡"的系统思想,对于我们如何理解团队和组织具有深远的影响。链群合约强调调动介于计划和市场、介于利己和利他、介于有序和无序之间的力量,形成自组织的新生态、自循环的新范式与自主人的新模式。这种共益是基于共同富裕思想的个人与他人、个体与组织、经济价值与社会价值之间的均衡发展。万物互联场景下,各小微围绕链群实现统一的用户需求目标,促使边界进行融合,形成一个生态圈,链群主对整个生态链小微群负责,而签入链群合约的小微为了实现共同目标也更愿意与链群主进行协同,充分体现了"利他—利己—共益"的过程,最终实现整个链群生态的管理优化。

4. 指数增长背后的人的价值最大化

2020 年,海尔生物全年实现 14.02 亿元收入,同比增长 38.47%。实现净利润 3.81 亿元,同比增长 109.24%。归其原因,主要受益于行业需求的快速增加,公司较好地把握了机会,实现了内生性的增长。

海尔生物作为行业引领者,通过共享发展经验、规范产业标准,成功开拓了生态共创新格局,与相关方共创创新技术与方案,助力构建人类卫生健康共同体。2021 年 6 月,海尔生物参与了博鳌亚洲论坛全球健康论坛、联合国儿童基金会共同主办的"实现全民健康——改善卫生系统以帮助儿童和青少年生存和发展"分论坛。作为企业代表,海尔生物发表了"疫苗冷链创新,促进偏远地区疫苗接种可及性"主题演讲,从公司在疫苗领域的创新实践切入,提出了从卫生免疫等方面呵护儿童及青少年健康成长等观点,为守护全球儿童及青少年生命健康分享了海尔生物的经验和探索。截至 2021 年 10 月,海尔生物与全球疫苗联盟的 48 个国家建立了合作关系,进入包含"一带一路"沿线的 78

个国家和地区。在全球范围内累计装机运行150 000多套海尔太阳能疫苗场景方案，累计守护全球2亿儿童健康，提升当地的预防接种水平和接种意识。

5. 尾声：革故鼎新，创榛辟莽

2023年上半年，海尔生物海外市场核心业务贡献4.33亿元营收，同比增长21.46%，海外收入占比已达到34%。面对以广大亚非拉国家为代表的国际公卫的蓝海，其地区基础设施薄弱，医疗条件较差，市场前景巨大，如何开辟智慧用药全场景的新赛道，切入全球公卫领域成为热门话题。面对物联网时代的变革与市场形势的新挑战，海尔生物能否经受考验，继续领跑行业？如何乘互联网之风发挥平台优势，实现多主体和谐共创，打造创新生态？又将如何在新时代推动构建命运共同体？

<small>资料来源：魏巍、张碧航，等.海尔生物医疗：组织变革赋能指数增长，大连：中国管理案例共享中心，2023年。改编人：田晓煜。</small>

讨论题

请尝试用本章关于组织变革的知识分析海尔生物在其变革中遇到的阻力、使用的方法以及成功的经验。

第十一章
CHAPTER 11

组织数字化转型与管理

§ 学习目标

- 从整体上把握组织数字化转型的条件、机制与结果
- 厘清影响组织数字化转型的技术、环境及组织因素
- 理解数字化转型对组织结构、文化和流程的影响,探讨企业如何在转型过程中有效地管理这些变革
- 探索数字技术在创新、客户体验和市场竞争方面的作用,以及如何在数字化转型中充分利用这些优势
- 探究数字化转型对员工角色和技能需求的影响,探讨如何培养和吸引具备数字化能力的人才

§ 核心概念

数字化转型机制　数字技术　首席数字官(CDO)　T型管理人才　数字化思维

§ 引例

沃尔沃汽车的联网汽车计划

20世纪90年代末,沃尔沃便开始尝试远程信息处理方案,以提高运营效率。尽管当时这些尝试在技术和功能上都是可行的,但不可否认这些服务的成本相当高。然而,正是在2008年,苹果的iOS系统和谷歌的Android系统开始迅速崛起,这促使整个汽车行业重新审视了这些平台对该行业的潜在影响。于是,沃尔沃在2010年将联网汽车列为其战略重点领域之一。

1. 建立创新中心

沃尔沃在2010年5月成立了互联中心,旨在推动车联网的实施。该中心的成员紧密关注最新的汽车和互联网趋势,并以批判性的态度反思现有规范和实践。然而,只有公司

CEO个人对互联汽车有浓厚兴趣,而其他高管团队,尤其是财务人员,却认为这是一项高风险、低回报的投资。这一差异使沃尔沃迅速认识到,要实现联网汽车的愿景,无法仅仅通过外部子公司来实现。相反,公司需要在内部管理方面做出调整,平衡现有做法与新能力之间的冲突。为了避免互联中心演变成一个竞争性组织,该中心在设立初期存续时间较短,在2012年它获得了足够的势头以自我维持后被解散。

2. 构建平台组合

在2012年互联中心解散后,沃尔沃公司认识到外部参与者可以在创造联网汽车的新想法方面扮演关键角色。公司跳出传统汽车制造商的思维,开始尝试一种新的数字平台服务。沃尔沃将汽车视为多边市场平台,使其能够参与多个商业交易。举例来说,公司推出了数字密钥作为独特的平台资源,可以与快递员共享,让他们能够将在线订购的货物直接送到停放的汽车上。此后,沃尔沃不断尝试新的数字平台,并加强对联网汽车创新过程的关注。随着平台的发展,商业交易逐渐扩展到更广泛的应用领域。

3. 实现沃尔沃云

随着数字平台逐渐成熟,沃尔沃开始采用云技术。例如,HTML5的引入使许多基于Web浏览器的复杂应用程序成为可能。在实践中,沃尔沃开发了基于软件功能的即时交付,有助于缩短现有程序的时间。尽管预装软件通常需要遵循既定的流程,但云解决方案却能对其进行调整。2012年12月,沃尔沃与爱立信合作,实现了互联汽车云。爱立信凭借在电信网络基础设施和多媒体方面的领导地位,为沃尔沃提供了宝贵的"触角",帮助其探索外部生态系统,寻找创新机会。随后,沃尔沃继续大量投资于以云计算为核心的产品架构,以促进外部创新。公司开发的数据仓库云解决方案实现了联网汽车与控制财务、生产和设计的IT系统之间的高度集成,从而有效地为汽车提供服务,实现信息的并行通信。通过"云",公司获得了更大的灵活性,能够根据终端用户的需求来调整容量和本地内容。

资料来源:SVAHN F, MATHIASSEN L, LINDGREN R. Embracing digital innovation in incumbent firms: How Volvo cars managed competing concerns[J]. MIS Quarterly, 2017, 41(1): 239-253. 改编人:晋禾。

第一节 组织数字化转型及其影响因素

在当今全球化和技术飞速发展的时代,数字化转型已然成为组织发展和竞争的核心议题。自党的十八大以来,以习近平同志为核心的党中央统筹中华民族伟大复兴战略全局和世界百年未有之大变局,深刻把握信息化时代背景下中国特色社会主义文化建设的特点和规律,紧紧围绕更好满足人民日益增长的精神文化需求,为以中国式现代化全面推进强国建设、民族复兴伟业注入强大精神力量。

不仅是天生的数字巨头,如谷歌、Booking.com、阿里巴巴和亚马逊,还有新兴的独角兽企业,如Uber、拼多多、Airbnb和TikTok等,都在数字化领域迅速崭露头角,引领着全球商业的未来趋势。在这个背景下,外部环境、组织参与者、组织要素和组织成员共同交织,共同推动和塑造着组织的数字化转型。

一、数字化转型定义

近年来,数字化转型(Digital Transformation,DT)已经成为战略信息系统研究的一个重要现象。在较高的层次上,数字化转型包含了通过使用数字技术在社会和行业中发生的深刻变化。在组织层面,有人认为,企业必须通过设计来找到利用这些技术进行创新的方法,需要"拥抱数字转型影响并推动更好的运营业绩的战略"。

Fitzgerald 将数字化转型定义为采用数字技术促进关键业务改进。数字化在文献中有很多定义,但这些定义并没有一致性(见表 11-1)。从已有定义中可以得出的一个常见推论是,数字化转型正在应用新时代的数字技术,以更好地与客户打交道,或进行数字化操作,以获得更好的竞争优势。因此,简单地说,数字化转型是数字技术的新用途,以提供更好的客户服务,设计有效的运营,或为业务创造新的收入流。更重要的是,尽管用于数字化转型的技术可能不是新的,但业务的价值是通过数字化转型过程中信息生成、提取、计算和通信技术的创新组合产生的。因此,战略而不是技术是数字化转型的核心。

表 11-1 数字化转型典型定义汇总

定义	来源
利用技术从根本上提高企业的业绩或影响力	Westerman et al.(2011,2014),Karagiannaki et al.(2017)
使用新的数字技术(社交媒体、移动、分析或嵌入式设备)来实现重大业务改进(例如增强客户体验、简化操作或创建新的业务模型),强调原创	Fitzgerald et al.(2014),Liere Netheler et al.(2018),Horlacher et al.(2016),Singh and Hess(2017)
数字化转型战略是支持企业管理数字技术集成带来的转型以及转型后的运营的蓝图	Matt et al.(2015)
数字化转型涉及利用数字技术来实现主要业务改进,如增强客户体验或创建新的业务模型	Piccinini et al.(2015)
利用数字技术从根本上改善公司业绩	Bekkhus(2016)
数字化转型包括注重效率的流程数字化以及数字创新,重点是增强现有实体产品的数字能力	Berghaus and Back(2016)
数字化转型是对商业活动、流程、能力和模式的深刻和加速转型,以战略性和优先性的方式充分利用数字技术带来的变化和机遇及其对社会的影响	Demirkan et al.(2016)
数字化转型包括销售和沟通渠道的数字化,提供了与客户互动和客户参与的新方式,以及公司产品(产品和服务)的数字化,这取代或扩大了实体产品。数字化转型还描述了由数据驱动的洞察力触发的战术或战略业务行动,以及数字业务模型的推出,允许通过新的方式获取价值	Haffke et al.(2016)
数字化转型是指数字技术给企业的商业模式带来的变化,这些变化会导致产品或组织结构的改变,或是过程的自动化。这些变化可以从对基于互联网的媒体不断增长的需求中观察到,这导致了整个商业模式的变化(例如在音乐行业)	Hess et al.(2016)
在数字技术的基础上驱动和建立的变化和转型。在企业内部,数字化转型是指组织采用大数据、分析、云计算、移动和社交媒体平台的过程。随着商业环境的不断变化,组织也在不断地进行变革和演变,而数字化转型则是建立在数字技术基础上的变革,在商业运营、业务流程和价值创造方面带来独特的变化	Nwankpa and Roumani(2016)
数字化转型不是软件升级或供应链改进项目,这是对一个正常运转的系统的有计划的数字冲击	Andriole(2017)

（续）

定义	来源
高级 IT（如分析、移动计算、社交媒体或智能嵌入式设备）的扩展使用，以及对传统技术的改进使用，如企业资源计划（ERP），以实现重大业务改进	Chanias（2017）
数字技术可以给公司的商业模式带来变化，从而导致产品、组织结构或过程自动化的改变	Clohessy et al.（2017）
在速度和整体性质方面将其与以前的 IT 支持的业务转换区分开来	Hartl and Hess（2017）
由新的 IT/IS 解决方案和技术驱动的组织转型	Heilig et al.（2017）
数字化转型包括销售和沟通渠道的数字化以及公司产品（产品和服务）的数字化，它们可以替代或扩大实体产品。此外，数字化转型需要由数据驱动的洞察力触发的战术和战略业务行动，以及允许获取价值的新方法的数字业务模式的推出	Horlach et al.（2017）
对数字化转型最好的理解是采用业务流程和实践，以帮助组织在日益数字化的世界中有效竞争	Kane（2017），Kane et al.（2017）
数字化转型描述了信息技术（IT）作为（部分）实现任务自动化的手段所带来的变化	Legner et al.（2017）
数字化转型强调了 IT 对组织结构、常规、信息流和组织能力的影响，以使组织适应 IT。从这个意义上说，数字化转型更强调 IT 的技术根源和 IT 与业务的结合	Li et al.（2017）
是利用数字功能和技术，使业务模型、运营流程和客户体验能够创造价值的演进过程	Morakanyane et al.（2017）
使用新的数字技术，以实现主要业务的运营和市场改进，如提高客户体验、简化运营或创建新的业务模式	Paavola et al.（2017）
为了应对云计算、移动互联网、社交媒体和大数据等数字技术的扩散，现有业务模式的根本性改变和新业务模式的创造	Remane et al.（2017）

回顾已有研究中定义可以发现三个特点：一是数字化转型主要与组织有关；二是涉及的技术类型以及正在发生的转变的本质存在着差异；三是尽管存在差异，但不同定义之间使用共同术语，如"数字技术"。

格里高里·威尔（Gregory Vial）从目标实体（即受数字化转型影响的分析单位）、范围（即目标实体的属性发生变化的程度）、手段（即在目标实体中产生变化所涉及的技术）、预期结果（即数字化转型的结果）这四方面属性出发，拓展了数字化转型的定义：一种通过结合信息、计算、通信和连接技术，触发实体属性的重大变化，从而改进实体的过程。该定义把以组织为中心的目标实体进一步拓展到其他形式的实体，如社群、行业等。可见，源自云计算、大数据、物联网和人工智能等新技术融合的数字化转型，对当今社会各个行业都有着决定性影响。信息技术与数字化转型的比较如表 11-2 所示。

表 11-2 信息技术与数字化转型的比较

属性	信息技术转型	数字化转型
动力	组织决定	社会和行业趋势，组织决定
目标实体	单个组织，或者更少的情况下，一个组织及其直接价值网络	组织、平台、生态系统、行业、社会
范围	在某些情况下，这种转变可能是深远的，但通常仅限于组织的过程及其直接价值网络（例如，供应商）	这种转变可能是深远的，其影响超出了组织的直接价值网络（如社会、客户）

（续）

属性	信息技术转型	数字化转型
方法	单一的IT技术操作（如ERP）	数字技术的结合（如分析和移动应用）
预期结果	优化业务流程，提高效率；在某些情况下，重点组织的业务模型会发生改变；现有机构保持不变	业务流程被转换，重点组织的业务模型也被改变；在某些情况下，业务流程是优化的。由于其在更高层次的影响，这一转变提出了有关当前制度相关性的重要问题（如监管框架、道德）
不确定性位置	组织内部	组织内部和外部
说明性举例	一个公司购买一个ERP，并根据行业最佳实践和制度化的会计原则重新设计其业务流程。ERP的实施还能增强企业与供应链伙伴之间的耦合	随着消费者越来越依赖移动设备来购买商品和服务，一家公司决定利用这一趋势开发一款与消费者互动的移动应用程序。在此过程中，它还捕捉和分析客户与移动应用程序交互产生的数据，以增强客户体验

资料来源：VIAL G. Understanding digital transformation: A review and a research agenda[J]. Journal of Strategic Information Systems, 2019, 28(2): 118-144.

二、组织数字化转型的整体框架

组织数字化转型是一个复杂的过程，其复杂性和全局性表现在三个关键要素：情境条件、转型机制和实现结果。这三个要素相互影响、相互作用，共同构成了数字化转型的全貌（见图11-1）。

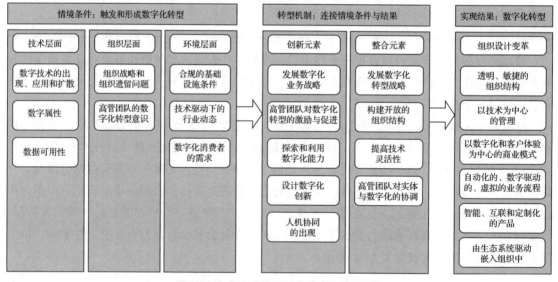

图11-1 组织数字化转型的分析框架

资料来源：HANELT A, BOHNSACK R, MARZ D, et al. A systematic review of the literature on digital transformation: Insights and implications for strategy and organizational change[J]. Journal of Management Studies, 2021, 58(5): 1159-1197.

1. 组织数字化转型驱动因素分析

数字化转型是在多重情境因素的影响下进行的，这些因素主要包括技术层面、组织层面和环境层面。

在技术层面，不断涌现的新技术不仅能够满足组织内外的各种需求，还能够创造新的商业模式和机会，数字化转型的核心在于各类数字技术及其应用的迅速崛起与广泛传播。首先，"SMACIT 技术"（社交、移动、分析、云和物联网技术）凭借其可编程性、数据同质性以及可追溯性等数字特性，为数字化转型奠定了坚实的基础。举例来说，人工智能技术的发展使得机器能够模仿人类智能，实现自主决策和问题解决，从而加速了诸如智能客服、自动化生产等领域的数字化转型。同样，区块链技术则为跨组织的可信数据共享和合作提供了新的方式，改变了传统的交易和合作方式。因此，这些新技术的出现和广泛传播，不仅引入了新的工具和手段，还催生了全新的商业模式，进而推动了数字化转型的加速。其次，数字技术的独特属性使其成为驱动数字化转型的关键因素之一。其可编程性、可定制性和可扩展性使得组织能够根据自身需求进行定制化的应用开发，从而实现高度灵活性和适应性。这些数字属性还在数字技术的互联性中得到体现，促使各个业务流程、部门和环节能够更紧密地协同工作，进而提升效率和协作水平。最后，数字技术所产生的数据在数字化转型中具有重要作用。随着数字技术的普及和应用，组织能够收集到更多的数据，这些数据包括从用户行为到生产流程的各个方面。数据因此成为组织的宝贵资产，通过对数据的收集、分析和挖掘，组织可以深入洞察市场趋势、用户行为以及业务运营的细节，从而能够做出更加明智的决策。在这一过程中，数字技术的出现和传播也提升了数据的可用性，进而赋予组织强化数字特性的机会。通过应用机器学习和数据分析等数据处理手段，进一步引发了组织的数字化转型。

在组织层面，数字技术的引入引发了数字化转型面临的机遇与挑战。这一过程中涉及数字技术与组织特征、管理特征的相互作用，从而塑造了数字化转型的方向与效果。数字技术的渗透程度受到多方面的影响，既包括组织的内在特征，如组织战略、历史演进、资源配置、流程、价值观以及文化等，也受到管理特征的影响，如高管团队对数字化转型的意识、对变革和技术的态度等。首先，组织的特征在很大程度上影响了数字技术的引入和渗透。不同的组织战略和历史演进路径将影响数字技术在组织中的定位和应用方式。有些组织可能更倾向于采取先进的数字技术来扩大市场份额，而其他组织可能更关注如何通过数字化转型来提升内部流程的效率。具体来说，组织战略和组织遗留问题对数字化转型至关重要。一方面，组织战略决定了数字化转型的目标和方向，以及如何将数字技术融入组织的长期发展计划中。数字化转型需要与组织战略保持一致，确保数字技术的引入和应用能够促使组织在市场竞争中获得优势。另一方面，组织遗留问题也是数字化转型的挑战之一。许多组织在数字化转型之前已经存在一些旧的系统、流程和文化，这些遗留问题可能会阻碍数字技术的顺利引入和运用。因此，有效地解决组织遗留问题，适应数字化转型的需求，是推动数字化转型的重要因素之一。其次，管理特征在数字化转型中起着关键作用。高管团队对数字化转型的意识和态度将决定整个过程的推进方向。如果高管团队能够充分认识到数字技术带来的机遇，积极主导数字化转型，将有助于全组织的数字化发展。相反，如果高管团队对数字化转型缺乏足够的了解或不够重视，可能会导致数字化转型计划难以实施或推进缓慢。高管团队的数字化转型意识还涉及对变革和风险的态度。数字化转型通常需要改变组织内部的流程、结构和文化，可能会伴随着一定的风险和不确定性。高管团队的开放态度和积极适应变革的能力将有助于组织更好地应对这些挑战。他们的支持和参与还可以在组织内部树立起数字化转型的文化，激发员工的积极性和创新意识。

在环境层面，数字化转型的驱动因素涵盖了国家特征、行业特征和消费者特征等多个方面，这些因素通过影响企业所处的外部环境，推动甚至迫使了数字化转型的发生。首先，国家特征作为环境层面的重要驱动因素，在数字化转型中扮演着关键角色。数字化转型依赖于稳定、高效、安全的基础设施，如网络、云计算和数据存储等。国家的数字基础设施建设水平直接影响了数字化转型的可行性和效果。国家的网络基础设施水平的高低决定了企业能否顺利实施数字化转型并充分利用云计算和大数据等技术进行业务创新。其次，数字化转型还需要遵循一系列的法规和合规标准，以保障数据隐私和信息安全。不同国家对数字技术的发展和应用存在着政策、法规和支持度上的差异。有些国家鼓励数字化转型，提供资金支持和税收优惠等，营造有利于数字化转型的环境。而其他国家可能对数字技术的应用设定限制，进而影响了数字化转型的进程。这些国家层面的政策和法规不仅影响了企业数字化转型的节奏，还影响了其发展方向。习近平总书记在党的二十大报告中指出，"加快发展数字经济，促进数字经济和实体经济深度融合"。新一代信息技术与各产业结合形成数字化生产力和数字经济，是现代化经济体系发展的重要方向。数字化能够有效牵引生产和服务体系智能化升级，促进产业链价值链延伸拓展、融合发展，是实体经济转型升级的必然选择。我国实体经济规模庞大、门类齐全，但供给结构和效率不适应需求升级的问题还很突出，迫切需要通过数字化带动生产制造、分销售后等环节全面优化升级，提高满足国内外市场需求的能力。我国必须加快推广数字领域新技术新业态新模式，加快推动各领域数字化优化升级，实现数字经济与实体经济深度融合，打造经济发展新引擎，以数字化转型整体驱动实体经济质量变革、效率变革、动力变革和生产方式变革。要提高数字技术基础研发能力，加快解决数字领域关键核心技术受制于人的问题，加强新一代数字技术产业布局，抢占未来竞争制高点。培育壮大新兴数字产业，提升通信设备、核心电子元器件、关键软件等相关产业发展水平。加快建设新一代移动通信、数据中心等数字基础设施，提升数据处理水平，促进信息高效联通和开发利用。全面推动产业数字化，推动数据赋能全产业链协同转型，加快发展工业互联网和物联网，推动服务业数字化转型，推进农业生产经营和管理服务数字化。发挥我国市场规模、人力资源和金融体系优势，充分发挥市场机制和企业主体作用，支持数字企业发展壮大，打造具有国际竞争力的数字产业集群。加快构建数据基础制度体系，完善数据产权、交易、监管等机制，促进平台经济规范健康持续发展。深化数字经济国际合作，积极参与数据流动、数字货币、数字税等国际规则制定。协同推进数字经济、数字社会、数字政府建设，以数字化促进民生改善和治理水平提升。提升数据安全保障能力。提升全民数字素养，为数字经济发展营造良好发展环境。其次，技术驱动下的行业动态也是数字化转型的一个关键推动因素。随着技术不断演进，各个行业都在经历持续的变革和创新，数字化转型已经成为众多行业的共同趋势。企业需要紧密关注行业内的技术发展和竞争动态，以更好地把握机遇。技术驱动的行业动态可能会带来新的市场机会，同时也可能涌现新的竞争对手。因此，企业需要灵活调整自身战略，充分利用数字化转型来实现在行业内的领先地位。举例来说，在科技、金融和零售等领域，技术创新和数字化转型已经成为保持市场竞争力的关键。而在传统行业，数字化转型可能需要更大的创新突破，以应对行业内的挑战和变革。最后，数字化消费者的需求也在环境层面扮演着重要角色，即推动了数字化转型的发展。随着数字技术的广泛应用，消费者对于数字化体验和便利性的需求日益增加。数字化消费者已逐渐适应了在线购物、移动支付、智能化服务等方式，从而引发了对于更多数字化服务和产品的需求。对此，企业需要深刻了解数字化消费者的需求，以满足他们的期望，提供个性化、便捷和高质量的数字化体验。数字化转型使得企业能够更好地满足消费者的需求，提升用户体验，增强客户忠诚度，从而推动业务的增长。

2. 数字化转型机制分析

组织实现数字化转型的机制涵盖了创新和整合两个关键方面。创新机制涉及引入全新的资源、流程和能力，以适应数字化环境的要求；而整合机制则涉及将这些新元素与组织现有的资源、流程和能力相融合，以实现数字化转型的协同效应。在创新的过程中，企业需要采取一系列步骤来成功实现数字化转型。首先，制定数字化业务战略是创新机制的基础。企业应该明确数字化转型的目标和方向，根据市场需求和竞争环境来制定战略规划。高管团队在这一过程中扮演重要角色，他们需要在数字化转型中发挥引领作用，确保战略的有效执行。吸引新一代员工也是创新机制的关键步骤。数字化转型需要具备新颖思维和技术能力的员工，因此企业应该吸引年轻一代的人才加入。培养数字思维是提高员工适应数字化转型的关键一环，这包括将数字技术融入日常工作中的能力，以及理解数据和技术如何推动业务创新。其次，在数字化能力方面，企业应该注重培养信息能力、大数据分析能力和数字平台能力等数字化核心能力。信息能力涉及有效获取、管理和利用信息资源，以支持决策和创新。大数据分析能力使企业能够从海量数据中提取有价值的信息，指导业务发展。数字平台能力是构建数字化生态系统的能力，以整合各种数字技术和资源。基于这些基础，企业的创新目标是设计数字化创新产品。这可以包括开发全新的数字化产品、流程或商业模式，满足不断变化的市场需求。人机交互作为核心活动之一，是确保技术与用户体验相结合的关键因素。在这一阶段，企业应该注重技术与人类的协同创新，以实现价值增值和可持续发展。

整合机制是数字化转型过程中的关键环节之一，旨在有效地将转型中产生的新元素与组织中现有元素相协调。这涉及以下四个方面：发展数字化转型战略、构建开放的组织结构、提高技术灵活性以及高管团队对实体与数字化的协调。首先，为了实现整合，必须制定明确的数字化转型战略。数字化转型战略作为一个核心概念，在公司数字化转型中具有关键作用，它扮演着整体协调、优先级划分和实施的引导角色。战略的制定需要在深入了解组织情况的基础上，明确数字化转型的目标、范围和时间表，并使其与组织的长期发展战略相一致。数字化转型战略的执行涵盖多个方面，包括构建开放型组织、培养动态能力和增强组织学习能力等。这些举措有助于整合新元素，并将其有机地融入组织的现有结构和文化中。其次，构建开放的组织结构是整合机制的关键要素之一。开放的组织结构能够鼓励信息共享、跨部门协作和创新思维的传播。通过拆除传统的层级障碍，鼓励员工在数字化转型中实现跨部门整合。这种开放的文化将有助于确保新元素能够顺利地融入组织中，并与现有流程和资源相互补充。此外，开放的组织结构还有助于加速信息流通，使得新的想法和技术能够更快地传播和应用。再次，提高技术灵活性也是整合机制的重要方面。技术在数字化转型中扮演着关键角色，因此组织需要设计协作和敏捷的企业架构，以便更好地适应技术的变化和创新。技术灵活性意味着组织能够快速响应新技术的出现，将其整合到现有的业务流程中，实现更高效的数字化转型。同时，通过培养员工的技术能力和数字思维，组织可以更好地应对技术挑战，从而实现数字化转型的成功。最后，高管团队对实体与数字化的协调也是整合机制的关键要素之一。数字化转型需要高管团队的积极参与和领导，以确保数字化战略的贯彻执行。高管团队需要理解数字化转型的重要性，对变革和风险持开放态度,并能够协调实体业务和数字化业务之间的关系。跨职能合作和使用协调机制有助于高管团队在组织内部实现数字技术的有效吸收和整合,从而推动数字化转型的顺利进行。

3. 数字化转型结果分析:组织变革

在组织层面,数字化转型引发了多方面的变革,塑造了新的组织面貌。数字化转型带来了透明、敏捷的组织结构,鼓励更多以生态系统为导向的嵌入式组织模式,这些组织形态相互交织,通过内部流程的透明度和灵活性,提升了组织的适应性和无边界感。这样的组织结构使得不同部门和团队之间能够更紧密地协作,实现更快速的决策和创新,增强了组织的竞争力。同时,数字化转型也给组织的管理风格带来了深刻的改变,强调以技术为中心的管理方式,更加注重技术的应用和支持,提升了管理的效率和准确性。例如,基于人工智能的决策支持系统的广泛应用,使得管理层能够更加科学地进行战略规划和决策制定,减少主观性的干预,实现更精细化的管理。这种技术驱动的管理方式促使组织更好地适应快速变化的市场和环境。数字化转型也促使以数字和客户体验为核心的商业模式成为焦点,从而重新定义了商业运作方式。这种商业模式的崛起优化了现有商业模式,甚至创造了全新的商业形态。通过数字技术的支持,企业能够实现自动化、数据驱动和虚拟业务流程,为客户提供更加个性化和优质的体验。智能、互联和定制化的产品得以开发,满足了不断变化的市场需求,增强了企业的市场竞争力。在数字化转型的结果中,数字化的影响不局限于组织内部,甚至超越了对组织的直接控制,影响了组织嵌入的环境和所需适应的情境。这产生了一系列溢出效应,包括范式、系统、行业、信息安全和个人效应等。这些效应构成了组织嵌入其中保持合法与成功的生态环境。因此,数字化转型不仅改变了组织自身的运作方式,也深刻影响了其周边的生态环境,创造出更为包容和创新的氛围,进而推动了组织的可持续发展。

| 视野拓展 11-1 |

星展银行:一家为数字化转型做好准备的企业

星展银行是一家在新加坡上市的大型商业银行,在全球 18 个市场设有超过 280 家分支机构,提供广泛的银行服务。星展银行的数字化转型始于 2009 年,当时新任首席执行官坚定地推动整个企业进行数字创新。星展银行经历了三个数字化转型阶段:第一阶段(2009—2014 年),彻底检查其技术基础设施,以加强信息技术与业务的一致性;第二阶段(2015—2018 年),为一个灵活的双元开发探索组织奠定基础;第三阶段(2019 年至今),通过围绕业务能力平台进行重组,注入业务和技术。

阶段 1:加强信息技术与业务的一致性

在星展银行的转型中,第一阶段聚焦加强技术与业务的一致性,通过改造技术和运营基础设施实现无缝对接。首先,合并技术与运营部门,创建了技术与运营部,将其与各业务线紧密结合。其次,运用精益原则简化关键流程,推动核心技术平台合理化与标准化。最后,优化后端，实现前后端渠道的协调衔接，提升客户体验。这为后续转型奠定了坚实基础。

阶段2：成为一家双元型企业

随着核心技术和运营基础设施的完善，星展银行开始分析新兴技术和新能力的趋势。为学习这些新能力，他们决定在技术基础设施团队内部进行整合，从最初的85%外包逐步提升到85%内部外包，并将资源整合到一个1000人的开发中心。为确保提供一致、可靠、可扩展的服务，星展银行采用了"一切都'云'化"的政策，系统地迁移应用程序，从"云就绪"逐步演进至"云优化"，最终实现"原生云"。星展银行同时致力于构建双重商业基础。他们以技术为支持，优化数字化客户旅程，从传统分行业务向通过数字营销获取客户转变，实现交易自动化、无纸化和实时履行。通过数据分析技术，银行实现了智能交互和操作。在新的数字服务平台上，他们积极引入外部合作伙伴，推出创新的数字产品。此外，他们通过在电子市场增加投资，探索新的增长机会，进一步拓展业务领域。

在组织结构设计方面，星展银行决定采用"整个企业"的转型方式。每个部门被要求数字化其现有业务，并逐步提升数字化水平。在整个转型过程中，银行谨慎关注现有业务，确保数字化进程不会削弱这些业务的重要性。

阶段3：围绕业务能力平台进行重组

随着数字化转型势头的增强，星展银行也意识到需要进一步变化，围绕业务能力平台进行重组，就像高科技公司的产品平台一样。星展银行将平台视为技术资产与支持、管理和指导这些资产的人才的组合。星展银行的平台可以分为四个高级平台类别：业务平台以面向业务为主，企业支持平台负责支持跨所有业务的功能，企业共享平台的作用是支持多边业务，企业实现平台促进了技术基础设施、网络安全、访问管理、企业架构和交付实现。

最后，星展银行还通过为员工提供全企业范围的数字化技能培训，推动其思维方式从"数字化第一"转变为"数字化核心"。星展集团承诺从2017年起的五年内投入2000万新元，以培养一支"为未来做好准备"的员工队伍。

资料来源：SIA S K, WEILL P, ZHANG N. Designing a future-ready enterprise: The digital transformation of DBS bank[J]. California Management Review, 2021, 63(3): 35-57. 改编人：晋禾。

三、影响数字化转型的技术因素

技术对组织数字化转型的影响可以进一步深入探讨，涵盖数字技术准备、数字技术探索和数字技术应用三个关键层面。

1. 数字技术准备

在数字技术准备方面，组织对外部环境与参与者进行进一步细化，包括ICT（信息与通信技术）投资、互联网连接以及成人教育。首先，从数字技术准备的角度来看，首要任务是积极投资ICT，构建强大的技术基础设施。这涵盖了硬件设备、软件平台、网络架构等关键技术要素，为数字化转型提供可靠支持。适度的ICT投资有助于增强企业的数字化能力，提升数据处理效率，加速业务流程，从而为创新和市场扩张创造有利条件。其次，在数字技术准备阶段，高速、稳定的互联网连接成为数字化转型的基础所在。组织必须确保在各个部门和地理位置之间实现无缝的互联网连接，以促进数据共享、协作和实时决策。互联网连接的稳定性和性能直接影响数字技术的应用效果，因此在数字化准备阶段需要进行充分的网络基础设施规划和优化。

值得注意的是，企业对信息通信技术的投资和使用对技术创业和技术市场扩张产生积极影响。此外，宏观环境中的数字化基础设施以及消费者的数字化程度，如家庭的网络连接数量等，同样会对技术创业产生积极的影响。因此，在数字技术准备的过程中，将这些因素纳入考虑，有助于更好地推动组织的数字化转型进程。

2. 数字技术探索

在数字技术探索的视角下，研发投资的规模和参与研发的研究人员数量，是决定技术创业以及技术市场扩张的重要因素之一。

首先，研发投资的多少直接影响了企业的技术创新能力高低。充足的研发资源和资金投入，有助于企业推动技术的不断进步和突破，从而在市场竞争中保持竞争优势。高水平的研发投资意味着企业能够更好地应对技术变革和市场需求的变化，从而更具创新力地开拓新产品、新服务以及新商业模式。

其次，参与研发的研究人员数量和技术人才的储备对于技术探索和市场扩张同样至关重要。拥有一支富有经验和专业知识的研发团队，能够加速推进技术创新。这些研究人员可以在开发新产品、优化现有技术、解决技术难题等方面发挥关键作用。而且，技术人才的充足储备也意味着企业在技术拓展和新项目启动时具备更强的人力资源支持，有助于更快速地抓住市场机遇。

总的来说，数字技术探索阶段所投入的研发资源、研发人员和技术人才的积极参与，为企业的技术创新和市场扩张奠定了坚实的基础。这些探索性的举措在推动企业在数字化领域取得突破性成果、确保技术竞争优势方面具有不可忽视的作用。

3. 数字技术应用

数字技术的应用从多个层面解释了其对价值创造的影响包括企业对专利、技术以及期刊文献的应用。这些应用不仅在技术创业方面具有积极影响，还对技术市场扩张产生重要推动作用（见图11-2）。

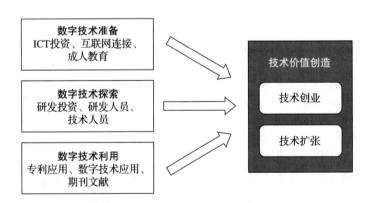

图11-2 数字技术的准备、探索与应用

资料来源：JAFARI-SADEGHI V, GARCIA-PEREZ A, CANDELO E, et al. Exploring the impact of digital transformation on technology entrepreneurship and technological market expansion: The role of technology readiness, exploration and exploitation[J]. Journal of Business Research, 2021, 124: 100-111.

首先，企业对专利的应用在数字技术创业中具有重要意义。专利申请数量以及商标申请数量直接反映了企业在技术创新方面的活跃程度和创造力。积极申请专利可以保护企业的技术成果和创新成果，防止竞争对手抄袭，从而增强企业的竞争优势和技术壁垒。专利的有效应用还可以为企业带来独特的市场地位，加速市场占有率的提升。

其次，数字技术的应用还体现在企业的技术创新和技术应用方面。通过将数字技术融入产品、服务和业务流程中，企业可以实现更高效、智能化的运营，提升产品性能和用户体验。例如，借助人工智能和大数据分析技术，企业可以精准地预测市场需求，优化产品设计，实现定制化生产，从而满足客户多样化的需求，拓展市场份额。

最后，期刊文献的应用作为数字技术应用的重要指标之一，反映了企业在学术和技术领域的影响力。在数字技术领域，企业参与撰写和发表科技期刊文章，既表明其在技术研究和创新方面的深度参与，也为行业和社会提供了有价值的技术信息。这种积极参与和贡献进一步促进了数字技术在市场扩张中的传播和应用。

数字技术的准备、探索和利用在多个层面展示了其在价值创造中的关键作用。随着业务逐渐数字化和价值链的不断演变，企业需要深入理解和管理动态的数字基础设施，明晰业务流程的界限，从而为应对数字化转型提供重要的指导和启示。

| 视野拓展 11-2 |

数字赋能：清语橙的农业现代化之旅

清语橙是一家柑橘种植企业，通过数字化转型实现了产业现代化和规模化发展。他们利用数字技术赋能柑橘生产设备，建设智慧基础设施，实现了柑橘生产的标准化和精准化管理。

首先，清语橙通过与村集体合作，流转大量土地，形成了"村集体＋企业"合作模式。他们利用福建农业优惠政策，开垦荒地，扩大基地种植规模。通过这种合作模式，清语橙成功将柑橘产业基地面积拓展到 4 000 亩，实现了连片、规范化种植生产，降低了生产成本，提高了柑橘产业的规模效应。

其次，清语橙注重数字技术的应用。他们投入大量资金，建设数字化基础设施，包括视频监测设备、水肥智能灌溉设备和绿色防病虫害机械设备。同时，他们引进数字化机械设备，实现柑橘生产的标准化。这些数字设备和技术的应用，提高了生产种植的效率和准确度，保证了农产品的品质和安全。

最后，清语橙还与专家合作，不断发展园区的数字化智慧系统，建立专家工作站，深化科技创新理念，建设规模化、数字化园区。他们通过数字技术的应用，提高了农业生产的效率，节省了人工成本和费用，保证了农产品的品质，推动了农业产业的绿色发展。

在农业数字化发展的浪潮中，清语橙勇当弄潮儿，逐步从传统农业企业转变为高标准、高技术的数字化农业综合服务组织，实现了柑橘产业的现代化和规模化发展。经过五年的不懈努力，清语澄不仅成功拓展了产业基地面积，提高了果园产量，而且顺利实现了柑橘产业数字化转型，并成功带动了当地和周边村民、村财双增收，为当地的数字化农业发展树立起了榜样。

资料来源：陈梅英，朱玮晗，陈福荣，等．数字赋能：清语橙的农业现代化之旅 [DB/OL]．大连：中国管理案例共享中心案例库，2023．改编人：古丽妮嘎尔·艾克拜尔。

四、影响数字化转型的组织因素

组织的数字化转型引发了多个方面的变革，包括业务战略、业务流程、企业能力、产品和服务以及关键的企业间关系，这是一个整体性的组织层面改革。在数字化转型过程中，组织内存在一系列的促进因素和阻碍因素，它们共同影响着数字化转型的进程和结果。

1. 领导风格与行为

基于弗雷德·费德勒（Fred Fiedler）的权变模型，领导行为被分为任务导向型和关系导向型两大类（见图 11-3）。任务导向型的领导行为通常专注于实现组织目标，为员工提供明确的指导和方向；关系导向型的领导行为则更加注重人际关系的建立，倾向于与员工建立信任和尊重，推动员工个人技能的成长，这二者都在成功推动变革中扮演关键角色。

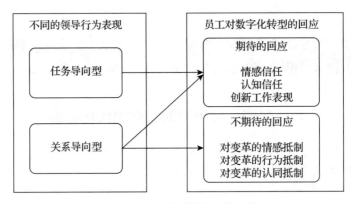

图 11-3　不同领导行为的差异

资料来源：WEBER E, BÜTTGEN M, BARTSCH S. How to take employees on the digital transformation journey: An experimental study on complementary leadership behaviors in managing organizational change[J]. Journal of Business Research, 2022, 143: 225-238.

虽然数字化转型任务导向型的领导行为加强了员工对领导者的认知信任，然而，从员工的情感和行为角度来看，这种类型的领导行为可能会在某些情况下带来一些负面影响。这是因为数字化转型任务导向型的领导行为可能会引发员工对变革的情感、认知和行为方面的抵制。这种抵制可能源于员工对新技术或新流程的不确定感，或者对个人职责和角色发生变化的担忧。这种情况下，员工的情感信任可能会受到一定程度的削弱，从而可能对创新工作绩效产生一定的负面影响。相反地，关系导向型的领导行为通过强调人际关系和员工参与，有助于提升员工对领导者的情感和认知信任。这种信任的增强能够促进员工更加积极地参与数字化转型，因为他们感受到领导者的关注和支持。此外，关系导向型的领导行为有助于减少员工对变革的情感、认知和行为上的阻力。通过建立开放的沟通渠道、理解员工需求以及提供支持和培训，领导者可以减轻员工对变革过程的不确定感和抵制情绪。

在数字化转型过程中，支持员工、满足员工需求的领导行为变得至关重要。这种类型的领导行为能够有效地减轻与组织变革相关的负面情绪，帮助员工更好地适应变革，调整对变革的态度，并在变革过程中产生积极的员工反应。因此，数字化转型的成功推进不仅仅取决于任务导向型的领导行为，还需要综合考虑关系导向型的领导行为。通过在领导角色中平衡这两种行为，组织可以更加有效地引导员工适应数字化转型，进而实现更为出色的业务成果。

2. 高管团队的数字化知识与整合角色

（1）高管团队（Top Management Team，TMT）。数字化转型跨足多个职能领域，超越了传统的创新与变革，为 TMT 带来了全新的组织情境。在这个全新的环境下，TMT 需要快速理解和适应数字化的特点，以迎接更多未知和挑战，超越传统的角色定位。正如有学者所指出的，数字化转型的成功取决于高度数字化的管理层行为。拥有数字化知识的 TMT 具备更高水平的数字亲和力，能够更好地识别数字化创新的机会，并理解数字化创新的逻辑。TMT 的数字化知识可以涵盖各种数字技术领域的技能和经验，包括信息技术、计算技术、通信技术和连接技术。这将有助于 TMT 满足新兴的角色需求，即成为"数字化传播者"，从而激励其他高管成员参与数字化创新活动，并培养整个 TMT 的数字化思维。

具备数字化知识的 TMT 在数字化转型过程中还具有及早发现问题并提出解决方案的能力。他们可以敏锐地察觉潜在的挑战和难题，从而采取预防和纠正措施，确保数字化转型顺利进行。此外，拥有数字化知识的 TMT 可以更加精准地分析数字化转型的进展，及时发现可能出现的瓶颈或阻碍因素，并通过制定合适的策略和计划来应对。这些 TMT 成员在数字化转型中还能够有效地推动员工的积极参与。通过组织数字化知识和技能培训，TMT 可以帮助员工适应数字化工具和流程，提高他们在数字化环境下的表现和效率，促进员工参与项目讨论以及提供解决问题的方案，将鼓励员工参与数字化创新的过程，培养员工的数字化意识和积极性，从而形成积极的数字化企业文化。考虑到 TMT 由多个成员组成，他们的行为整合将在数字化转型中起到关键作用。信息交流、协作行为和决策参与的程度将影响 TMT 成员之间的合作效率和决策质量。在这方面，采用扁平的层级结构有助于提升 TMT 内部角色的整合性，减少信息传递的阻碍，从而更好地协同合作，迅速应对数字化转型中的挑战。因此，数字化知识、TMT 成员在整合中的角色，以及扁平的层级结构，将共同构建一个有利于数字化创新的环境。通过综合运用这些因素，TMT 可以更好地引导和推动组织朝着数字化转型的目标迈进，实现更大程度的成功。他们的领导和协调能力将成为数字化转型过程中的关键驱动力，为组织带来可持续的创新和发展（见图 11-4）。

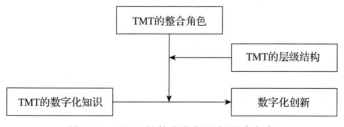

图 11-4　TMT 的数字化知识与整合角色

资料来源：FIRK S, GEHRKE Y, HANELT A, et al. Top management team characteristics and digital innovation: Exploring digital knowledge and TMT interfaces[J]. Long Range Planning, 2021: 102166.

（2）首席信息官（Chief Information Officer，CIO）。在过去几十年中，CIO 的角色经历了多次演进，随着企业环境和信息技术的变化，其头衔、角色定义及职责也在不断调整和扩展。第一阶段，CIO 作为功能型领导者，主要集中在信息技术的管理，其角色更像是信息技术总监。在这个时期，他们的关注点主要集中在保障 IT 系统的可靠运行，依靠技术知识和经验来维护信息技术基础设施。随着企业逐渐认识到信息技术在战略决策中的重要性，CIO 的角色进入了第二阶段。在这个阶段，CIO 开始从技术经理逐渐转变为业务经理，逐步深入了解业务需求，并积极参与组织的战略规划。他们开始认识到信息技术可以为业务带来巨大的价值，逐步从单纯的技术运营者转变为业务问题的解决者和战略合作者。随着信息技术的不断创新和发展，CIO 的角色演进到第三阶段。在这个阶段，CIO 不再是被动的业务参与者，而是积极的、长期导向的业务战略制定者。他们深刻理解新兴的信息技术能力以及将信息技术应用于业务中的价值。这使得他们能够洞察业务的发展方向，并推动组织战略的制定，将信息技术与业务紧密结合起来，为企业的创新和发展提供更多的动力。最终，CIO 进入了第四阶段，其角色逐渐分化为两个方向（见图 11-5）。一方面，他们仍然继续履行传统的 CIO 职责，专注于维护和管理公司现有的信息系统基础设施，确保信息技术的平稳运行。另一方面，他们与其他高管密切合作，致力于引领公司战略和流程的变革，这类似于首席数字官的职责。这个阶段，CIO 需要在维持技术稳定性的同时，更加深入地参与组织的数字化转型，从而实现业务的创新和变革。在第五阶段，CIO 已逐渐发展成敏捷 IT 负责人。

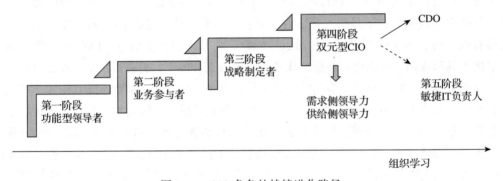

图 11-5　CIO 角色的持续进化路径

资料来源：HAFFKE I, KALGOVAS B J, BENLIAN A. The Role of the CIO and the CDO in an organization's digital transformation[J]. 2016.

总的来说，CIO 角色的演进彰显了信息技术在企业中的不断演变和蓬勃发展。从仅仅关注技术操作到积极参与业务战略制定和组织变革，CIO 的职责已经跨足了多个领域。这个角色的演变不仅反映了信息技术在企业中的重要性日益增强，也证明了 CIO 在不同阶段扮演的角色逐渐从技术到业务，再到战略，为企业的成功发展提供了较大的支持和引领。

（3）首席数字官（Chief Digital Officer，CDO）。数字化转型是一个涉及多个领域的复杂任务，涵盖了跨职能性和相互关联的活动，因此在确保成功的数字化转型过程中，组织需要明确的管理责任分配。为此，许多组织开始设立一个新的高级领导角色：首席数字官，其职责包括监督数字化能力的建立以及推进数字化转型业务。在数字时代，人们希望 CIO 能够以更加灵活和适应性强的方式来协调 IT 环境，而 CDO 则更注重于战略的探索。事实上，成功的 CIO 通常会成长为 CDO，他们在数字化转型中的角色逐渐转变。

CDO 具有更广泛的权责范围，直接向 CEO 汇报工作。他们的任务涵盖整个数字化计划，将数字化商业战略转化为具体的行动，影响企业的组织逻辑，并促进业务部门与 IT 职能之间的紧密合作。这有助于确保数字技术得到适当利用，与组织的整体目标保持一致。CDO 的角色不局限于解决数字技术问题，还包括公司的产品和服务，与客户和合作伙伴的联系，充当连接不同领域的角色。此外，CDO 还被期望作为数字化的传播者，激励人们，传递令人兴奋的愿景，并推动变革。CDO 需要确保数字技术的应用与员工所熟悉的组织文化保持一致，促使员工接受。这通常要求 CDO 在推动思维和文化变革的同时，不破坏内部的稳定性和凝聚力，从而推动组织的数字化转型。在正在经历数字化转型的组织中，CDO 定位为最高管理层的新角色，以确保数字化转型能够顺利进行，这突显了数字化转型在整个组织战略中的关键地位。虽然在不同组织中，CDO 的职责可能会有所不同，但通常包括制定、细化和执行组织的整体数字化战略，引导必要的变革管理，为组织在数字时代做好准备。

总之，CDO 的角色在数字化转型中至关重要，他们作为高级领导者能够促进数字化能力的建设，推动组织战略的转型，引领文化变革，确保数字化转型的成功并为组织的未来发展奠定坚实的基础。

3. T 型管理人才与员工的数字化思维

（1）T 型管理人才。数字化转型对组织而言是一个多层面的挑战，要全面理解和管理数字技术，必须采用整体视角。这要求组织摒弃线性流程，采用跨职能、多层次的组织模式，从而对现有管理人员的素质和能力提出了新的要求。为了迅速提高敏捷性和效率，一些组织通过建立跨职能团队来应对这一挑战，鼓励不同部门和职能的人员进行跨界知识共享，以克服职能孤立和线性流程的限制，因此出现了对 T 型管理人才的需求。

T 型管理人才（见图 11-6）代表着一种新型的专业管理人员，他们在认知和技术维度上都具备强大的能力。在认知维度，他们拥有突破传统企业等级体系、在整个组织内自由共享知识的"软技能"（"T"的水平部分）。这包括了分析、整合和评估等能力，使他们能够跨足不同领域，融合不同观点，深入分析问题，并将解决方案整合为一个整体。这种能力使他们能够更好地理解组织内外的复杂关系，从而更有效地应对数字化转型带来的挑战。在技术维度，他们具备专注于各业务部门绩效的"硬技能"（"T"的垂直部分），包括技术、理解和应用的能力。他们不仅在技术领域有深入的理解，还能将技术应用于业务实践中。这意味着他们能够理解并运用不同的数字工具、平台和技术来支持业务目标的实现。他们不仅是技术的用户，更是技术的创新者，能够推动数字化转型实际落地。通过结合认知和技术维度，T 型管理人才能将解决问题和协同决策有机融合。他们不仅能够迅速识别问题，还能够从多个角度寻求解决方案。这种协同融合的能力使他们在推动组织数字化转型的过程中能够更加高效地进行决策和执行，促进数字化转型平稳推进。

在这个快速变化的数字时代，T 型管理人才成为组织的宝贵资产。他们能够涉足不同领域，有效地协调和整合各种资源，推动创新和变革的实现。他们的综合素养和多维技能为组织的数字化转型提供了坚实的支持。T 型管理人才的存在促使组织更加灵活地应对日益复杂的数字挑战，他们能够跨足技术和业务领域，为组织在数字化转型的道路上开辟更广阔的前景。通过培养和引入这类人才，组织可以更好地适应数字化时代的需求，取得更大的成功。

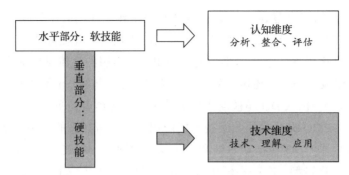

图 11-6 打造数字化转型的 T 型管理人才

资料来源：CAPUTO F, CILLO V, FIANO F, et al. Building T-shaped professionals for mastering digital transformation [J]. Journal of Business Research, 2023, 154: 113309.

（2）员工的数字化思维。员工关于数字技术变革的信念，也就是所谓的"数字化思维"，在很大程度上塑造了他们是积极参与还是选择退出组织的数字化转型计划。员工对个人资源可塑性的信念（固定／成长思维）和对情境资源可用性的信念（零和／可扩展思维）影响着他们在多大程度上认为数字技术为其职业成长提供了机会或可能对他们产生消极影响。

个人资源的一般信念：固定与成长

关于个人资源的信念方面，心理学家卡罗尔·德威克（Carol Dweck）引入了"固定思维"（Fixed Mindset）和"成长思维"（Growth Mindset）这两个术语，以描述个人对基本个人资源（如智力或能力）可塑性的不同信念。这些信念在很大程度上会影响个人在任务和情境中的判断和反应模式。固定思维信念意味着个体倾向于认为智力、能力或其他基本属性是相对固定和不可改变的。在固定思维模式下，个人认为自己天生具备某些天赋或能力，而这些资源随着时间和经验的推移不会发生显著变化。这种观点可能导致个体对于新的挑战和学习机会持有保守态度，因为他们认为自己的能力有限，不易改善。在数字化转型中，持有固定思维的员工可能抵触学习新技术或适应变革。成长思维信念则表达了个体相信智力、能力和其他基本属性是可以通过努力、学习和适当策略来发展和提升的观点。在成长思维模式下，个体认为自己的潜力是可塑的，可以通过持续的学习和努力实现不断增长。这种信念鼓励个体愿意尝试新的事物，面对挑战，接受失败并从中学习。在数字化转型中，具有成长思维的员工更可能积极地探索新技术，适应变革并不断提升自己的技能。

情境资源的一般信念：零和与可扩展

零和与可扩展信念源自博弈论，这些信念揭示了在资源有限且结果相互依存的情况下，人们在合作与竞争之间的选择。通常，相互依存的情形可能涉及有限资源或可扩展资源。在零和情况下，资源是有限的，一方的收益与另一方的损失是相对应的，因此这种情况被称为"零和"。在这种信念模式下，个体可能会认为资源的获取是一种零和游戏，即自己的收益必然伴随着他人的损失。这可能导致个体倾向于采取竞争的策略，以确保自身获得有限的资源，而不愿意与他人合作。在数字化转型中，持有零和信念的员工可能会感到竞争激烈，认为获取数字技术的机会是一种零和竞争，可能导致员工对变革感到不安。相反，可扩展信念表达了一种普遍的信念，即在特定情况下资源可以扩展，从而允许所有参与方都有机会获得收益，减少了竞争的需求。在这种信念模式下，个体可能更愿意与他人合作，以共同获得资源的增加。在数字化转型中，持有可扩展信念的员工可能更愿意与同事分享知识和经验，以共同推动变革和创新。

结合上述两个维度，员工的数字化思维可以被划分为四个不同的维度，每个维度反映了不同的信念和思维模式，影响着员工在数字化转型中的态度和行为（见图11-7）。这些维度分别如下所示。

固定/零和的思维模式：在这一维度下，员工可能持有固定的个人资源信念，即他们认为智力和能力是固定的，无法改变。同时，他们也可能倾向于零和的情境资源信念，即他们认为资源的分配是有限的，一个人的获得必然导致其他人的损失。在数字化转型中，这种思维模式可能导致员工对于新技术和变革产生担忧，担心自己无法适应变化，同时也可能抱有竞争和排斥的态度。

固定/可扩展的思维模式：在这一维度下，员工仍然持有固定的个人资源信念，但他们相信在某些情况下资源是可扩展的。他们可能认为，虽然个人能力有限，但在特定条件下可以通过合作和努力来获得更多的资源。这种思维模式可能使员工更愿意学习新技能，参与团队合作，实现共同目标。

成长/零和的思维模式：在这一维度下，员工持有成长型的个人资源信念，即他们相信能力和智力是可以发展和提升的。然而，他们可能认为资源的分配是零和的，即一个人的获得会导致其他人的损失。这可能使他们在数字化转型中更加积极，但仍然存在一定程度的竞争和焦虑。

成长/可扩展的思维模式：这一维度是最积极的，员工既持有成长型的个人资源信念，又相信资源是可扩展的。他们相信自己可以通过不断学习和努力来提升能力，同时也认为在合作中可以实现共赢。这种思维模式使员工更有可能投身于数字化转型，积极地寻求新机会和合作伙伴关系。

员工这些不同的思维模式，将对数字化转型产生重要影响。组织应该意识到员工数字思维的多样性，并根据不同思维模式制定相应的激励和支持措施。通过了解员工的数字思维，组织可以更好地激发员工的参与动机和积极性，从而更成功地推进数字化转型计划。

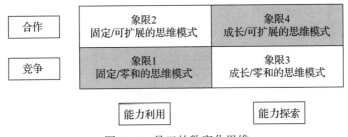

图11-7 员工的数字化思维

资料来源：SOLBERG E, TRAAVIK L E M, WONG S I. Digital mindsets: Recognizing and leveraging individual beliefs for digital transformation[J]. California Management Review, 2020, 62(4): 105-124.

五、影响数字化转型的环境因素

数字化转型是企业与环境共同演化的结果，外部环境的不确定性与资源的编排方式相互交织，从而催生了企业的数字化转型进程。

1. 环境不确定性与资源编排

环境不确定性是数字化转型中的重要影响因素，它可细分为技术不确定性和市场不确定性。技术不确定性表现为日新月异的数字技术发展，其中包括云计算、大数据、人工智能、物联网等先进技术的持续进步。这些创新技术的快速涌现催生了数字能力、机遇和资源的涌现，为企业的数字化转型创造了有利条件。随着技术的演变，组织需要应对技术的不确定性，不断学习并适应新技术的变化，以便在数字化竞争中保持竞争力。与此同时，市场不确定性强调顾客偏好的不可预测性，主要体现为顾客需求的动态性和模糊性。在日益个性化的市场环境下，消费者对产品和服务的需求持续变化，企业需要能够敏捷地调整以满足新兴需求。为了在市场竞争中占据优势，企业通过数字化转型建立更为系统和高效的决策机制，以预测客户需求、创新产品和共创客户价值。

然而，值得注意的是，环境不确定性和资源配置本身并不能单独为数字化转型提供充分条件。数字化转型通常受到环境不确定性和内部资源编排的综合效应影响。环境不确定性作为外部因素，与内部资源的编排方式密切相关，体现在资源整合、流程再造和组织优化的过程中。技术和市场的不确定性与资源的结构、捆绑和利用方式相互作用，吸引和汇聚更多数字化资源，最终促成企业数字化转型的成功。

综合而言，数字化转型是企业面对环境不确定性的回应，技术和市场的不确定性引发了组织对数字化转型的需求，为持续创新和市场扩张创造了机会。然而，只有将外部环境的不确定性与内部资源的优化相结合，企业才能成功地进行数字化转型，应对日益复杂的竞争环境（见图11-8）。

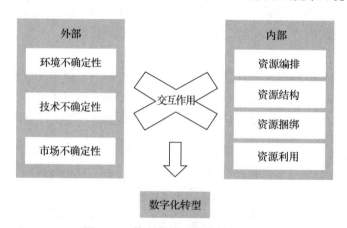

图 11-8　数字化转型的外部和内部

资料来源：CHEN H, TIAN Z. Environmental uncertainty, resource orchestration and digital transformation: A fuzzy-set QCA approach[J]. Journal of Business Research, 2022, 139: 184-193.

2. 消费者行为与预期

数字技术已经在深刻地塑造着消费者行为，为消费者提供了无处不在的信息和通信能力。消费者如今不再是被动接受公司交易的一方，而是积极参与组织和其利益相关者之间的对话者。这种转变不仅体现在消费者的角色，还延伸到他们对产品和服务提供者的期望。随着数字技术的普及，消费者的期望水平不断攀升，他们对于产品和服务提供者的要求也越来越高。消费者更加追求个性化、定制化的体验，希望得到满足其独特需求的产品和服务。这种趋势导致了企业面临巨大的压力，需要不断创新和提升服务，以满足日益增长的消费者期望。在这种新的消费者环境下，组织战略逐渐从对消费者期望的被动响应转变为主动预期。企业不再仅仅满足消费者的现有需求，而是积极预测和洞察消费者未来的需求，以提前满足他们的期望。这可能涉及数据分析、市场洞察和创新研发，以确保企业能够跟上消费者期望的变化和演变。

总的来说，数字技术已经让消费者在市场中发挥了更加积极的作用，他们的期望和需求变得更加多样化和个性化。在这一变革的大背景下，我国以习近平新时代中国特色社会主义思想为指导，立足新发展阶段，全面贯彻新发展理念，积极融入新发展格局，深入实施数字化转型战略。该战略以新一代信息技术与制造业的融合为主线，坚持按企业、行业、区域分类推进制造业数字化转型。通过大力发展高端制造、智能制造和绿色制造，同时强化服务支撑，完善基础设施，提升数字能力，企业得以更好地适应数字时代的变革。这推动着企业不仅要在产品和服务方面不断创新，还要在战略规划中更加主动地预测和满足消费者的期望，以保持竞争力并实现可持续增长。

3. 数字化进入者的影响

数字化进入者指的是那些能够迅速熟练运用数字技术的创新型企业。这些企业通过全数字化的产品、服务和业务流程，无须复制传统的价值链，便能够提供与现有企业相同甚至更高的价值，这种新兴的竞争态势给传统企业带来了巨大的机遇和挑战。面对数字化进入者的竞争，传统企业所依赖的规模经济、经验曲线、客户忠诚度、资源供应和销售渠道等传统竞争优势将不再具备。数字化进入者以其独有的特点颠覆了传统竞争模式，通过充分利用数据要素，数字化进入者拥有网络效应、迭代创新、零边际成本以及规模收益递增等特性，这使得它们能够更快地迭代和创新，并在竞争中占据优势。这种情况下，行业和地理边界开始变得模糊，竞争不局限于产品，而是升级为商业模式竞争和生态系统竞争。面对数字化进入者的颠覆性影响，现有组织必须迅速调整策略，以适应这种新的竞争格局。成功过渡到数字化时代对于企业的生存和发展至关重要。这需要企业重新评估其商业模式，加速数字化转型，强化创新能力，拥抱数据驱动决策，并与生态系统中的合作伙伴建立紧密的合作关系。只有积极应对数字化进入者的挑战并积极寻求机遇，企业才能在数字化时代中蓬勃发展。

| 视野拓展 11-3 |

意大利弗雷迪公司的数字化转型与消费者关系

1. 公司概况

意大利弗雷迪（Freddy）公司成立于 1976 年，总部位于意大利，专注于舞蹈和健身服装领域。多年来，弗雷迪凭借其独特性脱颖而出，秉承"运动的艺术"理念，其核心战略特色在于创新和产品的不断革新。作为一家传统的 B2B 公司，弗雷迪主要通过批发渠道进行分销。

2. 业务方式转变

近年来，数字化转型彻底改变了各行业的业务方式，重新定义了企业与消费者、供应商以及其他利益相关者之间的关系,同时也推动了商业模式的创新和客户价值的创造。弗雷迪属于创立在成熟的意大利制造行业中的中小企业,这些企业大多采用传统的经营方式,但都建立了数字化转型流程,以塑造与客户的关系并改变传统的商业模式。这些年来,弗雷迪已经改变了与客户群体的关系,建立了数字渠道。通过数字化,弗雷迪变成了一家B2C公司,它使用了多种营销渠道,通过弗雷迪的网站和亚马逊,公司开始进行电子商务,既是供应商也是卖家,并同时经营着线下的旗舰店。

3. 供应商关系优化

数字化转型优化了公司与供应商之间的关系。起初,弗雷迪专门为B2B量身定制了一款应用程序。这款程序促进了与批发商和零售合作伙伴的分销商的沟通,以及公司对供应链信息的及时获取。通过弗雷迪定制的应用程序,弗雷迪的相关工作人员可以随时了解库存情况,查看订单历史记录,下载官方营销材料以及发送售后请求。

4. 数字化转型与消费者关系

数字化转型也调节着公司与消费者之间的关系。最初,弗雷迪利用社交网络与客户建立直接的情感关系,以加强公司对消费者愿望、感受和需求的理解。在国外的社交媒体平台上,弗雷迪允许消费者发布有关产品的照片和视频,这甚至逐渐成为公司重要的营销渠道。通过这种方式,公司试图触发客户体验的情感维度和社会维度,让高兴和忠诚的客户与他人分享他们的体验,从而成为产品、品牌或公司的拥护者。现如今,弗雷迪正在推行"实体店和线上店的革命",这一战略旨在强化全渠道营销,以提高线上和线下的客户体验。公司的市场经理表示:"尽管网上购物要方便得多,但大多数人仍然更喜欢在实体店购买商品。"

目前,弗雷迪在全球拥有47家"Brick&Click"概念店。在这里,人们可以通过触摸屏、智能墙支持数字互动,消费者可以体验一个连接到社交网络的虚拟试衣间,通过产品、预期用途等附加信息来完成购买体验,以及进行在线购买或预订等商店之间的互动行为。此外,弗雷迪还开发设计了一个面向消费者的应用程序,它允许消费者创建"对话",并与其他数字工具,例如网站、社交媒体和智能墙进行互动。弗雷迪的App使用了一个"简单"的聊天机器人,它虽然不能回答消费者的所有问题,并完成整个消费者之旅,但它可以帮助消费者与公司互动,激发对话。这些数字工具非常有用,特别是在购买前和购买阶段,有助于培养消费者的意识。

资料来源:MATARAZZO M, PENCO L, PROFUMO G, et al. Digital transformation and customer value creation in Made in Italy SMEs: A dynamic capabilities perspective[J]. Journal of Business Research, 2021, 123: 642-656. 改编人:晋禾。

第二节 组织数字化转型实施策略

一、数字化转型类型

(一)基于商业模式和数字技术的数字化转型类型

从对与组织竞争环境相关的数字技术的掌握水平和基于数字化运营的商业模式的准备情况

两个维度，可以把组织数字化转型分为四种类型（见表11-3）：颠覆型、商业模式主导型、技术主导型和以定制为荣型。

表 11-3 组织数字化转型的类型

数字化运营的商业模式的准备情况	数字化技术的掌握程度	
	高	低
高	Ⅰ：颠覆型	Ⅱ：商业模式主导型
低	Ⅲ：技术主导型	Ⅳ：以定制为荣型

资源来源：ZELJKO T, DMITRY K. From disruptively digital to proudly analog: A holistic typology of digital transformation strategies[J]. Business Horizons, 2019, 62(6): 683-693.

1. 颠覆型数字化转型

实施颠覆型数字化转型的组织已经掌握了与公司竞争领域相关的数字技术，并为数字化运营做好了商业模式上的准备。这类组织就是所谓的"破坏者"，作为行业或部门的新手通常是初创组织。在涉及颠覆或破坏时，初创组织有一个明显优势，它们一无所有，没有资源、没有员工、没有客户、没有供应商、没有工厂、没有品牌、没有既定的惯例或规则、没有CEO、没有CFO、没有CDO、没有承诺，也没有贷款。一无所有，让一切都被质疑和尝试，从而找到从根本上在行业中开展业务的新方式，改变整个行业的逻辑，并成为下一代产品和组织的标准。相反，老牌组织因为如组织惯性、管理流程和一般的路径依赖约束，不太容易进行颠覆型数字化转型。

颠覆型数字化转型并不经常发生，但一旦发生就会彻底改变该行业的格局。一些最成功的全球公司（如Uber、亚马逊、Meta）和中国大市场的赢家（如腾讯、阿里巴巴）都是此类数字化转型取得成功的组织典范。

颠覆型数字化转型的主要目标是通过改变价值创造、交付和/或分配的方式来改变成熟市场的价值主张，使现有产品变得无关紧要。这一努力的出发点是确定正确的问题和最佳用户群（即所谓的滩头市场）以便提供快速和可量化的学习，并在精通技术的早期采用者和谨慎的主流消费者之间架起一座有效的桥梁。采用这种类型的数字化转型的组织从创始人的愿景（对市场需求的想法以及如何满足这种需求的梦想）开始并完全由愿景引导。愿景的力量和公司未来的使命是联合创始人低薪或无薪工作的原因，也是吸引早期员工加入、初始资金、媒体关注和第一批客户的关键因素。

颠覆型数字化转型的典型风险或挑战包括：实验缓慢或失败，没有及时调整想法，过早扩大组织的任何方面，在业务模型得到验证之前建立功能性组织，谨慎管理和及时提供风险资本来推动颠覆。对新的进入者而言，颠覆型数字化转型的后果是有限的，没有什么会受到伤害或失去，因为一开始什么都不存在。联合创始人将获得从失败中学习的经验，风险资本家在投资之前要充分计算风险。

2. 商业模式主导型数字化转型

实施商业模式主导型数字化转型的组织对与竞争行业相关的数字技术的掌握程度较低，而对数字化运营的商业模式准备程度很高。使用这一类型的组织通常面对竞争较大的环境，面临通过转型以求生存的压力。利润率下降和市场萎缩是这类组织转型的主要动力。这类组织的主要关注点是理解经营业务的新逻辑。只有在理解了一种新的商业模式之后，进行商业模式主导型数字化转型的组织才会试图填补技术空白。这类组织主要位于 B2C 行业，并且进入门槛低（如零售、电信）或完全数字化（如消费金融服务、媒体）。例如，飞利浦照明和 Cofely 开始以按勒克斯（Lux：照明单位）付费的方式销售照明，而不是销售装置、灯泡和电力，而米其林则从销售轮胎转向提供性能保证服务。组织进行商业模式主导型数字化转型的主要目标是探索新机遇，发现并连接新资源以丰富现有资源（即产品、人员、平台）并创建新方案，特别是当它们创建的全新的产品和机会成为平台时或有价值的平台插件时。

采用商业模式主导型数字化转型的组织需要高层展示出强有力的领导力，主要体现在授权员工、克服惰性、传达新愿景以及在可能发生的危机中提供支持等方面。组织通过运行"孵化器计划"和"黑客马拉松"以及组织"创新实验室"来寻找初创组织。这些活动是与创业社区和现有孵化器合作完成的。这些活动的目标不是寻找特定的技术，而是广泛地寻找新的、以创业为导向的员工以及可能有助于改变商业模式的技术。在某些情况下，客户一开始还没有准备好转向数字产品和服务，尤其是前数字时代的产品和服务。因此，进行客户教育是必不可少的。

商业模式主导型数字化转型失败的后果可能是灾难性的，特别是如果转型工作起步较晚。在竞争激烈和被破坏的行业中，转型机会的窗口有限，有时甚至没有第二次机会。用埃森哲首席执行官皮埃尔·南特尔梅在 2016 年的讲话来说："数字化是 2000 年以来《财富》500 强中超过一半的公司消失的主要原因。"这些公司中的大多数都适合这种转型类型。针对这类组织数字化转型的改进策略是，尽可能多地从颠覆者那里获取信息。复制、调整、学习任何可能的东西，并利用现有的优势（例如，客户基础、市场份额、品牌、已建立的渠道 / 合作伙伴关系）来竞争和反击。尽快培养开放式创新能力。为客户和员工计划和开展大规模的教育活动，旨在展示数字技术和数字化转型的实际好处。

3. 技术主导型数字化转型

实施技术主导型数字化转型的组织对与竞争环境相关的数字技术的掌握程度很高，而对数字化运营的商业模式准备程度较低。具有这些特征的组织更热切地投资于新技术，它们认为与尝试改变自己的商业模式相比，这条途径风险更小、更可预测且更容易证明其合理性。对以前取得成功的组织来说更是如此。许多 B2B 和一些 B2C 组织，特别是在被认为具有较高进入壁垒的行业（如高等教育、法律服务、医疗保健）或无法将整个运营数字化（如石油 / 矿产开采公司）的行业，都采用这种转型方式。例如，卡特彼勒、小松和通用电气等重型机械制造商为其推土机、涡轮机和其他大型发动机配备了许多不同的传感器，以监测温度、振动和其他条件，以在机械崩溃之前发现故障威胁和实施预防性维护。

技术主导型数字化转型的主要目标是降低成本，并使用新技术更好地利用现有方案中的现有资源。可能的结果是，组织将使用单独的数字技术来解决离散的业务问题，可能会在短期内产生积极的结果，但总体而言改善有限。这类组织的领导层经常采用数字化转型的概念，但在实际行动中则采取规避风险的谨慎行为。主要原因在于没有感受到失败的压力或需要改变的压力。成功的组织，尤其是市场领导者和来自利润率较高行业的组织，需要时间。这一类型的组织通常以拥有混合技能的员工为特征，并由来自前数字时代的无情感、硬技能的专业人士主导，富有创造力和创业精神的员工通常不适合这类组织。

技术主导型数字化转型最常见的风险或挑战是新技术被用于单一目的的最初积极结果可能会被错误地解释为更大价值的承诺，并被视为数字化转型本身。这可能会导致更大的投资，但后来才意识到结果是误报。技术主导型数字化转型失败的后果既不是灾难性的，也不是微不足道的，而是介于两者之间。对来自公有或垄断部门的成功组织来说情况尤其如此。这类组织面对失败必须按时启动备份计划并重新考虑业务模式。这类组织进行数字化转型的改进策略是允许并促进自下而上的方法，授权一部分员工进行非官方、计划外的但可以容忍的实验，从而确定新的途径，而不仅仅是采取以新技术为导向的数字化转型。

4. 以定制为荣型数字化转型

实施以定制为类型数字化转型的组织对数字化运营的商业模式准备程度较低，并且对与组织竞争环境相关的数字技术的掌握程度较低。这类组织的主要特点是它们的关键产品受到客户的重视而采取定制化运行模式：手工制作、人工检查以及专门制造或小批量制造。与颠覆型数字化转型相比，实施以定制为荣型数字化转型的组织认为，生产和销售更多相同产品没有任何价值，自动化没有价值，在生产中替代人工也没有价值。这种类型的组织将传统和手工制作作为卖点，在同质竞争对手的世界中使用极端差异化的竞争战略。这种类型的组织通常是悠久的传统的私有企业或家族企业（如劳力士、劳斯莱斯）。它们完全是 B2C 组织，其商业模式假设客户只接受无机器人和自动化最少的产品，如昂贵的奢侈手表、珠宝、巧克力、西装、鞋子、瓷器和高端汽车等。正如可可·香奈儿（Coco Chanel）的名言："奢侈品是在满足基本需求之后才出现的新需求"。很明显，奢侈品尤其是极端奢侈品不是为了满足人们的需求、而是为了满足欲望，购买它们不是为了提供卓越的功能或符合成本收益比，而是为了满足情感需求或身份的象征。

以定制为荣型数字化转型的主要目标是确定可以数字化和更改的业务部分，而不会危及必须保持的业务核心，如沟通渠道和对输入材料的质量控制。由于购买体验（如包装和处理这些奢侈品）对整体排他性和独特性感知很重要，因此这些公司很少在网上销售，而是试图帮助客户找到最近的零售商。这类组织的数字化努力将集中于传播品牌形象并围绕它讲故事，因为人们不会由于在电视广告上看到过它们的广告而决定购买劳力士手表、克罗克特和琼斯鞋或法贝热彩蛋。采用以定制为荣型数字化转型的公司植根于传统（例如，一个家族的几代人多年来拥有的企业）。它们是中小型企业，品牌是最宝贵的资产，所有创新步骤都极其谨慎。这些特征有利于规避风险的领导风格和员工选择。

由于奢侈品销售将受到千禧一代的显著影响，这种转型的风险或挑战围绕着从前数字用户到数字原生用户的转变。目标受众是否理解其价值主张？它对数字原住民有吸引力吗？如何建立有效的沟通渠道？在以定制为荣的情况下失败的后果既不是灾难性的，也不是微不足道的，而是介于两者之间，超级奢侈品牌尤其如此。这类组织进行数字化转型的改进策略是，通过单独的实体进行实验，与数字原生公司合作，为数字原生代打造奢侈品。不同类型数字化转型的特征对比如表 11-4 所示。

表 11-4　不同类型数字化转型的特征

主要特征	颠覆型	商业模式主导型	技术主导型	以定制为荣型
转型目标	价值主张的最大化	探索新机遇	优化和降低成本	识别可以并且应该数字化的部分
领导类型	愿景引领	愿景引领	风险规避主导	风险规避主导
员工的创造力和创业精神	成功的关键，数字化转型的重点推动力	需求量很大，但通常在公司内部不可用	通常未充分利用，有时甚至适得其反	由于所有创新步骤都非常谨慎地完成，因此需求不高
典型的风险和挑战	实验失败缓慢，过早扩大规模	识别公司知识库的哪些部分是有用和需要的，哪些不是	使用单独的数字技术来解决离散的业务问题	从前数字时代的用户过渡到数字原生用户
失败的后果	最小	很高，可能是致命的	中等	低到中等
改进策略	快速失败，廉价失败	尽可能快地从破坏者那里复制	在选定的情况下允许和促进自下而上的方法	通过与数字原生公司合作进行实验
相关公司	B2C 领域的初创公司占主导地位	主要来自 B2C 领域（如消费金融和保险服务、零售、电信、媒体）	主要来自 B2B 领域（例如，石油和矿产开采公司、重型机械、法律服务、医疗保健）	独家来自 B2C 领域（如昂贵的奢侈手表、珠宝、西装、鞋子、瓷器、汽车的生产商）

资料来源：TEKIC Z, KOROTEEV D From disruptively digital to proudly analog: A holistic typology of digital transformation strategies[J]. Business Horizons, 2019, 62(6): 683-693.

| 视野拓展 11-4 |

四种数字化转型类型的典型代表

1. 颠覆型数字化转型：Tinkoff 银行

俄罗斯的廷科夫银行（Tinkoff）是一家现代化、管理良好的金融机构，专门从事俄罗斯所有地区的消费贷款。它的建立始于创始人的愿景，即在 2006 年建立一家百分之百数字化和无网点银行，并成为世界上最大的完全在线银行。

Tinkoff 银行通过专注于服务数字原生用户并利用数字技术解决他们最常见的问题（例如，排长队、纸莎草纸），改变了俄罗斯的大型金融市场，其通常被认为是保守的、官僚的和国家控制的。

如今，Tinkoff 银行是世界上最赚钱的银行之一，并将自己描述为"拥有银行牌照的科技公司"，因为 70% 的总部员工是 IT 专家，并且大多数业务流程都由机器学习和人工智能提供支持。

2. 商业模式主导型数字化转型：Sberbank 银行

俄罗斯联邦储蓄银行（Sberbank）成立于 1841 年，是俄罗斯最大的国有商业银行，与俄罗斯经济和社会发展息息相关。

在当时的新任首席执行官赫尔曼·格雷夫（Herman Gref）的强有力领导下，Sberbank 银行开始从一家老式的、官僚主义的苏联式银行转变为一家现代国际银行。在面临内部效率低下和新技术到来的同时，该银行受到来自西方的强大竞争对手以及 Tinkoff 银行等本地竞争者的挑战。在成功完成初始转型并遵循最佳国际实践之后，Sberbank 银行现在正在寻求在其核心银行业务之外建立一个生态系统。

3. 技术主导型数字化转型：Gazprom Neft 公司

俄罗斯天然气工业石油公司（Gazprom Neft）是一家垂直整合的石油公司，主要从事油气田的勘探开发、炼油以及石油产品的生产和销售。

Gazprom Neft 公司通过将数字技术大规模运用于传统业务流程，例如利用模式识别工具来处理地震图像和测井记录，利用基于机器学习的分类器来优化定向钻井，利用人工智能辅助工具来快速建模油藏开发，大大降低了其面临的风险和成本。

4. 以定制为荣型数字化转型：Burberry 集团

Burberry 是来自英国伦敦的国际奢侈品牌，隶属于 Burberry 集团，其目前业务范围涵盖服装、皮具、配饰、香水以及美妆等。为更好地满足消费者的需求，持续提供更具吸引力的产品和品牌体验，营销渠道的数字创新一直是 Burberry 的核心战略。

2020 年 7 月 31 日，Burberry 将其在数字创新方面的探索在中国进行落地，并于深圳开设全球奢侈品行业首家社交零售店"Burberry 空·间"。该店以"畅享当下，走进未来"为理念，将社交平台的互动体验融入实体零售场景中，旨在为消费者带来数字化的沉浸式零售体验。

店内被分成了 10 个不同的空间，每个空间都融入了独特的设计理念。消费者可以在这些空间中尽情探索，与品牌和产品充分互动。同时，在腾讯的技术支持下，Burberry 开发了"Burberry 空·间"微信小程序，作为消费者的专属线上伙伴。他们可以通过小程序解锁独家内容和个性化体验，并与好友进行分享。

资料来源：TEKIC Z, KOROTEEV D. From disruptively digital to proudly analog: A holistic typology of digital transformation strategies[J]. Business Horizons, 2019, 62(6): 683-693；中国商务新闻网. 博柏利：数字创新，让奢侈品零售更具"社交"范. 改编人：曹琳君。

（二）基于转型转变类型和战略导向的数字化转型类型划分

依据数字化转型转变类型（探索与利用）与战略导向（响应与塑造）两个维度，可以将数字化转型分为四类：整体型、促进型、定向型与互联型（见图 11-9）。

图 11-9 依据转型强度和范围的数字化转型类型划分

资料来源：VOLBERDA H W, KHANAGHA S, BADEN-FULLER C, et al. Strategizing in a digital world: Overcoming cognitive barriers, reconfiguring routines and introducing new organizational forms[J]. Long Range Planning, 2021, 54(5): 102110.

1. 整体型（探索和主导）

进行整体型数字化转型的组织通过变革塑造生态系统，其组织特征包括变革型领导、坚定的中高层管理人员、创新的文化、注重内部知识、关注动态的外部环境和经常变化的内部组织身份。这种积极主动的数字化转型需要创建新的认知方案、开发全新的组织惯例以及重新设计组织结构，涉及所有职权、层级的组织转型。亚马逊就经历了这样一段旅程，它通过采用广泛的其他商业模式组合来塑造和扩展其生态系统并改变其原有的在线图书销售商业模式并随着时间的推移利用客户群体之间的协同效应。

2. 促进型（探索和连接）

进行促进型数字化转型的组织通过升级新客户或互补者来适应生态系统，其组织特征包括变革型领导；坚定的高层和一线管理人员；创新的、以客户为导向的文化；注重对外部知识的吸收；处于动态的外部环境，具有不断变化的外部组织身份，数字化转型以升级响应组织全新的客户为中心。从 2014 年萨蒂亚·纳德拉（Satya Nadella）接任 CEO 开始，微软就是一家踏上这样转型之旅的公司，在这一转变中，微软通过发展与新客户和互补者的关系，从提供传统软件（即其 Windows 操作系统和 Office 生产力套件）转向云网络系统。加拿大法语报纸 *La Presse* 也经历了促进数字迁移的过程。*La Presse* 为了吸引不同的年轻客户群，通过引入新闻应用程序和在线平台（La Presse+）来提供更多定制机会（例如，特定文章和广告）。此外，停止了纸质印刷版也使 *La Presse* 转变为第一家百分百数字化的日报，并最终成为加拿大新闻和媒体行业的数字化领导者。

3. 定向型（利用和改善）

进行定向型数字化转型的组织通过进化变革塑造生态系统，其组织特征包括：交易型领导；坚定的高层管理人员；较少创新的文化；注重内部知识吸收；处于竞争激烈的外部环境，具有强大的内部组织认同。世界上最大的啤酒制造商 AB Inbev 就是这种转型之旅的典范，AB Inbev 正在其创新实验室 Beer Garage 中试验数字技术，以寻找可以使用人工智能、物联网或机器学习与其生态系统合作伙伴（例如啤酒厂、零售商和客户）互动的方法，并创造与他们联系的新方式。宜家作为实体零售商也是这种旅程的代表。它 2009 年才开始在网上销售。这些变化是由高层管理人员推动的。通过一系列小的、渐进的变化，宜家成为一个兼具线下和线上销售的多渠道品牌并推出了一个独立的电子商务平台（Beerwulf），以直接与最终客户互动并减少公司对强大零售商的依赖。

4. 互联型（利用和连接）

进行互联型数字化转型的组织通过加强与现有客户或互补者的联系来适应生态系统，其组织特征包括交易型领导；坚定的高层管理人员；以客户为导向的文化；注重外部知识吸收；处于高水平的竞争压力和具有强大的外部组织认同。通过加强组织与现有客户的联系，组织的认知框架、惯例和组织结构得到了显著改善。在这种类型的数字化转型中，互联与交流知识尤为重要，百思买公司就是例子。该公司在七年的时间里使用数字技术加深与现有客户的关系，以应对亚马逊等数字零售商的崛起引起的生态系统变化。

(三) 基于数字技术应用方式的数字化转型类型划分

基于数字技术应用方式的差异，数字化转型可以分为运营型和战略型。运营型数字化转型强调数字技术在组织流程和系统中的应用，以实现卓越的运营绩效。在转型过程中，组织的战略目标集中于运营效率的提高、组织流程的优化、客户关系管理能力的改善和供应链协调能力的增强。这类数字化转型的重点是组织如何通过植根于数字技术的可重编程性、数字技术的自我引用性和数据同质化，为将数字组件嵌入物理组件和组织流程创造机会。组织应用各种数字技术来构建基础设施是这类转型的重要体现，例如，数字化生产和工厂自动化、虚拟化和远程办公、智能供应链等。实施运营型数字化转型的组织通常来自制造业、零售业等注重内部运营效率和成本控制的行业。在转型过程中，运营型数字化转型遇到的挑战主要来自技术选型和整合困难，数据安全和隐私保护及员工接受度和培训寻求的复杂性。为了推动运营型数字化转型，首先，组织应进行充分的前期规划，明确技术需求和目标，选择合适的技术解决方案，并进行有效的整合和测试。其次，组织应加强数据安全措施，建立隐私保护政策和流程，并确保员工的合规意识和教育。最后，组织应提供充足的培训和支持，帮助员工适应数字化环境，推广数字技术的优势。

战略型数字化转型认为组织的数字化转型不只是数字技术对组织流程的嵌入，还要在组织内进行更广泛的变革以创造价值，包括流程和系统、协作方法、商业模式和组织文化等为适应数字化商业环境而重塑。在转型过程中，组织受市场驱动，以顾客为导向，战略目标通常聚焦于新商业机会的探索、业务模式的创新和市场竞争力的保持。启动战略型数字化转型的组织可能会改变其商业模式以创造和获取数字价值，例如开发新的数字化产品和服务，试验新的共享商业模式，通过收购及内包投资和建设关键的数字化能力，并使其投资与组织的愿景保持一致。实施战略型数字化转型的组织通常来自银行和金融服务业、教育和培训业、媒体和娱乐业等以顾客为导向，注重个性化、灵活化服务内容的行业。在转型过程中，战略型数字化转型面临的挑战主要包括市场定位和商业模式创新的不确定性，内部组织结构和流程改变的复杂性，资源投入和风险管理的平衡以及竞争激烈的市场环境。为了应对这些挑战，首先，组织应加强创新能力和敏捷性，推动组织变革。其次，组织应注重用户体验和个性化需求，建立数字化产品开发方法并确保数字安全和隐私保护，增强信任度。最后，组织应与合作伙伴共创共赢，拓展数字化业务生态系统。

二、数字化转型路径

(一) 基于整体阶段迭代的数字化转型路径

依据企业战略、关注目标和组织结构的不同，企业的数字化转型路径依次分为信息电子化阶段、数字化阶段和数字化转型阶段。

(1) 信息电子化阶段：企业数字化战略以产品为主导逻辑，强调市场渗透、市场开放和产品研究，以传统的关键绩效指标（KPI）、资产回报率（ROA）作为绩效考核指标，以节约成本和高效部署资源为战略目标，组织大多采用传统的自上而下的层级结构。

(2) 数字化阶段：组织开始推进平台建设，强调平台化市场渗透、共创平台，实现价值共创。在评估战略效果时，不仅关注传统的 KPI、ROA 等指标，也关注用户体验和活跃用户数量。在设定战略目标时，既注重降本增效，也追求通过业务流程重新设计提高生产效率并增强客户体验。在此阶段，组织开始具有与数字化相关的独立、敏捷的业务部门，以快速响应持续的数字变化。

（3）数字化转型阶段：此阶段以平台多元化作为企业新的战略增长点，通过新产品在未开发的市场中创造额外的增长，包括扩展平台以服务于新市场，更新产品和服务分类，并通过与其他参与者合作，共同创造价值。在评估战略效果时，侧重数字 KPI、数字份额和共同创造者情绪。在设定战略目标时，追求新的成本收入模式并重新编排资产以开发新的业务模式。此阶段的组织结构更加灵活，各部门内部也开始有数据功能，IT 部门从专注于实现通信或数据流的直线职能转变为更积极主动和协调的角色，通过快速和探索性的响应来支持数字价值创造，分析即服务（AaaS）功能日益凸显。从人力资源管理的角度来看，数字化转型意味着吸引具有数字化和分析技能的员工，拥有这些技能的人可能会取代现有的劳动力。

（二）基于主动性划分的数字化转型路径

根据企业进行数字化转型的主动性不同，基于企业配置价值创造、组织设计和组织障碍的方式，企业的数字化转型战略路径可以分为基于一系列组合投资和并购策略的进攻型路径和依赖于企业数字能力的有机增长的防御型路径（见表 11-5）。

表 11-5　数字化转型的防御和进攻型路径

数字化转型路径	价值创造路径	组织设计	组织障碍	举例
进攻型数字化转型路径	积极为（新）市场提供新价值：投资或收购为新市场提供新数字产品的初创企业；从被收购的初创企业转移资源，实现现有业务的数字化	利用组合投资和并购来获取新的和扩展不同于现有业务的数字化资源，并制定采购经理指数（PMI）战略来转移资源	通过远程探索和开发过程来避免阻力，同时慢慢整合文化和价值观	自 2012 年以来，高盛收购了一些数字初创企业，以确保该行紧跟最新的金融技术创新，并能向新客户提供新的金融科技产品。2017 年，高盛推出了数字消费银行产品 Marcus
防御型数字化转型路径	循序渐进的价值创造过程：专注于新旧市场现有产品的数字化；在现有市场开发新的数字化产品；在新市场推出新产品，实现多样化	在开发双元结构、为新市场提供新价值之前，先将数字化的出色运作引入现有结构中	在整个组织中发展数字组织文化和数字化技能	2000 年，Netflix 为了分析 DVD 租赁模式，推出了 Cinematch，并开始了数字化。2007 年，该公司针对现有客户和新客户推出了电影流媒体服务（新产品）

资料来源：MARGIONO A. Digital transformation: Setting the pace[J]. Journal of Business Strategy, 2020: 10. 1108.

（1）进攻型数字化转型路径：市场中出现的颠覆型进入者所造成的敌对环境往往迫使现有组织变得咄咄逼人而迅速推出进攻性战略，来确保行业领导者的地位。进攻型数字化转型路径使企业能够立即向新市场提供新产品，并与新兴竞争对手展开正面交锋。它们将传统价值观与向市场提供的新价值观区分开来，使用组合投资和并购策略，以确保迅速获得新的资源、在颠覆性环境中竞争，例如高盛推出了数字消费银行产品。

（2）防御型数字化转型路径：面对颠覆性初创企业的进入或市场竞争对手的存在可能会带来的不利环境，许多组织倾向于采取防御型数字化转型路径，在转型为完全成熟的数字化组织之前，通过对现有产品的数字化来"保卫"和服务现有市场。一旦它们有机地开发出足够的数字资源，这些组织就会使产品多样化，并为新市场提供新的价值。在这个阶段，这些组织可能不再提供传统产品，例如 Netflix 从 Cinematch 到电影流媒体服务的推出。

（三）再国际化进程中的数字化转型路径

与原生数字组织的灵活性相比，成熟的国际中小企业由于资源限制，后期数字化转型的要求可能更高。数字化转型的再国际化者可能面临更多挑战。针对如何在再国际化进程中进行数字化转型，Yu（2022）[1]提出四条具体路径。

1. 路径1：完整的再国际化

在数据化转型过程中，它们主要经历三个阶段：战略数字化转型探索、战略数字化转型扩展以及与战略转型和新产品开发综合应用。

（1）战略数字化转型探索。在这个阶段，组织通常缺乏与其数字化转型相关的专有技术，克服这些数字化转型知识差距的努力占用了组织的现有资源而推迟了新产品计划。此时，组织通常会决定启动广泛的数字化转型行动，例如，引入智能工作系统（Weaver E-Office）以降低各国之间的日常沟通与协作成本、提高生产和财务管理的效率等。在此情况下，应对数字化转型挑战既耗费资源又耗费时间，并且没有任何额外变化的空间。因此，组织通常只是重新进入以前退出的海外市场而推迟新海外市场的扩张。这样管理团队和员工不会因开发新产品和熟悉新的地理市场而分心，从而可以专注于应对数字化转型挑战。

（2）战略数字化转型扩展。尽管该阶段的学习任务有所不同，但信息过载和信息孤岛仍然是主要问题。组织通常探索最佳的数字集成选项并提升数字国际业务能力，例如，通过持续更新和开发最佳的数字集成实践，能够重新进入先前的海外市场，并同时开拓新的海外市场。此时虽然员工已熟悉了数字化应用，但新的海外市场扩张带来新挑战，这给公司带来了更多的学习任务。组织将专注于海外市场扩张，同时优化数字基础设施。新的海外市场扩张为组织提供了测试和优化各国的数字基础设施的机会。在评估其现有资源和能力后，管理团队决定再次推迟新产品开发。

（3）战略转型和新产品开发综合应用。在此阶段，组织将重点转移到新产品探索上，同时继续拓展新的海外市场。组织在拓展海外市场的同时不断扩展其数字网络，这促进了与外国研发网络的联系。这些合作伙伴可以支持新服务的推出和创新理念。组织的数字化部门与其他部门建立了适当的协作模式，可以管理来自外部的大量数据流。数字化管理能力的积累和统一的数字化基础设施使组织能够更有效地应对各国的新机遇和当地需求变化，从而确保新服务的成功推出和快速的商业化。

2. 路径2：优先产品开发的再国际化

路径2的行动者经历三个阶段：新产品开发、战略数字化转型探索以及战略数字化转型和新产品开发的综合应用。

---

[1] Yu H, Fletcher M, Buck T. Managing digital transformation during re-internationalization: Trajectories and implications for performance[J]. Journal of International Management, 2022, 28(4): 100947.

（1）新产品开发阶段。组织专注于利用其以前的网络和合作伙伴的新产品重新进入以前的海外市场，同时也拓展新的海外市场。由于数字化转型和新产品开发的财务约束，组织通常采取保守的方法，仅出于运营目的从数字应用开始，降低创新成本并提高新产品开发效率。此外，在投资者和竞争对手带来的压力下，推出新产品并从中受益是这一阶段配置组织资源的首要任务。

（2）战略数字化转型探索。在恢复国际销售后，组织通常更加重视扩展和巩固其数字化转型。例如，引入包括云和区块链技术在内的智能制造协作平台，以确保效率和质量，保证流程对外国客户可见，并改善各国部门之间的连通性。同时，组织将加大力度对员工进行数字化培训，但这将产生额外的学习和协调工作量。在这一阶段，组织试图构建国际数字化能力，以应对战略数字化转型带来的挑战。探索新的数字化商业模式，缩小数字化能力差距，推动新的数字化业务并推进数字化融合。此时，组织通常会限制其海外市场的扩张而专注于特定市场。

（3）战略数字化转型和新产品开发的综合应用。在该阶段，组织在管理数字化国际业务方面积累了足够的经验，能够建立有效的内部数字化基础设施，高管团队通常会在新的海外市场扩张中得益于这种数字化基础设施。尽管新海外市场的数字商业环境和法规有所不同，但组织可以比竞争对手更快地学习和适应新机遇。此外，良好集成的数字化基础设施通过扩展的虚拟网络使组织与外国合作伙伴建立联系，提高了组织对外部变化的响应能力并加快了新服务的开发，从而实现了完全的再国际化。

3. 路径3：部分再国际化

部分再国际化者通常在重新国际化之初就同时追求新产品开发和组织数字化转型，因此往往面临资源约束及其导致的绩效不佳，因而它们在重新国际化的过程中倾向于通过缩减数字化转型工作内容来降低管理战略数字化转型和新产品开发的复杂性。这一过程具体表现为三个阶段：数字化转型与新产品开发并进、数字化转型计划暂停和数字化转型计划退出。

（1）数字化转型与新产品开发并进。在该阶段，组织在战略层面实施数字化转型并由传统的交易模式完全转变为数字服务提供商，以此作为重新进入早期市场以及新市场的一种方式。这一时期的组织必须迅速学习和了解不同国家的数字市场和商业知识，包括数据保护和隐私政策，建立数字销售基础设施以提高潜在客户的服务价值，与客户进行数字互动，以及将其服务范围和做法本地化。此时数字化举措的实施不仅占用大量企业资源，也对发展组织内所需的数字化技能及数字化协调能力产生较大需求。然而由于大多数员工不仅缺乏基本的数字技能，而且员工与外部合作伙伴之间的虚拟协作方式也使服务设计过程变得日益复杂。此时高管团队决定从他们难以掌控的新海外市场中退后一步，并重新关注以前有经验的海外市场（即在重新国际化之前）。

（2）数字化转型计划暂停。在该阶段，组织理论上应投入更多精力来探索可能的解决方案并创造数字化转型和再国际化的协同效应。但由于大部分员工已经因过于频繁的重大变化而筋疲力尽，组织在该阶段无法保持应对与数字化转型相关的挑战的注意力，也没有时间积累应对数字化转型后整合所需的经验和能力，因此组织通常会停止对数字化转型的新投资，仅维持现有的数字化转型活动来恢复和稳定业绩。为了实现这一目标，组织在加强海外市场恢复的同时，也需要利用这个暂停期间加强内部数字化能力及变革管理能力的培养。

（3）数字化转型计划退出。此阶段组织通常会重新启动海外市场的扩张，但保持了较少的数字应用程序作为提高运营效率以降低复杂性的支持工具。此时数字服务仅作为对客户的偶尔价值主张而保留下来,不再是整体战略愿景。在这一时期,组织恢复了早期的商业模式,生产新的仪器和新的便携式设备,并略微提高了国际销售额。

4. 路径4:部分再国际化中运营数字化转型

区分于选择其他转型路径的组织会经历多个数字化转型阶段,在重新国际化期间选择路径4的组织通常只关注运营环节的数字化转型。这些组织应用数字技术改变对海外市场的理解,并通过在对部分业务进行重新国际化过程中的运营数字化转型完善其核心产品以提高产品细化的效率。例如,组织引进数字化系统并将云优化软件应用于其生产线,以优化库存、提高生产力进而降低生产成本。同时借助新引进的数字系统,组织能更快响应国际市场客户的需求。因此,该路径被称为部分再国际化中运营数字化转型。组织选择该路径通常是由于其过于保守的反应的惯性效应。但这会掩盖其现有产品的潜在问题并阻碍新产品的开发。尽管选择该路径的大部分组织能够认识到核心产品过时产生的风险,但它们通常有意避免战略数字化转型与新产品开发之间的紧张关系,并只专注部署数字技术以降低现有产品的成本,而不是试图利用数字投资来扩大其业务范围。因此,尽管运营数字化转型能帮助这些组织改善部分再国际化后的业绩,但难使它们恢复到以前国际化时的水平。此外,由于选择该路径的组织既没有意识到数字化转型的全部潜力,也没有积累必要的数字能力来参与国际竞争,因此它们缺乏基础的国际数字能力以抓住新兴机遇。

(四)基于战略演变的数字化转型路径

数字化转型的成功始于明确的战略,制定与组织外部数字化环境和内部数字化转型需求相匹配的数字化战略是一个动态过程,组织需要根据业务需求和数字技术的持续反馈调整数字化战略。基于动态能力视角,可以将组织的数字化战略迭代分为被动接受阶段、连接阶段、沉浸阶段、融合阶段和转型阶段五个阶段(见图11-10)。

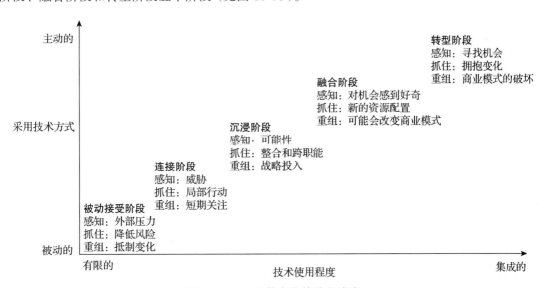

图 11-10 企业数字化战略的演变

资料来源:CANHOTO A I, QUINTON S, PERA R, et al. Digital strategy aligning in SMEs: A dynamic capabilities perspective[J]. The Journal of Strategic Information Systems, 2021, 30(3): 101682.

（1）被动接受阶段。组织的数字化战略的制定完全由外部压力和必须遵守的规则驱动，没有为了组织利益而调整战略，使其符合企业数字化技能、决策和业务的需求。在数字化战略的制定和执行中，组织对于数字技术的使用并没有超越工具的本地化使用，没有正式的计划，没有系统地使用指标，没有针对数字活动的具体预算。

（2）连接阶段。组织认可数字技术采用的合理性，并将其作为应对环境中感知威胁的一种手段。在数字化战略的制定和执行中，组织会临时、自愿地使用一些工具开展内外部活动，开始在数字工具方面进行投资，来提高生产力、流程效率。例如，云服务允许员工随时随地远程访问关键文档，而企业资源规划（ERP）系统有助于减少错误。此外，组织会注重跨社交媒体平台的链接内容或将电子商务与内部系统连接起来以实现确定的目的。例如，一家意大利公司（Freddy S. p. A）创建了一个在线空间供客户提问，并将此信息与产品数据库和通信团队的信息相关联。

（3）沉浸阶段。组织对数字技术的复杂使用以及业务与技术间相互依存的关系日益增长。在数字化战略的制定和执行中，组织抓住整合系统的机会，注意到数字技术的价值（如增强用户体验，实现灵活工作的形式等），通过吸引员工和流程集成来实施数字化战略，并开始投资于第三方解决方案以改善服务。这一阶段，组织有专门的员工负责某些数字活动，例如云系统，以协助实施一致性。组织通过实施内部沟通计划来支持数字工具的使用与推广，员工亦将数字技术视为业绩提升的积极力量。

（4）融合阶段。管理层将数字技术视为超越公司定义与完善环境的一种手段，通过广泛使用数字工具来实现业务目标，并对业务重组持开放态度。在数字化战略的制定和执行中，组织会有意识地寻求机会，利用数字技术来增加灵活性，并部署资源（财力和人力）来支持数字化投资。例如，它们探索获取实时数据的方法，加速分析现有数据集，并将任何见解用于战略决策。这一阶段，数字技术和战略目标表现出一致性。组织内嵌入多个数字渠道和技术，通过新技术的试验和衡量来支持创新并相应调整业务活动。例如，公司通过使用数字通信技术来接触国际业务受众，通过数字控制激光切割材料实现先进的制造，以及通过社交媒体培训本地安装人员，并最终实现更广泛的国际化业务战略。因此，在融合阶段，数字化转型通常由高层主导并鼓励新资源配置的获取和实施，从而提升了公司重组的潜力。

（5）转型阶段。组织应用数字技术来实现业务重组并且已经拥有识别机会、利用机会的文化。技术已经成为组织的第二天性，非数字活动和数字活动之间已经没有显著区别。在数字化战略的制定与执行中，组织通过使用数字技术积极适应市场变化。例如，它们让客户参与新产品的开发，并寻求他们的反馈。对变革的开放态度不仅在支持数字化转型的高管身上很明显，在各个职能的员工身上也很明显。这一阶段，数字化战略与业务需求表现出高度的一致性。

三、数字化转型策略

1. 应对环境张力的数字化转型策略

依据工业企业应对数字化转型环境张力的选择组合将数字化转型策略分为爆炸性策略、坚定性策略、分布式策略和被动性策略（见图11-11）。

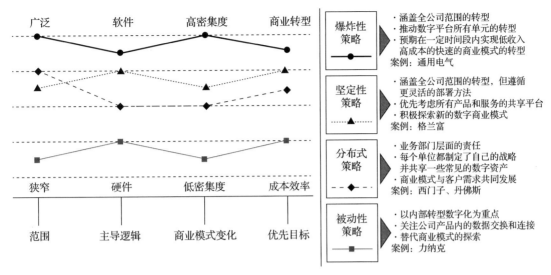

图 11-11　应对环境张力的四种数字化转型策略

资料来源：DANUSO A, GIONES F, DA SILVA E R. The digital transformation of industrial players[J]. Business Horizons, 2022, 65(3). 341-349.

（1）爆炸性策略。爆炸性策略是一种广泛的数字化转型方法，其举措涵盖并影响整个公司。其战略重点是推进软件开发逻辑、加快数字化创新、加快新产品和服务的上市速度。策略实施需要对数字能力进行大量投资，快速吸收数字爆炸的能量并将其转化为跨业务部门的有价值的产品和服务。否则，爆炸性策略将使组织面临整个系统过载、业务部门断开连接的风险，就像通用电气发生的那样。

（2）坚定性策略。坚定性策略遵循灵活的部署方法，意味着面临连接的巨大压力，即确保所有产品和服务共享相同的数字平台和数据标准。尽管此策略可能会损害已建立的收入流，但选择此策略的组织将通过坚定而果断的努力来试验数字商业模式创新（基于服务的产品）。坚定性策略允许更平滑但更慢的过渡，既促进软件逻辑又能避免组织被破坏。

（3）分布式策略。分布式策略旨在推进整个组织的数字化转型，但组织采用分布式策略需要将控制权委托给业务部门或其他部门，每个部门都遵循自己的转型步伐，测试新的数字业务模式并从市场反应中学习，这是一个较慢的转型过程。在这个过程中，一些潜在的跨业务部门协同消失了，但业务部门级别的灵活性得以保留。例如西门子和丹佛斯以分布式策略推进数字化转型。

（4）被动性策略。被动性策略是一种高度专业化的、高度聚焦的组织行动，不会影响组织战略层面的其他优先事项。这意味着优先构建数字技术的内部应用案例，然后了解这些技术如何丰富产品组合的价值主张，最后响应明确的客户需求，整合额外的数字功能和创新。被动性策略适合对价格高度敏感且其客户对数字化解决方案尚未提出明确诉求的工业组织。

关于组织如何选择合适的数字化转型策略，Anna Danusoa 等提出三条策略选择的指导性原则：确定组织对数字化转型的准备情况，评估公司经营所在的工业市场或垂直领域的异质性，监控行业中新进入者的威胁。

2. 基于商业模式－价值维度创新的数字化转型策略

数字技术的快速发展在创造了新的商业机会的同时，也对公司运营的基本机制产生影响。

企业要想应对数字化转型带来的挑战，就必须进行商业模式创新。基于商业模式－价值维度创新的数字化转型主要包括四个环节（见图 11-12）：在启动数字化商业模式创新之前进行战略准备维度；创新商业模式的价值主张维度；创新商业模式的价值创造维度和创新商业模式创新的价值获取维度。

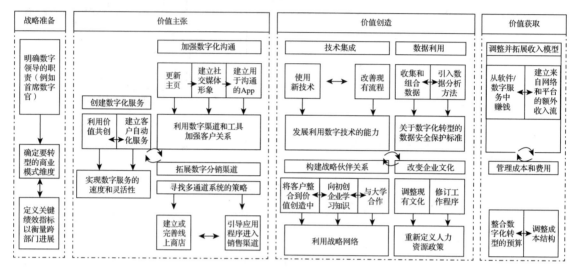

图 11-12　基于商业模式－价值维度创新的数字化转型策略模型

资料来源：KLOS C, SPIETH P, CLAUSS T, et al. Digital transformation of incumbent firms: A business model innovation perspective[J]. IEEE Transactions on Engineering Management, 2021: 10. 1109.

（1）战略准备。创新生态系统连通性的商业模式需要新的战略规划方法和明确的责任分配。由于变革的复杂性和内部阻力，数字化商业模式创新需要得到最高管理层的坚定支持，因此在启动商业模式创新策略之前，组织首先应该明确领导的职责，例如引入首席数字官（CDO）的职位，在此基础上明确商业模式创新的关键价值维度、确定关键绩效指标以推进跨部门合作。

（2）价值主张。价值主张维度包含一系列针对客户的解决方案，以及如何为客户提供解决方案的数字化服务方案。在数字化转型过程中组织应该利用数字技术创建数字化服务，加强与顾客的数字化沟通并拓展数字化分销渠道。

（3）价值创造。价值创造维度定义了企业如何以及通过什么方式利用组织内外的资源与能力在价值链上创造价值。数字技术的采用有助于组织的流程自动化，并帮助组织将客户融入组织的价值创造中。在数字化转型过程中组织将专注于集成数字技术、数据处理，以及通过合作伙伴在内外部建立相关能力，并调整现有企业文化，修订工作程序，重新定义人力资源政策，为推进数字化转型提供保障。

（4）价值获取。价值获取定义了价值主张如何转化为收入，即企业如何获得覆盖成本的收入并实现可持续绩效的利润。在数字化转型过程中组织应该设计正确的价值获取方法，定义新的收入模型和新的成本结构。收入模式的变化来自基于数字服务产生的额外销售带来的额外收入。在定义新的收入模式时，需要妥善应对"互联网的免费心态"带来的问题。此外，由于数字化工作的收入往往不确定或难以量化，数字倡议的全部潜力并不总是能被有效地捕获，因此企业必须关注成本。

3. 基于商业模式 – 业务流程创新的数字化转型策略

在数字化转型过程中，作为组织管理核心的业务流程会受到数字技术带来的冲击而发生重组。从创新商业模式的业务流程视角解析组织数字化转型策略，主要包括六项工作（见图11-13）：明确数字化转型战略范围、正确管理数据、更新专业角色、建立合作伙伴关系、进行数字化转型后的活动、任务和服务和客户管理。

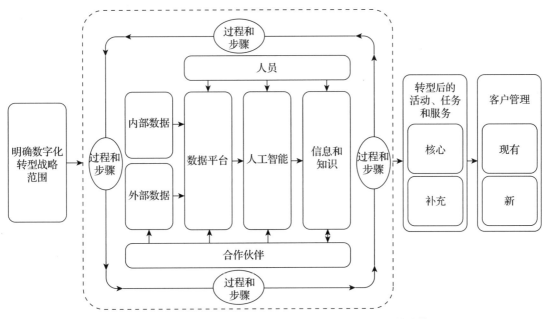

图 11-13 基于商业模式 – 业务流程创新的数字化转型策略模型

资料来源：CORREANI A, DE MASSIS A, FRATTINI F, et al. Implementing a digital strategy: Learning from the experience of three digital transformation projects[J]. California Management Review, 2020, 62(4) : 37-56.

（1）明确数字化转型战略范围。为了有效管理数字化转型并避免低效率，组织必须清楚地记住数字化转型战略的实施范围。这是定义组织如何为客户创造价值的基石。战略范围是在战略制定过程中形成战略目标的基础上确定的，明确战略范围有利于数字化战略的制定与战略实施的衔接。

（2）正确管理数据。组织需要通过内部数据（例如，使用物联网设备来保证所售产品的连续数据流）或通过与外部来源（如正式合作伙伴关系）建立可靠的协议来确保对数据源的访问。数据通常通过数据平台传输，通过该平台生成产品和所有软件即服务（SaaS）和平台即服务（PaaS），然后推送给更大生态系统中的终端客户和其他参与者。此外，业务的各个领域应该都可以访问数据，并通过数据挖掘和AI模型实验或通过支持业务应用程序和运营的数据服务来创造价值。在此过程中，数字商业模式应定义将数据转换为信息并最终生成可用于为客户创造价值的知识所需的特定AI策略和能力。

（3）更新专业角色。数字化转型需要彻底改变组织的运营和业务模式。为此，组织需要新的专业角色，首先需要定义新的管理角色来推动转型（例如，首席数字官），同时要求员工具备特定的技能与能力以抓住数字技术创造的机会。

（4）建立合作伙伴关系。组织的数字化转型将会导致其核心能力发生根本性变化，因此需要与过去截然不同的知识和能力，而广泛的合作网络可以支持组织获取对实施数字化转型战略至关重要的新数据、知识和能力。

（5）进行数字化转型后的活动、任务和服务。组织使用信息与知识来执行核心活动、任务和提供服务，通过创造、分配新的价值进一步支持了互补活动、任务和服务的产生。例如，Vodafone 公司的数字化转型的目标是重新定义公司倾听和理解最终客户的方式。这些信息用于在客户服务方面训练人工智能并提供认知服务。随着核心业务的转型，数字化转型也为 Vodafone 提供了利用新的、深入的客户知识来提供个性化产品和服务的机会。

（6）客户管理。数字化转型过程中，组织既需要加强与现有客户群的关系，使这些关系更加有价值，也需要增加新客户。

4. 基于动态能力构建的数字化转型策略

动态能力被认为是帮助组织快速感知外部环境变化，抓住机会并完成组织模式转变的重要能力。在动态能力理论基础上，卡尔·沃纳（Karl Warner）等提出组织如何为实现数字化转型构建动态能力的策略模型（见图11-14）：为应对外部环境中破坏性的数字化竞争者、破坏性的数字技术和不断变化的消费者行为，组织应该建立数字化感知能力、数字化捕捉能力和数字化转型能力。

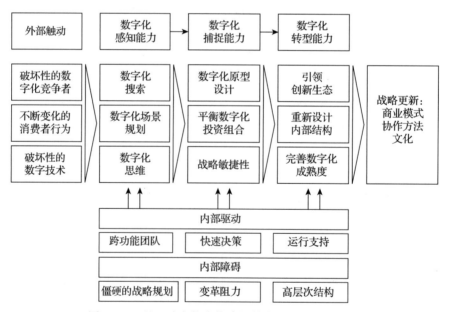

图 11-14 基于动态能力构建的数字化转型策略模型

资料来源：WARNER K S, WÄGER M. Building dynamic capabilities for digital transformation: An ongoing process of strategic renewal[J]. Long range planning, 2019, 52(3): 326-349.

（1）建立数字化感知能力。现有组织需要感知能力来扫描外部环境以寻找可能破坏组织的意外趋势。然而，数字技术的进步挑战了传统的战略制定方法，组织需要在数字场景规划和数字侦察方面开发新功能，以查明新技术、客户和基于竞争对手的趋势。为了在数字侦察和数字场景规划中建立数字化感知能力，组织应该进行数字化思维方式的塑造。

（2）建立数字化捕捉能力。为了应对数字技术的颠覆性影响，组织要对数字化信息怀有强烈的意向和愿望，能从多种渠道获取所需的数字技术及信息，建立起数字化捕捉能力，打造新的商业模式。在此过程中，组织应注重快速原型设计的重要性，为了平衡投资组合，新的商业模式创新必须与现有的基于产品的商业模式相平衡。此外，战略敏捷性是现有组织抓住最新趋势并避免潜在生存威胁的关键动态能力。因此，组织必须学会专注于制定战略行动并且根据环境变化不断调整战略导向。

（3）建立数字化转型能力。组织执行数字化战略需要建立数字化转型能力来实现战略变革的全部潜力。在建立数字化转型能力过程中，组织需要重新设计内部结构，完善数字成熟度。此外，组织应引领创新生态进而从根本上满足客户需求。

| 视野拓展 11-5 |

面向未来的数字化转型：伊利用数字化思维引领健康食品行业

"数字化"对许多人来说似乎颇为高深，但在伊利牧场饲养员老孙眼里，数字化是很接地气的事情，因为它可以告诉他哪些奶牛最近食欲欠佳，哪些奶牛最近产奶量出现异常。老孙所使用的数字化系统，可以连接到牛耳上的耳标识别系统，从而读出牛的健康档案，并在此基础上做到个性化检测和精准饲养，从源头保证产品品质，这就是"数字伊利"在做的事：把数字技术应用在养殖、运输、生产、流通、消费等各个环节。

疫情过后，有助于提升免疫力的高蛋白乳制品备受追捧。智慧溯源、智能制造、在线消费等数字化模式，是食品企业高质量发展的大势所趋。作为乳业龙头的伊利集团，为实现2030年"全球乳业第一，全球健康食品五强"的集团战略目标，正以消费者为中心，通过推进面向未来的数字化转型战略以更好满足消费者健康食品需求和持续提升消费体验，为各行业尤其是实体企业打造未来数字企业提供借鉴和经验。

数字化战略：以消费者为中心的前瞻性转型

《哈佛商业评论》的诸多著述及麦肯锡相关研究都提到，在渠道平台崛起、商品服务丰富的当下，成功的企业必须以消费者为中心，精准把脉消费者心理和行为，并满足其需求。未来的数字企业需以消费者为中心重构生产、销售和服务的逻辑和链条，重新确定企业在生态圈中的位置。

作为行业龙头，伊利敏锐感知到社会环境变化和消费者生活方式变化，随着国家创新战略的持续推进和消费者数字化生活方式的不断加深，2019年，伊利顺势而行，编制数字化战略和加速推进数字化转型战略落地。早在2017年国务院发布《关于深化"互联网+先进制造"发展工业互联网的指导意见》时，伊利主导的乳业"智能制造标准研究"项目就获得国家批准实施，填补了中国乳业智能工厂建设标准空白。

伊利是工信部颁布的首批"互联网与工业融合创新试点企业"、第一批智能制造试点示范企业、第一批两化融合贯标企业。伊利搭建了覆盖数千个数据源、全网有效数据覆盖90%以上的大数据雷达平台,实时利用大数据洞察消费者深层次需求。

2019年,伊利集团董事长潘刚提出构建"全球健康生态圈"理念。作为"生态圈"建设的重要部分,伊利快速推进数字化转型战略,成立了独立的数字化转型赋能部门——数字化中心,旨在从基因上将伊利转型升级为未来数字化原生组织,为进一步引领全面消费升级的需求和趋势奠定了坚实的基础(见图11-15)。

图11-15 伊利集团液态奶生产基地车间里智能机器正在进行产品码垛

数字化人才:重在组织能力重构升级和数字化思维培育

为了打造真正面向未来的数字化组织,伊利在进行数字化战略规划时,以业务战略目标实现为导向,各事业部和总部职能部门深度参与,让每个业务单位和关键岗位分析自己需要哪些机制和创新模式来搭建和提升组织数字化能力,并在各部门间进行横向协同。

经过多年信息化建设,伊利构建了一支精技术、通业务、懂管理的数字化专业团队,未来还将继续加强团队力量,在集团层面组建最核心的专业数字化团队,积累高价值数据资产和提升核心技术能力,统一建设赋能;在事业部和总部职能层面,建立数字化业务专属运营团队,融合业务需求和数字化运作能力,推动业务数字化转型。

与此同时,伊利持续加强与头部互联网企业和数字化转型成功企业的学习交流,广泛引入各类数字化人才,编制和发展数字化人才职族体系,在内部提升全员数字化意识和能力,构筑数字化转型组织保障。

数字化运营:业务、数据、AI 一个都不能少

利用过去一年半的时间,伊利完全自主规划设计了既面向生态合作伙伴,也面向消费者的数据和业务数字化运营平台体系,系统实时连接头部电商平台,打通电商和物流全链路,整合小程序矩阵建立完整私域运营体系,在既有业务运营体系中培育面向未来的数字化业务,更好满足了数字化时代消费健康食品和服务需求。

数据是油，系统是车，场景是路。通过整合全域数据资源与应用场景适配，数字化运营平台体系有效提升系统稳定性可用性，及时响应业务需求，降低数据存储与数据处理成本，提升数据计算和数据应用服务效率，提高精准度预测等，全面升级数据服务方式。同时借助 AI 中台，解耦如提单、审单、监控等核心业务功能，实现与各个业务系统无缝对接，互相调取、互为支撑、彼此融合，加速业务高效流转。

AI 中台输出人脸识别、文字识别、语音技术、自然语言处理、图像识别等核心人工智能能力，应用于销量预测、个性化内容推荐、产品敏捷创新、门店精细化运营、智能排产和智能客服等业务场景（见图 11-16）。

图 11-16　伊利工厂使用的智能机器人

为满足及时、个性化的智能业务运营要求，AI 中台将构建成大型"AI 模型和服务市场"，提供丰富的智能数据服务，按需组合，简单易用，适应性强。同时，提供统一基础支撑平台，使各模型和服务所依赖环节资源相互隔离不冲突，以微服务方式定义所有组件并制定统一调取规范，支撑 AI 模型和服务间互联互通。AI 中台作为数字化转型的核心模块，可快速对接底层基础运行平台，实现与业务间的同步部署、运行，解决重复投入和应用冲突问题，还能快速对接业务开发平台，在业务开发中接入 AI 模型服务，驱动业务智能化运营。

数字化转型和信息化升级同步进行快速实现两化融合

伊利有着国内实体企业里领先的端到端信息化系统基础，真正做到了在全产业链内通过各个信息系统把牧场连接到终端消费者，并积累了大量业务数据资产。为了实现把伊利发展成为数字化技术企业和原生智慧健康食品企业的中长期目标，伊利持续投入，打破原有的系统孤岛，解耦应用与数据，以前沿技术和数字化思维重塑业务系统架构，推动数据技术基因与公司业务发展有机充分融合。

与很多实体企业将数字化转型理解为短期的工具升级或单纯技术部门的工作职责不同，伊利的数字化转型更加注重长期导向，着眼于整体系统融合升级与数据服务模式的重构。

伊利的数字化中心以数字化规划、数据服务、技术与产品、新零售发展和消费者数字化运营这五个能力中心为支点，积极引入来自互联网企业、技术公司的专业人才，赋能作为数字化转型主体的各个事业部和职能部门。

数字化中心聚焦建设两大数字化转型核心引擎：一是面向消费者，提供高品质产品，创造更好消费者体验的营销数字化转型引擎；二是面向企业内部，优化效率与降低成本的供应链数字化转型引擎。各个能力中心会与业务部门通过联合项目的形式密切合作，不仅在前期提供评估、咨询和规划，更在全周期内赋能事业部实施和落地数字化转型具体举措，并解决该过程中的问题和挑战，真正做到"扶上马、送一程、常相伴"。

结合数字化转型契机，构建企业级生态网络

伊利的数字化转型以十年为周期，整体分为三个阶段。第一阶段是业务数据化阶段，重点是基础底层系统建设和数据资产沉淀。第二阶段是数智化阶段，作为从数字化到智能化的过渡，数据发挥的作用越来越大，比如实现营销的自动化，重点是探索和扩大数据驱动业务的核心场景。第三阶段是智能化阶段，旨在实现业务的自动化、智能化运营。

目前，伊利正在经历数字化转型的第二阶段，在不少业务线和场景中实现了智能化运营。上游领域，伊利通过在智慧牧场引入人工智能识别系统，采用图像识别、关节识别等技术获取大量关键数据，然后运用AI算法实时分析牧场奶牛饲养生产流程的规范性。相较于人工干预，这一人工智能应用进一步提升了奶源质量管理的精细度。

此外，伊利还对人工智能在牧场其他领域的应用场景进行了大量探索，比如通过植入耳标等物联网设备，获取奶牛的运动、膳食与产奶等数据，进而利用算法分析有针对性地提供精准和营养均衡的饲喂配方，从而形成更科学、更高效的养殖管理模式，确保每一滴奶都是最优品质。

中游领域，主要包括生产、物流与仓储等环节。在生产领域，广泛应用人工智能技术，如智能机器人、智能识别等。例如，在伊利的智能工厂中，自动化的生产线与智能化装箱机器人、码垛机器人、缠绕机器人无缝配合，极大地提高了生产效率。以码垛机器人为例，配备了自动感应识别系统的智能机器人能同时控制数条生产线，有效降低了生产线人力资本投入。

在下游领域，伊利业务主要服务零售终端门店店主与最终消费者两个群体。其中，针对终端门店，伊利自主开发了地理大数据系统，依靠智能建模和人货场大数据，精准评估并预测精细化市场的发展态势，规划终端门店布局，优化门店营销资源投入，提升门店营销效率。

针对最终消费者，伊利通过大数据和算法预测未来可能流行的产品口味、营养功能，同时实时关注来自不同地区、不同人群对产品的反馈评价，通过人工智能为产品迭代创新和服务品质升级提供依据。比如年销售额超200亿元的安慕希酸奶，就是持续运用一系列智能技术不断升级品质，获得消费者认可的明星产品。

现阶段，伊利已经编制完成清晰的数字化转型和信息化升级战略，正在加速建设技术领先的全球化业务应用平台和高效敏捷的业务运营体系，尽快实现"打造数字化/智能化平台、引领业务运营模式转型升级、纵向服务产业链生态、创造增量价值、实现智能伊利"的数字化战略目标。

资料来源：刘铮筝．面向未来的数字化转型：伊利用数字化思维引领健康食品行业[J]．哈佛商业评论，2021年。

改编人：曹琳君。

第三节　组织数字化转型中的管理问题

一、外部环境中的管理问题

1. 制度障碍

数字化相关法律体系的不健全以及针对组织数字化转型行为不断提高的合规性要求是组织在进行数字化转型时面临的主要制度障碍。数字化相关法律体系的缺失带来的组织内部的管理问题具体表现为以下几点。

（1）现有法律框架没有解决数字化可能带来的任务与活动的细分问题，对制造业职业群体的就业产生不利影响。

（2）缺乏量身定制的隐私和安全规则来应对网络犯罪和数据违规扩散带来的风险。

（3）缺乏管理区块链技术的制度和法律规范，导致组织数字化转型实施延迟。

（4）缺乏与分布式制造兼容的知识产权制度，不利于企业的数字化创新。

（5）不断增加的虚拟团队之间的合作缺少新的数据规则和跨境法律机构的规范。

党的二十大报告指出，要加快建设网络强国、数字中国。习近平总书记指出，加快数字中国建设，就是要适应我国发展新的历史方位，全面贯彻新发展理念，以信息化培育新动能，用新动能推动新发展，以新发展创造新辉煌。2023年，中共中央、国务院印发了《数字中国建设整体布局规划》。此外，为促进数字经济规范健康发展，增强数字经济国际竞争力，全球主要经济体纷纷推动数字经济治理规则体系建设，提高了数字企业合规化发展的要求。随着《中华人民共和国网络安全法》《中华人民共和国数据安全法》《中华人民共和国个人信息保护法》《中华人民共和国刑法》等涉网络和数据安全法律制度框架持续完善，国家加大网络与数据安全监管力度，组织面临更高标准的数据网络安全的合规要求。而《中华人民共和国证券法》《中华人民共和国数据安全法》《关于进一步加强在境外发行股票和上市管理的通知》以及美国《外国公司问责法》等法规政策陆续出台，提高了数字化企业上市的合规要求与监管力度，数字化企业利用资本市场的门槛随之提升。

2. 市场障碍

未来市场环境的不确定性、数字化人才的结构性失衡以及客户与供应商面对数字化转型的准备不充分是组织进行数字化转型的主要市场障碍。

市场环境的易变性、不确定性、复杂性和模糊性（VUCA）特征可能会阻碍数字技术的开发。

人才市场中数字化人才的结构性失衡是组织在进行数字化转型时需要面对的主要问题。企业的数字化转型与人才市场环境密切相关，数字化人才市场的职能结构、学历分布、专业市场将影响到组织能否招聘到合适的数字化转型人才。

客户与供应商面对数字化转型的准备不充分的影响主要体现在两方面：一是制造业数字化运营效率受到与价值链上供应商交换数据的可能性与有效性的约束，二是在特定市场中实现数字化、服务化的障碍是消费者使用数字产品的意愿以及客户核心技术流程调整的约束。

┃视野拓展 11-6 ┃

零信任：从不相信，永远验证
——可渗透边界时代的安全问题

传统的"城堡与护城河"模式取决于安全的网络边界，以及员工和第三方通过虚拟专用网络远程访问。但事实证明，随着商业模式和劳动力的动态发展变化，这种模式已经跟不上网络威胁的步伐。比如，迁移到云端和混合 IT 环境的过程，以及越来越多基于云计算的系统、远程工作人员和互联设备，正在不断扩展和消融网络边界。智能设备、5G、边缘计算和人工智能的预期增长，将会带来更多的数据、更多的互联节点和更广的攻击面。

为了应对数字技术进步带来的安全挑战，零信任架构应运而生。零信任架构将自动化和编排功能嵌入其中，可增强其他自动化的 IT 实践（例如 DevSecOps 和 NoOps），并与它们进行协同工作。在完整的技术生态系统中，通过 API 可提供一致的控制层，进而以零信任方式管理系统。零信任方法的最后一个关键要素，是将网络、数据、应用程序、工作负载和其他资源细分为单个可管理的单元，漏洞受限于单个单元之中，这一方法确保了安全控制至最低级别的单元。基于最小权限原则的访问控制，可实现只有最小范围的用户、应用程序和设备集可以访问数据和应用程序。零信任通过在安全架构中消除信任假设，同时对每个操作、用户和设备进行验证，可实现更稳定和更富有韧性的安全能力。这样不仅有益于组织，对于终端用户同样大有裨益：用户可以即时访问他们所需要的工具和数据，从而高效地工作。

资料来源：德勤，2021 年技术分析：全球企业加速数字化转型（中文版）。改编人：李思嘉。

二、组织运行中的管理问题

1. 数字价值短视与逻辑冲突

数字价值短视和数字价值创造过程中的逻辑冲突是企业进行数字化转型面临的重要管理问题。

数字价值短视体现为许多制造商的数字化重心仍停留在推动产品数字组件而不是新的数字价值主张，尤其是那些依靠产品领导力和技术成熟度取得成功的组织。长期以来，以内部为中心的开发与商业化的传统意味着制造商经常面临与合作伙伴共同创造价值的内部阻力与不确定性。同时，现有制造商通常存在文化问题，例如"不是在这里发明的"或"不在这里销售"，这些问题阻碍着对新数字合作伙伴关系价值的正确认知。

以自我为中心的价值获取逻辑也是组织进行数字化转型时需要面对的问题。尽管制造商正在努力增加数字化的回报，但往往没有考虑到其对生态系统的影响。例如，数字产品通常会导致与现有生态系统（例如分销商、服务合作伙伴）的价值获取逻辑冲突。这些生态系统的建立是为了从产品和售后服务（例如，维护、备件）的销售中获得利润。而旨在优化产品使用和减少维护需求的数字产品可能与分销商的利润公式相冲突，使他们不愿意积极参与此类产品的商业化过程。所以，许多制造商面临着如何分配新增的数字收入来解决现有的和新的生态系统合作伙伴的不同需求。例如，一些制造商描述了他们作为生态系统中占主导地位参与者的传统使他们更愿意将新合作伙伴作为次级供应商（例如，成本加成）而不是合作伙伴（例如，收入份额）来获得报酬。这带来的一个关键问题是在缺乏一个明确的与新兴数字化生态系统相关的收入分配方案的情况下，制造商有可能会加强现有的商业模式，而不是与现有生态系统参与者和新的生态系统参与者适当、公平地分享收入，这会影响组织数字化转型的深入展开。

2. 数字化战略的矛盾选择

组织数字化转型需要在战略层面平衡的主要矛盾包括：硬件开发和软件开发之间的逻辑冲突；数字化商业模式转型速度与强度的冲突；期望结果的平衡：效率与业务转型；转型范围的确定：广泛与聚焦。

首先，组织需要解决硬件开发与软件开发之间的逻辑冲突，数字技术的可编程性、可变性与软件开发逻辑密切相关。这些技术通过迭代周期与功能改进达到最有价值的应用。这种工作逻辑与作为传统工业参与者支柱的硬件工程原理背道而驰。工程硬件开发传统上是围绕以高质量、可靠性为标准的成品建立的，进而强化组织的市场地位。软件逻辑则优先考虑上市速度，并将升级作为一种正常的纠正机制，迭代式提升已经在客户手中的产品的性能。这种工作逻辑冲突说明需要通过建立过渡期和安全的实验空间、建立新的能力以及建立两种逻辑可以共存的容差边界，同时将软件嵌入硬件中来解决这种紧张关系。

其次，组织需要权衡数字化商业模式改革的速度与强度，这一权衡的挑战在于在不疏远客户的情况下从工业产品范式过渡到新的基于服务的商业模式。需要注意的是，试图过快地切换到数字模型最终可能导致整个数字项目处于危险之中，因此，一些行业参与者正在选择更耐心地过渡。因为商业模式的突然转变可能会使组织的核心价值主张面临风险，从而破坏向客户及其他利益相关者提供的价值的清晰度。渐进式的步骤使客户能够熟悉互补的价值主张。这种循序渐进的方法给组织提供了更强的控制力，但过慢也会增加新进入者窃取业务的风险。

再次，组织需要平衡效率和业务转型这两个目标。尽管从长期看效率与业务转型并不是排他性目标，但它们在短期内对大多数组织而言可能是不相容的：注重效率与低成本需要在狭窄的领域内实施严格、规范、精益的流程，而专注于创新转型则要求更为宽松、有机的环境。因此，组织数字化转型战略的选择需要与整个行业的变化步伐保持一致，并且必须被包含在评估数字化转型整体进展的措施中。

最后，组织需要明确数字化转型的范围。不同行业参与者对于数字化转型对组织的实际意义有着不同的认知，这一差异会影响管理人员的业务价值主张及相应举措。如果数字化转型被认为是有助于改善特定产品或细分市场价值主张的新技术，那么它将被定义为一个高度专业化的项目。组织的数字化转型作为一个专业化的项目更易于被管理，并将影响特定的产品线，涉及部分但不是全部的业务单元，并且更容易与其他正在进行的内部项目集成。但在大多数情况下，数字化转型被视为组织底层结构转型的推动力，这意味着它们正在以一种广泛、开放的视角来看待这个过程可能导致的结果。

3. 组织文化僵化

组织的文化环境对企业的行为具有深远持久、潜移默化的影响力。当一些组织拥有强大的历史和运作良好的经验时，可能会形成一种厌恶变革的组织文化，即文化僵化。这种厌恶变革的组织文化被视为阻碍组织数字化转型的重要问题，可能会导致组织的数字化转型缺乏高管的支持且组织员工的参与程度不高。

4. 关系冲突与信任危机

组织数字化转型时能否保持竞争力取决于实现商业模式数字化的能力（即提供数字化及数字化增强的产品与服务）高低。为了实现这一目标，它们必须与新的数字化合作伙伴合作，并帮助其现有的供应商、合作伙伴和其他利益相关者实现数字化。但面临的关键挑战在于传统制造公司以产品为中心的商业模式和现有的生态系统合作伙伴的本质，将会和开发与商业化数字解决方案所需的新生态系统伙伴关系相冲突。此外，尽管中小型组织和合作伙伴之间的信息共享对于数字化转型中的合作至关重要，但也会导致学习机会不对称。中小型组织领导者通常不愿意分享关键的创新信息，因为担心他们的竞争优势可能会在此过程中受到侵蚀。可见缺乏信任是中小组织与合作伙伴建立密切的数字化合作关系的主要障碍。

5. 路径依赖

路径依赖即组织惯性是数字化转型的重要障碍，现有组织深植于与客户及供应商的关系网络中而拥有完善的生产流程。这些流程高度优化，但通常是僵化的，并依赖于不易重新配置的资源。这会扼杀数字技术的创造力从而阻碍组织的数字化转型。构成路径依赖，阻碍数字化转型的组织惯性因素可以分为消极心理惯性、社会认知惯性、社会技术惯性、经济惯性和政治惰性等五类。

三、组织成员中的管理问题

1. 组织成员的思维认知障碍

组织成员对技术的认知会影响到组织成员与技术互动的行为模式。部分组织成员将数字技术视为威胁，不能与组织数字化转型共同成长的固定的零和的思维模式是组织数字化转型中需要解决的重要管理问题。此外，组织中高级管理人员的思维惯性和对组织颠覆式创新的错误感知也是组织进行数字化转型需要面对的重要问题。

由于思维惯性，组织中的部分高级管理人员可能并不愿意尝试新的数字化商业模式。他们倾向于毛利率较高的既定模型，并使用规则、规范和指标（例如，毛利率必须为40%）来保护现状并抵制可能威胁现有商业模式盈利能力的实验。同时，为了降低复杂性，他们通常会倾向于利用先前的经验、熟悉的战略选择而不是可以实现转型变革的新选择。

组织如何集体感知与管理创新也会对组织数字化转型产生影响。在进行颠覆式的数字化转型时，组织领导者可能会误解他们的组织在增长曲线上的位置（是市场的进入者，正在改变市场份额，还是正在衰落的现有企业）以及应该使用什么策略帮助组织处于该增长曲线上的下一个最佳位置（或进入一个全新的增长阶段）。

2. 组织高管的能力经验的局限性

缺乏数字化经验的高管团队及高管团队的能力局限也影响着组织数字化转型顺利展开。高管团队能力的局限主要表现为对数字化转型的领导力不足，不能根据组织的变化及时更新自身能力等。因为高管团队通过执行数字化转型战略来挖掘潜力更多的新的数字化商业模式，所以其领导数字化转型的能力至关重要，高管的数字化领导力主要包括领导组织进行数字化转型时所需的一套知识、技能、态度、能力、战略和意识，以及解决问题、沟通、管理信息、协作、创建和共享内容、反思工作等。

当高管团队缺乏相应的沟通能力导致高管团队内部、高管团队和员工之间缺乏有效的沟通时，组织内部数字化转型的信息传递的有效性将得不到保障。当高管团队对外部环境的感知能力不足且对组织自身的认知能力不足时，高管团队将不能谨慎审视外部机会，并且在数字化转型时容易急于投资大规模、激进的数字化转型并希望取得最好的结果，最终大概率会导致代价高昂的数字化转型失败。

四、组织层面的矛盾性管理

尽管新数字技术的使用能够帮助组织实现重大业务的改进，但对现有组织来说，数字化转型是一个具有挑战性的矛盾旅程，因为它导致了与传统流程、工作实践和能力的重大偏离。在数字化转型过程中，组织通常面临战略矛盾和组织矛盾两类矛盾（见图11-17）。

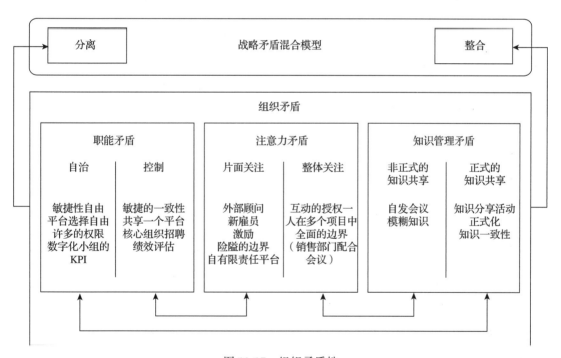

图 11-17　组织矛盾性

资料来源：SMITH P，BERETTA M. The gordian knot of practicig digital transformation: Coping with emergent paradoxes in ambidextrous organizing structures[J]. Journal of product innovation management，2021，38(1)：166-191.

1. 战略矛盾

组织数字化转型面临的主要战略矛盾表现为平衡创造探索数字机会的新功能和利用现有机会的挑战。多数组织现有的流程和结构通常是深入挖掘现有机会的基石，但数字化转型固有的复杂性需要公司组织结构发生重大变化，以产生获得数字技术收益所需的能力。因此，这两种相互竞争的战略需求可能会在强调变革需要的组织成员和抵制变革的其他成员之间造成紧张关系。为了应对这一问题，组织通常采取组织重组（分离和整合），以实现数字和物理的有机融合。鉴于数字化转型所需组织变革的复杂性，数字产品和传统产品将在持续一段时间内共存，因此新旧结构将需要并行运行。当组织的核心活动与新的数字运营之间距离较大时，组织通常会采用分离。例如，创建与组织其他部分分离的独立实体（独立的数字部门和管理数字计划的全新子公司等）。这种分离策略通过确保焦点来帮助管理有限的理性，因为它们能够分离与探索新机会、利用核心竞争力相关的相互冲突的努力和任务。但分离也可能导致与组织其他部门的隔离，限制潜在的协同作用，并阻碍其他相关创新活动之间的协调和知识整合。相反，部门整合需要将数字活动嵌入公司的现有结构中，从而保持与传统业务的接近。例如，创建留在组织内部的跨职能团队。但这两种解决方案都不能达到最佳效果。因此，权衡分离和整合的混合组织模式成为应对战略矛盾的一种重要组织形式。

2. 组织矛盾

组织为应对数字化转型带来的战略矛盾所进行的努力也在组织层面产生紧张关系，即组织矛盾，主要包括职能矛盾、注意力矛盾和知识管理矛盾（见图11-17）。

组织数字化转型的职能矛盾主要表现为组织对数字部门的授权与控制的权衡。一方面，企业需要建立一个相对独立的数字部门，以便能够对其项目进行高度自治。这是因为数字部门与核心组织存在一定程度的分离不仅可以让数字部门快速学习和实验有关数字解决方案的开发，还可以更快地适应市场的变化从而更好地满足客户的需求。但这种做法也可能导致跨数字产品和平台的集成与兼容性问题，需要企业实施一定程度的控制来促进协同作用。另一方面，企业也需要控制数字创新的发展，并对数字部门的绩效评估和业绩考核进行统一管理以确保其与企业的整体战略保持一致。在某些情况下，组织可能会选择让所有数字项目都在自己的物联网平台上运行，以避免不同的数字应用程序在不同的平台上运行时产生的工作冗余、平台和开发应用程序的集成与互操作性等问题。但这种做法可能会降低数字项目的自主性，因为数字项目的开发人员需要与公司的IT部门合作，以确保项目的工作与平台功能兼容。因此，企业需要在自主性和控制权之间找到平衡点。

组织数字化转型的注意力矛盾表现为员工在专注狭隘的项目重点和整体的外向型重点之间的平衡。鉴于数字项目的跨学科属性增加了对访问和整合异构知识资源的需求，数字部门的员工一方面需要专注于数字项目本身，另一方面也需要具有整体思维以实现核心组织与数字元素的集成。但在现实中，由于缺乏正式的激励措施来支持跨项目的一致性，员工似乎更专注于单个项目的成功，而不是相互学习和利用协同效应。在某些情况下，尽管数字部门的项目和核心组织有许多相邻的接触点，但数字部门的项目和核心组织中的项目并不相互协调。过于狭窄的项目重点可能会阻止组织构建用于整个组织当前和未来项目的数字资源组合。此外，随着数字创新增加了所需知识资源的异质性，哪些参与者应该参与数字解决方案开发的界限变得更加模糊。同时，如果组织的数字项目没有包括足够的利益相关者，可能会导致项目重点狭窄和与核心组织的整合有限，增加决策过程中的复杂性和烦琐的协调。

组织数字化转型中的知识管理矛盾表现为组织在鼓励数字单元的员工在与核心组织中的同事共享数字单元知识时关于非正式共享机制和正式共享机制的权衡。非正式的知识共享允许员工根据他们的个人主动性、网络和个人动机自主地与其他个人联系，而不是基于正式的程序。但随着数字项目的增长，公司更多地向具有执行特定任务所需能力的外部开发人员和顾问提供外包，核心部门的直线经理难以跟上数字部门对内部员工的需求，组织开始从外部招聘新员工，并将他们直接借调到数字部门。因为这些新雇员和外部顾问以前与核心组织没有任何关系，所以他们缺乏对公司总体目标与数字项目关系的洞察力，只能在有限的程度上参与核心组织的知识转让活动。这导致数字项目中的项目重点狭窄，强化了注意力矛盾，也使数字部门与核心组织的分离程度提高并导致核心组织与数字部门间流通的信息模棱两可。为了确保从数字部门到核心组织的所有信息的透明性和一致性，组织应建立正式的知识共享机制。

本章小结

组织的数字化转型是一种适应全球数字经济变迁的战略行动，它通过运用数字技术对业务模式、企业文化和客户体验进行深刻改造。这一过程不仅复杂且具有普遍性，涉及组织的内部条件、转型机制与成效之间的交互影响。关键影响因素包括技术层面（如数字技术的准备、探索与应用）、环境层面（环境的不确定性、消费者行为预期、数字化竞争者的影响）和组织层面（领导风格、管理团队与员工的数字化知识和思维）。

由于这些影响因素的多样性，组织的数字化转型呈现出多种形态。它可以根据转型的阶段、组织的主动性以及战略需求进行详细分析和选择。为了保证转型成功，组织需要针对在转型过程中出现的战略挑战和与现有商业模式的兼容性问题，制定恰当的策略。

然而，数字化转型的路途充满挑战。外部环境的管理难题（如政策制定和市场障碍）、组织内部的管理问题（包括对数字价值的短视、战略选择的矛盾、组织文化僵化以及关系冲突与信任危机）以及组织成员自身的限制（思维认知障碍和能力限制）以及转型过程中的矛盾，都是潜在的障碍。

因此，管理者应该采取积极的姿态，设计灵活的管理体系和策略，以促进组织成员之间相互协作和建立信任。同时，应该提升组织的数字化能力，包括培养员工的数字技能和思维方式，以及优化数字技术的应用。管理者还需确保战略规划与组织文化和目标的一致性，克服内外部障碍，引导组织顺利过渡到数字化新时代。

复习思考题

1. 数字化转型的整体框架包括哪些组成部分？它们之间的相互关系是什么？
2. 如何解析环境因素对组织数字化转型的影响？
3. 如何理解从CIO到CDO的进化对组织数字化转型的意义？
4. 员工数字化思维的差异如何影响组织数字化转型？
5. 数字化转型有几种类型？每种类型的划分依据和类型特征是什么？
6. 组织的数字化转型可以采取哪些路径？
7. 为了应对数字化转型，组织可以采取哪些策略？这些策略的选择依据和具体措施是什么？
8. 组织的数字化转型会遇到哪些问题？

进一步阅读

1. HANELT A, BOHNSACK R, MARZ D, et al. A systematic review of the literature on digital transformation: Insights and implications for strategy and organizational change[J]. Journal of Management Studies, 2021, 58(5): 1159-1197.
2. HENFRIDSSON O, BYGSTAD B. The generative mechanisms of digital infrastructure evolution[J]. MIS Quarterly, 2013: 907-931.
3. SINGH A, KLARNER P, HESS T. How do chief digital officers pursue digital transformation activities? The role of organization design parameters[J]. Long Range Planning, 2020, 53(3): 101890.
4. SIACHOU E, VRONTIS D, TRICHINA E. Can traditional organizations be digitally transformed by themselves? The moderating role of absorptive capacity and strategic interdependence[J]. Journal of Business Research, 2021, 124: 408-421.
5. HAN H, TRIMI S. Towards a data science platform for improving SME collaboration through Industry 4.0 technologies[J]. Technological Forecasting and Social Change, 2022, 174: 121242.

综合案例

中国联通：数字化时代的引领者，迈向一体化发展的新高度

党的十八大以来，以习近平同志为核心的党中央把握世界技术革命和产业变革先机，围绕网络强国战略等提出了一系列重要论述，深刻阐明数字化发展趋势和规律。中央全面深化改革委员会第二十五次会议再次强调全面贯彻网络强国战略，将数字技术广泛应用于政府管理服务，推动政府数字化、智能化运行，为国家治理体系和治理能力现代化提供有力支撑。党中央对数字技术的高度重视也为中国联通的数字化转型提供了强大支撑。中国联通内部人士更是形容这一举措为全国数字化转型的"集结号"。在当前数字化浪潮的冲击下，中国联通以其卓越的战略眼光和实际行动，积极响应党中央对数字技术的高度重视，在数字化转型的道路上取得了令人瞩目的成就。

中国联通的显著成就源于公司多年来在数字化转型领域的深耕，为其带来了卓越的业绩。内部人士一致认为，"运营效率高、网络质量好、客户感知度强"是中国联通数字化转型的生动体现，这一系列成功不仅推动了公司的发展，也为千行百业注入了强大的活力。这些令人瞩目的业绩并非偶然，而是多年来深耕数字化转型的成果。2022年7月召开的中国联通数字化转型行动计划部署会议再次强调，数字化转型在构建"一个联通，一体化能力聚合，一体化运营服务"能力体系中发挥着至关重要的作用。

1. 中国联通公司的发展历程

中国联合网络通信集团有限公司（以下简称"中国联通"）由原中国网通和原中国联通合并重组而成，公司在国内31个省（自治区、直辖市）和境外27个国家（地区）设有分支机构，拥有覆盖全国、通达世界的现代通信网络和全球客户服务体系。公司作为基础通信企业，在国民经济中具有基础性、支柱性、战略性、先导性的基本功能与地位作用，具有技术密集、全程全网、规模经济、

服务经济社会与民生的特征与属性。中国联通连续15年入选《财富》世界500强，2023年在世界500强中居第267位，在入围的15家通信运营商中，排名第9，比2022年上升2位次。

2. 中国联通在数字化转型中的引领之路

作为深耕数字技术融合发展的佼佼者，中国联通在数字化转型的征程上创造了引人注目的典范。早在2020年，中国联通党组发布《中国联通统筹抓好疫情防控和改革发展推进全面数字化转型的指导意见》的战略文件，标志着该公司的数字化转型取得了积极的突破。在这一战略指导下，中国联通不仅全面提速五大中台建设，更成功地完成了cBSS的高质量迁转，使其在IT集约化方面成为行业的领导者。2021年12月，中国联通迈向了一个新的里程碑，正式发布了"联通智慧大脑"，为集团内部和各行业构建起高速泛在、云网融合的智能化"中枢神经"，将数字化业态逐步推向成熟。随后，2022年6月，公司印发《中国联通数字化转型行动计划》，着眼于建设新型数字央企，旨在实现"三大转型"和"四提一控一强"目标，为公司高质量发展提供强助力。该行动计划明确了公司在五大方面的发力点，包括打造"联通智慧大脑"、加强基层场景创新、深化数据治理和流程治理、推进重大成果落地，以及推动各省份均衡发展。同时，公司根据业务种类建立了公众、政企、客服、网络、管理五大智慧运营模块，最终通过五大中台与运营平台形成"一个联通，一体化能力聚合，一体化运营服务"的集约化运营体系。

"中国联通的数字化转型已经发展到新的阶段，不再是几个平台、几个工具的问题，而是通过数据加算法的重构覆盖生产经营管理各领域的问题，是生产流程的再造、运营模式的变革，是发挥资源转化能力和价值协同能力，提升全要素生产力的问题。"

在这一深度数字化转型的过程中，中国联通负责人强调了这一发展阶段的独特性。不再局限于简单的工具应用。数字化转型的核心在于整合数据和算法，涵盖了公司所有的生产经营领域。这不仅仅是技术的运用，更是对生产流程进行重新思考、重新设计，以适应数字经济时代的变革。运营模式的变革也凸显了中国联通在数字化时代的前瞻性，通过重新塑造公司的商业逻辑，实现了从传统到创新的飞跃。数字化转型的成功不仅关系到技术的运用，更关系到资源的灵活配置和价值的整合。中国联通通过挖掘资源的转化潜能，实现了价值的协同效应，推动了企业整体生产力的提升。这一过程不仅仅是数字化转型，更是对企业文化、组织结构和战略目标的全方位重新审视，为中国联通在数字化时代占据领先地位奠定了坚实基础。因此，在这个深度数字化转型的新阶段，中国联通所面临的不仅是技术层面的挑战，更是对企业思维方式和管理模式的全新要求。

3. 中国联通一体化运营之路

在中国联通的数字化转型中，实现一体化运营成为其新的高地。从新战略、新起点、新高度出发，中国联通通过统一核心业务操作规范、强化业务集中管控、实现业务数据的汇聚共享，成功打造了"联通智慧大脑"，为公司全面数字化转型提供了有力支撑。

联通智慧大脑：数字一体化的决策中枢

"联通智慧大脑"类似于当今兴起的"城市大脑"，将AI技术、云计算、大数据能力与业务、网络、服务、管理相结合，形成了一个类脑化的决策指挥中枢。通过大屏、中屏和小屏的联动，该系统为生产经营赋能。

具体而言，大屏上的数据展示为公司管理人员提供了实时的生产经营数据，使其能够深入透视各类问题并做出精准决策。中屏则为运营人员提供了实时运营平台，最终由小屏的网格人员执行作业，形成了一个高效的运营闭环。

依托"联通智慧大脑"，公司在组织机制上进行了全面深化，建立了总部、省份、地市、区县/营服、网格五级联动机制。这一机制旨在构建层级传导压力、上下协同推进的责任体系，推动各级部门规范工作标准、转变工作作风、提升工作效能。

云化分布式微服务架构：解决多平台互通难题

在过去，中国联通内部存在上百个平台，对软件开发师而言，这带来了一系列问题，因为不同平台采用不同的架构和编程语言，导致各系统平台之间的互通难度较大。为解决这一挑战，中国联通软件研究院采用了云化分布式微服务架构，摒弃了分省份分散的传统模式。通过建设的公众中台，实现了线上和线下业务的一体化受理，具备对异常情况的中断或应急处理能力，实现了全国31省份数据和业务的统一管理。

客户数字化流程再造：技术和数据的双向互动

数字化转型的主要目标之一是实现客户数字化流程再造。中国联通在此方面采取了多项创新举措，包括数字沙盘的应用、全流程的用户画像建设以及10010智慧客服系统的构建。具体而言，通过数字沙盘，将网络、营销、用户三大资源以及网格基础管理、经营发展两大运营信息集成呈现。运营人员可以根据屏幕上显示的数据，分析各地区的资源特点，并制定场景化的营销策略。在具体的营销过程中，内蒙古联通更进一步，将工具、载体、策略、场景嵌入运营全流程，对用户进行全面画像。例如，通过向智家工程师派发装维、测速、修障、整治工单的同时，随单推送营销任务，实现了智家工程师的网业协同。同时，中国联通成功打造的10010智慧客服系统将31省份的话务工作物理割接到4个区域中心，进行了运营流程的全面重构。这确保了用户无论身处何处，只要拨打固定热线就能实时处理业务问题，全面提升了用户的感知。

"数字化转型的核心在于技术和数据驱动的客户运营，需要真正将'以客户为中心'的经营理念贯彻到业务、管理和运营流程中。"

中国联通内部人士深刻认识到数字化转型的核心在于技术和数据对客户运营的驱动作用。这一理念要求将以客户为中心的经营理念真正贯彻到业务、管理和运营流程中，成为中国联通数字化转型的核心理念。在这一转型中，技术不仅仅是实现数字化的手段，更是推动经营变革、优化服务体验的关键要素。通过充分利用数据，中国联通能够更深入地了解客户需求、优化产品服务，使客户体验得到极大的提升。

数字化转型也使得客户运营不再是简单的单向传递，而是真正实现了双向互动。客户的反馈、需求变得更加及时和精准，从而为业务的持续改进提供了有力的支持。这种以客户为中心的理念使得中国联通能够更好地满足市场需求，提升品牌形象，从而在竞争激烈的市场中占据更有利的地位。

同时，数字化转型在管理和运营流程方面也发挥着关键作用。信息传递更加高效，决策更加迅速准确。基于数据分析，管理人员可以更准确地洞察市场动态，及时调整运营策略。这种实时、精准的决策有助于中国联通更好地应对市场的变化，更加灵活地调整业务方向。通过数字化转型，公司不仅在技术层面取得了显著进展，也在管理决策上实现了质的飞跃，为业务的创新和发展奠定了坚实基础。

4. 中国联通引领数字治理新潮流

随着全国数字化转型的深入，各级政府纷纷加速数字政府、数字政务、智慧城市建设，积极促进一体化政务云平台的落地，为通信运营商带来了巨大的机遇。2022年6月，国务院印发了《关于加强数字政府建设的指导意见》，明确提出要构建全国一体化政务云平台体系，为中国联通转型成云服务商和云管理服务商创造了有利条件。

拥抱变革：中国联通向云服务商和云管理服务商的转变

随着全国一体化政务云平台建设要求的明确，政务云平台的传统系统集成建设和运营模式正迅速演变，向政府购买服务和企业参与建设运营的模式转变。公司内部人士认为，这意味着中国联通需逐步由传统的通信和IT服务商演变成为云服务商（CSP）及云管理和运营服务商（CMSP）。这一变革不仅要求从传统的产品套餐和集成输入转向云服务和多云运营服务的输出，还需将支撑资源从"可用"逐步演化为服务的"可信"和运营的一体化。

在实现这一转变的过程中，云服务商面临着一体化运营服务能力方面的挑战。对于一直以来提供"电信级"服务的运营商而言，关键在于实现资源的统一调度管理。中国联通在全国不仅建设了4个联通云基地，而且在31个省份、188个地级市都建立了云资源池。这些资源池通过全面软件定义网络（SDN）化的云联网相互连接，形成了云网一体的覆盖全国的产品和服务能力。这一数字化转型将政务云平台从传统的系统集成建设和运营模式引向更为灵活和创新的形式，同时为中国联通提供了广阔的市场和业务发展空间。未来，中国联通将继续积极应对挑战，不断提升一体化的运营服务能力，助力数字化转型迈上新的台阶。

合作共赢：中国联通与云服务厂家携手构建数字生态

除此之外，中国联通在数字化转型的进程中积极展开合作，与多家领先的云服务厂家携手共进，实现了对不同品牌和架构的云进行统一运营运维管理。这一战略不仅覆盖了联通云、阿里云、腾讯云等多云资源的接入，还成功对接了联通集团cBSS相关系统，实现了业务的统一受理和计费的统一出账。在具体的项目实施中，以辽宁省级政务云平台为例，中国联通通过借助辽宁省电子政务外网，为省直厅局业务系统提供了快速的系统部署和业务上线服务。为了确保业务数据安全和可靠，公司还在该项目中投资建设了同城备份中心和异地灾备中心，为项目的长期稳定运行提供了有力支持。

数字治理引领新潮流：中国联通助力构建数字化社会

在当今数字技术飞速发展的时代，数字治理的重要性愈发凸显。中国联通在这一领域的引领作用不可忽视，为数字政府和数字治理带来了深刻的变革。新兴服务如"一网通办""一网统管"以及网上办公在中国联通的支持下逐渐崭露头角，展现出数字治理的强大潜力。然而，要实现数字化建设的成功，不仅需要数字经济和数字政府的转型，更需要全社会的积极参与，共同推动数字信息技术的广泛普及。

正因如此，中国联通强调建设好数字政府和数字中国的重要性。这一过程需要科学管理和有效利用数字资源的存量，同时规划并发展好数字资源的增量。这一理念与发展生态文明的观念相契合，强调治理好数字生态，全面创造有利于数字化发展的优良环境。在数字时代，中国联通的倡议为全面推动数字化建设指明了方向，为构建数字化社会贡献着卓越的智慧和力量。

资料来源：澎湃新闻·澎湃号·政务. 中国联通：聚焦一体化发展 共商数字化转型[EB/OL].(2022-07-15). https://www.thepaper.cn/newsDetail_forward_19026508. 改编人：李思嘉。

讨论题：

1. 数字化转型对中国联通的商业模式和运营方式产生了怎样的影响？该转型是否为其带来了更广阔的发展空间和业务增长？

2. 中国联通在数字化转型过程中所采用的技术创新和管理变革，如何促进了公司内部效率和客户体验的提升？这些变革如何影响了公司的运营策略和市场竞争力？

参考文献

[1] 曹廷求, 张光利. 上市公司高管辞职的动机和效果检验 [J]. 经济研究, 2012, 47(6): 73-87.
[2] 陈国权. 学习型组织的组织结构特征与案例分析 [J]. 管理科学学报, 2004(4): 56-67.
[3] 陈莉平, 王凤彬. 企业组织理论新发展 [J]. 经济学动态, 2005(2): 66-69.
[4] 陈小洪, 仝月婷. 我国产业组织及产业组织政策分析 [J]. 管理世界, 1989(5): 28-37.
[5] 陈耀庭. 战后西方企业管理的演进 [J]. 中国社会科学, 1990(4): 95-108.
[6] 邓峰. 董事会制度的起源、演进与中国的学习 [J]. 中国社会科学, 2011, (1): 164-176, 223.
[7] 丁秀斌. 机能、组织结构：中国综合商社的生长点 [J]. 管理世界, 1995, (4): 127-137, 219-220.
[8] 高杲, 徐飞. 战略联盟的不完全性分析 [J]. 南开管理评论, 2010, 13(6): 50-58.
[9] 郭毅, 於国强. 寻求企业持续竞争优势的源泉：组织场域观下的战略决策分析 [J]. 管理学报, 2005(6): 696-705.
[10] 何铮, 谭劲松, 陆园园. 组织环境与组织战略关系的文献综述及最新研究动态 [J]. 管理世界, 2006 (11): 144-151.
[11] 金东日. 现代组织理论与管理 [M]. 天津：天津大学出版社, 2003.
[12] 金思宇. 关于中国企业文化建设现状的基本判断及对策 [J]. 管理世界, 2002(7): 147-148.
[13] 李维安, 武立东. 公司治理教程 [M]. 上海：上海人民出版社, 2002.
[14] 刘洪. 组织结构变革的复杂适应系统观 [J]. 南开管理评论, 2004(3): 51-56.
[15] 刘理晖, 张德. 组织文化度量：本土模型的构建与实证研究 [J]. 南开管理评论, 2007(2): 19-24.
[16] 罗家德. 网络理论、产业网络与技术扩散 [J] 管理评论, 2003(1): 27-31, 63.
[17] 罗珉, 赵亚蕊. 组织间关系形成的内在动因：基于帕累托改进的视角 [J]. 中国工业经济, 2012(4): 76-88.
[18] 罗珉. 组织管理学 [M]. 成都：西南财经大学出版社, 2003.
[19] 吕源, 姚俊, 蓝海林. 企业集团的理论综述与探讨 [J]. 南开管理评论, 2005(4): 17-20, 24.
[20] 欧阳桃花. 中国企业产品创新管理模式研究（二）：以海尔模块经理为例 [J]. 管理世界, 2007(10): 130-138.
[21] 任浩. 现代企业组织设计 [M]. 北京：清华大学出版社, 2005.
[22] 芮明杰. 管理学 [M]. 上海：上海人民出版社, 2000.

[23] 石向欣. 论轻工业产业组织结构及其调整 [J]. 管理世界，1989(3): 166-173.

[24] 孙国强. 关系、互动与协同：网络组织的治理逻辑 [J]. 中国工业经济，2003(11): 14-20.

[25] 孙宇. 信息通信技术革命和产业组织的结构演化：走向后钱德勒时代的思考 [J]. 管理世界，2008(6): 178-179.

[26] 谭力文，丁靖坤. 21 世纪以来战略管理理论的前沿与演进：基于 SMJ(2001～2012) 文献的科学计量分析 [J]. 南开管理评论，2014，17(2): 84-94, 106.

[27] 王凤彬. 企业间组织的跨层次分析：兼析企业专业化与集团多元化的关系 [J]. 中国工业经济，2008(3): 49-57.

[28] 王凤彬. 企业组织的结构变革 [J]. 中国工业经济研究，1991(12): 47-49, 33.

[29] 王重鸣. 组织行为学 [M]. 北京：石油工业出版社，2003.

[30] 魏江. 产业集群：创新系统与技术学习 [M]. 北京：科学出版社，2003.

[31] 武常岐，钱婷. 集团控制与国有企业治理 [J]. 经济研究，2011，46(6): 93-104.

[32] 武立东. 信息技术战略性应用与新型组织设计 [J]. 科技管理研究，2007(11): 226-228, 231.

[33] 武立东，李思嘉，王晗，等. 基于"公司治理－组织能力"组态模型的制造业企业数字化转型进阶机制研究 [J]. 南开管理评论，2023，9(11):1-27.

[34] 席酉民，赵增耀. 公司治理 [M]. 北京：高等教育出版社，2004.

[35] 项保华，周亚庆. 战略与文化的匹配：以万向集团为例 [J]. 南开管理评论，2002(2): 56-58.

[36] 张维迎. 企业理论与中国企业改革 [M]. 北京：北京大学出版社，1999.

[37] 张文魁. 大型企业集团管理体制研究：组织结构、管理控制与公司治理 [J]. 改革，2003(1): 23-32.

[38] 赵曙明. 跨国公司在华面临的挑战：文化差异与跨文化管理 [J]. 管理世界，1997(3): 76-81.

[39] 周雪光. 组织社会学十讲 [M]. 北京：社会科学文献出版社，2003.

[40] ADLER N J, GUNDERSEN A. International dimensions of organizational behavior[M]. Stamford: Cengage Learning, 2007.

[41] ALLEN R S, MONTGOMERY K A. Applying an organizational development approach to creating diversity[J]. Organizational Dynamics, 2001, 30(2): 149-161.

[42] AVERSA P, HAEFLIGER S, HUELLER F, et al. Customer complementarity in the digital space: Exploring Amazon's business model diversification[J]. Long Range Planning, 2021, 54(5): 101985.

[43] BARKEMA H G, BAUM J A C, MANNIX E A. Management challenges in a new time[J]. Academy of Management Journal, 2002, 45(5): 916-930.

[44] BARNARD C I. The functions of the executive[M]. Gambridge: Harvard University Press, 1968.

[45] BARRICK M R, BRADLEY B H, KRISTOF-BROWN A L, et al. The moderating role of top management team interdependence: Implications for real teams and working groups[J]. Academy of Management Journal, 2007, 50(3): 544-557.

[46] BATTILANA J, GILMARTIN M, SENGUL M, et al. Leadership competencies for implementing planned organizational change[J]. The Leadership Quarterly, 2010, 21(3): 422-438.

[47] BIGLEY G A, ROBERTS K H. The incident command system: High-reliability organizing for complex and volatile task environments[J]. Academy of Management Journal, 2001, 44(6): 1281-1299.

[48] BOLINO M C, TURNLEY W H, BLOODGOOD J M. Citizenship behavior and the creation of social capital in organizations[J]. Academy of Management Review, 2002, 27(4): 505-522.

[49] BONAZZI G, ANTONELLI C. To make or to sell? The case of in-house outsourcing at Fiat Auto[J]. Organization Studies, 2003, 24(4): 575-594.

[50] CAMERON K S, QUINN R E. Diagnosing and changing organizational culture: Based on the competing values framework[M]. San Francisco: Jossey-Bass, 2006.

[51] CAPUTO F, CILLO V, FIANO F, et al. Building T-shaped professionals for mastering digital transformation[J]. Journal of Business Research, 2023, 154: 113309.

[52] CHANIAS S, MYERS M D, HESS T. Digital transformation strategy making in pre-digital organizations: The case of a financial services provider[J]. The Journal of Strategic Information Systems, 2019, 28(1): 17-33.

[53] CHEN H, TIAN Z. Environmental uncertainty, resource orchestration and digital transformation: A fuzzy-set QCA approach[J]. Journal of Business Research, 2022, 139: 184-193.

[54] CLOUGH D R, WU A. Artificial intelligence, data-driven learning, and the decentralized structure of platform ecosystems[J]. Academy of Management Review, 2022, 47(1): 184-189.

[55] COZZOLINO A, CORBO L, AVERSA P. Digital platform-based ecosystems: The evolution of collaboration and competition between incumbent producers and entrant platforms[J]. Journal of Business Research, 2021, 126: 385-400.

[56] CSASZAR F A, STEINBERGER T. Organizations as artificial intelligences: The use of artificial intelligence analogies in organization theory[J]. Academy of Management Annals, 2022, 16(1): 1-37.

[57] DAFT R L. Management[M]. 9th edition. Cincinnati: South-Western, 2010.

[58] DAFT R L. Organization theory and design[M]. 9th edition. Cincinnati: South-Western, 2007.

[59] DANE E, PRATT M G. Exploring intuition and its role in managerial decision making[J]. Academy of Management Review, 2007, 32(1): 33-54.

[60] DETERT J R, SCHROEDER R G, MAURIEL J J. A framework for linking culture and improvement initiatives in organizations[J]. Academy of Management Review, 2000, 25(4): 850-863.

[61] DRUCKER P. Management[M]. Abingdon: Routledge, 2012.

[62] FERNANDEZ-VIDAL J, PEROTTI F A, GONZALEZ R, et al. Managing digital transformation: The view from the top[J]. Journal of Business Research, 2022, 152: 29-41.

[63] FIRK S, GEHRKE Y, HANELT A, et al. Top management team characteristics and digital innovation: Exploring digital knowledge and TMT interfaces[J]. Long Range Planning, 2022, 55(3): 102166.

[64] FREEMAN R E. Strategic management: A stakeholder approach[M]. Cambridge: Cambridge University Press, 2010.

[65] GNYAWALI D R, MADHAVAN R. Cooperative networks and competitive dynamics: A structural embeddedness perspective[J]. Academy of Management Review, 2001, 26(3): 431-445.

[66] HAFFKE I, KALGOVAS B J, BENLIAN A. The Role of the CIO and the CDO in an organization's digital transformation[C]//International Conference on Information Systems (ICIS 2016). Dublin, 2016: 1-20.

[67] HANELT A, BOHNSACK R, MARZ D, et al. A systematic review of the literature on digital transformation: Insights and implications for strategy and organizational change[J]. Journal of Management Studies, 2021, 58(5): 1159-1197.

[68] HARRIS R D. Organizational task environments: An evaluation of convergent and discriminant validity[J]. Journal of Management Studies, 2004, 41(5): 857-882.

[69] HIGGINS J M, MCALLASTER C. Want innovation? Then use cultural artifacts that support it[J]. Organizational Dynamics, 2002, 31(1): 74-84.

[70] HREBINIAK L G. Obstacles to effective strategy implementation[J]. Organizational Dynamics, 2006, 35(1): 12-31.

[71] JAFARI-SADEGHI V, GARCIA-PEREZ A, CANDELO E, et al. Exploring the impact of digital transformation on technology entrepreneurship and technological market expansion: The role of technology readiness, exploration and exploitation[J]. Journal of Business Research, 2021, 124: 100-111.

[72] JAVIDAN M, HOUSE R J. Cultural acumen for the global manager: Lessons from project globe[J]. Organizational Dynamics, 2001, 29(4): 289-305.

[73] JIANG X, MA Y Y. Environmental uncertainty, alliance green revolution and alliance performance[J]. Management Review, 2018, 30(3): 60-71.

[74] JONES G R. Organizational theory, design, and change[M]. Upper Saddle River: Prentice Hall, 2004.

[75] KANE G C. The American red cross: Adding digital volunteers to its ranks[J]. MIT Sloan Management Review, 2014, 55(4): 1-6.

[76] KARP R. Gaining organizational adoption: Strategically pacing the position of digital innovations[J]. Academy of Management Journal, 2023, 66(3): 773-796.

[77] LATHAM G P, LOCKE E A. Enhancing the benefits and overcoming the pitfalls of goal setting[J]. Organizational Dynamics, 2006, 35(4): 332-340.

[78] LIKER J K, MORGAN J M. The Toyota way in services: The case of lean product development[J]. The Academy of Management Perspectives, 2006, 20(2): 5-20.

[79] MARCHINGTON M, VINCENT S. Analysing the influence of institutional, organizational and interpersonal forces in shaping inter-organizational relations[J]. Journal of Management Studies, 2004, 41(6): 1029-1056.

[80] MARKS M L, DE MEUSE K P. Resizing the organization: Maximizing the gain while minimizing the pain of layoffs, divestitures, and closings[J]. Organizational Dynamics, 2005, 34(1): 19-35.

[81] MATARAZZO M, PENCO L, PROFUMO G, et al. Digital transformation and customer value creation in made in Italy SMEs: A dynamic capabilities perspective[J]. Journal of Business Research, 2021, 123: 642-656.

[82] MATT C, HESS T, BENLIAN A. Digital transformation strategies[J]. Business & Information Systems Engineering, 2015, 57: 339-343.

[83] MCWILLIAMS A, SIEGEL D. Corporate social responsibility: A theory of the firm perspective[J]. Academy of Management Review, 2001, 26(1): 117-127.

[84] MINTZBERG H, WESTLEY F. It's not what you think[J]. MIT Sloan Management Review, 2001, 42(3): 89-93.

[85] MOBLEY W H, WANG L, FANG K. Organizational culture: Measuring and developing it in your organization[J]. Harvard Business Review, 2005, 3: 128-139.

[86] MORRIS J R, CASCIO W E, YOUNG C E. Downsizing after all these years: Questions and answers about who did it, how many did it, and who benefited from it[J]. Organizational Dynamics, 2000, 27(3): 78-87.

[87] MÜLLER J M, BULIGA O, VOIGT K I. Fortune favors the prepared: How SMEs approach business model innovations in Industry 4.0[J]. Technological Forecasting and Social Change, 2018, 132: 2-17.

[88] OUCHI W G. Power to the principals: Decentralization in three large school districts[J]. Organization Science, 2006, 17(2): 298-307.

[89] PENTLAND B T. Sequential variety in work processes[J]. Organization Science, 2003, 14(5): 528-540.

[90] RAISCH S, KRAKOWSKI S. Artificial intelligence and management: The automation-augmentation paradox[J]. Academy of Management Review, 2021, 46(1): 192-210.

[91] SCHEIN E H. Organizational culture and leadership[M]. John Wiley and Sons, 2004.

[92] SCHEIN E H. Organizational psychology[M]. Englewood Cliffs, NJ: Prentice-Hall, 1970.

[93] SCHILLING M A, STEENSMA H K. The use of modular organizational forms: An industry-level analysis[J]. Academy of Management Journal, 2001, 44(6): 1149-1168.

[94] SCHOORMAN F D, BAZERMAN M H, ATKIN R S. Interlocking directorates: A strategy for reducing environmental uncertainty[J]. Academy of Management Review, 1981, 6(2): 243-251.

[95] SCHULZ M. The uncertain relevance of newness: Organizational learning and knowledge flows[J]. Academy of Management Journal, 2001, 44(4): 661-681.

[96] SCOTT W R, DAVIS G F. Organizations and organizing: Rational, natural, and open systems perspectives[M]. Upper Saddle River: Pearson Prentice Hall, 2007.

[97] SCOTT W R. Institutions and organizations[M]. London: Sage, 2001.

[98] SIA S K, WEILL P, ZHANG N. Designing a future-ready enterprise: The digital transformation of DBS bank[J]. California Management Review, 2021, 63(3): 35-57.

[99] SINGH A, HESS T. How chief digital officers promote the digital transformation of their companies[M]//Strategic Information Management. Abingdon: Routledge, 2020.

[100] SOLBERG E, TRAAVIK L E M, WONG S I. Digital mindsets: Recognizing and leveraging individual beliefs for digital transformation[J]. California Management Review, 2020, 62(4): 105-124.

[101] SVAHN F, MATHIASSEN L, LINDGREN R. Embracing digital innovation in incumbent firms[J]. MIS Quarterly, 2017, 41(1): 239-254.

[102] TINA D M, GOODSTEIN J, RICHARD S W. Institutional theory and institutional change: Introduction to the special research forum[J]. Academy of Management Journal, 2002, 45(1): 45-56.

[103] WEBER E, BÜTTGEN M, BARTSCH S. How to take employees on the digital transformation journey: An experimental study on complementary leadership behaviors in managing organizational change[J]. Journal of Business Research, 2022, 143: 225-238.

[104] YANG M, HYLAND M A. Who do firms imitate? A multilevel approach to examining sources of imitation in the choice of mergers and acquisitions[J]. Journal of Management, 2006, 32(3): 381-399.

[105] YEOW A, SOH C, HANSEN R. Aligning with new digital strategy: A dynamic capabilities approach[J]. The Journal of Strategic Information Systems, 2018, 27(1): 43-58.

[106] YIU D W, LU Y, BRUTON G D, et al. Business groups: An integrated model to focus future research[J]. Journal of Management Studies, 2007, 44(8): 1551-1579.

[107] YOO Y, BRYANT A, WIGAND R T. Designing digital communities that transform urban life: Introduction to the special section on digital cities[J]. Communications of the Association for Information Systems, 2010, 27(1): 637-640.

[108] ZAMMUTO R F, O'CONNOR E J. Gaining advanced manufacturing technologies' benefits: The roles of organization design and culture[J]. Academy of Management Review, 1992, 17(4): 701-728.